新兴产业与技术族群关联机制及实现模式

武兰芬　姜　军　著

国家社会科学基金面上项目（15BGL037）研究成果

科学出版社
北　京

内 容 简 介

本书以专利大数据为基础，利用文献分析、专利分析、社会网络分析和内容分析等方法，从技术创新、创新人才分布、创新合作网络等多维视角研究我国新兴产业的创新发展问题。利用专利分析的方法，研究产业交融关系密切的战略性新兴产业所涉及技术族群的专利分类，并以专利分类和文本聚类为基础，研究新兴产业与技术族群之间的关联机制问题。从产业技术创新战略联盟、产业创新平台生态系统等方面研究新兴产业与技术族群关联机制构建的实现模式。本书研究分析深入全面，兼具理论深度和较强实用性。

本书可供从事专利情报研究分析的高等院校师生教学和参考使用，也可供专利信息分析人员和相关科技信息研究人员参考使用。

图书在版编目（CIP）数据

新兴产业与技术族群关联机制及实现模式 / 武兰芬，姜军著. —北京：科学出版社，2022.9

ISBN 978-7-03-070007-0

Ⅰ. ①新… Ⅱ. ①武… ②姜… Ⅲ. ①新兴产业—产业发展—研究—中国 Ⅳ. ①F269.24

中国版本图书馆 CIP 数据核字（2021）第 203150 号

责任编辑：郝 悦 / 责任校对：樊雅琼
责任印制：张 伟 / 封面设计：有道设计

科学出版社出版
北京东黄城根北街 16 号
邮政编码：100717
http://www.sciencep.com
北京虎彩文化传播有限公司印刷
科学出版社发行 各地新华书店经销

*

2022 年 9 月第 一 版 开本：720 × 1000 1/16
2022 年 9 月第一次印刷 印张：18 1/4
字数：380 000

定价：186.00 元

（如有印装质量问题，我社负责调换）

前　言

本书是在国家社会科学基金面上项目“基于专利分析的新兴产业与技术族群关联机制及其实现模式研究”（15BGL037）的最终研究结项成果的基础上修改完成的。

专利是人类在技术领域从事智力活动的成果，是科技领域最重要的知识产权，是反映科技创新的最重要形式。作为集技术、法律和经济信息于一体的专利信息，在研究技术创新、市场竞争、产业和经济发展等方面已经成为重要的核心指标和要素。随着大数据技术的迅猛发展，将数据挖掘技术与专利信息分析结合起来进行深层次的融合，可以大幅度提高专利信息的利用效率，挖掘隐藏在专利数据背后的科技情报和信息等。本书综合利用专利分析、社会网络分析（social network analysis，SNA）、文本分析和比较分析等方法，研究基于专利数据挖掘的新兴技术和产业发展，研究新兴产业与专利技术族群的关联机制及其实现模式。研究成果对于有效把握中国战略性新兴产业与产业专利技术的发展现状和趋势预测，具有鲜明的产业大数据时代现实意义，又具有重要的专利大数据分析理论的探索意义和实践参考价值。

本书的研究内容是：首先，梳理关于技术和产业界定方法的文献研究，主要包括基于专利的技术界定和分类方面的研究、产业的界定和分类、基于专利数据的产业与技术的对应关系，并对本书所涉及的相关概念包括新兴产业、专利组合、专利家族和技术族群等进行研究、总结和评述；其次，以纳米科技、云计算和3D（three-dimensional，三维）打印等新兴技术领域为例，利用专利分析、社会网络分析和内容分析等方法，从技术创新、创新人才分布、创新合作网络等视角展开新兴技术创新发展研究，同时以物联网、人工智能产业为例，研究基于专利分析的新兴产业与技术族群的关联机制；最后，从产业技术创新战略联盟、产业创新平台生态系统等方面研究新兴产业与技术族群关联机制构建的实现模式。

研究创新点包括：①构建了可用于不同国家新兴技术比较的技术发展全景图。构建了“技术全景图”来进行技术发展研究，内容包括专利年度趋势、主要技术主题、主要竞争者和竞争者关系等。利用专利信息描绘技术全景图，全面考察技术的发展情况，不仅可以用于全面地比对不同国家间的研究进展和市场竞合状况等，而且在新兴技术产业发展政策制定、科研攻关、项目管理、技术转移转化、市场营销等方面可以发挥导航和支撑作用。②构建了新兴产业的创新人才分布研究框架。以专利为数据分析基础，提出创新人才分布研究的思路和方法，挖掘、分析和整理人才分布信息，形成人才分布导航图，为战略性新兴产业发展招揽和集聚人才提供参考与借鉴，并提出创新人才培养和人才发展的建议与对策。③构建了新兴产业多维度的创新合作网络图谱。利用社会网络分析法从机构、个体、学科或技术领域等多维视角进行数据挖掘和对比分析，全面展示新兴技术领域的创新合作网络，为新兴技术科技创新合作提供更加完整和精准的分析。④构建了新兴产业与技术族群的关联机制。从专利的视角提出了技术族群的概念，并构建了新兴产业与技术族群关联的实现方法和途径。在构建和研究新兴产业和技术族群的关联方面，采用了以下方法：产业与专利分类号对照关联，根据专利分类与产业分类对照表建立产业和技术族群的关联；产业与专利技术内容和主题关联，针对选定的产业，利用自然语言处理技术，对于专利技术内容进行主题聚类，形成技术族群；从动态的角度描绘新兴产业与技术族群的发展演变，即通过时间轴，根据时间切片的方法，动态展现新兴产业中技术族群的发展趋势和变化情况。

辛勤写作数载，专著如愿付梓，投砾引珠之作，敬请批评指正！

武兰芬　姜　军

2022 年 7 月

目　录

1 绪　　论

1.1 研究背景

专利是人类在技术领域从事智力活动的成果，是科技领域最重要的知识产权，是反映科技创新的最重要形式。世界知识产权组织（World Intellectual Property Organization，WIPO）的统计结果表明，世界上每年发明创造成果的 90%～95%可以在专利文献中查到。专利蕴含着丰富的技术、法律和经济信息。专利信息分析通过专利检索获得相关的专利数据，利用统计分析、内容分析等方法辨识特定技术领域的技术内容与该项技术专利所属国家、专利权人、发明人等相关资讯。其应用范围非常广，从政策层面来讲，借由专利分析可以了解国家的经济、生产力情形和衡量国家或区域的经济发展与科技实力。例如，世界经济论坛便选用“发明专利授权量”作为衡量“国家创新能力”的重要指标之一。从公司战略层次来看，专利分析可以用于了解产业技术现况，预测未来发展趋势和规划专利布局，也可用于技术研发、技术追踪、专利交叉许可时的专利组合及专利侵权诉讼（Narin，1995；Joo and Lee，2010）。

国外将专利分析应用于技术与产业研究已有 50 多年的历史，最早的文献记载是国际商业机器公司（International Business Machines Corporation，IBM）员工 Reisner（1965）尝试利用引证分析寻找关键的专利技术（Narin，2000）。1976 年，美国专利商标局（United States Patent and Trademark Office，USPTO）在其《第六次科技评估与预测》报告中建议“专利被引证次数作为衡量技术重要性的主要指标之一”（Trajtenberg，1990）。受美国国家科学基金会委托和资助，CHI Research 公司研究表明，与一般专利相比，重要专利的引证次数要高出许多（Carpenter et al.，1981）。CHI Research 公司创始人 Francis Narin 在后续的研究工作中提出了一套专利指标体系（Narin，2000），并将专利指标与股票绩效结合以探讨专利分析与经济数据之间的关系（Deng et al.，1999）。Griliches（1990）、Jaffe 等（1993）、Dereli 和 Durmusoglu（2010）等学者在利用专利作为经济指标，利用专利分析评估企业创新、技术发展趋势、知识转移等方面做出了突出贡献。

欧美的研究注重将深入的专利引证分析应用于专利技术评估。与此相比，日本和韩国则更重视专利地图（patent map）的应用。专利地图是一种非常实用的专利分析工具，以可视化的图表格式呈现加值化的专利资讯。日本自 1968 年出版第一份专利地图开始，为了推动企业的科技发展战略，加强对专利信息的利用，日本政府收集和分析多个技术领域的专利信息来制作专利地图，并将这些专利地图放在互联网上，供企业无偿使用。1999 年，韩国出版移动电话专利地图，无偿提供给电信业制造商、公司、大学、科研机构等使用。因为移动电话专利地图项目的成功推广，韩国知识产权局（Korean Intellectual Property Office，KIPO）从 2000 年开始在所有的工业技术领域制作和推广专利地图。

我国对于专利分析的研究大多始于 21 世纪，研究主要集中在如下几个方面：①借鉴科学计量学、文本挖掘等领域的方法进行专利分析的研究。梁立明和谢彩霞（2003）运用关键词词频分析方法，分析纳米科技期刊论文和专利情况，揭示我国纳米科技研究领域的发展动态、成果分布、研究热点、研究弱项和发展趋势。王曰芬等（2008）提出基于内容挖掘的专利信息分析方法体系，阐述专利文本信息预处理、专利信息内容分析和专利信息知识处理过程的主要步骤及其涉及的各种技术和算法。②重视专利指标的研究，并用其评估技术的发展和分布情况。万小丽和朱雪忠（2009）阐述专利质量指标研究的国际发展脉络，分析专利质量指标研究的发展趋势。张诚等（2006）运用技术生命周期、指标组合分析等方法，通过专利分析研究国内集成电路封装技术领域发展。邱均平等（2008）从宏观、中观和微观三个层次研究了专利计量的指标体系和计量方法，并以有机电致发光（organic electro luminescence，OEL）为例进行实证研究，考察了该技术领域机构综合竞争力、年代分布、高被引专利分布等专利情报。③结合专利分析，为企业技术创新战略提供参考。赖院根等（2007）以专利情报分析作为基础，建立高技术企业专利战略的框架体系，并详述专利情报分析在高技术企业专利战略制订中的作用。官建成和戴珊珊（2008）、Guan 和 Gao（2009）使用以专利为基础的评价指标，对信息通信、纳米等技术领域的国内典型公司和跨国公司的创新能力和竞争能力进行分析与比较研究，提出适合我国企业发展的专利战略和技术创新战略。④专利地图的研究。已有研究探讨了专利地图的概念、分类、制作方法和过程等理论（吴新银和刘平，2003；肖国华，2006；方曙，2007；邱洪华和余翔，2009）。一些研究者将专利地图应用于具体技术领域的分析，如微流控、有机发光显示器、数据库、风电技术、工程机械等，用于分析专利技术发展趋势、市场竞争对手、技术发展周期等（谭思明，2005；顾震宇，2006；罗立国，2008；许彦，2010；张旭等，2011；邱洪华等，2012）。

归纳来看，专利分析应用于产业界的研究主要包括：①技术与产业分析，借助国际专利分类（international patent classification，IPC）或美国专利分类（Uinted States patent classification，USPC），分析核心技术和支柱产业的变化和发展趋势（Chen et al.，2005）。②技术研发与创新设计，针对现有技术及开发动向，运用专利技术/功效方法进行交叉分析，以期在旧有技术领域中找出可开发的新区域，借以拟定技术研发与创新设计的切入点（Huang et al.，2003）。③专利回避设计，针对某一竞争者专利申请的专利范围做法律上的回避设计，并且进行技术改良，从而提出创新改良的专利申请（穆秀秀，2015）。④技术竞争分析，可以看出未来在市场上潜在的应用领域，也可以比较竞争者间的定位及做法，判断其处于技术生命周期的何种阶段，作为企业商业战略的决策参考（陈燕等，2014）。⑤新合资机会评估，通过专利分析可以评估潜在的技术整合及分析合资的计划。⑥专利组合（patent portfolio）管理，帮助评估有价值的专利、产品领域或副产品。⑦产品与市场监控，定期监控技术相关专利信息的变化，以检视新的进入者及预防专利侵害的发生（Ashton and Sen，1988）。⑧价值链分析，可以用来分析上下游供应商及顾客的专利活动，作为向前整合或向后整合的评估（Fleisher and Bensoussan，2002）。⑨创意思考的工具，帮助研究者和发明者找到技术问题的解决方法。借由检视他人的发明，来为创新寻求新的思路和想法。⑩人力资源管理，利用专利信息中的发明人分析可以确认公司中的关键发明人（Breitzman and Mogee，2002），揭露发明人合作关系，进行发明人评价、人力资源开发及研究与开发（research and development，R&D）团队建设（Martin et al.，2005）。⑪购并整合，通过专利评估，能确认出潜在合作对象，可以提升公司的技术基础并减少技术劣势（Holger，2003）。

专利分类按照发明创造的技术主题或技术领域进行分类。专利分类可以作为专利统计工作的基础，从而对各个技术领域的技术发展状况做出评价。目前使用的专利分类主要有国际专利分类、美国专利分类、欧洲专利分类（European classifications，ECLA）、日本专利分类（file index/file forming terms，FI/FT）及美欧联合开发的联合专利分类（cooperative patent classification，CPC，也称合作专利分类）。产业分类把参与经济活动的所有领域的各个组织机构按其经济活动的类型予以分类并赋予编码，反映了产业不同的经济活动特征。已有文献通常利用专利分类来评价技术优势、技术领域分布及技术发展情况等。将专利数据用于产业统计和经济分析，需要建立专利分类与产业分类的对应关系。国际上没有统一的专利分类与产业分类对照表。Kortum 和 Putnam（1997）构建了国际专利分类与加拿大产业分类的对照表。Johnson（2002）提出了国际专利分类与国际标准产业分类（international standard industrial classification，ISIC）的对应方法并进行了实证研究。王淼等（2011）从产业分解技术确定产业分类，通过综合检索确定相关国际专利分类号，构建了生物医药产业与国际专利分类的对照表。

随着大数据技术的迅猛发展，将数据挖掘技术与专利信息分析结合起来进行深层次的融合，可以大幅度提高专利信息的利用效率，挖掘隐藏在专利数据背后的科技情报和信息等。本书综合利用专利分析、社会网络分析、内容分析和比较分析等方法，研究新兴技术和产业创新发展，研究新兴产业与专利技术族群的关联机制及其实现模式，研究成果对于有效把握战略性新兴产业和产业专利技术的发展现状和趋势预测等有相当重要的理论意义与现实价值。

本书的研究来源于国家社会科学基金项目“基于专利分析的新兴产业与技术族群关联机制及其实现模式研究”（15BGL037）。

1.2　研究主要内容和整体结构

本书首先进行文献调研，研究全球范围内技术与产业的关联方法，在专利数据分析的基础上，针对我国所确定的战略性新兴产业，研究新兴产业与专利技术族群的关联机制及其构建的实现模式。其次，在征询专家的意见进行修改后，形成项目的研究总报告。全书共分七章，主要内容如下所示。

第 1 章为绪论，介绍本书的研究背景、主要内容和整体结构及数据源和研究方法，并阐述本书的主要创新之处。

第 2 章为技术和产业界定分类的文献研究和梳理。文献研究的对象主要包括：基于专利的技术界定和分类、产业的界定和分类、基于专利的产业与技术对照研究。

第 3 章为新兴产业与技术族群的相关概念，对本书所涉及的相关概念包括新兴产业、专利组合、专利家族和技术族群等进行研究、总结和评述。

第 4 章为基于专利分析和数据挖掘的新兴技术创新发展研究，对中国和美国的纳米技术发展全景图进行对比，包括中国和美国纳米技术专利趋势变化、纳米专利技术主题差异、纳米技术国内外市场的主要竞争者以及竞争者合作模式等；对中国和美国纳米技术领域的人才地域分布、机构分布、重要发明人及其专利申请趋势和技术领域进行了比较研究；对全球云计算技术领域的人才区域分布、机构分布、创新效率、重要发明人及其专利申请趋势和技术领域进行研究；从论文作者所属机构与专利权人、作者与发明人、学科与技术领域等多维视角，对全球云计算基础研究与应用研究的创新合作网络进行数据挖掘和对比分析；从技术创新发展趋势和应用领域分布、专利权人合作网络和发明人合作网络等多维视角对中美三维打印技术创新与合作状况进行比较研究。

第 5 章为基于专利分析的新兴产业与技术族群的关联机制研究，构建新兴产业与技术族群关联的实现方法和途径；分三个阶段对中国的核心技术和关键产业的发展和演变进行研究；分析中国和美国物联网产业与技术族群的发展演变趋势，包括发明专利授权趋势、重要专利权人、主要技术领域和技术族群分布等；分析中国和美国人工智能产业与技术族群的发展演变趋势，包括发明专利授权趋势、重要专利权人、主要技术领域和技术族群分布等；构建专利技术族群的专利价值评价方法和体系，包括专利技术族群内的专利价值评价和专利技术族群间的专利价值评价。

第 6 章为新兴产业与技术族群关联机制构建的实现模式研究，包括基于专利合作网络的产业技术创新战略联盟和基于专利技术族群的产业创新平台生态系统两个方面。

1.3 数据源和研究方法

1.3.1 主要数据源

1.3.1.1 知识产权出版社专利数据库

知识产权出版社有限责任公司（简称知识产权出版社）是中国专利文献的法定出版单位，拥有完整、权威和及时的中国专利文献数据，同时拥有美国、日本、欧洲专利局、世界知识产权组织等 90 多个国家（地区）和机构的专利信息超过 1.4 亿多条。数据内容包括著录项目、文摘、专利说明书全文（图形）、专利说明书全文（代码化）、法律状态、引证文献、同族专利、关键词、公司代码等。

知识产权出版社开发的在线专利信息分析系统 InteCovery 的中国专利数据包含引证、同族、权利要求项解析等 30 多个专利数据维度，技术关键词、法律状态代码、省市区划代码等深加工字段，转移、转让和质押等运营数据，专利价值评估数据。InteCovery 提供后台全自动与人工判别相结合的人工智能数据清理功能，包括手工、自动和半自动的数据加工能力，申请人合并加工管理能力，依据同族数据的专利去重能力，基于筛选功能的数据挑选、拆分和重组能力，智能化的数据补充手段。InteCovery 可以分析产业及相关技术的发展趋势和状况，发现技术的新分支和产品应用方向，分析竞争对手的战略意图，了解竞争对手技术特点和状况，寻找技术合作伙伴，指导技术贸易，获取最大利益，分析企业知识产权运营情况等。

1.3.1.2 科睿唯安专利数据库

科睿唯安（Clarivate Analytics）信息服务（北京）有限公司拥有的专利数据库包括德温特世界专利索引（Derwent world patents index，DWPI）、德温特专利引文索引（Derwent patent citation index，DPCI）等。其专利数据库的独特价值包括：①人工编辑的英语标题和摘要。用简单的语言或本领域的技术词汇替换宽泛抽象的用词和拗口的法律用语，以便于普通技术人员的阅读理解。结构型的摘要提炼出了专利的新颖性、用途和优势等要点，方便检索、阅读和分析。②德温特专利分类法。面向信息检索分析，侧重按专利的用途分类，有效地补充了侧重按专利技术内容分类的国际专利分类法。③德温特专利同族的标引和归并。把“同一发明内容”作为判断的最终标准，使德温特同族区别于其他仅依据优先权号作为评判标准的其他专利数据库。阅读和基于德温特专利同族进行分析能有效减少阅读中的重复以及避免检索分析中的重复计算。④专利权人代码。用四位代码来表示一个公司及其分支机构，利用规范化的公司名称代码，可以由此查全和有效跟踪竞争对手的专利申请情况。

1.3.1.3　Questel-Orbit 专利数据库

Questel 公司是一家总部位于法国巴黎的商业数据库公司。Questel 公司的 Orbit 专利数据库由 FamPat、FullPat 和 FullText 三大数据库构成。FamPat 数据库是以发明为基础的世界同族专利数据库，包含了 105 个国家（地区）的专利书志目录数据及 23 个国家（地区）全文数据库。FullPat 数据库以专利为单位，按国家单独显示，包含 105 个国家（地区）的专利书志目录数据及 23 个国家（地区）全文数据库。FullText 数据库以专利申请为单位，包含 23 个国家（地区）专利全文数据库。

对于每一件专利或者专利族，除了国际专利分类分析外，Orbit 数据库的分析和标引功能还提供技术领域分类字段，这些技术领域如图 1-1 所示。

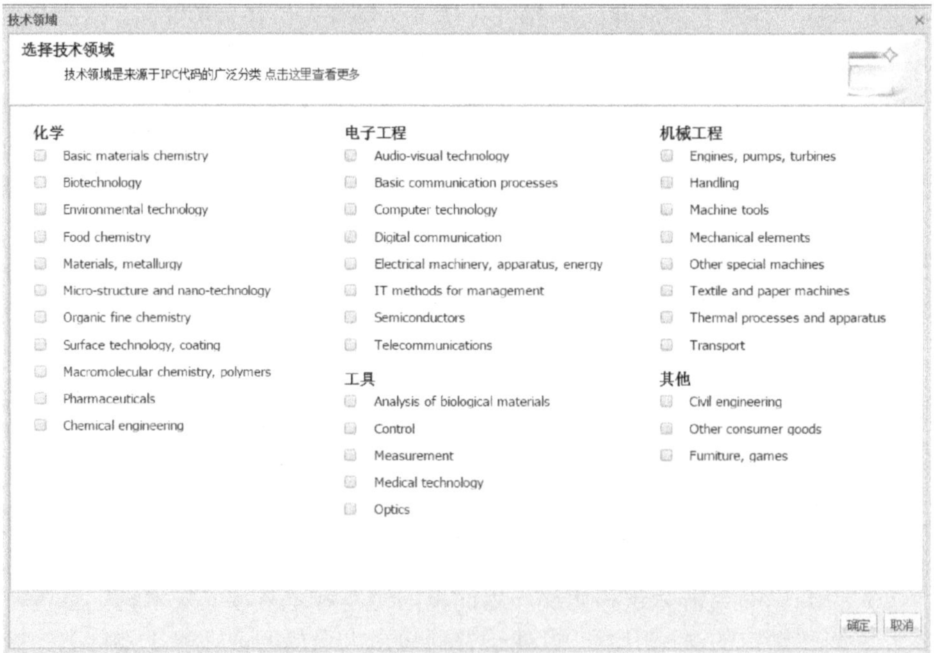

图 1-1　Orbit 技术领域划分

这些技术领域的划分来源于世界知识产权组织的技术领域划分方法，其中英文对照表如表 1-1 所示。

表 1-1 技术领域中英文对照表

英文	中文	英文	中文
Semiconductors	半导体	Telecommunications	远程通信
Chemistry	化学	Instruments	工具
Basic materials chemistry	基础材料化学	Analysis of biological materials	生物材料分析
Biotechnology	生物技术	Control	控制
Environmental technology	环境技术	Measurement	测量
Food chemistry	食品化学	Medical technology	医学技术
Materials，metallurgy	材料与冶金	Optics	光学
Micro-structure and nano-technology	微观结构与纳米技术	Mechanical engineering	机械工程
Organic fine chemistry	有机精细化学	Engines，pumps，turbines	发动机、泵、涡轮机
Surface technology，coating	表面与涂层技术	Handling	处理
Macromolecular chemistry，polymers	高分子化学、聚合物	Machine tools	机床
Pharmaceuticals	医药	Mechanical elements	机械零件
Chemical engineering	化学工程	Other special machines	其他特殊机械
Electrical engineering	电子工程	Textile and paper machines	纺织和造纸机械
Audio-visual technology	视听技术	Thermal processes and apparatus	热加工及机械
Basic communication processes	基本通信过程	Transport	运输
Computer technology	计算机技术	Other fields	其他领域
Digital communication	数字通信	Civil engineering	土木工程
Electrical machinery，apparatus，energy	电机、器械与能源	Other consumer goods	其他消费品
IT methods for management	信息技术管理方法	Furniture，games	家具、游戏

本书利用了 Orbit 专利数据库对于每件专利或每个专利族技术领域的标引功能，在对专利族代表的发明数量统计时也统计了其技术领域的数量。

1.3.1.4 索意互动 Patentics 专利数据库

索意互动（北京）信息技术有限公司（简称索意互动）自主开发的智能化信

息处理系统——Patentics，采用新一代文本自动理解和概念搜索技术，被广泛应用于专利分类、检索、分析、挖掘、运营、管理各个方面。Patentics 数据库的三大特色为：①超高精度的智能语义。可以自动理解专利文本，自动扩展相关表达，自动分类、标引专利文件等。②随心所欲的大数据自动分析。自动挖掘专利分类点位组信息，进行海量大数据分组，可自由组合著录项目、技术信息、法律信息、引文信息、交易信息、标引信息等 55 余项的专利信息，对专利集进行统计分析、多维分析、共现分析、耦合分析、聚类分析，深入挖掘专利情报。③自由全面的分析可视化。自由变换统计内容，统计内容和坐标轴可以提供更多的有用（复合）统计参数供用户选择。进行图表钻取，点击图表中感兴趣部分即可进一步钻取，并自定义钻取维度，突破图表维度限制。加入技术生命周期图、质量图、树形图、专利名片等专业的专利分析可视化特色图表，将项目中不同纬度、不同侧面的分析图表整理汇总展示，建立自己的仪表盘。

1.3.1.5 合享汇智 incoPat 专利数据库

合享汇智信息科技集团有限公司（简称合享汇智）致力于为全球创新机构的技术创新、专利战略制订、市场竞争、专利管理与运营等工作提供专业的技术情报平台及咨询服务解决方案。合享汇智自主研发的 incoPat 科技创新情报平台分为原始数据库和同族数据库两个数据库，原始数据库按照专利申请的国家或地域对每件专利文献分开进行检索和展示，同族数据库将每个专利家族作为一项进行检索和展示。incoPat 专利数据库的特点有：①中英文机器翻译。对于中文专利，incoPat 收录了中文和英文的著录信息；非中文专利不仅收录了英文著录信息，部分小语种的标题和摘要信息，还对英文标题和摘要预先用机器翻译成了中文，从而实现了中、英文检索和浏览全球专利，有助于用户提高检索和阅读的效率。②丰富的辅助查询工具。申请人辅助查询工具、国际专利分类和洛迦诺分类辅助查询工具及相关词辅助查询工具。在相关词辅助查询工具中，可以输入关键词查找其相关的词汇（包含同义词、近义词、上下位概念或者相关概念等），用于选取编写检索表达式。③多维的分析功能。incoPat 不仅提供了 40 余个常用的统计分析模板，还可以分析时间趋势、区域、技术分类、法律及运营信息等指标，而且可以实现 40 多个自定义字段的组合分析。④灵活共享的专题数据库。可以将检索表达式或者专利数据在线保存至专题库，根据需求建立基础库的树形菜单结构（如从技术类别、竞争对手等不同角度来建立），为结构中的节点编辑一个检索表达式，从而每次点击节点时可看到最新的检索结果（合享汇智，2017）。

1.3.1.6 南京理工大学知识产权大数据综合应用平台

南京理工大学知识产权大数据综合应用平台是南京理工大学专门针对重点产业专利专题数据、知识产权战略政策与法律数据等内容开展的深入、持续、系统性建设的数据库。其中，重点产业专利专题数据应用子平台的目标是建设需求导向的数据库，围绕学校三大优势学科群即兵器与装备、电子与信息、化工与材料构建适应需求的专题专利数据库。该平台囊括全球主要国家、地区和组织的专利数据资源，具有专利检索、分析、预警、信息管理等功能，便于全面掌握专利信息动态，帮助制订知识产权战略。该平台包括：专利检索系统、主题专利信息数据库（智能制造产业专利专题数据库和新一代信息产业专利专题数据库）。该平台根据设定的检索条件从专利数据中采集专利信息，通过科学的方法对专利信息进行加工、整理，分析并形成专利竞争情报，同时针对其中的著录项、技术信息和权利信息进行组合统计分析，整理出直观易懂的结论，以可视化的形式展现出来。

1.3.2 数据分析单元

根据信息的格式，专利信息可以分为结构化信息和非结构化信息。①结构化信息，是以固定字段记录的信息事先按一定的标准被人为组织，便于计算机和数据库识别和管理。专利信息中的结构化信息主要以著录项目为主，包括申请号、公开号、专利号、优先权号、申请日期、公开日期、授权日期、优先权日期、申请人、发明人和专利分类号等，如图 1-2 所示。②非结构化信息，以文本数据和图像数据为主，其形式不固定、字段长度不等、较难被计算机和数据库直接识别和管理。专利信息中的非结构化信息主要以专利文本中的技术信息为主，包括专利的名称、摘要、权利要求和说明书等。

本书主要的分析单元包括专利发明人、申请人或专利权人、国家或地区、技术或主题领域及时间轴（日期）等。

（1）发明人。发明人是对发明创造的实质性特点做出了创造性贡献的人。发明人信息的提取和识别需要注意中外文的差别。在提取中国发明人的信息时，要注意人名的重复性，如有多少不同的研究人员都名叫“李军”或者“李明”，这时需要限定其他的条件如发明人所在机构来进行筛选或者分开。在提取和清洗国外发明人的信息时，要注意人名的合并，如“Mark Black”“Mark E. Black”“Mark B.”“Mark E. B.”可能是同一人，这时就需要把这些可能为同一个人的名字合并起来。

(19) 中华人民共和国国家知识产权局

(12) 发明专利

(10) 授权公告号 CN 101551316 B
(45) 授权公告日 2011.01.26

(21) 申请号 200910027998.3

(22) 申请日 2009.05.15

(73) 专利权人 南京理工大学
地址 210094 江苏省南京市孝陵卫 200 号

(72) 发明人 侯保林 谈乐斌 曾军令 路子阳

(74) 专利代理机构 南京理工大学专利中心 32203
代理人 唐代盛

(51) Int. Cl.
G01N 11/04(2006.01)
G01N 11/06(2006.01)

(56) 对比文件
CN 101324500 A, 2008.12.17, 说明书第 4 页倒数第 2 段到第 7 页最后一段、图 1.
CN 1746654 A, 2006.03.15, 说明书第 4 页倒数第 1-2 段、图 1.
CN 1388366 A, 2003.01.01, 说明书第 3 页倒数第 1 段、图 1.
US 20030066341 A1, 2003.04.10, 说明书第 5 页第 0048 段到第 13 页第 0142 段、图 1-14.
JP 特开平 10-104149 A, 1998.04.24, 说明书第 2 页第 0009 段到第 5 页 0060 段、图 1-5.

审查员 李徽

权利要求书 1 页　说明书 3 页　附图 7 页

(54) 发明名称
高速流动情况下磁流变液流变特性测量装置

(57) 摘要
本发明涉及一种高速流动情况下磁流变液流变特性测量装置，由油缸、平行板流口装置、支架、励磁装置和回收油桶组成，所述的平行板流口装置插入在油缸底部的沟槽内，两者共同被支架所固定，励磁装置放置在支架的下支板上用于产生比较均匀的磁场，并使磁场穿透平行板流槽，回收油桶放在平行板流槽的下面，用于回收从平行板流槽流出的磁流变液。本发明利用文氏管的工作原理，让磁流变液从一个粗油缸内流入一个窄缝型平行板流口，可实现磁流变液的超高速流动；利用流体的直线流动（平行板流口）进行测量，可以用于研究磁流变液在超高速流动情况下的流变特性；结构简单，容易实施。

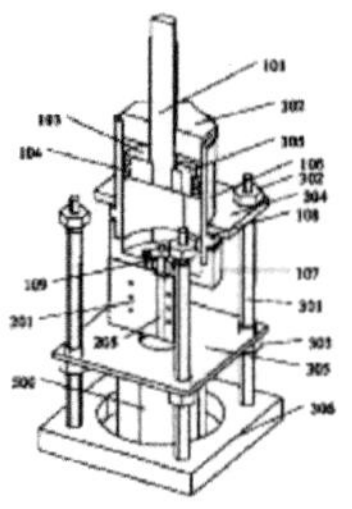

CN 101551316 B

图 1-2　专利说明书扉页

（2）申请人或专利权人。专利申请人或专利权人是指申请专利或拥有专利的个人或机构。申请人或专利权人可以是或者不是发明人，专利权人可以是或者不是申请人。当研究人员将他们的发明进行专利申请时，如果是职务发明，通常是他们所属的机构（公司、大学或研究所）拥有这些成果的知识产权。专利可以衡量市场主体对市场的重视和占有程度。对申请人或专利权人的产出进行分析，能够帮助我们分析市场竞争中主要竞争者的分布情况及竞争者的地位等市场情况。

专利权人为公司时，应当保证公司名称的统一规范，同时注意公司间的关联（母公司与子公司），公司名称的更名及专利权人的变更等。

（3）国家或地区。对专利技术所属国家或地区的分析可以研究这些国家或地区在不同技术领域的技术创新分布情况或者竞争力状况。这种分析有助于展现一个竞争性的国际技术全景分布或者一个国家不同区域的技术发展状况，用于制定政府的科技创新政策或者科研资助政策等。

（4）技术或主题领域。专利保护的客体是科学技术的研发成果，而专利文献分类是按照发明创造的技术主题或功能进行的分类。专利文献分类主要有国际专利分类、欧洲专利分类、美国专利分类和联合专利分类等。例如，国际专利分类是按照发明创造的技术主题为特征进行分类的，为了便于检索，专利分类体系将相同的技术主题都归在同一分类位置。除了专利技术分类以外，还可以从专利名称、摘要、说明书和权利要求书中提取重要的特定关键词、词组和概念等。这些技术主题的识别需要使用高级自然语言处理（natural language processing，NLP）技术。

（5）时间轴。所有的技术都会随时间演变。与专利相关的日期主要有申请日、公开日、授权日和优先权日。专利申请日是专利申请的日期。专利公开日是专利文件由国家知识产权局（China National Intellectual Property Administration，CNIPA）公开的日期。优先权日是对应于专利（发明或实用新型专利）申请过程中的要求优先权的日期。对专利申请量、授权量的变化进行动态的和可视化的分析，可以描绘技术创新发展的趋势；对研究主题的变化进行动态的和可视化的分析，可以揭示技术的发展路径。

1.3.3 研究方法

对于专利数据和信息来讲，使用的分析方法主要有专利分析法（结构化信息和非结构化信息）、社会网络分析法（结构化信息）和内容分析法（非结构化信息）三种方法。

1.3.3.1 专利分析法

专利分析法主要用于对专利说明书中结构化信息和非结构化信息的分析，如对于专利申请趋势、专利权人和发明人的申请量排名、专利数据挖掘等。对于专利数据的文献计量法，从不同的角度有不同的划分方法。

根据分析对象可分析的程度，可以分为专利定量分析、专利定性分析和专利拟定量分析（陈燕等，2014）。①专利定量分析是指通过对专利申请或授权量及其变化的统计，反映技术之间的相互关系。常用的专利定量分析方法包括技术生命周期分析法、统计频次排序法、布拉德福德定律法和时间序列法。②专利定性分析是指对专利信息内在特征进行质的分析。常用的专利定性分析方法包括专利技术功效矩阵分析、技术角度分析法、技术发展图和专利文献对比法等。③专利拟定量分析是指采用定量与定性相结合的分析方法。常用的拟定量分析方法有专利引文分析方法和专利数据挖掘等。

根据分析目的、分析内容、深入程度等，可以分为专利数据分析、专利技术分析、专利策略分析和专利应用分析（马天旗等，2015）。①数据分析是指用适当的统计分析方法对收集的大量数据进行分析，将它们加以汇总、理解并消化，以求最大化地开发数据的潜在信息，充分发挥数据的情报挖掘作用。专利数据分析法包括数据趋势分析、数据构成分析、数据排序分析、数据关联分析、数据聚类分析、专利引文分析、专利模型分析。②专利技术分析是专利数据分析的拓展和延伸，需要分析技术方面的内容，往往需要专利分析人员在查阅大量技术资料、咨询资深技术专家并最终掌握足够的技术知识之后才进行准确的分析。专利技术分析法包括技术功效矩阵分析、重点专利分析、专利技术路线图分析、权利要求分析、专利技术规避设计分析。③专利分析可以透视企业开展技术研发，加强专利保护与运用等一系列的专利战略和市场策略。专利策略分析法包括专利技术追踪策略专利分析、专利挖掘策略专利分析、研发合作策略专利分析、专利布局策略专利分析、专利诉讼策略专利分析、专利运营策略专利分析。④专利分析目的都是解决实际问题，围绕解决问题的主线通常需要系统地运用多种专利分析方法和手段。专利应用分析方法包括专利技术引进中的专利分析、产品出口中的专利分析、对抗竞争对手的专利分析、专利预警及应对中的专利分析。

从研究对象的维度进行分类，可以分为专利技术分析、专利市场主体分析和专利区域分析（杨铁军，2014）。①专利技术分析是在对专利进行定量分析或定性分析的基础上，制作与技术相关的专利分析图表，并对图表进行解读得出相关结论的方法。专利技术分析包括技术发展趋势分析、技术生命周期分析、技术发展路线分析、技术功效分析和重要专利分析等。②根据企业在各发展阶段的专利数据所反映出的特点，结合企业整体发展经营的总体特点，可以分析申请人在各发展阶段的专利技术布局和专利市场布局等特点。专利市场主体分析包括重要市场主体的确定、专利区域布局分析、重点技术和重要产品分析、研发团队分析、专利技术合作分析、技术引进中的分析、企业并购相关专利分析、诉讼专利分析和竞争对手分析等。③专利区域分析是在对专利进行定量分析或定性分析的基础上，制作与国家或地区相关的专利分析图表，对图表进行解读得出相关结论的方法。区域分析可以反映一个国家或地区的技术研发实力、技术发展趋势、重点发展技术领域、主要市场主体等。专利区域分析包括专利布局分析、重点技术发展趋势分析、重要市场主体分析、首次申请国分析、目标市场分析和新兴市场专利布局分析等。

1.3.3.2 社会网络分析法

网络是由节点（node）及节点之间的某种关系构成的集合，社会网络是由作为节点的社会行动者（social actor）及其之间的关系构成的集合。行动者可以是个人、群体、组织乃至国家（刘军，2014）。社会网络分析法用于发现社会网络中行动者之间的交互模式。网络结构包含一系列节点和把各个节点连接起来的连线。节点是网络的最小单位，一个节点表示一名行动者。连线是网络中两个节点之间的连线。边（edge）表示无方向的社会关系。社会网络有两种描述方法：社群图法和矩阵代数方法。社会网络分析包括四个方面：定义网络、处理网络数据、确定网络的结构特征、进行可视化评判（德·诺伊等，2014）。

在研究群体和个体之间的联系方面，社会网络分析法有多方面的应用。①社会网络分析法可以检测子群（subgroup）。合作网络可以分割为由紧密联系的个人组成的子群。给定一个网络，应用数据挖掘技术如聚类分析，能够发现潜在群组。相同群组的成员间有更多的相似性，不同群组的成员间有更多的相异性。②社会网络分析法中的块模型方法可以发现子群之间的交互模式，揭示网络的组织和结构特点。块模型分析方法通过将成对子群间的连接密度与一个预先设定的阈值进行比较，来确定两个子群间的关联是否存在。当连接密度比阈值高时，群组间的关联存在，表明这两个子群交互不断，具有强关联。③社会网络分析法可以识别中心个体。个体在网络中的中心性可以通过一些测量指标如度（degree）、中间性（betweenness）和亲近性（closeness）来度量。一个节点（个体）的度是该节点所拥有的直接连接的数量；中间性是指穿过该节点的测地线的数量；亲近性是指该节点与网络中其他节点间所有测地线的总和。

在专利数据和信息中，社会网络分析法可以用于建立关联的对象主要有专利申请人或专利权人，发明人及技术领域（国际专利分类）。两个或两个以上的专利申请人或专利权人、两个或两个以上的发明人及多个技术领域（国际专利分类）往往都是以共现的形式出现。利用社会网络分析法可以发现专利权人或发明人之间的合作模式及所呈现出的不同网络特点，也可以建构技术领域间的共现结构，展示不同技术领域间的交叉和融合情况。

1.3.3.3 内容分析法

基于自动索引和信息提取技术，文档通常可以被表示为一组特征向量（如关键词、名词或实体），通过对文档按照作者、机构、主题、技术领域、区域等进行分组，识别潜在的研究主题、模式或趋势等，这种分析方法被称为内容分析法（Chen and Roco，2009）。内容分析法包括聚类算法、自组织映射（self-organizing map，SOM）、多维尺度（multidimensional scaling，MDS）、主成分分析（principal component analysis，PCA）、路径探测网络（path finder network，PFNET）和主题模型（topic modeling）等方法。本书主要采用主题模型方法来进行内容分析。在专利大数据分析中，内容分析法主要用于对专利说明书中非结构化信息的分析，如专利名称、摘要、权利要求和说明书等。

主题模型是以非监督学习的方式对文集的隐含语义结构进行聚类的统计模型。在主题模型中，主题（topic）是以文本中所有字符为支撑集的概率分布，表示该字符在该主题中出现的频繁程度，即与该主题关联性高的字符有更大概率出现。在文本拥有多个主题时，每个主题的概率分布都包括所有字符，但一个字符在不同主题的概率分布中的取值是不同的（Polykovskiy，2017）。主题模型自动分析每个文档，统计文档内的词语，根据统计的信息来断定当前文档含有哪些主题，以及每个主题所占的比例各为多少（徐戈和王厚峰，2011）。主题模型主要被用于自然语言处理中的语义分析和文本挖掘问题，例如，按主题对文本进行收集、分类和降维。隐含狄利克雷分布（latent Dirichlet allocation，LDA）是常见的主题模型。

1.3.4　数据分析工具

1.3.4.1　Excel

Excel 是微软公司提供的 Office 试算表软件，可以进行各种数据的处理、统计分析和辅助决策操作，广泛地应用于经济、管理、统计和金融等领域。对于专利的数据处理、分析和可视化展示，Excel 也是最基础的一种操作工具。本书主要用到的 Excel 功能是数据处理、数据分析和可视化等功能。数据处理用到的功能包括数据提取、数据合并、数据分列等；数据分析用到的功能包括趋势分析、比例分析等；数据可视化是将数据分析结果用图形化的形式表示出来。

（1）数据提取。使用的函数和语法包括：LEFT 函数、RIGHT 函数和 MID 函数。①LEFT 函数的语法是：LEFT（text，[num_chars]），text 是目标文本，num_chars 是需要提取的字符数，LEFT 函数表示从一个文本字符串的第一个字符开始返回指定个数的字符。②RIGHT 函数的语法是：RIGHT（text，[num_chars]），text 是目标文本，num_chars 是需要提取的字符数，RIGHT 函数表示从一个文本字符串的最后一个字符开始返回指定个数的字符。③MID 函数的语法是：MID（text， start_num，num_chars），text 是目标文本，start_num 是从第几个字符开始取值，num_chars 是需要提取的字符数，MID 函数表示从文本字符串中指定的起始位置起返回指定长度的字符。

（2）数据合并。方法有两种：一种是使用字符连接符“&”，如“C3&D3”表示将单元格 C3 和单元格 D3 中的数据进行合并；另一种是使用函数 CONCATENATE，语法是 CONCATENATE（text1，[text2]，…），text1 是第 1 个目标文本，text2 是第 2 个目标文本，依此类推，CONCATENATE 函数表示将多个文本字符串合并成一个。

（3）数据分列。使用数据菜单中的“分列”功能，将单列文本拆分成多列。下面举例说明。例如，将图 1-3Excel 中 A1 的 3 个国际专利分类号码进行分列，首先选择 A1 单元格，其次在数据菜单中选择“分列”功能。出现分列操作页，如图 1-4 所示。在图 1-4（a）文本分列向导第 1 步中，关于最合适的文件类型，选择“分隔符号”；在图 1-4（b）文本分列向导第 2 步中，在分隔符号中勾选“分号”；在图 1-4（c）文本分列向导第 3 步中，选择列数据格式的“常规”，在数据预览中可以看到最终的分列效果。最后出现如图 1-5 中的文本数据分列结果。

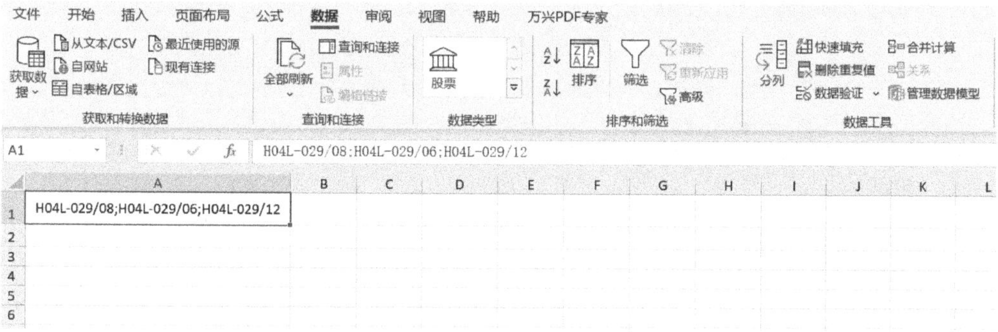

图 1-3 数据分列功能

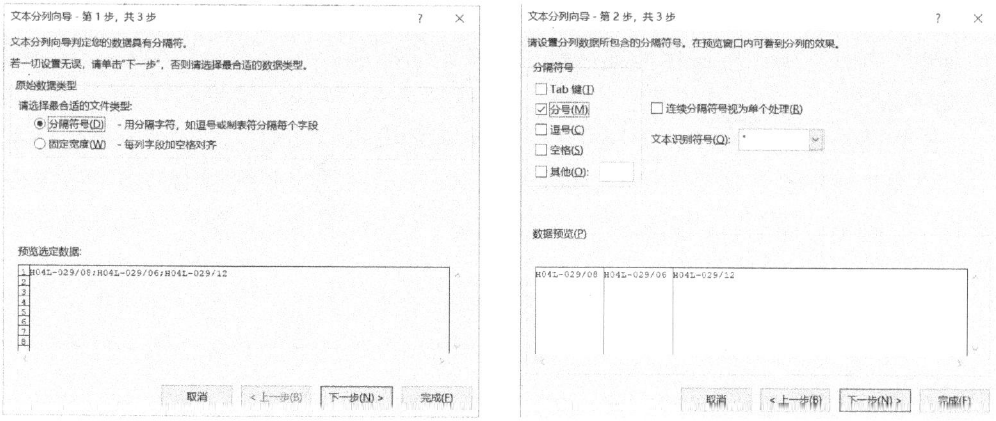

(a) (b)

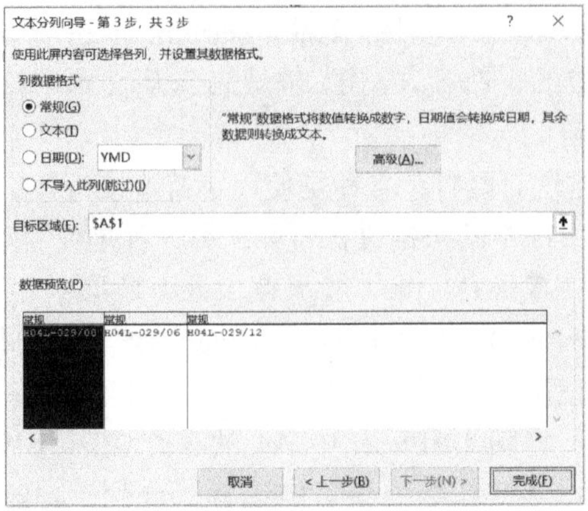

(c)

图 1-4　文本分列向导

图 1-5　文本数据分列结果

（4）数据分析与可视化。本书主要使用 Excel 对处理过的专利数据进行趋势分析和比例分析等，可视化形式包括折线图、饼状图、柱形图、气泡图、散点图等多种图形。

折线图是将排列在 Excel 工作表的行或列数据以点的形式绘制到一个坐标系中，再用直线依次连接每一个点的图形。折线图可以描绘专利技术的申请或授权趋势，专利申请或授权数量随着时间变化而变化，根据变化趋势可以判断该技术的发展阶段和发展趋势。

饼状图显示一个数据系列中各项数据占数据总和的比例。饼状图通常可以表现在一项专利技术中发明专利、实用新型专利和外观设计专利各自所占的比例，还可以表示不同国家的专利申请或授权数量在所有专利申请或授权数量中所占的比例等。

柱形图用于显示一段时间内的数据变化或显示各项数据之间的比较情况。柱形图可以表示多个专利发明人、申请人或专利权人的专利申请量或拥有量的对比情况，也可以表示多个国家专利申请量或授权量的对比情况，还可以表示不同技术领域专利申请量或授权量的对比情况等。

气泡图是将一个数据矩阵中的数值用气泡大小的方式展现出来的图形。将不同专利权人或发明人所申请的专利技术领域制作到同一气泡图上，就能够很直观地展现他们的研发侧重点，了解他们之间专利技术领域的差异。气泡图也能够表现在一个技术领域中需要解决的技术问题和可以选择的解决方法之间的关系，能够展现该技术领域的专利布局和技术空白点等。

散点图是数据点在坐标系平面上的分布图。用两组数据构成多个坐标点，散点图可以表示这两组数据是否存在某种关联，或者呈现数据之间的空间分布模式等，通常可以用来展示专利申请人或专利权人、发明人、技术领域之间的共现关系，研究他们之间存在的合作关系、合作模式等。

1.3.4.2 Stanford TMT

斯坦福主题建模工具箱（Stanford topic modeling toolbox，Stanford TMT）是斯坦福自然语言处理团队（Stanford NLP group）的 Daniel Ramage 和 Evan Rosen 开发的，发布于 2009 年 9 月，是为希望进行大量文本数据集分析的社会科学家建立的主题建模工具，已更新到 0.4.0 版，使用界面如图 1-6 所示。

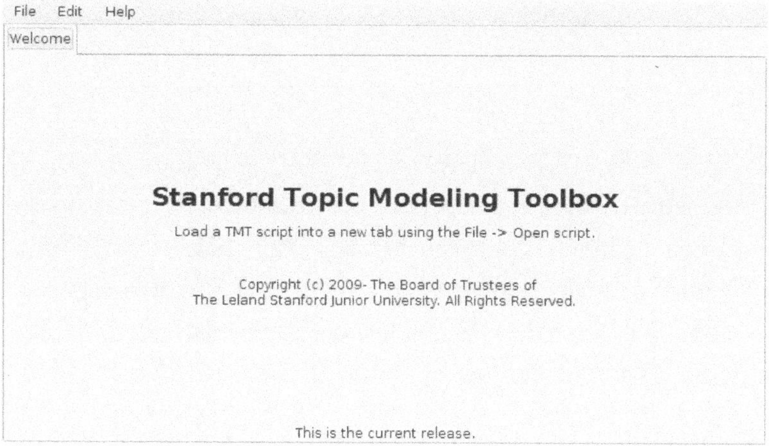

图 1-6 Stanford TMT 使用界面

该工具箱的主要功能包括：①从 Excel 和其他电子表格中的单元格导入和操作文本；②训练主题模型（LDA 和标记的 LDA）以创建文本摘要；③通过数据

驱动过程选择参数（如主题数）；④生成可以与 Excel 兼容的输出格式，这些输出内容包括跨主题、时间和其他数据分组的词汇使用情况。

TMT 是用 scala 编写的，scala 可以看作 Java 的一个扩展。TMT 的运行不需要配置 scala，但是需要安装 Java，要在 Java 6SE 及以上版本的环境下才能运行。TMT 的运行步骤包括以下几步。

（1）准备数据集。①分词（tokenizing）；②在 CSV（comma-separated values，逗号分隔值）文件中抽取文本并分词；③甄别有意义的单词；④去除空文档；⑤将文档进行组合。

（2）训练一个主题模型。①载入数据文件；②选择训练 LDA 模型的参数；③训练符合文档的模型；④生成模型训练后的输出文件夹；⑤确定模型是否已收敛。

（3）对新数据集进行主题模型推理。①载入训练过的 LDA 模型；②载入新的数据集进行推理；③根据隐含的主题推断每个文档的分布；④根据隐含的主题推断每个单词的分布。

（4）对主题模型结果进行切片。①载入训练过的 LDA 模型；②准备数据集；③选择用于切片的列变量；④载入或推断每个文档的主题分布；⑤将 LDA 结果进行切片。

（5）在 Excel 中分析主题模型结果。

（6）选择模型参数。

（7）训练带标签的 LDA 模型。

（8）训练部分标签狄利克雷分配（partially labeled Dirichlet allocation，PLDA）模型。

1.3.4.3　Sci2

Sci2 是美国印第安纳大学图书馆与信息科学学院的 Katy Börner 和 Kevin W. Boyack 等研发的知识图谱分析软件（Sci2 Team，2009）。Sci2 的架构基础是 Cyber Infrastructure Shell（CIShell）。CIShell 是一个开源的 Eclipse 插件框架，其功能非常强大，可以很容易地整合各种数据集、方程、工具及计算机资源。

Sci2 界面的菜单有文件（file）、数据准备（data preparation）、预处理（preprocessing）、分析（analysis）、建模（modeling）、可视化（visualization）、R、帮助（help）八个一级菜单栏，如图 1-7 所示。Sci2 软件的优点是：①用户可以自行添加不同的分析插件。例如，用户可以从 Sci2 的官网上下载有关数据库、气球图、国会地理编码等不同插件，并将这些 JAR 文件复制到 Sci2 的 plugins 文件夹中即可使用这些不同的插件。②可以利用最有效的算法来进行不同类型的分析（如引文耦合分析、共词分析、合作者分析等）。③利用不同的可视化插件（如 GUESS），用户可以交互式地探索和分析特定数据集。④可以共享数据集和跨学科的算法。例如，在进行引文分析时，可以先利用 DRL（deep reinforcement learning，深度增强学习）算法进行大数据分析，再利用 GUESS 进行可视化显示。Sci2 可以加载多种通用格式（包括.xml、.net、.isi、.csv、.bib、.enw 等）。

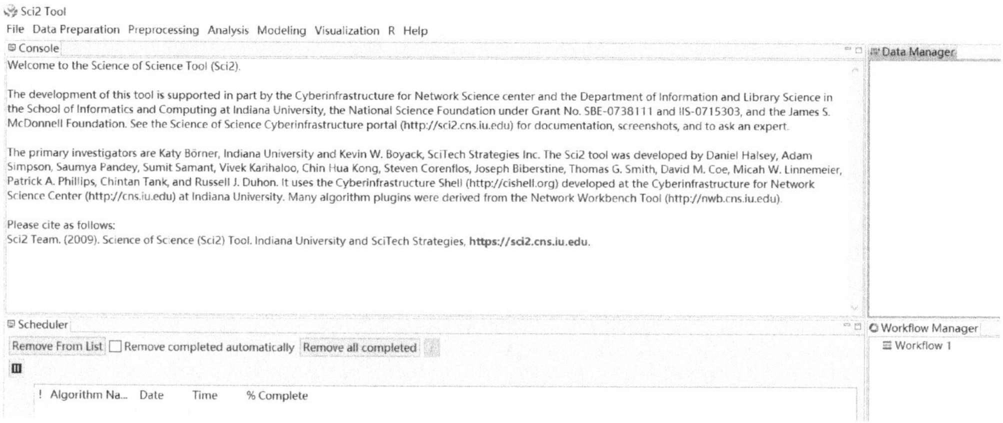

图 1-7 Sci2 使用界面

Sci2 可以抽取双边网络、引文网络、作者文献网络、共现网络、词共现网络、合作者网络、引文耦合网络等，并将网络关系以清晰的可视化图谱展示出来，还可以根据需要设置不同的权值，选择性地显示不同权重值的标签。在本书的论文和专利数据分析中，使用 Sci2 来处理论文作者或技术发明人、论文出版机构或申请人或专利权人、学科领域或技术领域之间的共现关系，从而展示和分析论文作者或技术发明人、论文出版机构或申请人或专利权人、学科领域或技术领域之间合作网络的特性和合作模式。

1.3.4.4 Gephi

Gephi 是一款基于 Java 开发的用于网络分析的开源软件，可以处理任何能够表示为节点和边的网络数据，如社会、社交关系、信息节点、生物等网络的数据。Gephi 用网络科学的方法对数据进行分析和处理：一种方法是利用参数对图进行网络特性的统计分析，包括节点的中心度、离心度、PageRank、节点与网络的平均聚类系数；另一种方法是利用 Gephi 软件中不同方式的布局，对图进行可视化处理，然后对图形进行分析和解读。在专利数据分析中，Gephi 可以通过处理技术发明人、申请人或专利权人之间的共现关系，来展示和分析发明人、申请人或专利权人之间合作网络的特性和合作模式。Gephi 使用界面如图 1-8 所示。

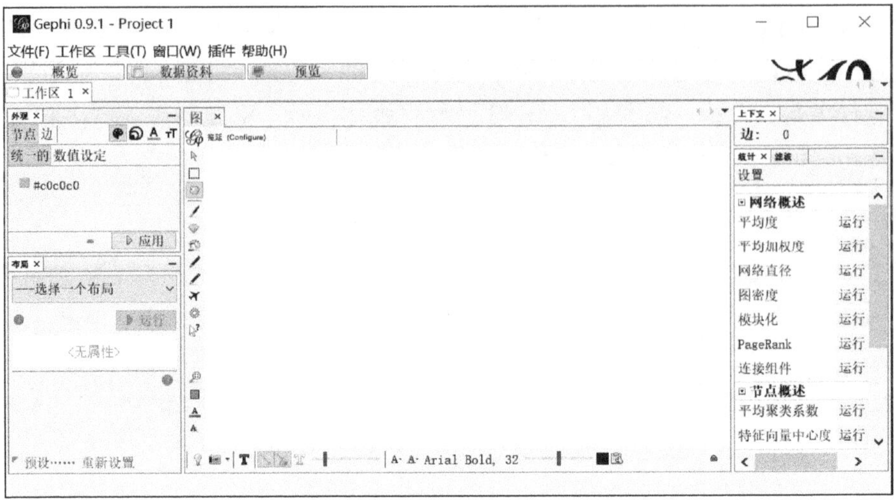

图 1-8　Gephi 使用界面

Gephi 软件中的网络参数有很多，本书使用的网络参数主要有度（degree）、平均度（average degree）、网络直径（network diameter）、中介中心度（between centrality）、PageRank 等。度是节点的属性，一个节点的边的数量就是这个节点的度。网络平均度的计算方法是把网络图中所有节点的度数相加，再除以节点的数量。网络直径表示网络中最短路径中最长的两个节点之间的距离。中介中心度是统计某个节点被其他节点，以最短路径通过的数量与图中最短路径总数之比。PageRank 是一种根据网页之间的链接关系对网页的重要性进行评分的算法，PageRank 算法的基本思路是，把一个节点的值均分给指出的节点，也就是一个节点得到的值等于指向过来所有节点值的总和。

在 Gephi 可视化操作中，需要利用软件自带的布局功能。布局（layout）是根据某种策略对节点和边进行排布，使图形既具有特定需要的合理性，也易于视觉识别。布局的原则是：使节点均匀分布在有限的区域内；避免边的交叉和弯曲；保持边的长度一致；使整体布局能反映图内在的特性。Gephi 自带 12 种布局：收缩（contraction）、扩展（expansion）、Force Atlas、Force Atlas 2、Frunchterman Reingold、标签调整（label adjust）、Noverlap、OpenOrd、随机布局（random layout）、Rotate、Yifan Hu、Yifan Hu Proportional（刘勇和杜一，2017）。通过布局功能进行可视化展示，可以更容易地发现网络图的结构特点。

1.4　主要创新点

本书的创新之处主要有如下四点。

创新点一：构建了可用于不同国家新兴技术比较的技术发展全景图（4.2 节）。

本书构建了“技术全景图”（technology landscape）来进行技术发展研究，内容包括专利年度趋势、主要技术主题、主要竞争者和竞争者关系等。利用专利信息描绘技术全景图，全面考察技术的发展情况，不仅可以用于全面比对不同国家间的研究进展和市场竞合状况等，而且在新兴技术产业发展政策制定、科研攻关、项目管理、技术转移转化、市场营销等方面可以发挥导航和支撑作用。研究建立的技术全景图分析方法和研究模式可以被广泛推广到不同的新兴技术领域进行应用。

4.2 节基于中国国家知识产权局和美国专利商标局的发明专利授权数据，比较2001～2017 年中国和美国的纳米技术发展全景图，内容包括中国和美国纳米技术专利趋势变化、纳米专利技术主题差异、纳米技术国内外市场的主要竞争者及竞争者合作模式等。使用的研究方法包括文献计量法、内容分析法和社会网络分析法。分析中国和美国纳米技术发明授权专利的年度趋势、国家分布、专利族数量分布、技术领域分布及国内外市场主要竞争者（专利权人），并基于合作网络参数确定专利权人间的合作网络模式和特点及有影响力的竞争者。结果显示：相比中国市场，美国市场上的纳米技术国际合作更多，知识交流和资源共享水平更高；在美国纳米技术发展中，公司作为创新主体发挥着至关重要的作用，产生更多产业界内的合作；而在中国纳米技术发展中，大学和科研院所是主要的贡献者，从而产生更多学界和产业界间的合作。

为了获悉专利申请人间的合作关系，首先构建中国国家知识产权局和美国专利商标局中的专利权人合作网络，然后利用社会网络分析法分析其合作模式。利用共同专利权人关系建立专利权人合作网络，并根据专利权人来源地（国家）和专利权人类型（学术界或者产业界）进一步进行分类。如果两个专利权人来自同一个国家，那么他们的合作被归为国内合作，否则，是国际合作。基于专利权人类型，合作被划分学术界内合作、学术界与产业界间合作、产业界内合作。这样建立的专利权人合作网络不仅包含了专利权人之间的关系，而且还区分了国际合作和国内合作，以及学术界和产业界。在研究的设计和研究方法的使用上更加全面细致，研究结果能够更加深入地反映专利权人间的合作关系。

创新点二：构建了新兴产业的创新人才分布研究框架（4.3 节、4.4 节）。

以专利为数据分析基础，提出创新人才分布研究的思路和方法，挖掘、分析和整理人才分布信息，形成人才分布导航图，为战略性新兴产业发展招揽和集聚人才提供参考和借鉴，并提出创新人才培养和人才发展的建议和对策。项目组关于创新人才的研究思路和方法被江苏省人才发展战略研究院（江苏省重点培育智库）采纳和应用，2016 年关于“江苏纳米科技领域人才发展和培养的建议——纳米科技领域人才分布研究专报”被智库专报（中共江苏省委宣传部）采纳。创新人才的研究思路和方法可以广泛应用于不同的产业和技术领域。

4.3 节以技术发明人申请的专利数据为基础，利用专利分析的方法，以可视化的形式，对中国和美国纳米技术领域的人才地域分布、机构分布、重要发明人及其专利申请趋势和技术领域进行了比较研究。基于比较研究的结果，提出我国应着力培养跨学科交叉的纳米技术人才和加快培养纳米技术产业化应用研究人才的人才发展建议。

4.4 节以技术发明人申请的专利数据为基础，构建云计算技术领域人才分布研究的框架，对全球云计算技术领域的人才区域分布、机构分布、创新效率、重要发明人及其专利申请趋势和技术领域进行研究。研究发现，我国虽然在云计算技术领域的人力资本数量仅次于美国，但在云计算技术领域的人才储备质量方面存在较大差距，表现为缺乏强有力的技术竞争实体，发明人创新效率低和技术应用领域狭窄等，并针对这些问题提出建议。

创新点三：构建了新兴产业多维度的创新合作网络图谱（4.5 节、4.6 节）。

利用社会网络分析法从机构、个体、学科或技术领域等多维视角进行数据挖掘和对比分析，全面展示云计算技术领域的创新合作网络，为新兴技术科技创新合作提供更加完整和精准的分析。

4.5 节以 2002～2016 年的学术文献和专利两种数据源为基础，利用社会网络分析法从论文作者所属机构与专利权人、作者与发明人、学科与技术领域等多维视角出发，对全球云计算基础研究与应用研究的创新合作网络进行数据挖掘和对比分析。研究发现：云计算论文作者及所属机构间的合作更普遍；专利权人合作网络呈现分散的小网络特点，专利发明人合作关系更密切且群体性更强；云计算的基础学科是计算机理论与方法、电气与电子工程和计算机信息系统，而核心技术是数字计算机和电话与数据传输系统。基于研究结果，提出建立基础创新与应用创新的对接和融合，利用合作网络分析发掘重要的创新竞合对象，精准定位领军人才和创新群体，构建学科知识体系等促进中国云计算协同创新与产教融合的启示和建议。

4.6 节以中美 3D 打印技术领域的发明专利数据为基础，基于世界知识产权组织技术领域划分法和社会网络分析法，从技术创新发展趋势和应用领域分布、专利权人合作网络和发明人合作网络等多维视角对中美 3D 打印技术创新与合作状况进行比较研究。基于比较研究的结果，提出建立技术创新的引导机制，推动企业成为技术创新主体，增强技术创新和产业应用创新的对接和融合等，推动我国 3D 打印技术创新发展的建议。

创新点四：构建了新兴产业与技术族群的关联机制（5.2～5.5 节）。

从专利的视角提出了技术族群的概念，并构建了新兴产业与技术族群关联的实现方法和途径。在构建和研究新兴产业和技术族群的关联方面，采用了以下方法：①产业与专利分类号对照关联，根据专利分类与产业分类对照表建立产业与技术族群的关联；②产业与专利技术内容和主题关联，针对选定的产业，利用自然语言处理技术，对于专利技术内容进行主题聚类，形成技术族群。③从动态的角度描绘新兴产业与技术族群的发展演变，即通过时间轴，根据时间切片的方法，来动态展现新兴产业中技术族群的发展趋势和变化情况。

5.2 节以中国专利权人的美国发明专利为基础，利用美国专利分类和产业分类，分三个阶段对 1981～2012 年中国的核心技术和关键产业的发展与演变进行了研究。研究发现：核心技术和关键产业的专利集中度越来越高，并且其发展都呈现出向高科技领域集中的趋势。依据专利视角的分析结果，提出通过核心技术专利布局促进关键产业发展的相关建议。

5.3 节以 2010～2019 年的中国和美国物联网产业为例，分析物联网产业与技术族群的发展演变趋势，包括发明专利授权趋势、重要专利权人、主要技术领域和技术族群分布等，并从产业技术领域、技术族群、高被引专利内容、高被引专利权人国家及类型、高被引专利被引用量等多方面对中国和美国物联网产业进行对比分析。

5.4 节以 2010～2019 年的中国和美国人工智能产业为例，分析人工智能产业与技术族群的发展演变趋势，包括发明专利授权趋势、重要专利权人、主要技术领域和技术族群分布等，并从产业技术领域、技术族群、高被引专利内容、高被引专利权人国家及类型、高被引专利被引用量等多方面对中国和美国人工智能产业进行对比分析。

5.5 节构建了专利技术族群的专利价值评价方法和体系，包括专利技术族群内的专利价值评价，主要以定量的评价方法为主，在考虑价值评价指标的选取时主要有四个维度，即专利技术性、专利保护范围、专利技术稳定性和专利技术应用性；专利技术族群间的专利价值评价，除了定量的指标外，定性的指标也需要占很大的比重，包括专利技术族群在产业链中所处的地位、是否为产业中的关键核心技术族群、是否为国家重点发展的战略性技术族群等。

参 考 文 献

陈燕，黄迎燕，方建国，等. 2014. 专利信息采集与分析[M]. 2 版. 北京：清华大学出版社.

德•诺伊 W，姆尔瓦 A，巴塔盖尔吉 V. 2012. 蜘蛛：社会网络分析技术[M]. 林枫译. 北京：世界图书出版公司.

方曙. 2007. 基于专利信息分析的技术创新能力研究[D]. 西安：西安交通大学博士学位论文.

顾震宇. 2006. 有机发光显示器（OLED）专利统计分析[J]. 中国科技信息，（10）：71-74.

官建成，戴珊珊. 2008. 我国信息通讯技术领域专利战略分析[J]. 技术经济，27（2）：1-11.

合享汇智. 2017. incoPat V30 使用技巧培训手册[EB/OL]. https://www.docin.com/p-2243697289.html[2017-01-01].

赖院根，朱东华，胡望斌. 2007. 基于专利情报分析的高技术企业专利战略构建[J]. 科研管理，28（5）：156-162.

梁立明，谢彩霞. 2003. 词频分析法用于我国纳米科技研究动向分析[J]. 科学学研究，21（2）：138-142.

刘军. 2014. 整体网分析：UCINET 软件实用指南[M]. 2 版. 上海：格致出版社，上海人民出版社.

刘勇，杜一. 2017. 网络数据可视化与分析利器：Gephi 中文教程[M]. 北京：电子工业出版社.
罗立国. 2008. 数据库技术领域的专利地图研究[J]. 知识产权，18（5）：46-52.
马天旗，黄文静，李杰，等. 2015. 专利分析：方法、图表解读与情报挖掘[M]. 北京：知识产权出版社.
穆秀秀. 2015. 创新方案构建中的专利群规避设计研究[D]. 天津：河北工业大学硕士学位论文.
邱洪华，余翔. 2009. 基于 k-means 聚类算法的专利地图制作方法研究[J]. 科研管理，30（2）：70-76.
邱洪华，刘晓丽，赵勇. 2012. 中国工程机械产业专利信息分析研究[J]. 情报杂志，31（10）：83-89.
邱均平，马瑞敏，徐蓓，等. 2008. 专利计量的概念、指标及实证——以全球有机电激发光技术相关专利为例[J]. 情报学报，27（4）：556-565.
邱小花，李国俊，肖明. 2013. Sci2——一款新的知识图谱分析软件介绍与评价[J]. 图书馆杂志，32（9）：79-87.
谭思明. 2005. 基于专利地图技术的中、美微流控专利竞争情报研究[J]. 情报杂志，（5）：33-35.
万小丽，朱雪忠. 2009. 国际视野下专利质量指标研究的现状与趋势[J]. 情报杂志，28（7）：49-54.
王淼，马捷，冀小强，等. 2011. 国际专利分类与生物医药产业对照表的构建及应用[J]. 中国医药生物技术，6（5）：392-394.
王曰芬，徐丹丹，李飞. 2008. 专利信息内容挖掘及其实验研究[J]. 现代图书情报技术，（12）：59-65.
吴新银，刘平. 2003. 专利地图研究初探[J]. 研究与发展管理，15（5）：88-92.
肖国华. 2006. 专利地图研究与应用[D]. 成都：四川大学硕士学位论文.
徐戈，王厚峰. 2011. 自然语言处理中主题模型的发展[J]. 计算机学报，34（8）：1423-1436.
许彦. 2010. 基于专利分析透视 OLED 的发展前景[J]. 电子知识产权，（5）：66-70.
杨铁军. 2014. 专利分析实务手册[M]. 北京：知识产权出版社.
张诚，朱东华，汪雪锋. 2006. 集成电路封装技术中国专利数据分析研究[J]. 现代情报，（9）：160-166.
张旭，雷孝平，刘润生，等. 2011. 中德风电技术专利比较研究[J]. 情报杂志，30（5）：18-22.
Ashton W B，Sen R K. 1988. Using patent information in technology business planning-I[J]. Research Technology Management，31（6）：42-46.
Breitzman A F，Mogee M E. 2002. The many applications of patent analysis[J]. Journal of Information Science，28（3）：187-205.
Carpenter M P，Narin F，Woolf P. 1981. Citation rates to technologically important patents[J]. World Patent Information，（4）：160-163.
Chen D Z，Chang H W，Huang M H，et al. 2005. Core technologies and key industries in Taiwan from 1978 to 2002：a perspective from patent analysis[J]. Scientometrics，64（1）：31-53.
Chen H，Roco M C. 2009. Mapping Nanotechnology Innovations and Knowledge：Global and Longitudinal Patent and Literature Analysis[M]. New York：Springer.
Deng Z，Lev B，Narin F. 1999. Science & technology indicators as predictors of stock performance[J]. Financial Analysts Journal，55（3）：20-32.
Dereli T，Durmusoglu A. 2010. Alerting companies through on-line patent trend analysis[J]. Cybernetics and Systems，41（5）：371-390.
Fleisher C S，Bensoussan B E. 2002. Strategic and Competitive Analysis-methods and Techniques for Analyzing Business Competition[M]. Upper Saddle River：Prentice Hall.
Griliches Z. 1990. Patent statistics as economic indicators：a survey[J]. Journal of Economic Literature，（28）：1661-1707.
Guan J C，Gao X. 2009. Exploring the h-index at patent level[J]. Journal of the American Society for Information Science and Technology，60（1）：35-40.
Holger E. 2003. Patent information for strategic technology management[J].World Patent Information，25：233-242.

Huang M H，Chiang L Y，Chen D Z. 2003. Constructing a patent citation map using bibliographic coupling：a study of Taiwan’s high-tech companies[J]. Scientometrics，58（3）：489-506.

Jaffe A，Trajtenberg M，Henderson R. 1993. Geographic localization of knowledge spillovers as evidenced by patent citations[J]. The Quarterly Journal of Economics，108（3）：577-598.

Johnson K D. 2002. The OECD technology concordance（OTC）：patents by industry of manufacture and sector of use[J]. OECD Science Technology and Industry Working Papers，（5）：1-40.

Joo S H，Lee K. 2010. Samsung's catch-up with Sony：an analysis using US patent data[J]. Journal of the Asia Pacific Economy，15（3）：271-287.

Kortum S，Putnam J. 1997. Assigning patents to industries：tests of the Yale technology concordance[J]. Economic Systems Research，9（2）：161-176.

Martin G M，Lothar W，Anja G，et al. 2005. Patent-based inventor profiles as a basis for human resource decisions in research and development[J]. R&D Management，35（5）：513-524.

Narin F. 1995. Patents as indicators for the evaluation of industrial research output[J]. Scientometrics，34（3）：489-496.

Narin F. 2000. Tech-line background paper[EB/OL]. https://www.researchgate.net/publication/228748910_Tech-line_Background_Paper/link/0f317536b18227a6b9000000/download[2000-05-15].

Polykovskiy D. 2017. Bayesian methods for machine learning[EB/OL]. https://www.courseduck.com/bayesian-methods-for-machine-learning-2837[2017-01-06].

Reisner P. 1965. A machine stored citation index to patent literature experimentation and planning[C]//Lunh H P. Proceedings of Automation and Scientific Communications Annual Meeting 1963. Washington：American Documentation Institute：48-62.

Sci2 Team. 2009. Science of Science（Sci2）Tool[EB/OL]. https://sci2.cns.iu.edu[2017-08-02].

Trajtenberg M. 1990. A penny for your quotes：patent citations and the value of innovations[J]. The RAND Journal of Economics，21（1）：172-187.

2 技术和产业界定分类的文献研究和梳理

文献研究的对象主要包括：基于专利的技术界定方面的研究；产业的传统分析方法；基于专利数据的技术与产业的对应关系。在文献梳理的基础上探讨专利数据在产业界定和划分中的作用和方法。

2.1 基于专利的技术界定和分类

作为专利文献标准化的主要内容之一，专利分类按照发明创造的技术主题或技术领域进行分类。世界范围内使用的专利分类主要包括以下几个方面。

2.1.1 国际专利分类

根据 1975 年 10 月 7 日生效的《国际专利分类斯特拉斯堡协定》，国际专利分类[①]的分类对象包括发明专利申请公开说明书、授权发明专利说明书和实用新型说明书。每年的 1 月 1 日会实施新版的国际专利分类（WIPO，2020）。自 1985 年我国实施专利法以来，国家知识产权局专利局一直采用国际专利分类法对发明专利和实用新型专利的技术主题进行分类。国际专利分类的首要目的是为各国家（地区）知识产权局和其他使用者建立一套用于专利文献的高效检索工具，用以确定新颖性，评价专利申请中技术公开的发明高度或非显而易见性（国家知识产权局，2008）。

国际专利分类法是按照发明创造的技术主题进行分类的。国际专利分类是一种等级分类体系，包括部、大类、小类、大组和小组共五个等级。等级越低，技术内容越详细。一个完整的分类号由代表部、大类、小类和大组或小组的类号构成。

2.1.1.1 部

国际专利分类表内容包括了与发明专利有关的全部知识领域，共分为八个部，

① 国际专利分类中文版参见 https://www.cnipa.gov.cn/art/2020/12/8/art_2152_155480.html；英文版参见 https://ipcpub.wipo.int/。

部是分类表等级结构的最高等级。每一个部的类号由 A 至 H 中的一个字母表示。每一个部又包括若干由信息性标题构成的分部，分部没有类号。八个部及其分部的名称如表 2-1 所示。

表 2-1 国际专利分类部与分部名称

部	分部
A 人类生活必需	农业 食品；烟草 个人或家用物品 保健；救生；娱乐
B 作业；运输	分离；混合 成型 印刷 交通运输 微观结构技术；超微技术
C 化学；冶金	化学 冶金 组合技术
D 纺织；造纸	纺织或未列入其他类的柔性材料 造纸
E 固定建筑物	建筑 土层或岩石的钻进；采矿
F 机械工程；照明；加热；武器；爆破	发动机或泵 一般工程 照明；加热 武器；爆破
G 物理	仪器 核子学
H 电学	电学

2.1.1.2 大类

每一个部被细分成若干大类，大类是分类表的第二等级。每一个大类的类号由部的类号及两位数字组成。每一个大类的类名表明该大类包括的内容。例如，F01 一般机器或发动机；一般的发动机装置；蒸汽机。某些大类有一个索引，给出该大类内容的总括的信息性概要。

2.1.1.3 小类

每一个大类包括一个或多个小类，小类是分类表的第三等级。每一个小类类号由大类类号加上一个大写字母组成。小类的类名尽可能确切地表明该小类的内容。例如，F01B 一般的或变容式的机器或发动机。大多数小类都有一个索引，是一种给出该小类内容的总括的信息性概要。

2.1.1.4 大组

每一个小类被细分为组。大组是分类表的第四等级。每一个大组的类号由小类类号和 1 到 3 位数字、斜线及 00 组成。大组的类名确切地限定在小类范围内的一个技术主题领域。例如，F01B 3/00 汽缸轴线与主轴轴线同轴、平行或倾斜的往复活塞式机器或发动机。

2.1.1.5 小组

小组是大组的细分类，是分类表的第五等级。每一个小组的类号由小类类号和 1 到 3 位数字、斜线及除 00 以外的至少两位数字组成。小组的类名前加一个或几个圆点指明该小组的等级位置，即指明每一个小组是它上面离它最近的又比它少一个圆点的小组的细分类。如下所示。

F01B 13/00 有旋转的汽缸以便获得活塞往复运动的往复活塞式机器或发动机。

F01B 13/02 • 只带有 1 个汽缸。

F01B 13/04 • 带有 1 个以上的汽缸的。

F01B 13/06 •• 星形排列的。

小组 F01B 13/06 的类名应该读作“带有 1 个以上且按星形排列的旋转汽缸以便获得活塞往复运动的往复活塞式机器或发动机”。

2.1.2 美国专利分类

美国专利分类建立于 1830 年，是世界上建立最早、使用时间最长的专利分类法。美国专利分类分大类（class）和小类（subclass）两个级别，大类描述不同的技术主题，小类描述大类所含技术主题的工艺过程、结构特征和功能特征。一个完整的美国专利分类号由大类和小类组成，大类和小类之间用斜线隔开。例如，分类号“2/456”表示大类 2（服装）中的小类 456（身体覆盖物）。

美国专利分类体系中，共有 400 多个大类。每个大类有一个类名，用来描述该大类分类的技术主题；每个大类有 1 至 3 个识别该大类的唯一字符标识符。植物大类的标识符为 PLT；发明专利分类的标识符为 1 至 3 位整数数字（如 002、714）；外观设计专利用后面缀有 1 至 2 位整数数字的“D”标识（如 D02、D13）。

所有小类都有指明小类技术主题类型的描述性类名；小类（不包括字母小类）和交叉参考技术文献小类用定义进一步限定所包含的技术主题。美国专利分类的类型包括原始分类和交叉参考分类，而与美国授权前公开文献相关的是主分类和副分类（陈卫明，2016）。

需要注意的是，对于发明专利，美国专利分类的检索时间范围是 1790 年到 2014 年底。从 2015 年开始，发明专利开始使用联合专利分类体系进行分类。美国设计专利和植物专利目前没有使用联合专利分类体系，使用的仍旧是美国专利分类体系。

2.1.3 欧洲专利分类

欧洲专利分类是欧洲专利局曾经使用的内部分类体系，从 2013 年 1 月起被新的分类体系即联合专利分类体系替代（EPO，2017）。欧洲专利分类是基于国际专利分类体系下细分的分类体系，以国际专利分类体系为骨架，在此基础上进行更加细分的分类。欧洲专利分类与国际专利分类的区别在于以下几个方面。

（1）分类条目细分程度不同。国际专利分类的分类条目较宽，在某些很活跃的技术领域中包括过多的文献。欧洲专利分类会对国际专利分类条目进一步细分，从而使得各分类号下包含的文献量适中，通过分类号限定更加合适的技术范围，分类主题更加明确，可以提高检索效率。

（2）分类表与数据库的更新联动情况不同。在国际专利分类体系中，专利数据库与分类表分离，分类表的变化独立于数据库中的专利文献，专利文献不会随着国际专利分类表修订版本的变化而重新进行分类。对于同一技术主题的专利文献，使用新版的分类号进行检索，可能会导致在分类号变化情况下对于使用以前版本分类号的专利文献的漏检。在欧洲专利分类体系下，已分类的文献会随着分类表的更新而进行更新，可以提高专利文献的查全率。

（3）分类表的更新速度不同。相比国际专利分类体系，欧洲专利分类体系更新速度更快，欧洲专利分类表伴随技术的发展实时修改，平均 1～2 周修订一次（黄非和许敏，2011）。

2.1.4 日本专利分类

日本专利分类法是日本专利局（Japan Patent Office，JPO）的内部分类体系①。日本专利分类法分为 FI（file index）分类和 F-term（file forming term）分类。FI

① 日本专利分类英文版，参见 https://www.jpo.go.jp/e/system/patent/gaiyo/seido-bunrui/index.html。

分类和 F-term 分类分别从 1978 年和 1984 年在日本专利局内部开始实施，FI 分类每半年修订一次，F-term 分类每年修订一次。FI 分类是日本专利局基于国际专利分类的细分和扩展，用于扩展国际专利分类在某些技术领域的功能。FI 分类号采用了类似国际专利分类号的层次递降的等级结构来对技术整体进行分割，使得在某一小组下的上千或上万的文献在细分/扩展之后，其文献量限制在几百篇甚至几十篇文献之内，从而提高了检索效率。

FI 分类的完整结构形式为：国际专利分类号＋FI 细分号＋文件识别码。FI 细分号（extension symbol）为 3 位数字，是对国际专利分类小组细分的分类号。文件识别码（file discrimination symbol）为 1 位字母，是对某些国际专利分类小组或对细分号再次细分的分类号，采用从"A"到"Z"的 1 位字母表示。例如，G06F 9/00 320 A，其中，"G06F9/00"是国际专利分类号；"320"为 FI 细分号；"A"为文件识别码。

F-term 是日本专利局为适应计算机检索而建立的多面分类体系，也可表述为 FT 分类。F-term 从技术的多个侧面，例如，从发明目的、用途、结构、技能、材料、控制手段等方面进一步细分或重分某个特定的国际专利分类技术领域，从而构成了对一项专利技术的"立体分类"；F-term 分类的标引主要是基于对权利要求的拆解来进行的，权利要求中的任何技术内容都可能成为技术条目，同时还可能根据说明书中甚至附图的内容进行分类。

F-term 分类号构成为：主题码＋视点符＋位符。主题码（theme code）代表一个技术领域，由 5 位数字和字母组成。视点符（view point）是对主题进行分析（如材料、目的、制造等方面），由 2 位字母组成。位符（figure）是对视点符进行细分，由 2 位数字组成。例如，3E067 AB01，其中，"3E067"为主题码，"AB"为视点符号，"01"为位符。

F-term 分类的特点是针对一篇专利文献通常会具有多个分类号，有时甚至多达四五十个，从尽可能多的角度给出分类号。对文献标引的冗余特性大大加强了检出文献的可能。多角度标引也导致了 F-term 分类能适应对文献不同角度的需求。其不仅从文献的整体考虑给出分类号，还根据文献的细节给出分类号。用某些分类号来代替关键词，从而避免了关键词的不足，减少漏检（王玥等，2013）。

2.1.5　联合专利分类

联合专利分类[①]是欧洲专利局与美国专利商标局联合开发的专利分类体系。联合专利分类起始于 2010 年 10 月 25 日欧洲专利局局长与美国专利商标局局长

① 联合专利分类体系及定义、对应表和年度报告等信息参见 http://www.cooperativepatentclassification.org/home。

签署的联合声明："为使相关利益主体受益，针对专利文献的全球分类体系开发一种清晰且一致的方法；为使专利检索流程更加有效；确信两局间的合作将推进IP5①框架下的专利分类协调项目即统一混合分类（common hybrid classification）项目，美国专利商标局和欧洲专利局一致同意合作开发基于欧洲专利分类体系的联合分类体系，该体系将吸收两局在实践中的最好经验"（EPO and USPTO，2017）。

联合专利分类已经于2013年1月1日实施。欧洲专利局的审查员自该日期起只使用联合专利分类对专利及部分非专利文献进行分类，同时停止欧洲专利分类体系的更新和维护。美国专利商标局的审查员自该日期起也开始使用联合专利分类与美国专利分类并行分类。两年过渡期后，即2015年1月1日起，美国专利商标局的审查员只使用联合专利分类。

目前另外有四个国家局使用联合分类体系，分别是韩国知识产权局、中国国家知识产权局、俄罗斯专利局和巴西国家工业产权局。2013年6月5日，韩国知识产权局宣布实施联合分类体系分类试点项目。中国国家知识产权局自2016年1月对所有技术领域的专利文献使用联合专利分类（李真和魏巧莲，2014）。

（1）联合分类体系的组成。联合分类体系共有9个部。A部至H部，对应于国际专利分类的8个部。新增Y部，主要为新兴技术领域，如以下几个例子。

Y02B：减缓气候变化的建筑相关的技术，包括住房和电器或相关的终端应用。

Y02C：捕捉、储存、封存技术或温室气体的排放技术。

Y02E：与能源产生、输送或分配相关的温室气体减排技术。

Y02T：与运输相关的减缓气候变化的技术。

Y04S：与电网运行相关的系统集成技术，改善电力产生、输送、分配、管理或使用的通信或信息技术，如智能电网。

Y10S：美国专利分类已有的跨领域交叉引用技术集合和文摘（cross-reference art collections and digests）。

Y10T：美国专利分类已有的技术主题（如美国专利分类的16、24、29、70、74、82、83等大类下的部分）。

Y02W：与废水处理或垃圾管理相关的减缓气候变化的技术。

Y02P：产品生产或加工过程中减缓气候变化的技术。

（2）与美国专利分类和国际专利分类的结构差别。联合专利分类对于技术的定义划分得更加详细，包括了数量更多的大组和小组，因此对专利技术的描述更加清晰，并且减少了每个小组的专利文献量。这些分类内容也可以看作一些文献

① IP5指的是欧洲专利局、美国专利商标局、中国国家知识产权局、日本专利局和韩国知识产权局。自2008年10月，五国知识产权局开始合作推进各局之间的专利检索和审查工作，实现信息共享。五局合作网站，参见https://www.fiveipoffices.org/home。

中的“符号”或“标记”（Intellectual Property Owners Association，2015）。联合专利分类与美国专利分类和国际专利分类的结构差别如图 2-1 所示。

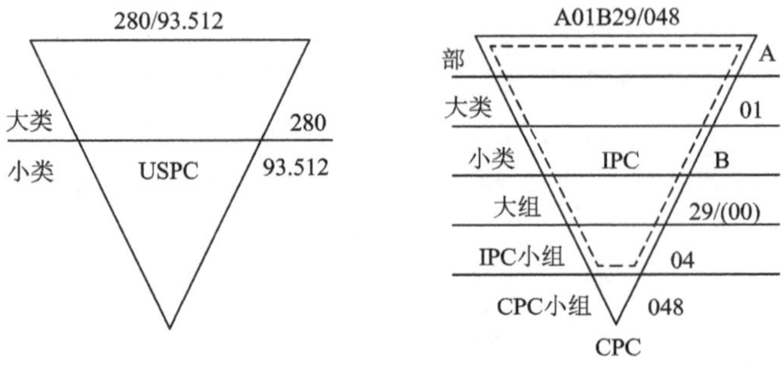

图 2-1 联合专利分类与美国专利分类和国际专利分类的结构差别

2.1.6 外观设计分类

洛迦诺分类（Locarno classification）是国际上公认的外观设计分类法。洛迦诺分类体系是根据 1968 年 10 月 8 日在瑞士洛迦诺签署的《建立工业品外观设计国际分类洛迦诺协定》建立的。2017 年 1 月 1 日洛迦诺分类第 11 版开始实施。除了洛迦诺分类的协约国，非洲知识产权组织、比荷卢知识产权局、欧盟知识产权局和世界知识产权组织国际局在外观设计注册及公告中也都使用洛迦诺分类（WIPO，2017）。洛迦诺分类协约国可以自由采用洛迦诺分类法作为工业品外观设计分类，也可以仍然维持本国已有关于工业品外观设计的分类法，而把洛迦诺分类法作为辅助分类法，一起记载在外观设计文献上。

洛迦诺分类表包括大类表、小类表和注释说明，分类表按照包含外观设计的工业品类别进行分类。洛迦诺分类号由洛迦诺分类版本号、大类号和小类号组成，如“LOC（10）CL. 14-03，14-04”是某手机外观设计专利的洛迦诺分类号码。“LOC”表示“Locarno”；“Cl.”表示“Classification”；“（10）”表示洛迦诺分类第 10 版；“14”是大类号，表示“录音、通信或信息再现设备”；“03”和“04”是小类号，“14-03”和“14-04”分别表示“通信设备和无线遥控器、无线电放大器”和“显示图像和图标”。

作为反映科技创新的最重要形式，专利信息可以用来评估技术现况和进行技术追踪（Narin，1995；张诚等，2006），测定技术创新的速度（Narin，2000），判断技术所处生命周期（萌芽期、发展期、成熟期和淘汰期）的阶段（陈燕等，2014），衡量技术创新能力和技术竞争力（方曙，2007；官建成和戴珊珊，2008；WIPO，2016），促进技术研发和创新设计（Huang et al.，2003），辨识特定技术领域的技术内容和研究热点（梁立明和谢彩霞，2003；王曰芬等，2008；Chen and Roco，2009），评价技术研发实力、技术质量和技术影响力（Guan and Gao，2009；张旭等，2011）等。

2.2 产业的界定和分类

产业分类是为统计经济活动而进行的分类。产业分类把参与经济活动的所有领域的各个组织机构按其经济活动的类型予以分类并赋予编码，反映了产业不同的经济活动特征。目前国际上使用的产业分类体系主要有国际标准产业分类、北美产业分类、欧盟产业分类和我国国民经济行业分类等。

2.2.1 北美产业分类

为适应经济发展的需要，美国的产业分类经历了从 20 世纪 30 年代末的《标准产业分类体系》（*Standard Industrial Classification*，SIC）到 1997 年的《北美产业分类体系》（*North American Industry Classification System*，NAICS）的演变（袁勤俭，2005）。在 1997 年之前，美国所发布的经济调查数据一直是以美国管理与预算办公室开发和维护的标准产业分类体系作为产业分类的标准。从 1997 年 4 月 9 日开始，美国开始使用北美产业分类体系。

北美产业分类是由墨西哥国家统计局、加拿大统计局和美国管理与预算办公室共同制定的，三国的政府和商业部门都使用北美产业分类体系进行数据统计和分析。北美产业分类体系兼容了联合国统计局（United Nations Statistics Division）的国际标准产业分类体系，每五年修订一次。1997 年第一版的北美产业分类体系提供的服务部门的覆盖范围相比之前的美国产业分类体系更全面。2002 年的修订版适应了信息部门的重大变化。2012 年的修订版略微减少了行业数量，并修改了六个行业。

北美产业分类编号系统包括五位或六位数字的代码。前五位数字在这三个国家是相同的，即前两位数字表示最大的业务部门；第三位数字表示分部门；第四位数字表示产业分组；第五位数字表示北美产业分类的产业；第六位数字表示国家层面的产业。北美产业分类的 20 个部门如表 2-2 所示。

表 2-2 北美产业分类的 20 个部门

部门代码	部门名称	英文名称
11	农业、林业、渔业和狩猎业	agriculture，forestry，fishing and hunting
21	采掘业、石油和天然气开采	mining，quarrying，and oil and gas extraction

续表

部门代码	部门名称	英文名称
22	公用事业	utilities
23	建筑业	construction
31～33	制造业	manufacturing
41/42	批发贸易	wholesale trade
44～45	零售贸易	retail trade
48～49	运输与仓储	transportation and warehousing
51	信息	information
52	金融与保险	finance and insurance
53	不动产和租赁业	real estate and rental and leasing
54	专业和科技服务	professional，scientific，and technical services
55	企业管理	management of companies and enterprises
56	行政管理、支持服务、废物管理和补救服务	administrative and support and waste management and remediation services
61	教育服务	educational services
62	医疗和社会救助	health care and social assistance
71	艺术、娱乐和休闲	arts，entertainment，and recreation
72	住宿和餐饮业	accommodation and food services
81	除了公共管理外的其他服务	other services（except public administration）
91/92	公共管理	public administration

2.2.2　国际标准产业分类

基于科林·克拉克三次产业理论的《所有经济活动的国际标准产业分类》（*International Standard Industrial Classification of All Economic Activities*）（其简称为国际标准产业分类）是由联合国统计局批准制定的，是对经济活动进行分类的最有影响力的参考型分类体系（袁勤俭，2012），目前世界上有超过150个国家的产业分类体系都是基于国际标准产业分类的（The Statistical Office of the European Communities，2008）。

国际标准产业分类根据生产、就业、国内生产总值和其他统计领域的经济活动种类对数据进行分类。国际标准产业分类是研究经济现象，促进数据国际可比性，为制定国家分类和促进发展健全的国家统计系统提供指导的基本工具。国际标准产业分类经过多次修订，分别于1958年、1968年、1990年、2002年和2008年推出了ISIC1.0、ISIC 2.0、ISIC 3.0、ISIC 3.1和ISIC 4.0。ISIC 4.0是最新版的国际标准产业分类，虽然该版本继续使用生产产品的投入、产出和使用等标准，但在定义和界定国际标准产业分类类别时，更加强调生产过程的性质。组、类及更广泛的分类级别，会根据所生产产品和服务的性质，商品和服务的用途，投入、生产过程和技术等，与生产单位的活动相结合。

国际标准产业分类包括四个层级：部门（section）、类（division）、大组（group）和组（class）。国际标准产业分类代码包括一位大写字母和四位阿拉伯数字，部门用一位A到T的字母表示，类用两位阿拉伯数字表示，大组用三位阿拉伯数字表示，组用四位阿拉伯数字表示。ISIC 4.0包括20个部门、88个类、238个大组和419个组，20个部门如表2-3所示。

表2-3 国际标准产业分类的20个部门

部门代码	部门名称	英文名称
A	农业、林业和渔业	agriculture；forestry and fishing
B	采掘业	mining and quarrying
C	制造业	manufacturing
D	电、天然气、蒸汽和空调供应	electricity；gas，steam and air conditioning supply
E	供水；污水处理、废物管理和补救活动	water supply；sewerage，waste management and remediation activities
F	建筑业	construction
G	批发和零售贸易；机动车和摩托车的修理	wholesale and retail trade；repair of motor vehicles and motorcycles
H	运输和储存	transportation and storage
I	住宿和餐饮业	accommodation and food service activities
J	信息和通信业	information and communication
K	金融和保险业	financial and insurance activities
L	房地产业	real estate activities
M	专业和科技活动	professional，scientific and technical activities
N	行政管理及服务业	administrative and support service activities
O	公共管理与国防；强制性社会保障	public administration and defence；compulsory social security
P	教育	education
Q	卫生和社会福利业	human health and social work activities
R	艺术、娱乐和休闲活动	arts，entertainment and recreation
S	其他服务活动	other service activities
T	家庭作为雇主的活动；家庭自用、未加区分的产品生产和服务活动、域外组织和机构活动	activities of households as employers；undifferentiated goods-and services-producing activities of households for own use；activities of extraterritorial organizations and bodies

国际标准产业分类是目前世界上影响力最大的分类体系，世界各国和国际组织机构普遍使用国际标准产业分类。许多国家已将国际标准产业分类作为拟定本国产业分类的基础，尽可能使其分类体系的最低层级类目可以并且只能归入国际标准产业分类的一个类目，从而使其产业分类与国际标准产业分类具有可比性（袁勤俭，2012）。

2.2.3　欧盟产业分类

欧盟产业分类（statistical classification of economic activities in the European Community，NACE）是国际标准产业分类体系的派生分类。1970 年，欧洲共同体统计处制定了涵盖欧洲共同体所有经济活动的产业分类体系 NACE 1970 版，其后分别于 1990 年、2002 年和 2006 年推出了 NACE 1.0、NACE 1.1 和 NACE 2.0。NACE 2.0 是最新版的欧盟产业分类。欧盟产业分类每一次修订几乎都是与国际标准产业分类的修订相对应，而且其分类符号体系与国际标准产业分类的分类符号体系越来越趋向一致（崔维军和袁勤俭，2006）。

欧盟产业分类包括四个层级：部门（section）、类（division）、大组（group）和组（class）。欧盟产业分类代码包括一位大写字母和四位阿拉伯数字，部门用一位 A 到 T 或 U 的字母表示，类用两位阿拉伯数字表示，大组用三位阿拉伯数字表示，组用四位阿拉伯数字表示。欧盟产业分类与国际标准分类在部门层级的划分上是相同的，但是在类、大组和组的划分上更加细致。NACE 2.0 包括 21 个部门、88 个类、270 个大组和 617 个组，21 个部门如表 2-4 所示。

表 2-4　国民经济行业分类的 20 个部门

部门代码	部门名称	英文名称
A	农业、林业和渔业	agriculture，forestry and fishing
B	采掘业	mining and quarrying
C	制造业	manufacturing
D	电、天然气、蒸汽和空调供应	electricity，gas，steam and air conditioning supply
E	供水；污水处理、废物管理和补救活动	water supply；sewerage，waste management and remediation activities
F	建筑业	construction
G	批发和零售贸易；机动车和摩托车的修理	wholesale and retail trade；repair of motor vehicles and motorcycles
H	运输和储存	transportation and storage
I	住宿和餐饮业	accommodation and food service activities
J	信息和通信业	information and communication

续表

部门代码	部门名称	英文名称
K	金融和保险业	financial and insurance activities
L	房地产业	real estate activities
M	专业和科技活动	professional，scientific and technical activities
N	行政管理及服务业	administrative and support service activities
O	公共管理与国防；强制性社会保障	public administration and defence；compulsory social security
P	教育	education
Q	卫生和社会福利业	human health and social work activities
R	艺术、娱乐和休闲活动	arts，entertainment and recreation
S	其他服务活动	other service activities
T	家庭作为雇主的活动；家庭自用、未加区分的产品生产和服务活动	activities of households as employers；undifferentiated goods-and services-producing activities of households for own use
U	域外组织和机构活动	activities of extraterritorial organisations and bodies

2.2.4 国民经济行业分类

中国的国民经济行业分类经过多次修订，分别于1984年、1994年、2002年、2011年和2017年推出了GB/T 4754—1984、GB/T 4754—1994、GB/T 4754—2002、GB/T 4754—2011和GB/T 4754—2017。GB/T 4754—2017是最新版的国民经济行业分类，参考联合国统计委员会制定的ISIC 4.0编制（中华人民共和国国家质量监督检验检疫总局和中国国家标准化管理委员会，2019）。标准采用经济活动的同质性原则来划分国民经济行业，即每一个行业类别按照同一种经济活动的性质划分，而不是依据编制、会计制度或部门管理等划分。GB/T 4754—2017标准采用线分类法和分层次编码方法，将国民经济行业划分为门类、大类、中类和小类四级。小类是国民经济行业分类的核心层，其经济活动的同质性最高，构成了全社会经济活动中可供观察和度量的最小产业活动类别的全部内容；种类是活动性质相近的小类行业的综合类别，是链接小类与大类的过渡分类；大类是构成国民经济重要经济部门的类别，也是构成全社会经济活动的结构性框架；门类是国民经济行业分类中活动性质相近的经济部门的综合类别（国家统计局，2018）。

国民经济行业代码由一位拉丁字母和四位阿拉伯数字组成。门类代码用一位拉丁字母表示，即用字母A，B，…，T依次代表不同门类；大类代码用两位阿拉伯数字表示，打破门类界限，从01开始按顺序编码；中类代码用三位阿拉伯数字表示，前两位为大类代码，第三位为中类顺序代码；小类代码用四位阿拉伯数字表示，前三位为中类代码，第四位为小类顺序代码。GB/T 4754—2017 共有 20 个门类、97 个大类、473 个中类、1380 个小类，20 个门类，如表 2-5 所示。

表 2-5 国民经济行业分类的 20 个门类

门类代码	门类名称
A	农、林、牧、渔业
B	采矿业
C	制造业
D	电力、热力、燃气及水生产和供应业
E	建筑业
F	批发和零售业
G	交通运输、仓储和邮政业
H	住宿和餐饮业
I	信息传输、软件和信息技术服务业
J	金融业
K	房地产业
L	租赁和商务服务业
M	科学研究和技术服务业
N	水利、环境和公共设施管理业
O	居民服务、修理和其他服务业
P	教育
Q	卫生和社会工作
R	文化、体育和娱乐业
S	公共管理、社会保障和社会组织
T	国际组织

2.2.5 战略性新兴产业分类

2010 年 10 月，国务院发布《关于加快培育和发展战略性新兴产业的决定》，将战略性新兴产业分为七大产业：以节能产品、环境监测和污染控制为代表的节能环保产业；以软件、微电子技术和互联网设备为重点的新一代信息技术产业；以生物医药、生物制造、生物育种、生物农业为代表的生物产业；以航空航天、海洋工程装备和高端智能装备为代表的高端装备制造产业；以太阳能、风能、生物质能、核能为代表的新能源产业；以电子信息材料、纳米材料、先进复合材料、生态环境材料为代表的新材料产业；以纯电动汽车、混合动力电动汽车、燃料电池电动汽车为代表的新能源汽车产业（国家统计局，2013）。2012 年 12 月国家统计局试行的《战略性新兴产业分类（2012）》是在《国民经济行业分类》的基础上对与战略性新兴产业相关活动的集合和再分类。战略性新兴产业分类原则上以从事战略性新兴产业活动的法人单位为统计单位。

《战略性新兴产业分类（2012）》为独立的分类体系，采用线分类法和分层次编码方法，共分为三层，第一层根据《国务院关于加快培育和发展战略性新兴产业的决定》，将战略性新兴产业划分为七个大类，即节能环保产业、新一代信息技术产业、生物产业、高端装备制造产业、新能源产业、新材料产业、新能源汽车产业。第二层和第三层依据《"十二五"国家战略性新兴产业发展规划》及国家发展和改革委员会编制的《战略性新兴产业重点产品和服务指导目录》将七大类进一步细分，第二层为 30 个类别，第三层为 100 个类别；在第三层建立与行业和产品（服务）的对应关系，对应《国民经济行业分类》中的行业类别有 359 个，对应战略性新兴产业产品及服务有 2410 项，其中对应《统计用产品分类目录》中的产品（服务）有 700 多项。每一层采用阿拉伯数字进行编码，位数不限，每层代码之间用"."隔开。凡第二层不再细分，则第三层代码补一位"0"。对应《国民经济行业分类》和《统计用产品分类目录》均采用标准代码。

2018 年 11 月公布实施的《战略性新兴产业分类（2018）》建立了与《国民经济行业分类》（GB/T 4754—2017）的对应关系。该版本的分类采用线分类法、分层次和可变递增格式编码方法。主体编码分为一、二、三层，新材料产业采用可变递增格式编码，增加至四层。所有编码分层用"."隔开，每一层采用阿拉伯数字编码。除新材料产业以外的类别，第二层如果不再细分，则第三层代码补一位"0"。新材料产业第三层如果不再细分，则第四层代码补一位"0"。第一层共有 9 个类别，第二层有 40 个类别，第三层有 189 个类别，第四层有 166 个类别。第一层包括新一代信息技术产业、高端装备制造产业、新材料产业、生物产业、新能源汽车产业、新能源产业、节能环保产业、数字创意产业、相关服务业共 9 大类别，第一层次和第二层次的分类如表 2-6 所示。

表 2-6 战略性新兴产业第一和第二层次产业

第一层产业分类代码	第一层产业分类名称	第二层产业分类代码	第二层产业分类名称
1	新一代信息技术产业	1.1	下一代信息网络产业
		1.2	电子核心产业
		1.3	新兴软件和新型信息技术服务

续表

第一层产业分类代码	第一层产业分类名称	第二层产业分类代码	第二层产业分类名称
1	新一代信息技术产业	1.4	互联网与云计算、大数据服务
		1.5	人工智能
2	高端装备制造产业	2.1	智能制造装备产业
		2.2	航空装备产业
		2.3	卫星及应用产业
		2.4	轨道交通装备产业
		2.5	海洋工程装备产业
3	新材料产业	3.1	先进钢铁材料
		3.2	先进有色金属材料
		3.3	先进石化化工新材料
		3.4	先进无机非金属材料
		3.5	高性能纤维及制品和复合材料
		3.6	前沿新材料
		3.7	新材料相关服务
4	生物产业	4.1	生物医药产业
		4.2	生物医学工程产业
		4.3	生物农业及相关产业
		4.4	生物质能产业
		4.5	其他生物业
5	新能源汽车产业	5.1	新能源汽车整车制造
		5.2	新能源汽车装置、配件制造
		5.3	新能源汽车相关设施制造
		5.4	新能源汽车相关服务
6	新能源产业	6.1	核电产业
		6.2	风能产业
		6.3	太阳能产业
		6.4	生物质能及其他新能源产业
		6.5	智能电网产业
7	节能环保产业	7.1	高效节能产业
		7.2	先进环保产业
		7.3	资源循环利用产业
8	数字创意产业	8.1	数字创意技术设备制造

续表

第一层产业分类代码	第一层产业分类名称	第二层产业分类代码	第二层产业分类名称
8	数字创意产业	8.2	数字文化创意活动
		8.3	设计服务
		8.4	数字创意与融合服务
9	相关服务业	9.1	新技术与创新创业服务
		9.2	其他相关服务

关于新兴产业的分类方法，袁健红等（2014）提出以需求为导向的系统识别方法，从企业主营产品的应用领域对企业进行产业划分，在现有的国民经济行业分类体系中归分出不同性质的新兴产业类别。

2.3 基于专利的产业与技术对照研究

专利信息作为一种集技术、法律和经济信息于一体的战略性信息资源，是紧密联系科技和经济两大领域的纽带。已有文献通常利用专利分类和专利信息来评价技术优势、技术领域分布及技术发展情况等。由于经济活动与技术活动之间并非一一对应的关系，专利分类与产业分类的原则也大不相同，专利数据无法直接用于产业的分析和评价活动。将专利数据用于产业统计和经济分析，需要建立专利分类与产业分类的对应关系。国际上没有统一的专利分类与产业分类对照表。已经使用或者研究过的产业分类与专利分类对照有：美国产业分类与专利分类对照、加拿大产业分类与专利分类对照、国际标准产业分类与专利分类对照、中国产业分类与专利分类对照、中国产业分类与外观设计分类对照。其中，美国产业分类与专利分类对照是研究和使用最早的。

2.3.1 美国产业分类与专利分类对照

1966 年 Jacob Schmookler（雅各布·施莫克勒）最早开展了专利数据与产业数据的关联研究，基于专家判断方法，将产业数据映射到美国专利分类体系的专利数据中。其专利与产业的映射规则是：如果美国专利分类的一个大类（class）中有三分之二以上的专利数据可以归类到某个产业，那么这个大类中所有的专利就会被归类到这个产业中。美国专利商标局技术评估与预测办公室（Office of Technology Assessment and Forecast，OTAF）在美国国家科学基金委的支持下，自 1974 年起建立了美国专利分类和产业分类的对照表，将美国专利分类号中的大类都映射到了美国的 41 个产业部门。OTAF 负责对对照表进行持续更新。美国专利分类和产业分类的部分对照表如表 2-7 所示。可以根据美国专利分类确定产品序列号和 OTAF 代码（USPTO，1985），再对应相应的标准产业分类代码，所分类的标准产业代码及对应的产品领域名称如表 2-8 所示。美国专利商标局专利与产业的映射规则是：如果美国专利分类中的一个大类与几个产业相关联，那么这个大类中的专利会被平均分配到每一个产业中。

表 2-7 部分美国专利分类和产业分类对照表

美国专利分类大类	美国专利分类小类	序列号	OTAF 代码
1	0	56	99
1	1 000	56	99
1	187 000	56	99
2	1 000	56	99
2	2 110	55	38–
2	2 120	55	38–
2	2 130	55	38–
2	2 140	55	38–
2	2 150	16	30
2	2 160	16	30
2	2 170	16	30
2	2 500	55	38–
2	2 500	56	99
2	4 000	56	99
2	5 000	55	38–
2	5 000	56	99
2	6 100	55	38–
2	6 100	56	99
2	6 200	55	38–
2	6 200	56	99
2	6 300	55	38–

表 2-8 标准产业分类代码及产品领域名称

序号	OTAF 代码	产品领域名称	标准产业分类代码
1	20	食品及同类产品	20
2	22	纺织品	22
3	R1	化学品及同类产品	28

续表

序号	OTAF 代码	产品领域名称	标准产业分类代码
4	R2	药品除外的化学品	281、282、284～289
5	R3	基础工业无机与有机化学	281、286
6	281	工业无机化学	281
7	286	工业有机化学	286
8	282	塑料材料与合成树脂	282
9	287	农业化学	287
10	R4	其他化学品	284、285、289
11	284	肥皂、洗涤剂、清洁剂、香水和化妆品	284
12	285	油漆、清漆、漆、搪瓷及相关产品	285
13	289	杂项化学品	289
14	283	药品	283
15	1329	石油和天然气提取与精炼	13、29
16	30	橡胶和塑料制品	30
17	32	石、黏土、玻璃和混凝土制品	32
18	R5	初级金属	33、3462、3463
19	331 +	初级亚铁产品	331、332、3399、3462
20	333 +	原生和次生有色金属	333～336、339（3399 除外）、3463
21	34–	金属制品	34（3462、3463、348 除外）
22	R6	电力除外的机械	35
23	351	发动机与涡轮机	351
24	352	农林机械与设备	352
25	353	建筑、采矿与材料处理机械与设备	353
26	354	金属加工机械与设备	354
27	357	办公处理与核算设备	357
28	R7	电力除外的其他机械	355、356、358、359
29	355	金属加工除外的特殊工业机械	355
30	356	通用工业机械与设备	356
31	358	制冷与服务业机械	358
32	359	电力除外的各种机械	359
33	R8	电力与电子机械、设备及供电	36、3825
34	R9	通信设备除外的电气设备	361～364、369、3825
35	361 +	输配电设备	361、3825

续表

序号	OTAF 代码	产品领域名称	标准产业分类代码
36	362	电气工业设备	362
37	R10	其他电力机械、设备及供电	363、364、369
38	363	家用电器	363
39	364	电气照明与布线设备	364
40	369	其他电力机械、设备及供电	369
41	R11	通信设备与电子元件	365～367
42	365	通信类除外的无线电和电视接收设备	365
43	366 +	电子元件及配件和通信设备	366～367
44	R12	运输设备	37、348
45	R13	飞机除外的机动车辆和其他运输设备	348、371、373～376、379
46	371	机动车辆和其他机动设备	371
47	376	制导导弹和航天器及部件	376
48	R14	其他运输设备	373～375、379（3795 除外）
49	373	造船和修船	373
50	374	铁路设备	374
51	375	摩托车、自行车及零件	375
52	379–	其他运输设备	379（3795 除外）
53	348 +	导弹除外的条例	348、3795
54	372	飞机及零件	372
55	38–	专业与科学仪器	38（3825 除外）
56	99	所有其他的标准产业分类码	99

2.3.2 加拿大产业分类与专利分类对照

1997 年，Samuel Kortum（塞缪尔 • 科图姆）和 Jonathan Putnam（乔纳森 • 帕特南）开展了专利与产业分类映射研究，提出 YTC（Yale technology concordance，耶鲁技术对照表）算法，用于国际专利分类与加拿大产业分类的对照。加拿大产业分类中共包括 20 个制造部门和 7 个应用部门，如表 2-9 所示。YTC 方法利用加拿大专利局授权的专利数据（这些专利数据包括 1978～1993 年的 25 万项专利），建立统计模型来根据产业预测专利数据，并对预测的标准误差进行评估。通过比较样本外预测与加拿大专利局的产业对照数据，对加拿大专利的几个子集进行了测试。研究发现：对于美国发明人专利的子集，行业对照专利的预测是相当准确的；对于 1989 年之后授予或公开的专利子集的预测误差要大得多。这表明，技术领域和行业之间的关系已经出现了 YTC 方法无法涵盖的情况。尽管如此，根据 YTC 方法的预测似乎确实可以相当准确地来按照产业来归集专利数据。

表 2-9 加拿大产业分类与美国标准产业分类的对照

序号	部门名称	英文名称	加拿大产业分类代码	美国标准产业分类代码
		制造部门		
1	食物及相关产品	food and related products	10、11	20
2	纺织品和服装	textiles and apparel	18～24	22、23
3	木材和家具	lumber and furniture	25、26	24、25
4	纸制品	paper products	27	26
5	工业化学品	industrial chemicals	371、373	281、282、286
6	药品	drugs	374	283
7	其他化学品	other chemicals	372、375～379	284、285、287～289
8	石油冶炼和开采	petroleum ref. and extraction	36、7、9	13、29
9	橡胶制品	rubber products	15、16	30
10	石材、黏土和玻璃制品	stone，clay and glass products	35	32
11	初级金属	primary metals	29	33
12	金属制品	fabricated metal products	30	34
13	办公设备和计算设备	office and computing machines	336	357
14	其他非电子机械	other non-electrical machinery	31	351～356、358、359
15	通信和电子	communication and electronic	335	366、367
16	其他电子机械	other electrical machinery	331～334、337～339	361～365、369
17	运输设备	transportation equipment	323～329	371、373～375、379
18	飞机和导弹	aircraft and missiles	321	372、376
19	专业仪器及科学仪器	professional and scientific instruments	391	38
20	其他制造业	other manufacturing	12、17、28、392～399	21、27、31、39

续表

序号	部门名称	英文名称	加拿大产业分类代码	美国标准产业分类代码
应用部门				
21	农业与林业	agriculture and forestry	1～5	1～9
22	除石油外的采掘业	mining（except oil）	6、8	10、12、14
23	建筑业	construction	40～44	15～17
24	运输和公用事业	transportation and utilities	45～49	40～49
25	批发业和零售贸易	wholesale and retail trade	50～69、92	50～59
26	金融、保险和房地产	finance，insurance and real estate	70～76	60～67
27	服务业和政府部门	services and government	77、81～91、93～99	70～99

YTC 方法将专利归类到相应的制造部门和应用部门，并分别计算对应的概率分布。例如，有 12 件专利，6 件专利的分类号是 A01B，另外 6 件专利的分类号是 A01C。假定利用 YTC 方法确定每一个分类号的概率如下所示。

（1）分类号 A01B 下的专利有 0.75 的概率同时属于制造部门 1 和应用部门 1。

（2）分类号 A01B 下的专利有 0.1 的概率同时属于制造部门 1 和应用部门 2。

（3）分类号 A01B 下的专利有 0.15 的概率同时属于制造部门 2 和应用部门 1。

（4）分类号 A01C 下的专利有 0.5 的概率同时属于制造部门 1 和应用部门 2。

（5）分类号 A01C 下的专利有 0.25 的概率同时属于制造部门 1 和应用部门 3。

（6）分类号 A01C 下的专利有 0.25 的概率同时属于制造部门 3 和应用部门 2。

每个分类号的概率分布总和都是 1，意味着所有的专利都可以分配到制造部门和应用部门。例如，结果如表 2-10 所示。

表 2-10　YTC 输出实例

制造部门	应用部门 1	应用部门 2	应用部门 3	总计
制造部门 1	4.5	3.6	1.5	9.6
制造部门 2	0.9	0	0	0.9
制造部门 3	0	1.5	0	1.5
总计	5.4	5.1	1.5	12

从表 2-10 中的结果来看，不仅可以看出每个制造部门和应用部门相对于总体的重要程度，而且还可以看出相互影响的制造部门和应用部门一起相对于总体的

重要程度。表 2-11 是根据修订的 YTC 方法计算的概率分布表，分别列出了国际专利分类小类同时属于制造部门和应用部门的概率。

表 2-11 国际专利分类小类同时属于制造部门和应用部门的概率

国际专利分类	制造部门	应用部门	同时属于制造部门和应用部门的概率
A01B	239	3241	1.686 341E-03
A01B	1599	3111	1.686 341E-03
A01B	1631	3799	1.686 341E-03
A01B	3023	4210	1.686 341E-03
A01B	3063	151	1.686 341E-03
A01B	3063	221	3.372 681E-03
A01B	3111	139	5.733 558E-02
A01B	3111	141	2.529 511E-02
⋮			
A01F	3111	139	1.790 281E-02
A01F	3111	141	1.534 527E-02
A01F	3111	171	2.557 545E-03
A01F	3111	210	1.278 772E-02
⋮			
A01K	3931	321	1.076 716E-02
A01K	3931	330	5.383 58E-03
A01K	3931	339	2.691 79E-03
A01K	3931	3931	5.383 58E-03

2.3.3 国际标准产业分类与专利分类对照

1994 年，荷兰林堡大学马斯特里赫特创新与技术经济研究院（Maastricht Economic Research Institute on Innovation and Technology）的 Bart Verspagen、Ton van Moergastel 和 Maureen Slabbers 开发了 MERIT 对照表，用以表示国际标准产业分类与国际专利分类的对照关系。国际标准产业分类使用了 2.0 版本，标准产业分类部门被归类到 22 个不同的部门（表 2-12），并且只考虑了制造（manufacturing）部门，共有 625 个小类被映射到了这 22 个部门。部分 MERIT 国际专利分类与标准产业分类对照表如表 2-13 所示。第三列表示国际专利分类小类被划分到相对应的标准产业的比例，如 100%表示某国际专利分类小类下的所有专利都被归类到相对应的标准产业分类下面。

表 2-12　MERIT 国际标准产业分类包含 22 个部门

序号	组（class）代码	组名称	组英文名称
1	3830（except 3832）	电子除外的电力机械	electric mach，ex. electronics
2	3832	电子	electronics
3	3510 + 3520（except 3522）	制药学除外的化学	chemistry，except pharmacy
4	3522	制药学	pharmacy
5	3530 + 3540	石油冶炼	oil refining
6	3841	造船业	shipbuilding
7	3843	机动车	motor vehicles
8	3845	航空航天业	aerospace
9	3840（except 3841，3843，3845）	其他运输业	other transport
10	3710	黑色金属	ferrous basic metals
11	3720	有色金属	non ferrous basic metals
12	3810	机械除外的金属制品	metal products，ex. machines
13	3850	仪器	instruments
14	3825	计算机和办公设备	computers & office machines
15	3820（except 3825）	其他设备	other machinery
16	3100	食物、饮料、烟草	food，beverages，tobacco
17	3200	纺织品、服装等	textiles，clothes，etc.
18	3550 + 3560	橡胶和塑料制品	rubber and plastic products
19	3600	石材、黏土和玻璃制品	stone，clay and glass products
20	3400	纸张印刷和出版	paper，printing and publishing
21	3300	木材和家具	wood and furniture
22	3900	其他工业制品	other industrial products

表 2-13　MERIT 国际专利分类与标准产业分类的对照表

国际标准产业分类	国际专利分类	比例/%	部门	国际标准产业分类	国际专利分类	比例/%	部门
3830（3832除外）	A45D	40	电子除外的电力机械	3830（3832除外）	B64F	20	电子除外的电力机械
	A47J	80			F02P	10	
	A47L	40			F21H	100	
	A61H	30			F21K	100	
	B03C	100			F21L	100	
	B23Q	10			F21M	100	
	B60Q	100			F21P	100	

续表

国际标准产业分类	国际专利分类	比例/%	部门	国际标准产业分类	国际专利分类	比例/%	部门
3830（3832除外）	F21Q	100	电子除外的电力机械	3830（3832除外）	H01T	100	电子除外的电力机械
	F21S	100			H02B	100	
	F21V	100			H0 G	100	
	F27B	10			H02H	100	
	G08B	100			H02J	100	
	G08G	100			H02K	100	
	H01B	100			H02M	100	
	H01F	100			H02N	100	
	H01G	100			H02P	100	
	H01H	100			H03M	100	
	H01J	100			H05B	100	
	H01K	100			H05C	100	
	H01M	100			H05F	100	
	H01R	100			H05H	100	
	H01S	100					

2002 年 Daniel K. Johnson 在 YTC 的基础上提出了经济合作与发展组织技术对照（Organization for Economic Co-operation and Development technology concordance，OTC）方法，建立了国际专利分类与国际标准产业分类的映射，产业分类同时包括了制造业（industry of manufacture）和应用部门（sector of use），并利用 1998～1999 年欧洲专利局的专利数据进行了实证分析。具体的方法是：①将国际专利分类与加拿大产业分类对照；②将国际标准产业分类与加拿大产业分类对照，见表 2-14；③实现国际专利分类与国际标准产业分类的对照。

表 2-14　国际标准产业分类与加拿大产业分类对照表

国际标准产业分类部门代码	国际标准产业分类部门名称	国际标准产业分类部门英文名称	加拿大产业分类代码
A	农业、狩猎业和林业	agriculture，hunting and forestry	0111～0199、0212～0229、0239、0331～0339、0400～0599
B	渔业	fishing	0310～0329
C	采掘业	mining and quarrying	0600～0999
D	制造业	manufacturing	1000～3999、5521～5529、5900～5919、9613、9942

续表

国际标准产业分类部门代码	国际标准产业分类部门名称	国际标准产业分类部门英文名称	加拿大产业分类代码
E	电、天然气和供水	electricity，gas and water supply	4900～4999
F	建筑业	construction	4010～4499
G	批发和零售贸易	wholesale and retail trade	5000～5519、5600～5899、5920～6999、9790～9799、9941、9949
H	住宿和餐饮业	hotels and restaurants	9100～9141、9200～9299
I	运输、存储和通信业	transport，storage and communications	4500～4899、9960～9991
J	金融中介	financial intermediation	7000～7499
K	房地产、租赁和商业	real estate，renting and business	231、7500～7599、8693、9900～9929、9931
L	公共管理	public administration	8100～8399、8692
M	教育	education	0211、8500～8549、8590～8599、8600～8691、8694
N	卫生和社会福利业	health and social work	0211、8600～8691、8694
O	其他社区、社会活动	other community，social activities	8550～8559、8699、9149、9600～9612、9614～9739、9800～9899、9950～9959、9999
P	家庭自用	private households	9740～9749
Q	域外组织	extra-territorial organizations	8400～8499

关于国际标准产业分类与加拿大产业分类的对照方法，研究人员首先通读每个国际标准产业分类部门的定义，根据定义将它们与每个加拿大产业分类部门进行比较，以确定对应每个加拿大产业分类部门的最佳国际标准产业分类部门。一些加拿大产业分类部门似乎跨了多个国际标准产业分类部门，例如，加拿大产业分类部门 0119 可能与国际标准产业分类部门 0121 有对应关系，也可能与国际标准产业分类部门 0122 有对应关系。主要问题是如何在可能的国际标准产业分类部门中将该加拿大产业分类部门进行划分。虽然加拿大统计局在加拿大产业分类和国际标准产业分类定义之间提供了一个指南，但它没有提供概率信息，只是指明在哪些国际标准产业分类部门中可以找到对应的加拿大产业分类部门，或者在加拿大产业分类部门中可以找到对应的国际标准产业分类部门。由于没有可供利用的概率分布，OTC 方法中将每一个国际标准产业分类部门都对应哪些加拿大产业分类部门做了对照研究。为了确保准确性，由两位研究人员独立比较每个国际标准产业分类和加拿大产业分类的定义，然后再取这两个研究人员的一致意见。

OTC 方法提供软件进行专利分类和产业分类的自动匹配，为按经济部门计量专利的人员节省了大量时间，与手工分类对照相比，准确性的影响并不大，并且对于将专利按照产业进行分配提供了一种更加便捷的方式。

2003 年 Ulrich Schmoch 等提出总司（directorafe general，DG）索引法，将国际专利分类映射至国际标准产业分类中的 44 个产业。具体步骤是：①由技术专家将 625 个国际专利分类号的小类分配到 44 个产业领域；②利用邓白氏公司（Dunn & Bradstreet）数据库，根据这 44 个产业领域，对 3400 家申请专利的大型公司的技术发明专利进行分析；③建立一个技术对应产业的方形转换矩阵，矩阵格式如表 2-15 所示。

表 2-15 DG 索引矩阵表格式

技术产业	技术领域							
		1	2	3	4	5	6	7
产业部门	1	D1	N11	N12	N13	N14	N15	N16
	2	N21	D2	N22	N23	N24	N25	N26
	3	N31	N32	D3	N33	N34	N35	N36
	4	N41	N42	N43	D4	N44	N45	N46
	5	N51	N52	N53	N54	D5	N55	N56
	6	N61	N62	N63	N64	N65	D6	N66
	7	N71	N72	N73	N74	N75	N76	D7

在产生对照矩阵的过程中，设定的条件有：①只包括了企业规模较大的专利权人；②只考虑了制造公司（虽然服务部门也是重要的创新中心）；③只考虑了公司的主营产品（虽然一些大公司是多产品线的）；④只考虑了第一个国际专利分类号。

研究结果发现：通常情况下，包含的高科技产业部门越多，专利申请与企业价值增值的相关关系就越密切，在电子（计算机、通信和仪器）、化学和医药产业的相关度最高；一般情况下，出口比例和专利比例的相关关系是比较弱的。但是在电子、机械和运输设备中存在比较强的正相关性。而这种相关性在医药行业是不存在的。

MERIT 对照表和 DG 索引法都是由技术专家来直接建立国际专利分类与国际标准产业分类的映射，可以用来比较不同国家间的数据，但是也有很多限制，如只能用来比较制造部门的数据。

2014 年，Travis J. Lybbert 和 Nikolas J. Zolas 提出 ALP（algorithmic links with probabilities，概率关联算法）。具体方法和步骤包括：首先，使用数据挖掘方法（ALP-data mining，ALP-DM）标识包含人工归类关键词的专利，其中每个关键词

都与特定行业相关。对专利进行聚类，可以反映关键词与国际专利分类小类的概率匹配度。概率为考虑每次匹配的权重提供参考的基础。其次，使用关键词提取和概率匹配方法（ALP-probabilistic matching，ALP-PM）从专利中提取关键词，然后将这些关键词与行业或贸易分类进行概率匹配。通过利用欧洲专利局提供的PATSTAT 数据库来实现这两种方法。最后，生成每个行业中对应技术的概率分布，或者某些类型的技术对应产业的概率分布。由于这些概率分布实现了双向上的关联，即从专利到经济数据，以及从经济数据到专利的关联，研究人员可以使用这些对照关系进行产业层面的分析，建立专利与表示经济活动的国际标准产业分类、欧盟产业分类等之间的联系。因为这些方法很少需要人工或主观干预，所以产生的对照很容易更新和优化。

2.3.4 中国产业分类与专利分类对照

自 2011 年起，国家知识产权局和中国专利技术开发公司结合国民经济行业的技术发展特点和国家相关政策文件，以及相关领域国际专利分类表的分类原则和结构特点，开始建立国民经济行业分类与国际专利分类的对照关系表，用以分析产业整体创新态势和各技术领域发展态势。

产业分类与专利分类对照的基本流程和方法为：①从政策性产业分类的技术组类名定义、技术组分类说明及注释中提取关键词；②利用提取的关键词在专利数据库中进行检索，并统计检索得到文献的专利分类号及其频次；③确定出与每个技术组相关的所有专利分类号（最细的小组级别）；④对专利分类号下所涵盖的专利文献进行逐个核对，对于所涵盖的文献与产业技术组完全相关的专利分类号，建立产业分类与专利分类一一对应的对照关系；⑤对于所涵盖的部分文献与产业技术组相关的专利分类号，通过关键词限定进行二次检索，去除文献噪声，确保该分类号下的所有专利文献与产业技术组完全相关（彭茂祥和徐勇，2017）。

2015 年发布的《国际专利分类与国民经济行业分类参照关系表（试用版）》从国际专利分类的小类出发，逐级构建与《国民经济行业分类》（GB/T 4754—2011）的对照关系。涉及专利技术的国民经济行业小类共 680 个，分属于三次产业的 7 个门类产业。在双向参照关系表基础上，结合行业相关关键词构建检索式，共建立检索式 1.9 万余条，采用自动化与人工相结合的方式，完成了 1985 年以来 900 余万件发明专利和实用新型专利文献的国民经济行业分类标引。

《国际专利分类与国民经济行业分类参照关系表（2018）》是根据《国民经济行业分类》（GB/T 4754—2017）和国际专利分类（IPC 2018.1），通过对 2015 年的试用版国际专利分类与国民经济行业分类参照关系表加以修订完成。参照关系表覆盖国际专利分类全部技术组，包含的参照关系总量为 21 863 条，涉及的国民经济行业小类数量 820 个，其中第一产业 72 个，第二产业 708 个，第三产业 40 个（国家知识产权局，2018）。表 2-16 以汽柴油车整车制造业为例说明了国民经济行业与国际专利分类的对应关系。

表 2-16 汽柴油车整车制造业与国际专利分类的对应示例

国民经济行业代码	国民经济行业名称	国际专利分类号	国际专利分类号类名
36	汽车制造业		
361	汽车整车制造		
3611	汽柴油车整车制造	B60K7	发动机布置在或靠近于牵引轮的（轮式溜冰鞋驱动机构入 A63C17/12）
		B62D47	以载客为主的机动车或挂车（上部结构入 B62D31/00）〔3〕
		B62D49	牵引车（步进型入 B62D51/04；履带特征的入 B62D55/00）
		B62D55/00	履带车辆（转向机构方面入 B62D11/00）
		B62D55/02	有履带和附加支地轮的
		B62D55/04	有履带和替换支地轮的，例如可由履带车辆转换成轮式车，反之亦然
		B62D55/06	有履带而无支地轮的
		B62D55/065	多履带车辆，即有两个以上履带的〔4〕
		B62D55/07	单履带车辆〔4〕
		B62D55/075	用于登梯或下梯的履带车辆（磁力或气动驱动行走部件入 B62D55/265；专门适用于病人或残疾人的椅子或自用运输工具入 A61G5/00）〔4〕
		B62D61	其他类目不包含的以车轮布置或数量为特点的机动车或挂车，例如菱形布置的四个车轮
		B62D63	其他类目不包含的机动车或挂车
		B62D65	其他类目不包含的机动车或挂车的设计，制造，如装配、方便的拆卸或者结构改型
		F02B	活塞式内燃机；一般燃烧发动机（其循环操作阀入 F01L；内燃机润滑入 F01M；其气流消音器或排气装置入 F01N；内燃机的冷却入 F01P；燃气轮机入 F02C；利用燃烧生成物的发动机装置入 F02C，F02G）
		F02D	燃烧发动机的控制（仅作用于单一子系统上，用于自动控制车辆速度的车辆配件入 B60K31/00；不同类型或不同功能的车辆的子系统的联合控制、不是用于单一子系统的控制的道路车辆驾驶控制系统入 B60W；燃烧发动机的循环操作阀入 F01L；燃烧发动机润滑的控制入 F01M；内燃机冷却入 F01P
		F02M	一般燃烧发动机可燃混合物的供给或其组成部分（此类发动机的进料入 F02B）

在国民经济行业分类与国际专利分类对照关系表构建的基础上，国家知识产权局于 2014 年开始建立国际专利分类与战略性新兴产业分类双向参照关系表。对照表中共涉及七大战略性新兴产业分类的 27 个第二层产业分类、77 个第三层产业分类和 6000 条国际专利分类位置。各战略性新兴产业第二层产业分类与国际专利分类对应条数统计情况如表 2-17 所示。

表 2-17　战略性新兴产业分类与国际专利分类对应条数统计表

战略性新兴产业分类				对应国际专利分类/条
第一层产业分类代码	第一层产业分类名称	第二层产业分类代码	第二层产业分类名称	
1	节能环保产业	1.1	高效节能产业	433
		1.2	先进环保产业	537
		1.3	资源循环利用产业	541
		合计		1511
2	新一代信息技术产业	2.1	下一代信息网络产业	130
		2.2	电子核心基础产业	764
		2.3	高端软件和新型信息技术服务	151
		合计		1045
3	生物产业	3.1	生物制品制造产业	380
		3.2	生物工程设备制造产业	125
		3.3	生物技术应用产业	106
		合计		611
4	高端装备制造产业	4.1	航空装备产业	128
		4.2	卫星及应用产业	123
		4.3	轨道交通装备产业	141
		4.4	海洋工程装备产业	56
		4.5	智能制造装备产业	236
		合计		684
5	新能源产业	5.1	核电产业	64
		5.2	风能产业	44
		5.3	太阳能产业	126
		5.4	生物质能及其他新能源产业	78
		5.5	智能电网产业	33
		合计		345
6	新材料产业	6.1	新型功能材料产业	385

续表

战略性新兴产业分类				对应国际专利分类/条
第一层产业分类代码	第一层产业分类名称	第二层产业分类代码	第二层产业分类名称	
6	新材料产业	6.2	先进结构材料产业	276
		6.3	高性能复合材料产业	269
		6.4	前沿新材料产业	124
		合计		1054
7	新能源产业	7.1	新能源汽车整车制造	339
		7.2	新能源汽车装置、配件制造	372
		7.3	新能源汽车相关设施及服务	39
		合计		750
总计				6000

资料来源：国家知识产权局. 2014. 战略性新兴产业发明专利统计分析总报告[EB/OL]. https://www.cnipa.gov.cn/module/download/down.jsp?i_ID=40223&colID=88[2014-01-06]

表 2-18 以生物产业中的 3.1 生物制品制造产业为例，展示战略性新兴产业与国际专利分类的对照表。

表 2-18 生物制品制造产业与国际专利分类对应示例

代码	战略性新兴产业分类名称	国际专利分类号
3.1.1	生物药品制造	A61K39，A61K38，A61K48，A61K31/198，A61K31/65，A61K31/37，A61K31/375，A61K31/4415，A61K31/485，C12P23/00，C12P25/00，C12P17/12……
3.1.2	生物食品制造	A23J3/34，A23C9/12，A23C9/123，A23C9/127，A23C9/13，A23C9/133，A23C9/137，A23L1/228，C12J1/00，C12J1/02，C12J1/04，C12J1/06，C12J1/08……
3.1.3	生物燃料制造	C12P7/06，C12P7/08，C12P7/10，C12P7/12，C12P7/14，C12P7/16，C10L1，C12P7/02，C12P7/04，C12P7/18，C12P7/20，C12P7/22，C12P7/24，C12P7/26……
3.1.4	生物农业用品制造	A01H4/00，A01H1/06，A01H1/08，A01H1/02，A61D19，A01K61/00，A01N63，A01N53，A01N65，C05F11/08，C05F1/00，C05F3/00，C05F3/02，C05F3/04，C05F5/00……
3.1.5	生物化工制品制造	B01J20/20，B29K1/00，B29K201/00，B29K235/00，B29K311/14，B29K35/00，B29K401/00，B29K511/14，B29K601/00，B29K711/14，C01B31/08，C01B31/10，C01B31/12……
3.1.6	其他生物制品制造	C08F16/06，C08F116/06，C08F216/06，C12P3/00，C12P7/06，C12P7/08，C12P7/10，C12P7/12，C12P7/14，C12P17/04，C12P23/00，C12P27/00，C12P29/00……

资料来源：国家知识产权局. 2014. 战略性新兴产业发明专利统计分析总报告[EB/OL]. https://www.cnipa.gov.cn/module/download/down.jsp?i_ID=40223&colID=88[2014-01-06]

2016 年，国家知识产权局又完成了《国际专利分类与高技术产业（制造业）分类参照关系表（试用版）》，建立了专利与高技术产业（制造业）的映射关系，实现了专利与高技术产业（制造业）的对接。高技术产业（制造业）是指国民经济行业中 R&D 投入强度（即 R&D 经费支出占主营业务收入的比重）相对较高的制造业行业，包括：医药制造，航空、航天器及设备制造，电子及通信设备制造，计算机及办公设备制造，医疗仪器设备及仪器仪表制造，信息化学品制造等六大类。高技术产业（制造业）分类是以《国民经济行业分类》（GB/T 4754—2011）为基础，对国民经济行业分类中符合高技术产业（制造业）范畴相关活动的再分类。该参照体系使用的国际专利分类版本为 2016 年修订的 IPC 2016.1。

2.3.5　中国产业分类与外观设计分类对照

2017 年 10 月，国家知识产权局发布《国际外观设计分类与国民经济行业分类参照关系表（试行）》，建立了外观设计专利与国民经济行业的映射关系，为外观设计专利的行业分类提供直接对照。对照原则主要包括：一是最小分类原则，从国民经济行业分类的最小层级进行对照，若最小分类层级无对照关系，则依次向上一层级对照；二是产品对照原则，通过国际外观设计专利分类产品项与国民经济行业分类的经济活动所涉及的产品进行对应从而建立对照关系；三是全面对照原则，根据实际情况，将一个或者多个国际外观设计分类号对照至一个或多个国民经济行业分类。

参照关系表主要参考《国民经济行业分类》（GB/T 4754—2011）、《国民经济行业分类注释》（2011 版）和《国际外观设计分类表》（第 11 版）。参照关系表将国际外观设计分类对照至国民经济行业相应的小类、中类或大类。与国际外观设计分类建立映射关系的国民经济行业包括 31 个大类，均集中在制造业（门类 C）。表 2-19 以汽车制造业为例，列出了国民经济行业分类与国际外观设计分类的对应关系。

表 2-19　汽车制造业与国际外观设计分类对应示例

国民经济行业分类				国际外观设计分类	
大类代码	中类代码	小类代码	国民经济行业名称	分类号	分类名称
36			汽车制造业		
	361	3610	汽车整车制造	1208	汽车、公共汽车和货车。注：包括救护车和冷藏货车（公路）
	362	3620	改装汽车制造	1213	专用车辆。注：(a) 仅包括不特定用于运输的车辆，如街道清洁车、洒水车、消防车、除雪犁车和救援车辆。(b) 不包括复合用途农业机械（1503 类）或用于建筑和土木工程的自驱动式机械（1504 类）

续表

国民经济行业分类				国际外观设计分类	
大类代码	中类代码	小类代码	国民经济行业名称	分类号	分类名称
36	362	3620	改装汽车制造	1214	其他交通工具。注：包括雪橇、气垫车和气垫船
	363	3630	低速载货汽车制造	1208	汽车、公共汽车和货车。注：包括救护车和冷藏货车（公路）
	364	3640	电车制造	1203	机车、铁路车辆及其他有轨车辆
	365	3650	汽车车身、挂车制造	1216	其他大类或小类中未包括的交通工具零部件、装置和附件。注：(a) 不包括交通工具座位安全带（2902 类）和交通工具门把手（0806 类）。(b) 不包括电力机车和有轨电车的高架滑动集电弓（1303 类）
	366	3660	汽车零部件及配件制造	1299	其他杂项

2.3.6 产业分类与专利分类对照的相关文献

在学术研究方面，还有一些学者也进行了产业分类与专利分类的对照研究。王淼等（2011）从产业分解技术确定产业分类，通过综合检索确定相关国际专利分类号，构建了生物医药产业与国际专利分类的对照表，采用的步骤包括：建立生物医药产业的分类导航，同时初步确定国际专利分类号；标注生物医药产业分类的产业说明；验证初步确定的国际专利分类号；建立国际专利分类与生物医药产业的对照表；通过检索确定相关文献量并对检索出的文献进行产业代码的标记。表 2-20 为部分生物医药产业国际专利分类对照表示例，该对照表有两个特点：一是二级分类位置（即 EM01-EM05）所对应的国际专利分类号可以准确对应到小组，如 A61K39/002；二是有些产业与国际专利分类是一对单的关系，如血吸虫病疫苗对应的国际专利分类号是 A61K39/002，有些产业是一对多的关系，如肺炎疫苗对应 A61K39/108、A61K39/09、A61K39/155 及 A61K39/02 共 4 个分类号，这种不同的对应关系取决于产业分类本身的特点及国际专利分类表的特点。

表 2-20 部分生物医药产业国际专利分类对照表示例

产业代码	产业名称	国际专利分类号
EM	疫苗	A61K39
EM01	血吸虫病疫苗	A61K39/002
EM02	结核病疫苗	A61K39/04
EM03	流行性脑脊髓膜炎疫苗	A61K39/095

续表

产业代码	产业名称	国际专利分类号
EM04	肺炎疫苗（不包括 SARS 疫苗）	A61K39/108
		A61K39/09
		A61K39/155
		A61K39/02
EM05	SARS 疫苗	A61K39/215

王根（2012）以发光二极管（light emitting diode，LED）产业为例，采用内容分析、关键词索引和应用文献分散定律等方法，对专利与行业分类对照的可能性进行了探讨。研究方法和步骤为：①对 LED 产业的内容特征进行分析，通过内容对比建立国际专利分类内容与行业技术内容的对照；②建立 LED 产业的关键词索引，通过世界知识产权组织网站的“标语索引”（catchword index），采用 LED 产业英文关键词，检索得出相关国际专利分类；③运用布拉德福德定律确认 LED 产业相关的专利分类。最后归纳了这三种方法的特点和不足。

黄鲁成和黄斌（2014）以风能产业为例，进行了基于模糊集的国际专利分类与产业的关联性评估研究，研究方法和步骤是：①通过定性分析将国际专利分类的技术主题与产业中的技术主题进行关联；②以已关联的国际专利分类代码为分类号在专利数据库里（一定时间跨度内）进行检索，利用检索到的专利文献建立国际专利分类代码—专利号—分类号矩阵，并通过隶属函数分别建立国际专利分类代码中专利关联产业的模糊集和国际专利分类代码关联产业的模糊集；③通过模糊集对关联性进行评估。研究结果表明，国际专利分类与产业既有确定的关联性又有不确定的关联性，并在模糊集的核、支集和边界的元素及其个数，模糊度和模糊集之间的关系密切程度三个方面上的反映有所不同。

田创和赵亚娟（2016，2017）提出一种基于余弦相似度的专利文献与产业类目映射模型，在专利类目层面上，通过 Z-score 标准化方法，综合考虑了专利官方注释规范精炼性及大量专利数据覆盖面广的优点，设计自动化的流程筛选出有效的国际专利分类小类与《国民经济行业分类》小类的映射组合。通过自然语言处理技术自动化得到专利文献与产业类目的映射组合，可实现专利到产业及产业到专利的映射，且可节省大量人力成本并方便地进行映射类目细粒度的调整，模型拥有准确、高效和易拓展的优点。

2.4 本章小结

本章主要对技术和产业界定分类的文献进行研究和梳理，内容包括基于专利的技术界定和分类方面的研究；产业的界定和分类；基于专利数据的产业与技术的对应关系。

参 考 文 献

陈卫明. 2016. 美国专利分类体系纵览[EB/OL]. https://wenku.baidu.com/view/edf84d00192e45361166f507.html[2016-01-15].

陈燕，黄迎燕，方建国，等. 2014. 专利信息采集与分析[M]. 2 版. 北京：清华大学出版社.

崔维军，袁勤俭. 2006. 欧盟产业分类体系的演化[J]. 统计与信息论坛，(3)：31-34.

方曙. 2007. 基于专利信息分析的技术创新能力研究[D]. 西安：西安交通大学博士学位论文.

官建成，戴珊珊. 2008. 我国信息通讯技术领域专利战略分析[J]. 技术经济，27（2）：1-11.

国家统计局. 2013. 战略性新兴产业分类（2012）（试行）[EB/OL]. http://www.stats.gov.cn/tjsj./tjbz/201301/U020131021375903103360.pdf [2013-10-31].

国家统计局. 2018. 2017 国民经济行业分类注释[M]. 北京：中国统计出版社.

国家知识产权局. 2008. 国际专利分类表第 8 版[EB/OL]. https://www.cnipa.gov.cn/art/2008/4/2/art_2152_152160.html[2008-04-02].

国家知识产权局. 2017. 国际外观设计分类与国民经济行业分类参照关系表（试行）[EB/OL]. http://www.iprdaily.cn/news_17550.html[2017-11-01].

国家知识产权局. 2018. 国际专利分类与国民经济行业分类参照关系表（2018）[EB/OL]. http://www.gov.cn/zhengce/zhengceku/2018-12/31/5443898/files/74249b84a762440fbe0fa195a3c14e93.pdf [2018-10-08].

黄非，许敏. 2011. ECLA“六位一体”的分类制度浅析[J]. 中国发明与专利，(9)：66-68.

黄鲁成，黄斌. 2014. 基于模糊集的国际专利分类与产业的关联性评估[J]. 情报杂志，(7)：76-80.

李真，魏巧莲. 2014. 联合专利分类 CPC 系统介绍[J]. 专利文献研究，(2)：10-13.

梁立明，谢彩霞. 2003. 词频分析法用于我国纳米科技研究动向分析[J]. 科学学研究，21（2）：138-142.

彭茂祥，徐勇. 2017. 专利分类与产业分类对照关系构建及应用研究[J]. 科学管理研究，35（5）：30-33.

田创，赵亚娟. 2016. 一种基于相似度的专利与产业类目映射模型——以《国际专利分类》与《国民经济行业分类》为例[J]. 图书情报工作，60（20）：123-131.

田创，赵亚娟. 2017. 专利文献与产业类目的映射研究——以 2015 年度中科院专利与《战略性新兴产业分类》为例[J]. 知识管理论坛，2（1）：22-31.

王根. 2012. 专利与行业分类对照研究——以 LED 产业为例[J]. 图书馆学研究，(8)：55-60.

王淼，马捷，冀小强，等. 2011. 国际专利分类与生物医药产业对照表的构建及应用[J]. 中国医药生物技术，(5)：392-394.

王曰芬，徐丹丹，李飞. 2008. 专利信息内容挖掘及其实验研究[J]. 现代图书情报技术，(12)：59-65.

王玥，万济萍，贾扬，等. 2013. 日本专利分类及其在音频专利检索中的应用[J]. 电声技术，37（9）：42-44，47.

袁健红，刘晶晶，马永浩，等. 2014. 战略性新兴产业分类方法及应用研究[J]. 中国科技论坛，(8)：60-66.

袁勤俭. 2005. 美国产业分类体系的演化[J]. 统计与信息论坛，(1)：29-32.

袁勤俭. 2012. 国际标准产业分类体系的演化及其启示[J]. 统计与决策，(24)：7-12.

张诚，朱东华，汪雪锋. 2006. 集成电路封装技术中国专利数据分析研究[J]. 现代情报，(9)：160-166.

张旭，雷孝平，刘润生，等. 2011. 中德风电技术专利比较研究[J]. 情报杂志，30（5）：18-22.

中华人民共和国国家质量监督检验检疫总局，中国国家标准化管理委员会. 2019. 国民经济行业分类[M]. 北京：中国标准出版社.

Chen H，Roco M C. 2009. Mapping Nanotechnology Innovations and Knowledge：Global and Longitudinal Patent and

Literature Analysis[M]. New York：Springer.

European Patent Office（EPO），United States Patent and Trademark Office（USPTO）. 2017. How was CPC initiated?[EB/OL]. https://www.cooperativepatentclassification.org/about#：~：text=The%20Cooperative%20Patent%20Classification%20%28CPC%29%20was%20initiated%20as，respectively%29%20and%20migrate%20towards%20a%20common%20classification%20scheme[2017-01-01].

EPO（European Patent Office）. 2017.Cooperative patent classification[EB/OL]. https://worldwide.espacenet.com/help?locale=en_EP&method=handleHelpTopic&topic=cpc[2017-12-06].

Guan J C，Gao X. 2009. Exploring the h-index at patent level[J]. Journal of the American Society of Information Science and Technology，60（1）：35-40.

Huang M H，Chiang L Y，Chen D Z. 2003. Constructing a patent citation map using bibliographic coupling：a study of Taiwan's high-tech companies[J]. Scientometrics，58（3）：489-506.

Intellectual Property Owners Association. 2015. How do CPC classifications compareWhat is the CPC system?[EB/OL]. https://ipo.org/wp-content/uploads/2015/09/CPC-Pamphletvfinal.pdf#:~:text=How%20do%20CPC%20classifications%20compare%3F%20CPC%20provides%20for,%E2%80%9Ccodes%20%E2%80%9Dor%E2%80%9Csymbolsin%20some%20documentation.%20What%20countries%20use%20CPC%3F[2015-09-01].

Johnson K D. 2002. The OECD technology concordance（OTC）：patents by industry of manufacture and sector of use[J]. OECD Science Technology and Industry Working Papers，（5）：1-40.

Kortum S，Putnam J. 1997. Assigning patents to industries：tests of the Yale technology concordance[J]. Economic Systems Research，9（2）：161-176.

Lybberta T J，Zolas N J. 2014. Getting patents and economic data to speak to each other：an 'Algorithmic Links with Probabilities' approach for joint analyses of patenting and economic activity[J]. Research Policy，43（3）：530-542.

Narin F. 1995. Patents as indicators for the evaluation of industrial research output[J]. Scientometrics，34（3）：489-496.

Narin F. 2000.Tech-line background paper[EB/OL]. https://www.researchgate.net/publication/228748910_Tech-line_Background_Paper/link/0f317536b18227a6b9000000/download[2000-05-15].

Schmoch U，Laville F，Patel P，et al. 2003. Linking Technology Areas to Industrial Sectors[R]. Paris：the European Commission.

Schmookler J. 1966. Invention and Economic Growth[M]. Cambridge：Harvard University Press.

The Statistical Office of the European Communities. 2008. NACE Rev. 2，Statistical classification of economic activities in the European Community[R]. Luxembourg：Office for Official Publications of the European Communities.

（USPTO）United States Patent and Trademark Office. 1985. Review and assessment of the OTAF concordance between the U. S. patent classification and the standard industrial classification systems：final report[EB/OL]. https://www.uspto.gov/web/offices/ac/ido/oeip/taf/data/misc/patenting_trends/otaf_concordance_review_Jan1985.pdf[1985-01-01].

Verspagen B，Moergastel T V，Slabbers M. 1994. MERIT Concordance Table：IPC-ISIC（rev.2）[R]. Maastricht：MERIT：1-20.

WIPO（World Intellectual Property Organization）. 2016. The Global Innovation Index 2016[EB/OL]. http://www.wipo.int/edocs/pubdocs/en/wipo_pub_gii_2016.pdf[2016-08-20].

WIPO（World Intellectual Property Organization）. 2017. About the Locarno Classification[EB/OL]. http://www.wipo.int/classifications/locarno/en/preface.html[2017-01-01].

WIPO（World Intellectual Property Organization）. 2020. International Patent Classification[EB/OL]. http://www.wipo.int/classifications/ipc/en/[2020-01-01].

3　新兴产业与技术族群的相关概念

3.1　新 兴 产 业

国务院总理温家宝在2010年9月8日主持召开国务院常务会议，审议并通过《国务院关于加快培育和发展战略性新兴产业的决定》，该决定提出战略性新兴产业是以重大技术突破和重大发展需求为基础，对经济社会全局和长远发展具有重大引领带动作用，知识技术密集、物质资源消耗少、成长潜力大、综合效益好的产业。

（1）“十二五”国家战略性新兴产业发展规划。2012年7月9日，国务院发布《“十二五”国家战略性新兴产业发展规划》，确定了战略性新兴产业发展的背景，指导思想、基本原则和发展目标，重点发展方向和主要任务，重大工程，政策措施，组织实施等六个方面的内容。明确重点发展方向是节能环保产业、新一代信息技术产业、生物产业、高端装备制造产业、新能源产业、新材料产业和新能源汽车产业。

《“十二五”国家战略性新兴产业发展规划》设定的发展目标是：①产业创新能力大幅提升。企业重大科技成果集成、转化能力大幅提高，掌握一批具有主导地位的关键核心技术，建成一批具有国际先进水平的创新平台，发明专利质量数量和技术标准水平大幅提升，战略性新兴产业重要骨干企业研发投入占销售收入的比重达到5%以上，一批关键核心技术达到国际先进水平。②创新创业环境更加完善。重点领域和关键环节的改革加快推进，有利于创新战略性新兴产业商业模式、发展新业态的市场准入条件，以及财税激励、投融资机制、技术标准、知识产权保护、人才队伍建设等政策环境显著改善。③国际分工地位稳步提高。涌现一批掌握核心关键技术、拥有自主品牌、开展高层次分工合作的国际化企业，具有自主知识产权的技术、产品和服务的国际市场份额大幅提高，在部分领域成为全球重要的研发制造基地。④引领带动作用显著增强。战略性新兴产业规模年均增长率保持在20%以上，形成一批具有较强自主创新能力和技术引领作用的骨干企业，以及一批特色鲜明的产业链和产业集聚区。

（2）“十三五”国家战略性新兴产业发展规划。2016年11月29日，国务院发布《“十三五”国家战略性新兴产业发展规划》，提出要把战略性新兴产业摆在经济社会发展更加突出的位置，大力构建现代产业新体系，推动经济社会持续健康发展。

《"十三五"国家战略性新兴产业发展规划》设定目标如下：①产业规模持续壮大，成为经济社会发展的新动力。战略性新兴产业增加值占国内生产总值比重达到 15%，形成新一代信息技术、高端制造、生物、绿色低碳、数字创意等 5 个产值规模 10 万亿元级的新支柱，并在更广领域形成大批跨界融合的新增长点，平均每年带动新增就业 100 万人以上。②创新能力和竞争力明显提高，形成全球产业发展新高地。攻克一批关键核心技术，发明专利拥有量年均增速达到 15%以上，建成一批重大产业技术创新平台，产业创新能力跻身世界前列，在若干重要领域形成先发优势，产品质量明显提升。节能环保、新能源、生物等领域新产品和新服务的可及性大幅提升。知识产权保护更加严格，激励创新的政策法规更加健全。③产业结构进一步优化，形成产业新体系。发展一批原创能力强、具有国际影响力和品牌美誉度的行业排头兵企业，活力强劲、勇于开拓的中小企业持续涌现。中高端制造业、知识密集型服务业比重大幅提升，支撑产业迈向中高端水平。形成若干具有全球影响力的战略性新兴产业发展策源地和技术创新中心，打造百余个特色鲜明、创新能力强的新兴产业集群。

3.2　专 利 组 合

专利作为企业的无形资产，以技术创新的形式推动企业的生存和发展，但是每一件专利或者每一项权利要求的保护都有相应的局限性和不确定性，单一或少量的专利已经难以阻止竞争者的专利规避，为了降低单一专利固有的风险和不确定性，专利组合（也称专利投资组合）概念应运而生。

专利组合是一个实体所拥有的专利的集合。专利组合的概念由 Ernst（1998）首次提出，是指在企业、技术领域两个不同层面围绕研发形成的专利权集合。Parchomovsky 和 Wagner（2005）认为专利组合是企业为提高专利竞争优势，对彼此存在明显区别但又密切相关的单件专利进行有效组合的专利战略性集合，同时提出"整体大于各部分总和"，认为真正的专利价值不在于单件专利的价值，而在于它们所构成的相关专利的集合（即专利组合）的价值。这些专利的组合同时具备"规模化"（同族专利的数量和保护范围）与"多样化"（不同类别的同族专利数目）的特点，专利组合的价值也正取决于此。

关于专利组合指标的构建，Ernst 等（2004）通过使用专利申请量、专利授权率、国际专利分类数量、专利被引量等指标建立专利组合分析模型。张世玉等（2015）采用文本挖掘技术，综合运用技术领域标签抽取、专利文本特征表示和专利文本聚类等方法，对专利组合分析中的专利技术领域划分方法进行了优化。潘颖和卢章平（2012）从专利优先权角度出发，基于专利族成员构建了专利组合。周丽英等（2016）以发明人创新团队为基础，利用专利技术领域相关性，建立了识别专利组合的新方法。

专利组合在企业的技术竞争情报分析和评价等方面有许多应用。田朝辉和方思（2017）以智能网联汽车领域为例，通过技术吸引力、相对专利位置和技术强度三个指标，运用技术层面的专利组合分析法，对汽车企业的技术竞争力进行评价。夏太寿和王园磊（2017）以技术覆盖范围、相对技术优势和加权平均存活年龄三个指标构建专利组合分析模型，分析我国生物医药产业的竞争态势。冯雪飞等（2018）以中药产业为例，结合社会网络分析法，利用改进的专利组合分析方法进行企业技术竞争情报分析。闫杰等（2017）以电动汽车领域为例，利用专利技术规模、相对技术优势和相对技术融合能力指标建立专利组合分析方法，对全球电动汽车企业的研发优势及其商业机会进行评估。

3.3 专利家族

由于专利的地域性，专利申请人要想使自己的发明创造获得多个国家的保护，就要在多个国家进行专利申请。专利优先权（patent priority）是指根据《保护工业产权巴黎公约》规定，巴黎联盟各成员国给予联盟任一国家的专利申请人一种优惠权，即联盟内某国的专利申请人已在某成员国第一次正式就一项发明创造申请专利，当申请人就该发明创造在规定的时间内向本联盟其他国家申请专利时，申请人有权享有第一次申请的申请日期。发明和实用新型的优先权期限为 12 个月，外观设计的优先权期限为 6 个月（赵沛丰和赵欣，2010）。在后申请的成员国出版专利文献时，在专利文献著录项目中刊出国际优先权项，以表明两者之间的关系。这些具有共同优先权的在不同国家或国际专利组织多次申请、多次公布，或批准的内容相同或基本相同的一组专利文献，称为专利家族（patent family，又称专利族）。同一专利族中的每件专利文献被称作专利族成员（patent family members），最早优先权的专利文献称基本专利，同一专利族中每件专利互为同族专利。

同族专利的联系媒介是优先权。优先权包括优先权日、优先权国家和优先权号。按照专利在先申请的国籍来分，优先权分为外国优先权和本国优先权。申请人就相同主题的发明或者实用新型在外国第一次提出专利申请之日起 12 个月内，或者就相同主题的外观设计在外国第一次提出专利申请之日起 6 个月内，又在中国提出申请的，依照该国同中国签订的协议或者共同参加的国际条约，或者依照相互承认优先权的原则，可以享有优先权。这种优先权称为外国优先权。申请人就相同主题的发明或者实用新型在中国第一次提出专利申请之日起 12 个月内，又以该发明专利申请为基础向专利局提出发明专利申请或者实用新型专利申请的，或者又以该实用新型专利申请为基础向专利局提出实用新型专利申请或者发明专利申请的，可以享有优先权。这种优先权称为本国优先权。

世界知识产权组织《工业产权信息与文献手册》（*Handbook on Industrial Property Information and Documentation*）将专利族分为六类：①简单专利族（simple patent family），针对同一件发明，并且所有专利族成员拥有完全相同的优先权；②复杂专利族（complex patent family），针对同一件发明或者拥有相同方面的多件发明，专利族成员共同拥有至少一个优先权；③扩展专利族（extended patent family），针对一件或多件发明，每个专利族成员与该专利族中的至少一个其他专利族成员共同拥有至少一个优先权；④本国专利族（national patent family），是针对一件或多件发明的同一专利机构公布的专利文献，专利族成员共同拥有至少一个优先权，此专利族中至少有两件专利是由于继续、分案申请等原因产生的；⑤内部专利族（domestic patent family）是指同一个专利机构公布的同一专利申请的不同公布级的专利文献；⑥人工专利族（artificial patent family）是指不同专利机构公布的专利文献，至少其中某些专利没有共同的优先权，但内容相同或基本相同，通过人工智能归类而成。

专利族作用可以体现在以下方面。

（1）可以了解一件专利在不同国家的申请情况，以及这些专利在各国的审批情况和法律状态信息，掌握其占领市场的动态信息。专利申请人在专利申请中指定的国家范围，通常就是其意欲投资或销售专利产品的市场范围。

（2）可以提供有关该相同发明主题的最新技术发展。越是重要的发明创造，申请的国家越多，技术发展也最活跃。就相同的发明创造在不同国家申请专利的过程中，因为不同国家的专利制度及专利审批速度的差异，不同国家的专利申请和审查进度并不一致，专利申请人会不断地修改和更新申请的专利，会将最新的研发成果反映在最近的专利申请中。

（3）可以帮助阅读者克服语言障碍。当专利检索人员读不懂某种语言版本的专利说明书时，可以通过专利族检索，在同族专利中查找母语或自己最熟悉语言版本的专利说明书。这样就可以克服语言障碍，加快检索或阅读专利的速度。

（4）为专利机构审批专利提供参考。由于专利族中的同族专利通常是同一项发明创造，不同国家的专利审查机构在对同一项发明创造进行专利检索和审查时，后审批的专利局可以利用前面审查和审批的专利局的专利检索报告与审查结果作为参考，提高审查审批效率。

3.4　技术族群

族群（ethnicity，ethnic group）的概念来源于社会学、民族学。德国社会学家

Weber（1961）将族群定义为，对共同世系抱有相似的主观信念，即相似的体型或风俗，或者相似的殖民和迁徙记忆，这些具有非血缘共同关系的人群叫作“族”群。国内学者吴泽霖（1991）在《人类学词典》中提出族群概念综合了社会标准和文化标准，认为族群是因为特殊的语言、种族或文化等集居在一起的人群，可以用来指社会阶级、都市和工业社会中的种族群体或少数民族群体，也可以用来区分土著居民中的不同文化和社会集团。沈培建（2018）通过阐述美国族群社会的形成过程，考察其族群研究的时代背景、研究趋向和理论局限，比较中美民族特点，提出族群就是以相同种族为基础形成的，带有某种文化特点的人群。百度百科将族群定义为因历史及时空环境，基于历史、文化、语言、地域、宗教、血缘祖先认同、行为、生物/外貌特征而形成的“一群”与其他有所区别的群体。何中兵和李晶（2012）将族群与产业结合起来，提出产业族群是在一定区域或产业范围内，通过竞争与合作形成的能够提高整体创新能力的社会与经济网络系统。

综上所述，族群一定是具有某种特质的群体。将族群的概念与技术相结合，技术族群也一定是具有某些相同或相似特征的技术组合或技术群组。本书提出以专利数据为基础的技术族群的概念，其表现形式可以有如下两种，这两种形式存在的技术族群都是以专利家族为基础存在的技术族群。

（1）可以归属于某一技术领域的专利族群。已有的被各国专利局认可和使用的划分方法包括国际专利分类法、世界知识产权组织定义的技术领域划分法。为了对不同国家的创新活动进行统计和比较分析，世界知识产权组织建立了技术领域和国际专利分类的对照表，将国际专利代码按照电子工程、工具、化学、机械工程和其他五个主要技术领域划分成了 35 个技术领域。这 35 个技术领域与国际专利分类代码的对应如表 3-1 所示。

表 3-1 世界知识产权组织技术领域与国际专利分类代码对照表

序号	技术领域	国际专利分类代码
	电子工程	
1	电机、器械与能源	F21#，H01B，H01C，H01F，H01G，H01H，H01J，H01K，H01M，H01R，H01T，H02#，H05B，H05C，H05F，H99Z
2	视听技术	G09F，G09G，G11B，H04N-003，H04N-005，H04N-009，H04N-013，H04N-015，H04N-017，H04R，H04S，H05K
3	远程通信	G08C，H01P，H01Q，H04B，H04H，H04J，H04K，H04M，H04N-001，H04N-007，H04N-011，H04Q
4	数字通信	H04L
5	基本通信过程	H03#
6	计算机技术	（G06#不包含 G06Q），G11C，G10L
7	信息技术管理方法	G06Q

续表

序号	技术领域	国际专利分类代码
8	半导体	H01L
	工具	
9	光学	G02#，G03B，G03C，G03D，G03F，G03G，G03H，H01S
10	测量	G01B，G01C，G01D，G01F，G01G，G01H，G01J，G01K，G01L，G01M，（G01N 不包含 G01N-033），G01P，G01R，G01S；G01V，G01W，G04#，G12B，G99Z
11	生物材料分析	G01N-033
12	控制	G05B，G05D，G05F，G07#，G08B，G08G，G09B，G09C，G09D
13	医学技术	A61B，A61C，A61D，A61F，A61G，A61H，A61J，A61L，A61M，A61N，H05G
	化学	
14	精细有机化学	（C07B，C07C，C07D，C07F，C07H，C07J，C40B）不包含 A61K，A61K-008，A61Q
15	生物技术	（C07G，C07K，C12M，C12N，C12P，C12Q，C12R，C12S）不包含 A61K
16	医药	A61K 不包含 A61K-008
17	高分子与聚合物化学	C08B，C08C，C08F，C08G，C08H，C08K，C08L
18	食品化学	A01H，A21D，A23B，A23C，A23D，A23F，A23G，A23J，A23K，A23L，C12C，C12F，C12G，C12H，C12J，C13D，C13F，C13J，C13K
19	基础材料化学	A01N，A01P，C05#，C06#，C09B，C09C，C09F，C09G，C09H，C09K，C09D，C09J，C10B，C10C，C10F，C10G，C10H，C10J，C10K，C10L，C10M，C10N，C11B，C11C，C11D，C99Z
20	材料与冶金	C01#，C03C，C04#，C21#，C22#，B22#
21	表面与涂层技术	B05C，B05D，B32#，C23#，C25#，C30#
22	微观结构与纳米技术	B81#，B82#
23	化学工程	B01B，B01D-000#，B01D-01##，B01D-02##，B01D-03##，B01D-041，B01D-043，B01D-057，B01D-059，B01D-06##，B01D-07##，B01F，B01J，B01L，B02C，B03#，B04#，B05B，B06B，B07#，B08#，D06B，D06C，D06L，F25J，F26#，C14C，H05H
24	环境技术	A62D，B01D-045，B01D-046，B01D-047，B01D-049，B01D-050，B01D-051，B01D-052，B01D-053，B09#，B65F，C02#，F01N，F23G，F23J，G01T，E01F-008，A62C
	机械工程	
25	处理	B25J，B65B，B65C，B65D，B65G，B65H，B66#，B67#
26	机床	B21#，B23#，B24#，B26D，B26F，B27#，B30#，B25B，B25C，B25D，B25F，B25G，B25H，B26B
27	发动机、泵、涡轮机	F01B，F01C，F01D，F01K，F01L，F01M，F01P，F02#，F03#，F04#，F23R，G21#，F99Z
28	纺织和造纸机械	A41H，A43D，A46D，C14B，D01#，D02#，D03#，D04B，D04C，D04G，D04H，D05#，D06G，D06H，D06J，D06M，D06P，D06Q，D99Z，B31#，D21#，B41#

续表

序号	技术领域	国际专利分类代码
29	其他特殊机械	A01B，A01C，A01D，A01F，A01G，A01J，A01K，A01L，A01M，A21B，A21C，A22#，A23N，A23P，B02B，C12L，C13C，C13G，C13H，B28#，B29#，C03B，C08J，B99Z，F41#，F42#
30	热加工及机械	F22#，F23B，F23C，F23D，F23H，F23K，F23L，F23M，F23N，F23Q，F24#，F25B，F25C，F27#，F28#
31	机械零件	F15#，F16#，F17#，G05G
32	运输	B60#，B61#，B62#，B63B，B63C，B63G，B63H，B63J，B64#
	其他	
33	家具、游戏	A47#，A63#
34	其他消费品	A24#，A41B，A41C，A41D，A41F，A41G，A42#，A43B，A43C，A44#，A45#，A46B，A62B，B42#，B43#，D04D，D07#，G10B，G10C，G10D，G10F，G10G，G10H，G10K，B44#，B68#，D06F，D06N，F25D，A99Z
35	土木工程	E02#，E01B，E01C，E01D，E01F-001，E01F-003，E01F-005，E01F-007，E01F-009，E01F-01#，E01H，E03#，E04#，E05#，E06#，E21#，E99Z

（2）由核心专利和外围专利组成的专利组合。专利权人为保护某方面技术发明而布局的由核心专利和外围专利组成的专利组合或专利网。核心专利是指在某一技术领域中处于关键地位、对技术发展具有突出贡献、对其他专利或者技术具有重大影响且具有重要经济价值的专利（韩志华，2010）。也有学者认为核心专利是具有原创性，因原理设计、实施过程科学优化及技术领域涉及广而绕不开，并且蕴含巨大经济效益和战略意义的专利或专利组合（马永涛等，2014）。核心专利的特征包括：①必须是原创性技术；②具有不可替代性；③蕴含着重大战略意义；④可以是单件专利或者专利组合等。外围专利是围绕着核心专利进行技术改进而形成的专利。

对于核心专利的识别，通常的方法有以下几种。

（1）专利引证法。Abert 等（1991）通过研究发现，专利被引频次可以用作确认企业重要专利及核心技术的指标。赵蓉英等（2019）以德温特专利数据库为数据来源，采用专利计量及前向引证指标对人工智能领域的专利数据进行分析，根据专利被引频次对核心专利进行挖掘，然后以被引频次排名第一的专利 US5963940-A 为例分析了该专利的历年引文频次、引证对象及多级引证网络，从而确定了核心专利。

（2）统计频次排序法。通过对专利指标的频次统计，可以得出被引次数、同族专利数、权利要求数量频次多的专利，来识别核心专利。栾春娟和侯海燕（2009）将世界全部软件专利 2003～2004 年被引频次 7 次以上的 5000 件高被引专利定义为核心专利，并得出了拥有核心专利 40 件以上的 11 个核心专利高产机构。袁润和钱过（2013）以德温特专利数据库检索出的风能专利为对象，分别统计出了被引次数、同族专利数、权利要求数量等前 10 的专利，结果发现依据三种数据识别出的核心专利并不重叠，因此建议在识别核心专利时不能仅仅采用一种方法。

（3）专利家族计数法。专利族中同族专利的数量可以反映申请人对于多个市场的布局和重视程度，反映技术的质量和经济价值，同族专利数量越多，专利质量也越高，潜在市场价值就越大，成为核心专利的可能性就越大。Lanjouw 和 Schankerman（2004）的研究表明同族专利数量可以反映发明的技术重要性。

（4）布拉德福德定律法。英国文献学家 Bradford（布拉德福德）指出，对某一主题而言，将科学期刊按刊载相关论文减少的顺序排列时，可以划分为对该主题最有贡献的核心区，以及含有与该区域论文数量相同的几个区域。每个区域里的期刊数量成 $1:n:n^2$。科学论文在科技期刊中的分布是不均匀的，少数期刊中“拥挤”着大量高质量的论文，大量的期刊中“稀释”着少量的论文。在将布拉德福德定律应用到专利文献的分类统计中时，可以把采集的专利数据按专利分类分为三个区域。第一区域为本领域核心技术分类，该领域的专利文献相对集中于少量的核心分类上。第二区域为本领域的一般性分类，该区域的分类号较多，但每一分类号下集中的专利文献并不多。第三区域为与本领域相关分类，该区域的分类是那些主题与本领域技术内容有关联的类别。罗立国（2008）利用布拉德福德定律法对数据库技术领域的专利进行分类，根据每个分类号所包含的专利的数量划分为三个区域，每个区域聚集不同的分类号，确定处于第一区域且包含专利量最多的分类号所代表的技术为数据库技术领域的核心技术。

另外，一些学者综合上述方法中的两种或者两种以上的组合来进行核心专利的识别。许海云等（2014）以医用显微内窥镜领域为例，利用专利技术功效主题词与专利引文进行共现分析来识别核心专利。杨雅娜和刘胜奇（2015）提出核心专利识别及可视化（recognition and visualization of core patent，RVCP）方法，包括核心专利组合识别、专利权人名称标准化、专利权人国别处理、共专利权人网络分析、核心专利的国家全球图、20 强专利权人全球图、高合作子网络全球图。罗立国（2018）认为专利质押、能被许可的专利、获得高赔偿额的专利和进入复审与无效的专利可以看作核心专利，发明人网络和专利网络交易也可以用来识别核心专利。罗立国和林文广（2018）以新能源汽车装置领域为专利数据样本，利用多元回归模型实证分析核心专利挖掘指标对核心专利的影响效应及解释能力，结果发现，引用专利数量、国际专利分类号数量、同族专利数量和同族专利被引用专利数量对核心专利显著正相关，说明书页数、附图页数和摘要字数在逻辑回归中不显著，即其在核心专利挖掘中所起到的作用非常小。张欣和马瑞敏（2018）以 OLED（organic light emitting diode，有机发光二极管）领域为例，结合专利的被引次数和专利的年龄对 PageRank 算法进行改进，提出 PatentRank 算法来识别核心专利。

3.5 本章小结

本章主要对本书所涉及的相关概念包括新兴产业、专利组合、专利家族和技术族群等进行研究、总结和评述。

参考文献

冯雪飞，何健，袁红梅. 2018. 基于专利组合分析方法改进的企业技术竞争情报研究[J]. 情报杂志，37（3）：79-85，115.

韩志华. 2010. 核心专利判别的综合指标体系研究[J]. 中国外资，（2）：193-196.

何中兵，李晶. 2012 族群企业的性质与竞争优势来源[J]. 当代经济，（4）：46-47.

栾春娟，侯海燕. 2009. 全球软件专利计量与中国软件专利法律保护[J]. 技术与创新管理，30（5）：566-569.

罗立国. 2008. 数据库技术领域的专利地图研究[J]. 知识产权，（5）：46-52.

罗立国. 2018. 核心专利识别指标研究[J]. 中国发明与专利，15（4）：63-68.

罗立国，林文广. 2018. 核心专利挖掘指标研究——以新能源汽车装置领域为例[J]. 科技管理研究，38（18）：151-156.

马永涛，张旭，傅俊英，等. 2014. 核心专利及其识别方法综述[J]. 情报杂志，（5）：38-43，70.

潘颖，卢章平. 2012. 专利优先权网络：一种新的专利组合分析方法[J]. 图书情报工作，56（16）：97-101.

沈培建.2018. “族群”一个被误解和误用的概念[J]. 吉林师范大学学报（人文社会科学版），（4）：32-44.

田朝辉，方思. 2017. 基于专利组合的智能网联汽车企业技术竞争力评价研究[J]. 情报探索，（11）：27-33.

吴泽霖. 1991. 人类学词典[M]. 上海：上海辞书出版社.

夏太寿，王园磊. 2017. 基于专利组合的我国生物医药产业技术竞争情报研究[J]. 图书情报研究，10（1）：78-85.

许海云，岳增慧，雷炳旭，等. 2014. 基于专利技术功效主题词与专利引文共现的核心专利挖掘[J]. 图书情报工作，58（4）：59-64.

闫杰，缪小明，闫斌. 2017. 基于专利组合的电动汽车企业研发优势和商业机会评估[J]. 世界科技研究与发展，39（1）：97-104.

杨雅娜，刘胜奇. 2015. 核心专利的识别及可视化方法[J]. 情报工程，1（4）：65-76.

袁润，钱过. 2013. 战略性新兴产业核心专利的识别[J]. 情报杂志，32（3）：44-50.

张世玉，王伟，于跃，等. 2015. 基于文本挖掘技术的技术层面专利组合分析方法优化[J]. 情报理论与实践，38（10）：127-129，144.

张娴，许海云，方曙，等. 2015. 专利技术组合机会与合作潜力研究[J]. 情报杂志，34（7）：39-46.

张欣，马瑞敏. 2018. 基于改进 PageRank 算法的核心专利发现研究[J]. 图书情报工作，62（10）：106-115.

赵沛丰，赵欣. 2010. 同族专利信息分析及应用（上）[J]. 中国发明与专利，（8）：85-88.

赵蓉英，李新来，李丹阳. 2019. 专利引证视角下的核心专利研究——以人工智能领域为例[J]. 情报理论与实践，42（3）：78-84.

周丽英，冷伏海，左文革. 2016. 基于创新团队的专利组合识别方法研究[J]. 情报理论与实践，39（11）：116-120.

Abert M B，Avery D，Narin F，et al. 1991. Direct validation of citation counts as indicators of industrially important patents[J]. Research Policy，20（3）：251-259.

Ernst H. 1998. Patent portfolios for strategic R&D planning[J]. Journal of Engineering and Technology Management，（4）：279-308.

Ernst H，Fabry B，Soll J H. 2004. Enhancing market-oriented R&D planning by integrated market and patent portfolios[J]. Journal of Business Chemistry，1（1）：2-13.

Lanjouw J O，Schankerman M A. 2004. Patent quality and research productivity：measuring innovation with multiple indicators[J]. Economic Journal，114（495）：441-465.

Parchomovsky G，Wagner P. 2005. Patent Portfolios[R]. Philadelphia：University of Pennsylvania Law Review.

Weber M. 1961. Ethnic groups[C]//Parsons T，Shils E，Naegele K D et al. Theories of Society：Foundations of Modern Sociological Theory. New York：The Free Press of Glencoe：306.

World Intellectual Property Organization. 2013. Glossary of terms concerning industrial property information and documentation[EB/OL]. http://www.wipo.int/export/sites/www/standards/en/pdf/08-01-01.pdf[2013-06-01].

4 基于专利分析和数据挖掘的新兴技术创新发展研究

本章以专利和论文数据为基础，以纳米科技、云计算和 3D 打印等新兴技术领域为例，利用文献分析、专利分析、社会网络分析和内容分析等方法，从技术创新、创新人才分布、创新合作网络等视角展开研究。

4.1 云计算技术在知识产权信息服务与数据分析中的应用

4.1.1 云计算在知识产权信息服务中的应用

根据世界知识产权组织《世界知识产权指标》的报告，中国国家知识产权局受理来自国内外的发明和外观设计专利申请、商标注册申请已经连续多年排名世界第一。知识产权信息量的迅速增长，使传统的知识产权信息管理系统已不能满足对数据进行规范管理和大量应用的要求。云计算以其超大规模、低成本、通用性和高扩展性等特点，可以为知识产权信息资源整合和共享提供良好的助力与支撑。

4.1.1.1 云计算概述及特征

根据美国国家标准与技术研究院（National Institute of Standards and Technology，NIST）的定义，云计算是一种模式，这种模式可以提供泛在、便捷、按需的网络访问，使用者可以按需使用各种计算资源（如网络、服务器、存储、应用和服务），并且这些资源的使用无须过多的管理或者与服务提供商过多的交互就可以实现。

云计算的基本特征包括按需自助服务、广泛的网络访问、资源池化、快速扩展性、服务可计量化。①按需自助服务。用户可以自主按需获取包括服务器时间和网络存储等在内的计算能力，而无须与每个服务提供商进行人际交互。②广泛的网络访问。用户可以借助不同的客户端平台实现对网络的访问，获得无处不在的云服务。③资源池化。服务提供商的计算资源形成“资源池”，通过多租户模式向多个用户提供服务，并根据用户需求，动态地分配和再分配不同的物理和虚拟资源。④快速扩展性。云计算提供的服务能力是有弹性的，可以自动快速地随着需求扩展或释放。⑤服务可计量化。云系统通过利用与服务类型相适的计量能力来自动控制并优化资源的使用。

4.1.1.2 知识产权信息服务中云计算的应用

我国国务院颁布的《国家知识产权战略纲要》明确提出构建国家基础知识产权信息公共服务平台，促进知识产权系统集成、资源整合和信息共享。云计算平台通过整合全球知识产权信息资源和服务资源，采用云计算技术构建，可以为用户提供包括知识产权信息智能检索与专业分析、知识产权价值分析及评估、知识产权交易转让、知识产权咨询代理和宣传培训等知识产权应用服务。在基于云计算的知识产权信息管理建设方面，美国专利商标局以专利端到端和商标新一代为项目建设主题，采取私有云和公共云结合的混合云策略，并与Google公司合作利用公共云向社会发布专利和商标信息。韩国知识产权局以KIPOnet系统和云桌面系统的实施为依托，实现申请和审查的即时管理。云计算高速并行的计算能力为我国知识产权信息化服务机构提供了新的契机。云计算可以为知识产权信息服务提供高效的资源配置、完善的信息服务和灵活的服务模式。

（1）高效的资源配置。我国已有的知识产权信息管理系统存在许多个地方网点，不同的专利数据库和知识产权信息检索系统标准不统一，数据更新速度也有差异，重复建设率高。传统数据中心的建设不仅要考虑资源负载的长期发展趋势，还要应对不可预测的突发事件。据统计，多数企业数据中心的资源利用率在15%以下，很难兼顾业务的可用性和资源的高效利用。而云计算平台中的资源利用率能达80%以上，可以大幅提升资源利用率，节约整个社会的基础资源。采用云计算技术建设集中配置的知识产权数据中心，可以降低信息使用者对于信息技术（information technology，IT）基础设施的重复建设率，提高知识产权信息的资源配置效率，增强知识产权信息的统一性和权威性，提供更加高效、高质的知识产权信息服务。

（2）完善的信息服务。云计算广泛的网络访问和资源池化特点可以加速实现知识产权信息服务的资源整合、信息共享和传播。为满足社会对专利信息的需求及推动全国专利信息公共服务工作全面、协调和可持续发展，我国已经建成以国家专利数据中心、区域专利信息服务中心和地方专利信息服务中心三级架构的全国专利信息公共服务体系。利用云计算技术，国家专利数据中心可以架构最权威的专利基础数据资源中心，为专利数据服务提供商、服务需求者等提供开放共享的专利信息基础性服务，并为全国重点产业和战略新兴产业的发展建立专题数据库等，引领和指导国家产业发展的方向；区域专利信息服务中心可以针对区域产业和经济发展特色，建立专利信息的行业导航机制，助力区域支柱产业和特色产业的发展速度；地方专利信息服务中心则可以利用云计算无处不在的网络特点，普及知识产权信息的可利用性，为地方重点企业提供有针对性的服务等。

（3）灵活的服务模式。根据部署方式和服务对象范围，云计算包括公共云、私有云和混合云三种服务模式。公共云提供公共服务，私有云提供内部（个性化）服务，混合云是公共云和私有云的结合。由于我国创新驱动产业和经济发展的需要，迫切需求对知识产权信息和竞争情报的整合与共享。由政府部门或知识产权信息服务供应商提供的知识产权信息公共云服务可以满足不断增长和扩展的公众需求，这些需求包括知识产权信息的检索、获取、咨询和培训等基础性服务。私有云则提供高品质增值化的定制信息服务，主要是专业化和智能化的知识产权信息检索和分析预警、多语种翻译、价值评估、运营托管与发展战略等。混合云可以满足用户尤其是中小企业对于知识产权信息的多样化需求。

4.1.1.3 云计算在知识产权信息管理的安全保障

在云计算环境中，数据中心及其基础设施都有专业化的机构和人员进行运营和管理。安全管理主要是避免信息泄露、未授权的访问和修改、及时发现并修补系统漏洞及阻止内外部恶意用户的攻击等。云计算数据中心配备先进的安全技术和设备，通过使用虚拟专用网络（virtual private network，VPN）、一次性口令（one time password，OTP）等安全技术和措施对用户登录、数据使用和下载等权限的限制来保障知识产权信息系统中数据管理和使用的安全性。云计算能够基于不同的知识产权信息服务对象提供不同的服务内容和权限以最大化地保障知识产权信息安全。

作为继个人计算机及互联网变革之后的第三次技术革命，云计算应用于知识产权信息管理领域，将会达到节约基础建设资源、降低知识产权信息管理成本和提高信息传播效率等多项显著的效果。利用云计算和云服务在知识产权信息管理方面的优势，可以实现资源整合，大幅度提高知识产权信息资源利用率，快速部署，实现无 IT 基础设施的信息化，分层级管理，按需分配和提供服务，保障信息安全等。完善的知识产权信息服务，不仅可以满足不同层次的知识产权信息需求，提升我国知识产权信息化建设水平，还将会对我国创新型国家建设和知识产权战略实施起到重大的推进作用。

4.1.2 云计算在专利大数据分析中的应用

全球的专利数据总量至今已经超过 1.4 亿条，而且专利数据每周都在进行更新。专利大数据蕴含的丰富的技术、法律和经济信息具有巨大的经济和社会价值。以云计算技术推动专利大数据的深度挖掘和分析，可以加快发挥专利大数据在我国创新驱动发展战略和经济社会发展中的应用。

4.1.2.1　云计算与大数据

云计算作为一种计算资源配置模式，通过提供泛在、便捷、按需的网络访问，使用户进入可配置的计算资源共享池，按照需求使用网络、服务器、存储、应用和服务等。云计算的基本特征包括按需自助服务、广泛的网络访问、资源池化、快速扩展性、服务可计量化。

大数据的本质是从海量的数据中发现隐藏在其中的规律并对事物发展的可能性做出预测。IBM 的数据科学家将大数据的特性归纳为四个方面：①数量巨大（volume），据估计每天产生的数据量可以达到 2.3 万亿 GB；②形式多样（variety），数据来源于商业交易、智能设备、社交媒体和互联网日志等，数据格式包括著录数据、文本、图片、音频、视频等各种结构化、半结构化和非结构化数据；③速度快（velocity），数据产生和处理的速度都非常快；④真实性要求高（veracity），数据分析和决策的精确依赖于数据的可靠性与正确性。

云计算和大数据的发展对人们的思维、管理方式和决策能力都产生了深远影响。云计算解决的是计算资源的共享和高效利用，而大数据的意义在于对数据的深度挖掘、分析和应用。对海量数据的挖掘需要高速实时运行的数据分析技术和计算资源，云计算所具备的按需服务、动态调配、快速扩展等特点正好解决了大数据处理技术的需求。云计算和大数据的结合可以加速实现海量数据资源的深度挖掘和利用。

4.1.2.2　专利大数据的特点

专利是反映科技创新最重要的知识产权形式，保护对象为整个实用技术领域，许多发明成果仅通过专利文献公开，并不见诸其他科技文献。专利信息不仅揭示发明创造的实用技术，也用来确定专利权人独占的权利范围，还可以反映专利产品和投资的市场趋势，是集技术、法律和经济于一体的信息。专利信息是知识产权战略管理和决策中最基础最重要的信息来源，高质量的专利信息对于知识产权的创造、运用、保护和管理起着重要的促进作用。

专利大数据是指专利相关活动中产生的数据，包括专利申请、审查、许可、转让和诉讼等各方面的数据。专利大数据的挖掘，不仅要关注专利数据本身的价值，还要重视专利与产业、经济和贸易等数据的关联分析，体现专利对产业和经济社会发展的贡献和价值。对专利大数据进行深度挖掘和充分利用，不仅可以提高我国知识产权的发展水平，而且可以为我国创新驱动发展战略和产业转型升级提供良好的助力。专利大数据蕴含着极其丰富的知识资源，其特点主要有以下几点。

（1）数据量巨大，更新周期快。作为最能体现技术创新水平的发明专利，2011～2015 年全球申请量从 214 万件增长到 288 万件，我国的申请量从 52 万件增长到 110 万件，连续 5 年位居世界首位。随着各国技术创新速度的不断加快，专利申请量逐年增长，专利文献数据也越来越多。各国专利局都在不断地对专利数据进行更新，更新的速度缩短到了每周。更新的专利文献和数据被随时添加到专利数据库中。

（2）数据繁杂，差异性显著。由于专利保护的地域性特点，各国专利制度存在明显差异，专利收录时间、专利类型、保护期限等因素的不一致性导致各国专利数据存在很大的差别。除了专利申请审查过程中产生的专利申请公开和授权数据，专利数据还包括专利交易中发生的专利许可转让数据，以及侵权诉讼中出现的专利诉讼数据等。另外，由于各国专利审查标准和程序不同，专利的质量和价值也存在很大的差异。这些都导致在专利数据的海洋中寻找真正有价值信息的成本较高。

（3）数据处理和挖掘难度大。专利数据分为结构化数据和非结构化数据。结构化数据以著录项目为主，包括专利号、申请号、申请日期、授权日期、申请人、发明人和专利分类号等。非结构化数据包括文本数据和图像数据，通常在专利分析中以文本信息为主，包括专利的名称、摘要、权利要求书和说明书等。结构化数据可以使用数理统计分析方法，而非结构化数据，是因为技术和法律用语晦涩难懂，尤其对于中文专利文本，文本挖掘难度很大。

目前我国对于专利大数据的开发和利用还处于发展阶段的初期，存在巨大的市场需求和发展空间。

4.1.2.3 专利大数据分析中云计算的应用

在大数据背景下，企业、研究机构、服务中介、政府部门和公共群体都需要在海量的专利信息中提取、处理和利用可使用的数据、信息和知识。数据的爆发式增长，对于低成本、低能耗、高可靠性的存储方式提出了更高要求。大数据需要高度发达的计算中心作为支撑。云计算能够为大数据提供强大的存储和计算能力。采用云计算技术建设国家专利数据中心，可以推进专利数据的集中化和标准化，实现专利基础数据资源的统一管理。为了保证应对海量数据时的分析效率，高效并行处理能力是不可或缺的。应用云计算技术于数据挖掘和分析的过程中，可以提高和改善大数据的使用效率和效果。

数据分析是大数据的处理核心。专利大数据挖掘和分析过程包括专利数据的检索、提取、清洗、分析和利用。云计算技术可以运用在数据分析的不同阶段，不同的阶段可以采用公共云、私有云和混合云等不同的服务模式。

在专利数据检索和提取阶段，需要使用专利大数据网络平台，该网络平台是以提供专利大数据检索服务的“云端”应用平台，可以为用户提供大批量、实时和智能化的专利大数据检索。专利大数据网络平台可以根据用户的使用目的、时间、流量和方式等收取不同的平台使用费用。在此阶段，对海量的专利数据进行筛选和临时存储，可以采用公共云的服务方式，能够充分利用公共云无限扩展的计算和存储能力，同时大幅降低用户的信息存储成本和空间。

在专利数据的清洗和分析阶段，可以运用云计算的并行处理技术提高数据整理、加工和分析的效率，服务模式则可以采用混合云的形式。对于技术、产业发展趋势等宏观性分析，可以利用公共云的海量数据处理和分析优势，对于与用户自身相关的专利数据、竞争对手研判信息、企业兼合并知识产权数据等，可以采取私有云的服务方式，进行更深层次的专利数据挖掘。

在专利大数据的利用阶段，数据分析获得的有价值信息和知识可以以“云”的形式在用户内部实现共享。由于这些信息和知识需要与用户运营与发展战略相结合，为保护信息和决策的安全性，适宜采取私有云的方式。

在大数据时代，提高对专利数据的深度挖掘、分析和利用，获取更多更有价值的隐性信息，可以极大地提升知识产权战略管理和科学决策的水平。云计算应用于专利大数据领域，将会达到降低数据存储成本，提高数据加工和分析能力，加快数据处理速度等良好的效果。云计算和大数据的综合运用可以为我国的发明人、企业、政府决策者、公共用户等提供更快更全面的专利数据服务，推动决策从“经验加感觉型”向“数据加事实型”转变，为我国的科技创新提供更科学更高效的信息来源和情报服务。

4.2　基于专利数据挖掘的中美纳米技术发展全景图研究

中国和美国是纳米技术专利申请量最多的两个国家。本节基于中国国家知识产权局和美国专利商标局的发明专利授权数据，比较 2001～2017 年中国和美国的纳米技术发展全景图，内容包括中国和美国纳米技术专利趋势变化、纳米专利技术主题差异、纳米技术国内外市场的主要竞争者及竞争者合作模式等。使用的研究方法包括文献计量法、内容分析法和社会网络分析法。本节分析中国和美国纳米技术发明授权专利的年度趋势、国家分布、专利族数量分布、技术领域分布及国内外市场主要竞争者（专利权人），并基于合作网络参数确定专利权人间的合作网络模式和特点及有影响力的竞争者。结果显示，相比中国市场，美国市场上的纳米技术国际合作更多，知识交流和资源共享水平更高；在美国纳米技术发展中，公司作为创新主体发挥至关重要的作用，产生更多产业界内的合作；而在中国纳米技术发展中，大学和科研院所是主要的贡献者，从而产生更多学界和产业界间的合作。

4.2.1　中美纳米技术研究现状

作为一种新兴技术，纳米技术在科技、经济和社会发展中起着重要支撑作用，所以通常会被看作衡量国家科技竞争力的重要指标之一。许多国家已经建立各种政策和资助措施来支持纳米技术的发展。作为世界上两个最大经济体的中国和美国，都将纳米技术发展作为国家战略的一部分。在过去的30年里，中美政府都已经采取各种战略措施并提供大量经济资助来推动从以科学为中心的纳米级合成到医疗和可持续发展的纳米技术研发和应用（Roco，2005，2011；Liu and Guan，2016）。美国和中国在纳米技术投资的结构方面是存在差异的：美国比中国拥有更多的纳米技术私人投资（Flynn et al.，2013；Kendrick et al.，2015）；中国在包括人力和基础设施的研发能力方面具有持续的扩张速度。

从纳米技术领域论文发表量和专利申请量来看，美国一直是排名世界前列的国家，中国在2005年以后也跃居世界前列。Web of Science数据库论文数据显示，2017年美国和中国纳米技术论文占世界纳米技术论文的比例分别为18.0%和34.9%；从世界知识产权组织的专利申请统计数据来看，2017年美国和中国纳米技术专利占世界纳米技术专利的比例分别为15.7%和61.8%（Zhu et al.，2017）。

在2010年之前，美国专利商标局在纳米技术领域的专利申请量一直都居于世界首位。但是，自2010年起，中国成为纳米技术专利申请最多的国家（Zhu et al.，2017）。就纳米技术SCI（science citation index，科学引文索引）论文出版量来看，中国自2011年起超过了美国（Committee on Triennial Review of the National Nanotechnology Initiative et al.，2016）。对这些科学文献和专利的主题进行研究发现，中国和美国的纳米技术聚焦点差别如下：美国集中于半导体、纳米医药及其他领域的纳米制造方面（Chen et al.，2013），而中国集中于光子学、纳米材料及其他领域（Zhao et al.，2014）。

对纳米技术发展的已有研究主要使用科学出版物来比较包括中美在内的不同国家的纳米技术R&D活动（Liu et al.，2015；Dong et al.，2016；Gao et al.，2016；Bae et al.，2017）。这些文献大部分都使用了文献计量分析法（Gao et al.，2016；Dong et al.，2016），一些文献则使用了引证网络分析法（Liu et al.，2015）。这些文献都没有对纳米技术的应用和商业化进行比较研究。

本节使用“技术全景图”来进行纳米技术发展研究，内容包括专利年度趋势、主要技术主题、主要竞争者和竞争者关系等（Dara and Sangamwar，2014；Kong et al.，2015）。就技术保护而言，虽然专利只是知识产权的一种形式，但是一个国家专利局公布的专利可以用来衡量该国市场上技术商业化的潜力（Chen and Roco，2009；Kong et al.，2015；Gong and Peng，2018；Zhang et al.，2018）。其他知识产权形式，如技术秘密，其通常处于保密状态，数据无法获得，所以不在本书之列。

已有文献对纳米技术发展研究使用的研究方法和研究内容有使用文献计量法研究总体发展趋势、主要竞争者和技术领域；使用内容分析法研究技术主题；使用社会网络分析法研究引证网络等（Li et al.，2007；Chen et al.，2008，2013；Liu et al.，2009；Liu and Guan，2016）。这些研究主要使用美国专利商标局数据库（Chen et al.，2013）或者欧洲专利局的 Espacenet 数据库（Dang et al.，2010）进行专利分析。目前还没有文献使用中国国家知识产权局数据库进行类似的研究。

由于中国国家知识产权局数据库中专利引证数据的不完整性，无法对中国和美国进行基于引证分析的专利申请人关系比较研究。然而，可以使用合作关系进行替代研究。专利申请人为了共享资源、优势互补、提高工作效率和促进创新等进行研发合作，并以共同专利权人的身份一起进行专利申请（Tang and Shapira，2011；Zheng et al.，2014）。共同专利权人对于专利权的共有权利正好可以体现专利权人之间的这种合作关系。

我们利用美国专利商标局和中国国家知识产权局在 2001～2017 年的纳米技术专利数据来解决如下问题。

（1）美国专利商标局和中国国家知识产权局授权发明专利的增长趋势如何？

（2）美国和中国纳米技术专利的主要应用领域有哪些？

（3）两个国家纳米技术主要技术主题的演变趋势如何？

（4）国内和海外市场的主要专利权人有哪些？

（5）美国专利商标局和中国国家知识产权局中专利权人合作网络的特点有什么不同？

4.2.2 研究方法

研究设计包括两部分：数据收集和技术全景图分析，如图 4-1 所示。美国专利说明书和中国专利说明书结构基本相似，除了包括说明书和专利权人及其地址外，都还包括摘要、权利要求书和对比文献等。我们利用“名称-摘要”关键词进行检索（Chen et al.，2008；Vincent et al.，2017），从 Questel 公司的 Orbit Intelligence 专利数据库中的 Fullpat 子数据库收集 2001～2017 年美国专利商标局和中国国家知识产权局公布的纳米技术专利数据。Fullpat 数据库建立于 2000 年，包括 110 个国家专利局的专利数据，数据库每周更新。为了集中于更基础性和创新性的发明，排除其他的专利类型如工业设计专利，我们只采集了美国专利商标局和中国国家知识产权局中的发明专利数据。

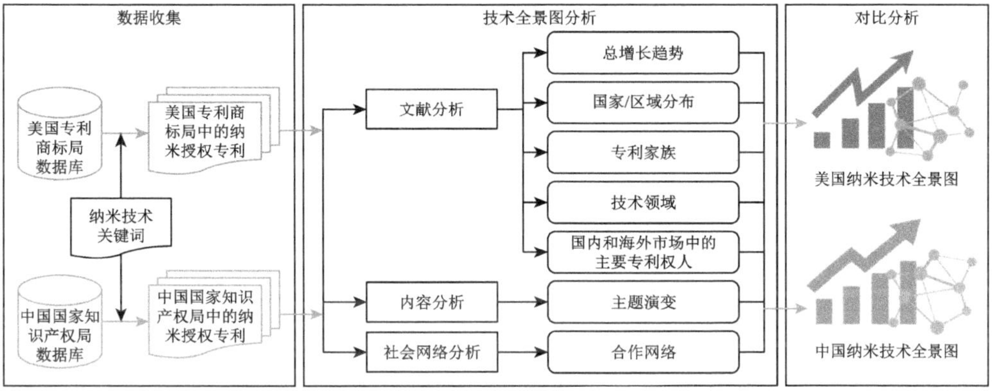

图 4-1　研究设计

检索所使用的纳米技术关键词来自美国国家科学基金会的纳米技术专家（Zhu et al.，2017），检索过程中排除了包含 nanosecond、nanoliter、nanoampere、nano2、nano3 等噪声词汇检索到的专利，关键词及其检索结果见本书附表 1。

在 2001 年到 2017 年间，美国专利商标局和中国国家知识产权局授权的纳米技术专利总量分别是 42 496 件和 73 634 件，占各自纳米技术专利申请量的比例为 60.2%和 36.5%。纳米技术关键词检索结果显示，在美国专利商标局中，纳米技术的高频词汇为 atomic force microscope、scanning tunneling microscope、plasmonic 和 optoelectronic；而在中国国家知识产权局中，metamaterial 和 graphene 是高频词汇。

本节使用的研究方法分别是文献计量分析、内容分析和社会网络分析。文献计量分析包括四个方面：发展趋势、国家分布、市场关注点和重要专利权人（即纳米技术专利申请最活跃的公司、科研院所等机构）。首先，我们定量分析 2001～2017 年授权的纳米技术专利的增长情况，比较中国和美国市场上纳米技术专利授权量发展趋势的差异。其次，我们确定中国和美国市场上专利申请的国家来源，并且分析这些专利的专利族信息以确定其在世界各国的申请情况。然后，我们将这些专利归类到 35 个技术领域[①]，比较中国和美国市场上纳米技术的应用领域之间的差别。最后，我们找出中国和美国市场上的主要竞争者来分析这两个市场上的竞争者分布特点，以及美国纳米市场上的中国主要专利权人和中国纳米市场上

① 根据世界知识产权组织建立的国际专利分类与技术对应表进行技术领域归类（Schmoch，2008）。

的美国主要专利权人，以了解中国和美国专利申请人在对方市场上的市场进入和投资意图（即海外市场的参与情况）。

本节使用内容分析法，利用 LDA 模型从专利文档中抽取文本信息并提取隐含的主题（Blei et al.，2003；Wang et al.，2014；Govindarajan et al.，2018）。LDA 模型将专利名称、摘要或权利要求作为文本输入量，通过建立模型来计量关键词的频率，而这些关键词则反映在抽取的隐含主题中。在内容分析中，使用以下假设：①不同技术主题的关键词分布明显不同；②建模的对象是专利说明书，抽取的结果是关键词的分布概率；③专利说明书的主题在一开始是未知的。因此，我们使用所有的专利说明书来推断每个未知主题的关键词分布。与“可观察到的和已知的”专利说明书相比，这些主题是“隐藏的”或者“隐含的”。最后的输出是可以表达每个隐含主题特点的关键词。基于这些关键词分布，每件专利被自动映射到多个主题。这样，我们就能获取纳米技术研发中技术的发展趋势或演变趋势。我们选择三到五个有代表性的关键词来代表一个主题（Suominen et al.，2016），并追踪 2001～2017 年已经确定的纳米技术主题的演变趋势。

为了剖析专利申请人间的合作关系，我们首先构建中国国家知识产权局和美国专利商标局中的专利权人合作网络，然后利用社会网络分析法分析其合作模式。合作网络由两部分组成：点和边。点代表中国国家知识产权局和美国专利商标局中申请专利的专利权人。点的大小表示专利权人获得的授权专利数量；边代表点之间的联系，即共同专利权人间的关系。只有两个专利权人获得同一件专利的授权时，才会有边存在；边的粗细表示两个专利权人共同获得的授权专利数量多少。每条边根据专利权人来源地（国家）和专利权人类型（学术界或者产业界）进一步进行分类。如果两个专利权人来自同一个国家，他们的合作被归为国内合作，否则，即国际合作。基于专利权人类型，合作被划分学术界内合作、学术界与产业界间合作、产业界内合作。一条边越粗，两个专利权人共同申请纳米技术专利的数量就越多。我们通过计量连接点的数量、点的平均度和网络直径等参数来获知合作网络的总体特性。

为了找出中国和美国市场上最有影响力的竞争者（即专利权人），我们分别抽取中国国家知识产权局和美国专利商标局中最大的连接网络。利用社会网络分析法的计量参数如点的度数、中介中心度和 PageRank（Brin and Page，1998；Barabási，2016）对这两个网络进行分析比较。点的度数表示竞争者之间的合作水平；中介中心度揭示竞争者在合作中是否起到桥梁作用；PageRank 对竞争者在合作网络中的重要性进行排序。本节利用 Gephi[①]来构建和分析合作网络并进行可视化展示。

① 软件下载网址：https://gephi.org/users/download/。

4.2.3 研究结果

以下的研究结果包括两部分：市场发展情况（纳米技术专利发展趋势、国家分布、专利族分布、技术应用领域分布和主题演变趋势）与市场竞争者（国内市场和海外市场的主要专利权人、合作网络）。

4.2.3.1 纳米技术专利发展趋势

2001～2017 年，中国国家知识产权局和美国专利商标局的纳米技术专利授权量呈现出不同的增长趋势，如图 4-2 所示。2001～2007 年，美国专利商标局的纳米技术专利授权量高于中国国家知识产权局的专利授权量。美国国家纳米技术计划（National Nanotechnology Initiative，NNI）为其制定了大量的纳米技术发展目标，并提高了资助基金的规模（Roco，2011）。但是无论是中国国家知识产权局还是美国专利商标局，每年的专利授权量都没有超过 1600 件。2008～2010 年，中国国家知识产权局的年度专利授权量略微超过美国专利商标局的年度专利授权量。在 2011～2017 年，中国国家知识产权局的年度专利授权量增速达到 21.3%，大大高于美国专利商标局 9.4%的年增长率。

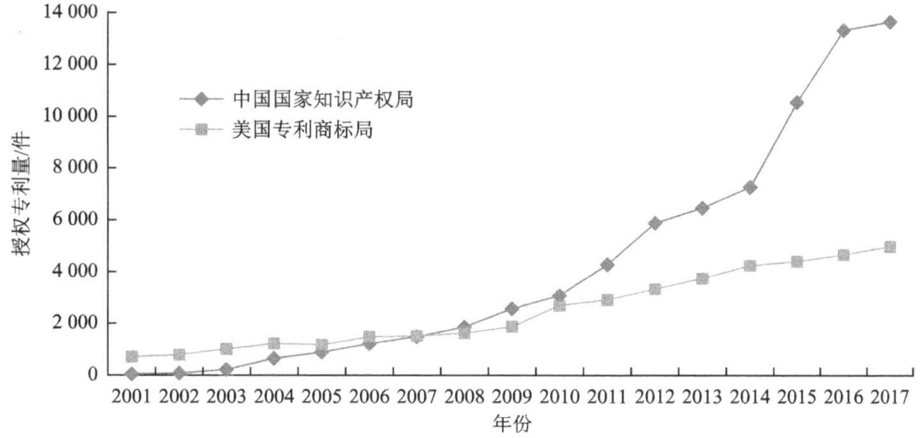

图 4-2 2001～2017 年美国专利商标局和中国国家知识产权局纳米技术授权专利变化趋势

与美国专利商标局稳定的增长模式相比，中国国家知识产权局的纳米技术专利授权量在 2014 年后出现急速增长。这种急速的增长可以归因于中国政府对于纳米技术领域的刺激性政策而带来的大量投资。例如，中国国务院发布的《“十二五”国家战略性新兴产业发展规划》重点规划七个战略性新兴产业（如新材料产业、新能源产业和生物产业等）的发展，其中，纳米技术就是一项基础性的使能技术。

4.2.3.2　国家分布

专利申请人通常会先在本国进行专利申请。根据巴黎公约[①]规定，在其他国家的专利申请享有在本国申请的优先权（也称作外国优先权）。在美国专利商标局和中国国家知识产权局中的纳米技术专利申请中，以美国和中国作为优先权国家的专利申请占了绝大部分，分别是70.5%和88.5%，如图4-3所示。可以看出，

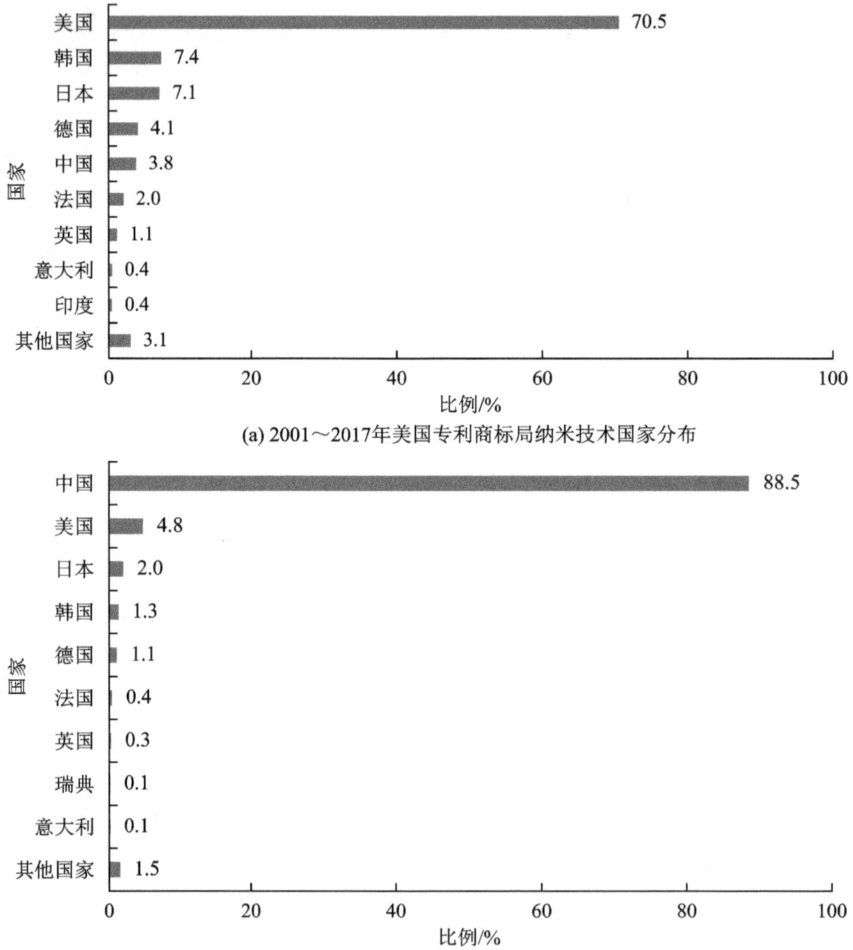

(a) 2001～2017年美国专利商标局纳米技术国家分布

(b) 2001～2017年中国国家知识产权局纳米技术国家分布

图4-3　2001～2017年美国专利商标局和中国国家知识产权局纳米技术国家分布

① 保护工业产权巴黎公约，参见https://www.wipo.int/treaties/en/ip/paris/。

在纳米技术领域，中国专利申请人在中国国家知识产权局中的本国优势（home advantage）明显高于美国专利申请人在美国专利商标局的本国优势。本国优势是指通常情况下，专利申请人会更多地在本国国内申请专利，造成本国专利申请在该国专利申请总量中占有优势地位的现象。在中国和美国纳米技术市场上，韩国、日本和德国都是三个重要的来源国。在中国国家知识产权局的纳米技术专利申请中，韩国、日本、德国、法国和英国所占的比例分别是1.3%、2.0%、1.1%、0.4%和0.3%，而在美国专利商标局，这些比例相比更高一些，分别是7.4%、7.1%、4.1%、2.0%和1.1%。这种现象说明，相比中国市场，来自这些国家的纳米技术专利权人对于美国市场要更加看重。

4.2.3.3 专利族分布

我们从Orbit Intelligence的Fampat数据库中收集纳米技术的专利族信息。一个专利族是为保护一项发明创造而在世界上不同国家的专利局申请和授权专利的集合。我们统计了美国专利商标局和中国国家知识产权局与纳米技术相关的专利族数量，如表4-1所示。

表4-1 美国专利商标局和中国国家知识产权局授权的纳米技术专利族数量

专利族包含专利数量/件	美国专利商标局		中国国家知识产权局	
	专利族/个	比例/%	专利族/个	比例/%
1	7 083	16.56	62 256	81.70
2	7 967	18.63	1 486	1.95
3	5 832	13.64	1 598	2.10
4	4 323	10.11	1 348	1.77
5	3 648	8.53	1 548	2.03
6	3 061	7.16	1 560	2.05
7及以上	10 845	25.36	6 407	8.41
总计	42 759	100	76 203	100

注：因四舍五入，数值存在相加不等于100%情况

在中国国家知识产权局和美国专利商标局中，包含至少1件纳米技术授权专利的专利家族分别有76 203个和42 759个。在中国国家知识产权局中，包含2件及以上、7件及以上纳米技术专利的专利家族比例分别是18.30%和8.41%。在美国专利商标局中，只有16.56%的纳米技术专利家族有1件授权专利。该结果显示，其余83.44%的纳米技术专利申请人在2个或2个以上的国家就同一项技术发明都申请了专利，说明这些专利申请人可能高度重视国际市场。相比来看，中国市场

上，81.7%的纳米技术专利申请人只在中国国家知识产权局申请了专利，说明这些纳米技术专利申请人集中于中国市场而不太重视国际市场。

4.2.3.4　技术应用领域分布

世界上各个国家使用的技术发明的专利分类，如国际专利分类、美国专利分类等，是根据发明的技术内容或功能将专利划分到不同的技术领域。将这些分类用于国家间的比较时，会出现不一致的情况（Schmoch，2008）。这里我们采用世界知识产权组织开发的一种系统性技术分类方法。该分类方法基于国际专利分类将所有的技术发明划分到 35 个技术领域（如半导体、化学工程、生物技术等）。美国和中国纳米技术应用领域的专利授权量详列在本书附表 2 和附表 3。图 4-4 列出了美国专利商标局和中国国家知识产权局各自排名前十的纳米技术应用领域。可以看出，在中国和美国市场上，纳米技术应用领域的差别是很明显的。在美国专利商标局中，专利授权量最多的技术领域是半导体和电子器械，这些领域

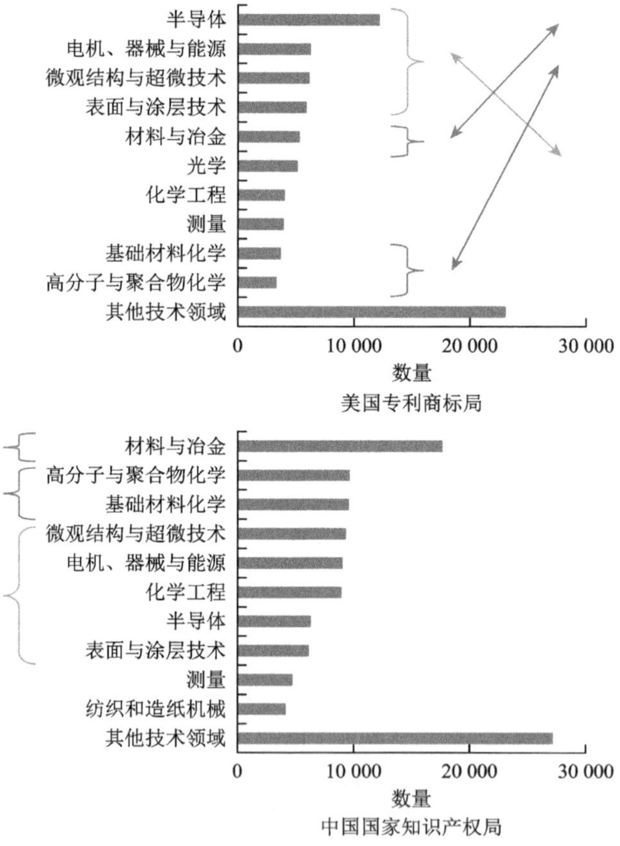

图 4-4　2001～2017 年美国专利商标局和中国国家知识产权局纳米技术前十个应用领域

都是产品导向的。相比较而言，在中国国家知识产权局中，专利授权量最多的技术领域是材料、冶金和化学工程，这些领域都是偏向于制造导向的。

4.2.3.5 主题演变趋势

为了研究中国国家知识产权局和美国专利商标局中纳米技术研发的聚焦点及其演变趋势，我们利用专利名称和摘要对潜在的技术主题进行抽取和解析。对中国国家知识产权局和美国专利商标局都使用 LDA 技术，并由纳米技术专家确定了 13 个技术主题及对应的关键词。技术主题关键词及专利实例见本书附表 4 和附表 5。表 4-2 和表 4-3 显示美国专利商标局和中国国家知识产权局纳米技术主题的演变趋势及技术主题对应的关键词。

从表 4-2 和表 4-3 中可以看出，纳米技术研发的重点随着时间推移不断发生变化。2001～2008 年，美国专利商标局纳米技术研发量最多的主题是“optoelectronic，optical，circuit，body，assembly”。2009～2017 年，有 10 个技术主题的专利授权量都在不断增长。其中，增长最快的四个技术主题是“electrode，plurality，nanowire”（纳米电子学）、“therapeutic，drug，delivery，tissue，cell”（纳米医药）、“polymer，nanocomposite，fiber，coating”（纳米材料）和“pattern，transistor，nanowire，regions”（纳米电子学）。这些技术领域的快速增长趋势显示美国纳米技术市场不仅在纳米电子制造方面处于领先地位，而且在纳米医药等新兴领域也处于发展的前列。

2001～2009 年，在中国国家知识产权局中，专利授权量最多的技术主题是“nanoparticles，polymer，metal”。2010～2017 年，有 12 个技术主题的专利授权量都处于不断增长中，说明中国纳米技术市场呈现出快速扩张的趋势。增长最快的技术主题是“resin，rubber，paint，coating，resistance”“zinc，silver，copper，production”“graphene，membrane，liquid，separation”。可以看到，中国纳米技术市场的重点已经从传统的冶金领域向处于技术发展前沿领域的材料科学领域转移。每一个增长最快的技术主题都是与纳米材料相关的。

2001～2017 年，美国纳米技术市场的发展重点是纳米电子和纳米医药，而中国市场则广泛集中于纳米材料。中国和美国纳米技术市场聚焦点的差异是与中国和美国纳米技术市场研发重点的差异一致的。

4.2.3.6 国内市场主要专利权人

除了总体的市场发展趋势，本节也关注两个市场上的主要竞争者。表 4-4 和表 4-5 分别列出美国专利商标局和中国国家知识产权局纳米技术专利授权量最多的 20 个专利权人。虽然这些专利权人都包括大型公司、高校和研究院所，但是不同专利权人类型的比例和每种类型专利权人所拥有的专利数量差别很大。在中国

表 4-2　2001～2017 年美国专利商标局纳米技术的主题演变趋势

技术主题	2001 年	2002 年	2003 年	2004 年	2005 年	2006 年	2007 年	2008 年	2009 年	2010 年	2011 年	2012 年	2013 年	2014 年	2015 年	2016 年	2017 年
electrode，plurality，nanowire	30	32	44	62	64	85	98	115	140	214	253	301	333	376	395	407	447
therapeutic，drug，delivery，tissue，cell	35	44	41	46	36	56	52	68	76	117	166	215	233	332	333	385	439
polymer，nanocomposite，fiber，coating	58	76	81	99	99	120	119	123	158	232	259	286	328	364	390	405	409
pattern，transistor，nanowire，regions	30	38	51	60	65	82	83	101	120	174	186	222	242	304	308	363	363
quantum，dot，optical，radiation，waveguide	58	64	81	95	89	108	100	94	116	163	184	216	249	268	275	302	351
graphene，layer，dielectric	43	50	57	66	66	86	98	93	100	139	158	178	225	284	306	332	321
core-shell，nanoparticle，nanocrystal，functional	48	41	54	79	67	82	93	101	112	161	206	195	230	262	276	295	321
optoelectronic，optical，circuit，body，assembly	58	76	103	130	129	127	138	134	122	152	133	168	208	217	254	278	307
fluid，apparatus，membrane	50	56	65	79	64	95	86	102	130	187	180	225	241	238	260	263	289
solar，cell，organic，electrode	30	41	44	49	50	57	56	68	77	126	140	163	192	239	269	257	259
sensor，imaging，detection，scanning，tip	58	57	80	85	82	111	105	131	129	160	174	191	202	209	195	202	233
magnetic，memory，storage	41	32	59	66	75	98	113	111	127	166	148	171	181	207	186	191	209
CNT，electron，array，emitter	16	20	35	55	64	78	72	85	98	162	172	171	199	189	168	150	160

表 4-3　2001～2017 年中国国家知识产权局纳米技术的主题演变趋势

技术主题	2001 年	2002 年	2003 年	2004 年	2005 年	2006 年	2007 年	2008 年	2009 年	2010 年	2011 年	2012 年	2013 年	2014 年	2015 年	2016 年	2017 年
resin，rubber，paint，coating，resistance	2	6	17	61	94	98	116	130	154	209	363	552	596	703	1147	1793	1370
zinc，silver，copper，production	4	6	11	43	67	86	115	134	202	305	441	589	627	819	1101	1271	1443
graphene，membrane，liquid，separation	2	4	7	25	27	40	50	55	74	124	193	332	370	482	740	950	991
metal，silicon，array，nanowire	2	3	9	28	41	66	91	148	208	254	303	395	419	410	633	817	890
coating，alloy，ceramic，temperature	7	8	21	56	76	95	121	155	197	250	406	455	442	454	663	801	872
nanoparticles，polymer，metal	14	23	50	138	187	232	267	292	350	324	356	480	552	575	692	844	863
quantum，dot，fluorescence，detection	1	1	5	17	25	29	30	50	67	103	174	281	379	466	644	786	824
optical，device，laser，censor	7	7	20	39	39	64	80	107	172	207	243	306	308	324	540	677	780
TiO_2，photocatalyst，hydrogen，porous	1	7	17	52	61	78	101	117	127	155	236	356	369	430	597	705	759
nanofiber，cellulose，device，body，fabric	2	3	12	30	43	57	83	100	150	151	215	274	296	356	561	688	748
lithium，battery，electrode，nanotube，performance	1	2	5	24	38	52	65	87	148	170	213	255	291	313	508	694	715
solar，cell，efficiency	1	2	9	16	22	35	44	65	106	127	190	272	304	295	423	657	677
antibacterial，drug，carrier，release	2	2	7	27	42	69	83	93	146	182	264	406	487	526	594	638	651

纳米技术市场上，20 位专利权人中有 19 位是高校和科研院所，如表 4-5 所示，高校和科研院所是纳米技术创新的主要贡献者。从专利数量上来看，来自学术界的专利申请人拥有最多的纳米技术专利。在美国纳米技术市场上，排名前 20 位的专利权人类型分布更加均衡，有 11 家公司、9 家高校和科研院所，如表 4-4 所示。与中国市场不同的是，从绝对数量来看，公司拥有大部分纳米技术专利。

表 4-4　美国专利商标局排名前 20 位的专利权人

排名	专利权人	国家	专利权人类型	专利量/件
1	IBM	美国	公司	1500
2	三星电子有限公司	韩国	公司	1219
3	鸿海精密工业股份有限公司	中国	公司	963
4	清华大学	中国	高校	841
5	加利福尼亚大学	美国	高校	715
6	欧司朗公司	德国	公司	475
7	麻省理工学院	美国	高校	459
8	英特尔	美国	公司	421
9	惠普公司	美国	公司	420
10	美光科技有限公司	美国	公司	375
11	施乐公司	美国	公司	331
12	3M 公司	美国	公司	324
13	法国新能源与原子能委员会	法国	科研院所	310
14	美国海军部	美国	科研院所	305
15	东芝公司	日本	公司	286
16	加州理工学院	美国	高校	269
17	台湾工业技术研究院	中国	科研院所	249
18	美国西北大学	美国	高校	247
19	莱斯大学	美国	高校	223
20	菲尼萨公司	美国	公司	208

表 4-5　中国国家知识产权局排名前 20 位的专利权人

排名	专利权人	国家	专利权人类型	专利量/件
1	中国科学院[a]	中国	科研院所	5108
2	清华大学	中国	高校	1731
3	浙江大学	中国	高校	1449
4	上海交通大学	中国	高校	992
5	鸿富锦精密工业（深圳）有限公司	中国	公司	907
6	哈尔滨工业大学	中国	高校	765
7	北京化工大学	中国	高校	739
8	东华大学	中国	高校	695

续表

排名	专利权人	国家	专利权人类型	专利量/件
9	上海大学	中国	高校	688
10	南京工业大学	中国	高校	650
11	天津大学	中国	高校	639
12	复旦大学	中国	高校	621
13	东南大学	中国	高校	586
14	北京工业大学	中国	高校	570
15	同济大学	中国	高校	568
16	吉林大学	中国	高校	540
17	华南理工大学	中国	高校	521
18	江苏大学	中国	高校	513
19	厦门大学	中国	高校	473
20	北京科技大学	中国	高校	464

a 表示在我们收集专利数据的过程中，发现中国科学院（Chinese Academy of Sciences，CAS）的英文名称有不同的形式以及中国科学院有众多的分支机构。我们对这些英文名称形式不同，但实质上都属于中国科学院的名称及众多分支机构都进行了核实，将这些不同形式的名称和不同分支机构进行了合并。表中中国科学院的纳米技术专利授权量是合并后的数量总和，包括了 55 家分支机构

了解中国和美国市场上纳米技术专利权人的地域来源可以揭示市场的多样性。在中国国家知识产权局中，排名前 20 位的专利权人都来自中国。相比较而言，在美国专利商标局中，排名前 20 位的专利权人有 7 家来自其他国家。这些在美国积极申请专利的申请人包括韩国三星电子有限公司、中国鸿海精密工业股份有限公司、中国清华大学、德国欧司朗公司、法国新能源与原子能委员会、日本东芝公司、中国台湾工业技术研究院。美国市场比中国市场进入更容易，贸易障碍更少，更多的外国公司愿意并且能够进入美国市场，这使得美国纳米技术市场呈现出完全竞争市场及更加国际化的特点（Morrison，2018）。

4.2.3.7 海外市场主要专利权人

2001～2017 年，中国国家知识产权局共授权给美国专利权人 3534 件纳米技术专利。表 4-6 列出排名前 10 位的美国纳米技术专利权人及其在中国国家知识产权局拥有的纳米技术专利授权量。在这 10 家专利权人中，除了加利福尼亚大学，其他都是美国的公司。其中有 5 家公司也位列美国专利商标局排名前 20 位的专利权人中，分别是 3M 公司、IBM、英特尔、施乐公司和惠普公司。这些美国的市场竞争者都是具有全球视野的大型跨国公司，不仅在国内市场积极申请专利，还在海外市场进行专利布局。

表 4-6　中国国家知识产权局主要美国专利权人

排名	专利权人	专利量/件
1	3M 公司	195
2	IBM	193
3	杜邦公司	70
4	通用电气公司	66
5	加利福尼亚大学	62
6	英特尔	59
7	通用汽车公司	49
8	陶氏全球技术有限公司	47
9	施乐公司	39
10	惠普公司	38

2001～2017 年，美国专利商标局共授权给中国专利权人 1632 件纳米技术专利。排名前 10 位的专利权人中有 6 家是公司（表 4-7），这明显区别于中国国家知识产权局排名前 20 位的专利权人类型特点（表 4-5）。这种差别说明，相比高校和科研院所，中国的纳米技术公司在保护知识产权方面更具有全球视野。

表 4-7　美国专利商标局主要中国专利权人

排名	专利权人	专利量/件
1	鸿海精密工业股份有限公司	898
2	清华大学	817
3	北京富纳特创新科技有限公司	92
4	京东方科技集团股份有限公司	80
5	中星光电科技有限公司	44
6	中国科学院	37
7	中芯国际集成电路制造有限公司	38
8	深圳光启创新技术有限公司	24
9	北京大学	20
10	北京化工大学	14

无论是对于美国专利权人，还是对于中国专利权人来说，在海外市场中，公司都是主要的竞争者，这与其全球化的商业战略是一致的。美国专利权人对于海外市场的专利申请关注度高于中国专利权人，显示其对于全球市场参与度更高。

然而，两家来自中国的专利权人，即清华大学和鸿海精密工业股份有限公司，在美国专利商标局都有 800 多件的授权专利，远远高于其他中国专利权人在美国获得的授权专利量和美国专利权人在中国获得的授权专利量。这种特殊情况可以归因于清华大学和鸿海精密工业股份有限公司在纳米技术领域长期而密切的研发合作（Chen et al.，2013；Chan，2017）。

4.2.3.8 合作网络

为了研究中国和美国市场上纳米技术领域竞争者之间的合作关系，我们利用社会网络分析法来构建中国和美国市场上的合作网络。表 4-8 是美国专利商标局和中国国家知识产权局的整体合作网络参数。在美国专利商标局中，专利权人间的合作比率（46%）远远高于中国国家知识产权局中的合作比率（22%）。而且，美国专利商标局中的合作网络平均度是 1.166，也大大高于中国国家知识产权局中的合作网络平均度 0.435。合作比率和合作网络平均度的数值都反映出，相比中国市场，美国市场上有更多的专利权人共同进行专利的申请，说明美国市场的合作水平（如知识交换和资源分享水平）更高。图 4-5 是美国专利商标局和中国国家知识产权局最大的纳米技术专利权人合作网络。

表 4-8 美国专利商标局和中国国家知识产权局整体合作网络参数

知识产权局/专利局	点总数	孤点数	连接点数	合作比率（连接点数/点总数）/%	合作网络平均度
美国专利商标局	8 911	4 782	4 129	46	1.166
中国国家知识产权局	17 604	13 688	3 916	22	0.435

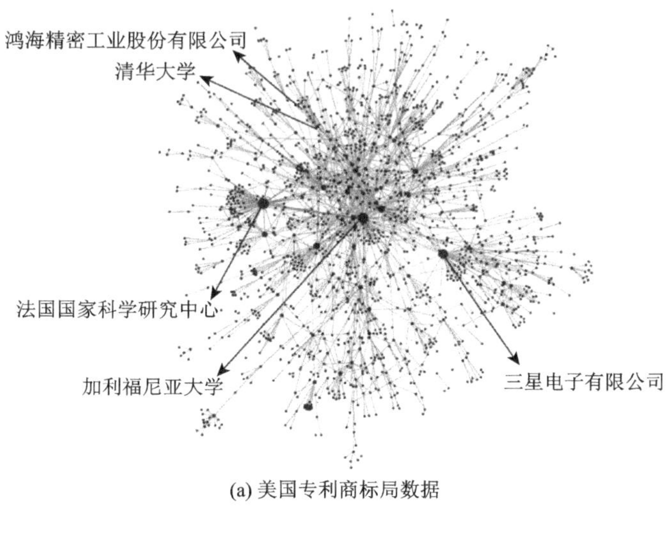

(a) 美国专利商标局数据

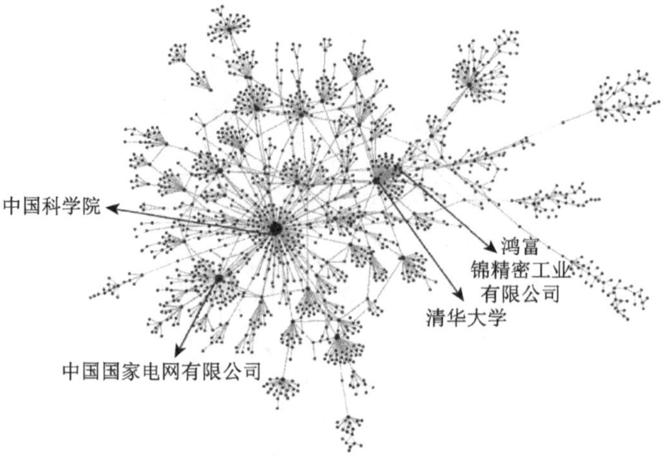

(b) 中国国家知识产权局数据

图 4-5 美国专利商标局与中国国家知识产权局数据库中最大合作网络

表 4-9 总结了这两个网络的相关参数。根据点数量和平均度的数值来看，美国专利商标局比中国国家知识产权局的纳米技术合作数量更多。相比中国国家知识产权局而言，美国专利商标局的网络直径更小，平均度更大，表示合作网络更密切［表 4-9，图 4-5（a)］。合作网络的密切程度显示美国纳米技术市场上专利权人相互之间的合作更广泛，形成了更多的集群（即全部连接的点群）。相比而言，中国纳米技术市场上的合作呈现出分层级的树形结构［图 4-5（b)］，规模较小的机构或公司与一个特定的组织合作，形成的集群开放度相对不高，这些集群的合作程度相对较低。

表 4-9 美国专利商标局和中国国家知识产权局最大合作网络参数

知识产权局/专利局	点数量	平均度	网络直径
美国专利商标局	1657	3.08	14
中国国家知识产权局	1496	2.46	25

我们也从合作类型和专利权人来源来对这两个合作网络进行比较。表 4-10 和表 4-11 显示了美国和中国纳米技术市场上不同合作类型的比例。

表 4-10 美国专利商标局专利权人合作类型及比例

类型	学术界/%	学术界与产业界/%	产业界/%	总计/%
国内	10.80	20.81	43.16	74.77
国际	2.20	7.42	15.61	25.23
总计	13.00	28.23	58.77	100

表 4-11 中国国家知识产权局专利权人合作类型及比例

类型	学术界/%	学术界与产业界/%	产业界/%	总计/%
国内	11.95	37.04	41.08	90.07
国际	1.18	3.60	5.15	9.93
总计	13.13	40.64	46.23	100

中国纳米技术市场和美国纳米技术市场具有非常相似的特点。在这两个市场上，学术界的合作占整个市场的比例都大约在 13%。中国纳米技术市场和美国纳米技术市场的国内合作都是最普遍的，占整个市场的比例分别是 90.07%和 74.77%，国际合作主要都是产业界内部及学术界与产业界间进行的，占整个市场的比例分别是 8.75%和 23.03%。然而，两个市场在专利权人合作方面也有很大的不同。在美国专利商标局中，25.23%的合作是国际合作，这个比例大大高于中国国家知识产权局 9.93%的比例。在中国国家知识产权局中，最主要的合作类型是学术界与产业界间的合作，比例是 40.64%，而在美国专利商标局中，最主要的合作类型是产业界内部的合作，比例是 58.77%。这种市场结构上的差异证实，在美国纳米技术市场上，公司拥有绝大多数纳米技术专利，而在中国纳米技术市场上，学术机构拥有绝大多数纳米技术专利。在中国纳米技术市场上，学术界与产业界之间及学术界内部的合作比例分别为 40.64%和 13.13%，说明中国纳米技术合作网络中的主要专利权人是学术机构，而规模较小的竞争者主要都是公司，这些公司拥有的专利较少。我们分析也发现一个比较突出的学术界和产业界的合作模式，即清华大学和鸿海精密工业股份有限公司间的合作。2001 年，鸿海精密工业股份有限公司捐献 3 亿元在清华大学建设清华-富士康纳米技术研发中心。清华大学和鸿海精密工业股份有限公司的密切合作产生的直接结果是，二者共同拥有的专利达到 800 件以上，如表 4-7 所示。

我们使用度、中介中心度和 PageRank 三个社会网络分析参数来分析每个竞争者在这些网络中的地位。表 4-12 和表 4-13 分别列出美国专利商标局和中国国家知识产权局排名前十位竞争者的合作网络参数，依据它们的度值（即合作数量）进行排序。在美国专利商标局中，合作数量最多的前三位专利权人分别是法国国家科学研究中心、加利福尼亚大学和三星电子有限公司。这三个公司分别是欧洲、北美洲和亚洲三个区域的轴心，如图 4-5（a）所示。在中国国家知识产权局中，合作数量最多的前三位专利权人是中国科学院、中国国家电网有限公司和清华大学，这三个专利权人都来自中国。虽然都来自同一个国家，但是它们分别代表不同的专利权人类型，即研究机构、公司和高校。

表 4-12　美国专利商标局最有影响力的前十位专利权人（根据度值排序）

排名	专利权人	度	中介中心度	PageRank
1	法国国家科学研究中心	88	156 191	13.37×10^{-3}
2	加利福尼亚大学	83	429 699	13.38×10^{-3}
3	三星电子有限公司	74	231 338	13.47×10^{-3}
4	麻省理工学院	50	195 621	7.87×10^{-3}
5	IBM	46	131 330	7.02×10^{-3}
6	丰田汽车公司	37	129 598	5.88×10^{-3}
7	德克萨斯大学	36	126 040	6.16×10^{-3}
8	法国新能源与原子能委员会	35	52 575	6.03×10^{-3}
9	美国西北大学	34	84 925	5.11×10^{-3}
10	加州理工学院	33	118 206	4.85×10^{-3}

表 4-13　中国国家知识产权局最有影响力的前十位专利权人（根据度值排序）

排名	专利权人	度	中介中心度	PageRank
1	中国科学院	148	803 812	34.27×10^{-3}
2	中国国家电网有限公司	81	140 935	15.46×10^{-3}
3	清华大学	62	337 469	15.66×10^{-3}
4	浙江大学	44	80 371	12.25×10^{-3}
5	法国国家科学研究中心	43	101 954	8.24×10^{-3}
6	中国石油化工总公司	41	80 795	10.43×10^{-3}
7	上海交通大学	37	59 171	9.14×10^{-3}
8	北京化工大学	35	77 435	9.08×10^{-3}
9	南京工业大学	34	90 146	8.88×10^{-3}
10	东华大学	29	45 843	8.63×10^{-3}

在合作网络中，中介中心度数值高的点（即专利权人）对知识转移影响力很大（Liu et al.，2015）。一方面，相比公司而言，高校和科研机构（如加利福尼亚大学和中国科学院）受到 R&D 的限制更少，所以更可能会为具有不同利益竞争者之间的合作提供联系的桥梁（表 4-12 和表 4-13）。另一方面，中介中心度数值高的公司（如三星电子有限公司、IBM 和中国国家电网有限公司）拥有大量的核心专利和基础专利，在市场中处于主导地位。

PageRank 可以计量竞争者在市场中的影响力。在美国纳米技术市场上，排名前三位的竞争者即法国国家科学研究中心、加利福尼亚大学和三星电子有限公司的 PageRank 数值都等于 0.013（表 4-12），说明这三个公司的市场影响力大致是相同的。相比而言，在中国纳米技术市场上，中国科学院的 PageRank 数值为 0.034（表 4-13），说明其市场影响力处于非常突出的地位。从这些结果可以看出，美国纳米技术市场上拥有多个来自不同国家的有市场影响力的竞争者，说明美国纳米技术市场的竞争性更强，而中国纳米技术市场的集中性更强。

4.2.4　结论及讨论

本节基于中国国家知识产权局和美国专利商标局的纳米技术授权专利数据，利用文献计量分析法、内容分析法和社会网络分析法对中国和美国的纳米技术发展全景图进行比较，比较的内容主要包括专利授权趋势、纳米技术主题及演变、主要市场竞争者和竞争者合作模式等。

研究结果显示，2001 年到 2017 年间的纳米技术专利都出现快速增长，中国和美国纳米技术市场的发展呈现出两个特点：一是国内合作占据主导地位，实现了资源和知识的分享，从而加快了研发的进程；二是相比学术组织，公司因为受到商业利益的驱动，会更积极主动进行全球性的专利申请和技术商业化。

中国和美国纳米技术市场发展的差异主要体现在技术主题、竞争者合作水平和学术组织地位等方面。凭借在高科技制造和医疗方面的先发优势，美国纳米技术市场在半导体、电子器械和纳米医药等方面显现了较强的技术优势。并且，来自学术界和产业界的市场竞争者积极将其纳米技术研发成果进行商业化，显现出成熟的市场特点。这些不同类型的竞争者充分利用他们在知识交流和资源共享方面的优势，所以竞争者之间的合作更广泛、更均衡。这种良好的市场环境也吸引国际竞争者（如跨国公司）积极地参与市场拓展和合作。因此，在美国纳米技术市场上，产业间的合作占了相当大的比例。

相比较而言，中国纳米技术市场更集中在如下几个方面。因为在全球产业链中处于“世界工厂”的地位，中国纳米技术市场的发展主要集中于冶金、化学工程和纳米材料。在 2001 年到 2017 年间，美国专利商标局的专利授权量和专利年度增长率分别为 42 496 件和 9.4%，相比美国专利商标局而言，中国国家知识产权局的纳米技术专利授权量和专利年度增长率更高，分别达到 73 634 件和 21.3%。但是，中国这些专利大部分仍旧掌握在主要的高校和研究机构手中，使得中国纳米技术市场中学术界和产业界间的合作呈现出层级结构，在这种层级结构中，学术界的竞争者发挥着主要的作用。由于公司在全球范围内进行知识产权保护和商业化的激励不足，81.7%的专利只在中国国家知识产权局进行申请。

考虑到中国和美国市场的这些特点，所以对于纳米技术领域的竞争者来说，有必要掌握纳米技术专利申请的总体情况以了解该技术领域的创新环境，在此技术发展趋势下充分利用其自身优势和竞争机会，最后基于上述背景来制定自己的合作和竞争策略。

4.3 基于专利数据挖掘的中美纳米技术领域人才分布研究

本节以技术发明人申请的专利数据为基础，利用专利分析的方法，以可视化的形式，对中国和美国纳米技术领域的人才地域分布、机构分布、重要发明人及其专利申请趋势和技术领域进行了比较研究。基于比较研究的结果，提出我国应着力培养跨学科交叉的纳米技术人才和加快培养纳米技术产业化应用研究人才的人才发展建议。

4.3.1 人才分布与专利分析

国内外学者从多个角度对人才分布进行了研究。张伟兵等（2011）、余国忠和方圆圆（2014）分析认为我国人才分布极不均衡，影响因素主要有国家政策、经济社会发展水平、教育因素和历史文化传统等。Jacobs（1969）、姜怀宇（2005）认为城市化是吸引和组织人才或者导致人才分布变动的主要因素，提出城市和区域发展的真正驱动因素是人才集聚带来的生产力提高。Glaeser 等（1995）研究了人才与区域经济增长之间的关系，证实人才分布对经济增长具有显著影响。这些研究通常都以一定学历（大专或本科以上）人口来定义人才。在创新驱动推动经济增长的背景下，从创新的角度定义人才和研究人才分布，发挥人才在发展战略性新兴产业中的重要作用，成为新的议题和关注点。

专利分析通过专利检索获得相关的专利信息，利用统计与内容分析等技术辨识特定技术领域的技术内容与该项技术专利所属国家、专利权人、发明人等相关资讯。在人力资源管理中，专利分析的结果有助于确认公司中的关键发明人，进行发明人评价、人力资源开发及 R&D 团队建设等（Breitzman and Mogee，2002）。本节通过对专利发明人的分析，可以了解科技发展的前沿动向，掌握人才分布的区域、技术领域和申请趋势等规律。

4.3.2 数据来源

以中国国家知识产权局和美国专利商标局的专利数据库为数据源，采用授权发明专利作为衡量纳米技术领域技术创新水平的指标。通过标题和摘要的方式进行检索，使用的中文关键词为：纳米 or 原子力显微镜 or 分子模型 or 分子建模 or 分子电子技术 or 分子仪器 or 分子马达 or 扫描隧道显微镜 or 扫描隧道显微术 or

量子点 or 量子效应 or 自组装。英文关键词为：nano* or "atomic force microscope" or "atomic force microscopy" or "atomic force microscopic" or "molecular modeling" or "molecular electronics" or "molecular device" or "molecular motor" or "scanning tunneling microscope" or "scanning tunneling microscopy" or "scanning tunneling microscopic" or "quantum dot*" or "quantum effect*" or "self assembly" or "self assembled" or "self assembling" or "self-assembly" or "self-assembled" or "self-assembling"。检索日期为 2015 年 10 月 2 日。经过数据清洗后，共采集到与纳米技术有关的中国发明专利 40 026 件，美国发明专利 29 019 件。

4.3.3 中美纳米技术领域人才分布的比较分析

4.3.3.1 中美纳米技术领域发明人国家分布的比较

通过对某些国家特定技术领域专利的所属国别进行统计分析，可以了解这些国家从事该技术领域发明人的分布状况。图 4-6 为中美两国纳米技术领域专利国家分布情况比较。

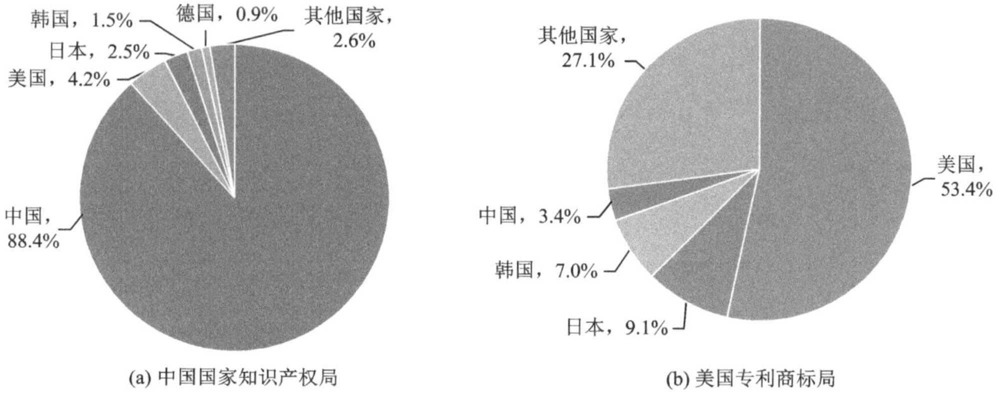

图 4-6 中美纳米技术领域专利国家分布

因四舍五入，存在相加不等于 100%情况

从图 4-6 中可知以下几点。

（1）中国和美国在各自国家纳米技术领域内，都具有“本国优势”。在中国国家知识产权局发明专利总量中，来自中国国内的专利申请人共申请与纳米技术有关的专利 35 372 件，占中国纳米技术领域专利总量的 88.4%。在美国专利商标局发明专利总量中，来自美国国内的专利申请人共申请与纳米技术有关的专利 15 503 件，占美国纳米技术领域专利总量的 53.4%。比较而言，中国的“本国优

势”程度更深。就专利绝对量来看，中国在纳米技术的研发和创新具有一定的优势地位。可以认为，中国已经形成了从事纳米技术研发的比较庞大的发明人队伍。

（2）从来自本国外的专利申请来看，在中国纳米技术领域，美国是外国发明专利申请中的最大来源国，占总授权量的4.2%。其次是日本、韩国和德国，分别占总专利授权量的 2.5%、1.5%和 0.9%。在美国纳米技术领域，日本是外国发明专利申请中的最大来源国，占总授权量的9.1%。其次是韩国和中国，分别占总专利授权量的 7.0%和 3.4%。日本和韩国的专利权人都更重视美国市场，而中国在美国专利商标局的申请量相对其他国家较少。可以看出，中国纳米技术领域发明人研发的影响力范围更多地集中在中国国内，在国外如美国等的影响力较低。

4.3.3.2　中美纳米技术领域发明人机构分布的比较

对特定技术领域专利权人专利量的分析，可以获知拥有最强技术实力的公司、高校和科研院所等机构。专利量越多，通常也说明这些机构拥有更强的发明人团队。图 4-7 为中美两国纳米技术领域发明专利量排名前 10 位的专利权人。

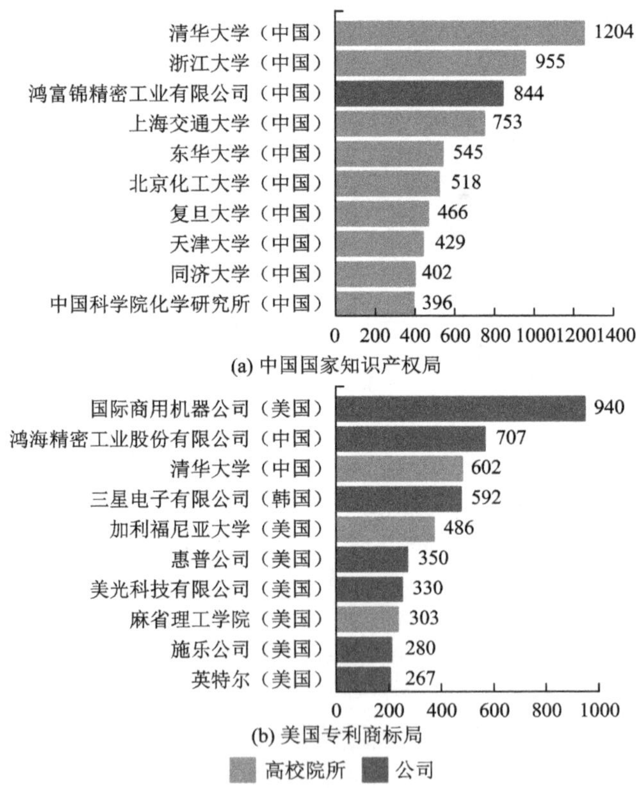

图 4-7　中美纳米技术领域重要专利权人

从图 4-7 中可以看出以下几点。

（1）中国纳米技术领域的重要专利权人主要由高等院校组成。除了 1 家企业，其他都是高校和科研院所。相比较而言，美国纳米技术领域的重要专利权人主要由公司组成。在前 10 位中，除了清华大学、加利福尼亚大学董事会和麻省理工学院 3 家大学外，其他 7 家专利权人都是公司。另外，在中国纳米技术发明专利量排名前 50 的专利权人中，来自高校和科研院所的专利权人有 47 家，发明授权量占前 50 位专利权人发明总授权量的 91.5%；来自公司的有 3 家，所占比例为 8.5%。可以明显看出，中国从事纳米技术研发的发明人主要分布在从事基础研究的高校院所，而美国则是分布在从事技术开发和应用的公司。

（2）在中美两国纳米技术领域专利申请中，清华大学和鸿海集团（鸿富锦精密工业有限公司和鸿海精密工业股份有限公司都属于鸿海集团）的发明专利量都居于前列。2003 年 8 月由鸿海集团捐资，在清华大学建成的清华-富士康纳米科技研究中心，是以信息产业为背景的纳米科学与技术研究基地。双方作为共同专利权人在中国和美国申请了大量纳米技术专利，在两国都进行了专利布局。

4.3.3.3　中美纳米技术领域的重要发明人比较

按照专利发明人在特定技术领域专利量进行统计分析，可以了解该技术领域中研发最活跃的专利发明人。表 4-14 和表 4-15 分别列示了中美两国纳米技术领域专利活动中排名前 10 的发明人。

表 4-14　中国纳米技术专利申请重要发明人

发明人	所属机构	专利授权量/件
范守善	清华大学	556
姜开利	清华大学	360
刘亮	清华大学	245
李玉魁	中原工学院	138
冯辰	清华大学	124
冯立新	江苏麟龙新材料股份有限公司	105
张敏燕	江苏麟龙新材料股份有限公司	105
江雷	中国科学院化学研究所	103
黄剑锋	陕西科技大学	100
曹丽云	陕西科技大学	99

表 4-15　美国纳米技术专利申请重要发明人

发明人	所属机构	专利授权量/件
Shou-shan Fan	清华大学	524
Kai-li Jiang	清华大学	318
Liang Liu	清华大学	274
Thomas Rueckes	Nantero	139
Chen Feng	清华大学	117
Claude L. Bertin	Nantero	87
Brent M. Segal	Nantero	81
Yang Wei	清华大学	73
Peng Liu	清华大学	55
Jeffrey W. Sleight	IBM	55

从表 4-14 可以看出，在中国纳米技术领域的发明人中，除了 2 位来自江苏麟龙新材料股份有限公司以外，其他发明人都来自高等院校和科研院所，其中清华大学的人数最多，在前 10 位中占了 4 位。清华大学的范守善、姜开利和刘亮完成的相关专利申请分别为 556 件、360 件和 245 件，远高于其他发明人。这些发明人的相关发明专利基本上都在百件以上，是中国纳米技术领域的重要发明人。

从表 4-15 可以看出，美国纳米技术的重要发明人当中，有 6 位发明人都是来自清华大学。清华大学的范守善、姜开利和刘亮完成的相关专利申请分别为 524 件、318 件和 274 件，也是远高于其他发明人。清华大学在鸿海集团的资助下，形成了以范守善院士为核心的纳米技术研发群体。另外有三位发明人是来自美国碳纳米管芯片公司 Nantero 的 Thomas Rueckes、Claude L. Bertin 和 Brent M. Segal，分别完成了 139 件、87 件和 81 件。美国纳米技术领域的重要发明人高度集中于两个机构，即清华大学和 Nantero 公司。

4.3.3.4　中美纳米技术领域重要发明人的专利申请趋势比较

通过发明人时间序列分析，研究发明人申请专利的情况，可以了解发明人研发活跃期，预测其未来发明趋势（肖沪卫，2011）。图 4-8 所示是中国纳米技术发明专利量排名前 10 位发明人的专利申请趋势。在中国国家知识产权局最早申请纳米技术专利的发明人是清华大学的范守善，从 1997 年至今一直在从事碳纳米管的理论和应用研究，其研究方向集中在碳纳米管阵列、薄膜和长线的控制合成、性能表征与应用探索领域。另外一位较早从事纳米技术研究并近年从事技术前沿研究的发明人是中国科学院化学研究所的江雷，研究的时间跨度达到 15 年。这些发明人专利申请量的普遍增多是从 2007 年开始的。

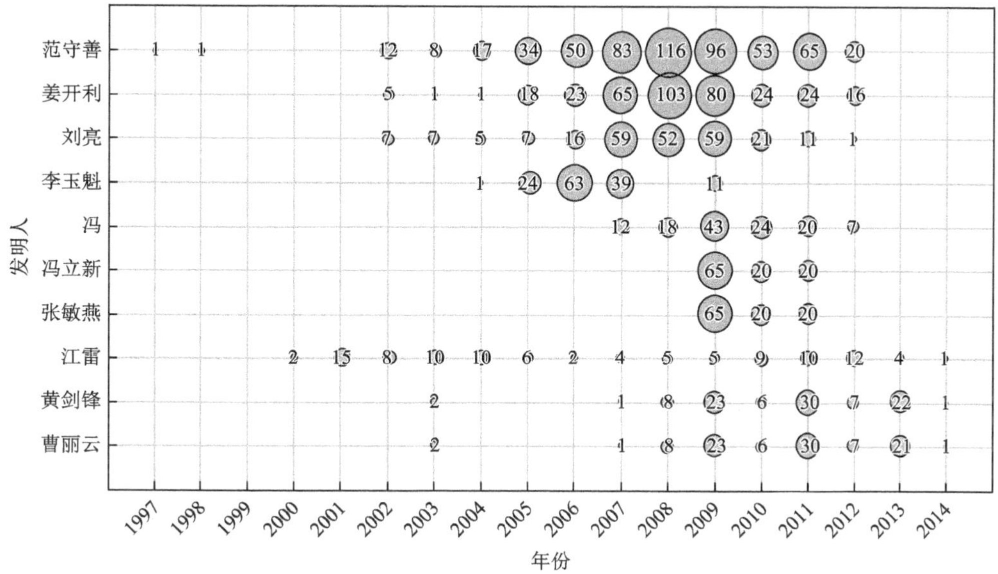

图 4-8 中国纳米技术领域重要发明人专利申请趋势

图 4-9 所示是美国纳米技术发明专利量排名前 10 位发明人的专利申请趋势。最早申请纳米技术专利的发明人是 Nantero 公司的 Thomas Rueckes。另外较早在美国专利商标局申请纳米技术专利的发明人是来自清华大学的范守善和姜开利。

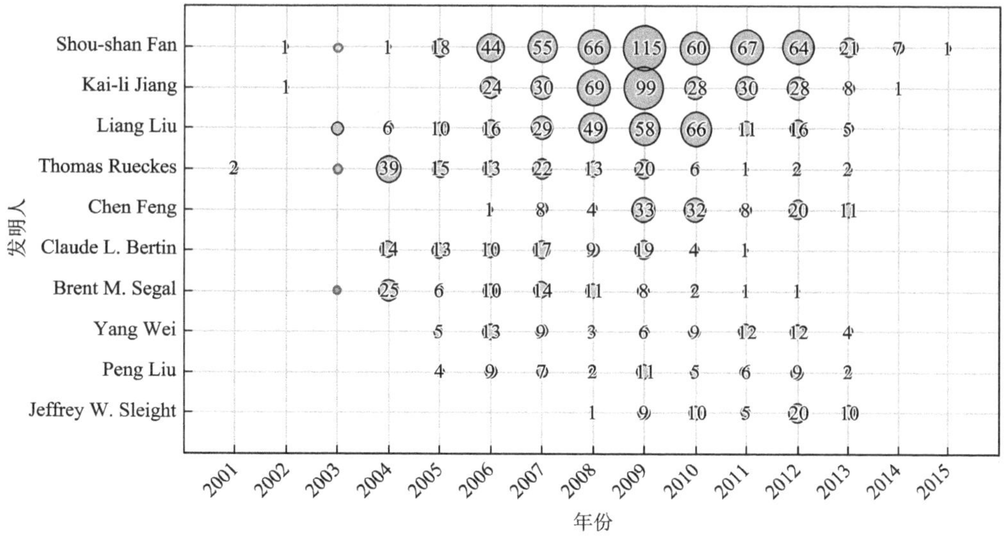

图 4-9 美国纳米技术领域重要发明人专利申请趋势

自 2004 年开始，有关纳米技术领域的专利申请迅速增多，而从 2006 年以后，形成了纳米技术发明专利申请的高峰期。

4.3.3.5 中美纳米技术领域重要发明人的技术领域比较

对于特定技术领域已知发明人的发明技术分布进行分析，可以了解这些发明人的技术多样性、在技术所涉及不同应用领域的技术活动组合及研发能力优势和劣势等。国际专利分类是国际上通用的按照发明创造的技术主题对专利文献进行分类的方法。根据国际专利分类进行统计分析，可知发明人发明创造所涉及的不同技术领域，为搜寻和确定纳米技术不同应用领域的研发人员提供参考。

图 4-10 是中国纳米技术领域重要发明人在主要国际专利分类号的专利量分布。可以看出，清华大学发明人涉足的主要技术领域有电学领域的基本电气元件（H01）、化学冶金领域的无机化学（C01）、作业运输领域中的超微技术（B82）和物理领域的测量测试（G01）等。江苏麟龙新材料股份有限公司的发明人则主要集中于染料、涂料、抛光剂等组合物的制备技术方面（C09）。中国科学院化学研究所发明人涉足技术领域主要是有机高分子化合物及其制备（C08）、一般的物理或化学的方法或装置（B01）和染料、涂料、抛光剂等组合物的制备技术方面。陕西科技大学发明人技术研发涉及的技术领域为无机化学、超微技术和水泥、混凝土、人造石、陶瓷和耐火材料（C04）等的处理技术。

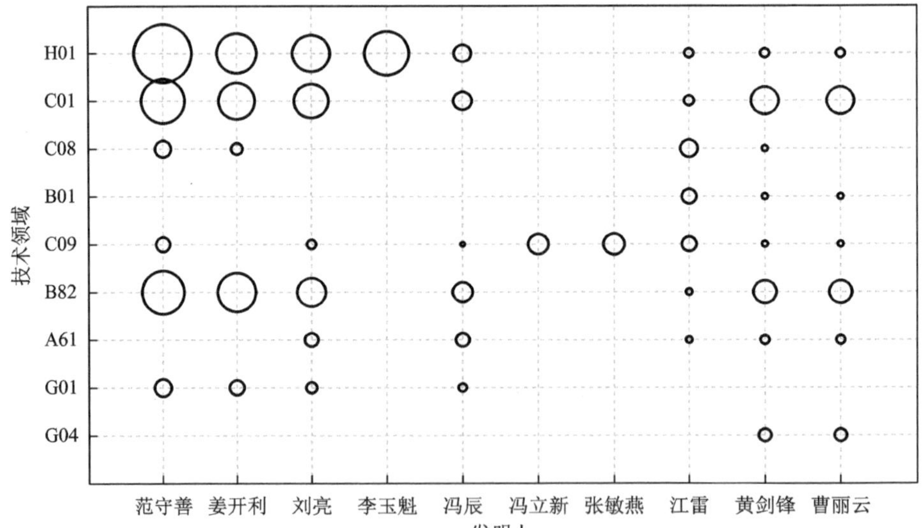

图 4-10　中国纳米技术领域重要发明人技术领域

图 4-11 是美国纳米技术领域重要发明人在主要国际专利分类号的专利量分布。可以看出，电学领域的基本电气元件是这十位发明人都会涉足的技术领域，物理领域的测量测试、作业运输领域中的超微技术和层状产品技术（B32）及化学冶金领域的无机化学都是纳米技术领域研发人员从事较多的技术领域。清华大学的研究人员在层状产品技术方面有独特的研发优势。Nantero 公司研发人员的技术特色体现在染料、涂料、抛光剂等组合物的制备技术方面。

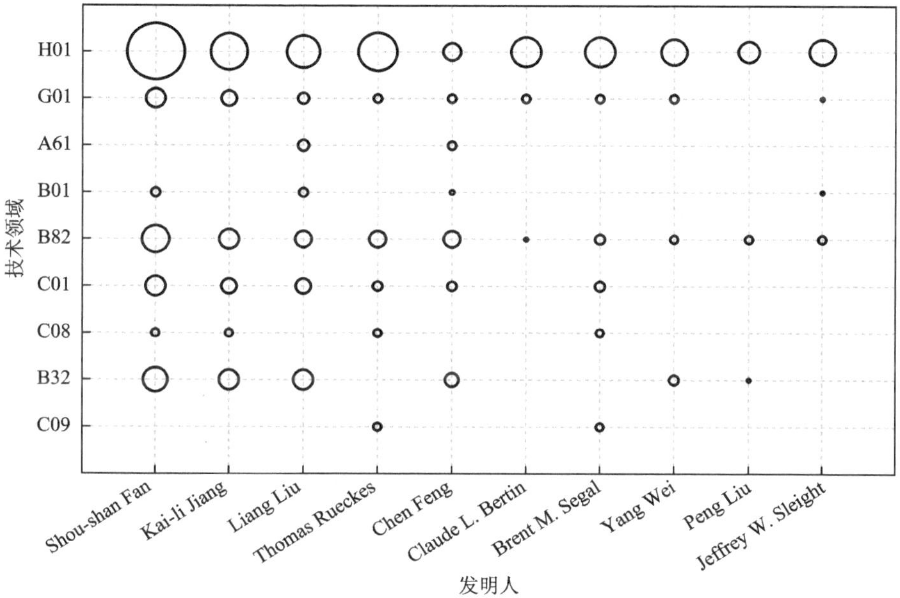

图 4-11　美国纳米技术领域重要发明人技术领域

对比中美两国纳米技术领域专利国际专利分类可以看出：中美两国纳米技术的应用领域涉及人类生活必需、作业运输、化学冶金、物理和电学等多个技术领域，这充分反映了纳米技术作为新兴交叉学科的特点。中美两国纳米技术领域重要发明人在纳米技术的主要研究领域基本上是一致的。

4.3.4　主要结论及建议

依据专利数据分析的视角，得出以下研究结论：①中国纳米技术领域已经形成了从事纳米技术研发的庞大发明人队伍；②中国的发明人主要分布在从事基础研究的高校院所，而美国则是分布在从事技术开发和应用的公司；③清华大学的几位发明人在中国和美国纳米技术领域都是重要发明人，而来自公司的重要发明人，中国是江苏麟龙新材料股份有限公司，美国是 Nantero 公司；④从重要发明人专利申请趋势来看，中国纳米技术领域发明人专利申请量的普遍增多是从 2007 年开始的，美国是从 2006 年以后形成了纳米技术发明专利申请的高峰期；⑤从重要发明人的技术领域来看，中美两国重要发明人在纳米技术的主要研究领域上基本是一致的，在某些技术领域又各具特色。

从本节关于纳米技术专利布局和重要发明人分析来看，我国纳米基础研究实力已经跻身世界前列，且已形成了稳定的从事纳米技术研究的人才队伍。结合我国纳米技术的发展和对纳米技术人才分布的研究，提出如下人才发展和培养建议。

（1）着力培养跨学科交叉的纳米技术人才。纳米技术作为新兴交叉学科技术，涉及物理、化学、材料、信息、生物和医药等几乎所有领域，是高度交叉的综合性学科。经过二十几年的发展，纳米技术与生物技术、信息技术、能源技术等技术间的联系更趋紧密。中国传统分门别类教育体制培养的“专业人才”，远远不能适应拥有多学科知识、复合型纳米研发人才的需要。在纳米技术的人才培养上，需要构建多学科交叉的创新人才培养体系，跨越学科间的界限，培养面向社会需要的复合型人才。特别是在我国研究相对薄弱的纳米生物医药方面，需要有意识地引导人才培养方向，为我国纳米技术的快速发展培养急需的人才。

（2）加快培养纳米技术产业化的应用研究人才。我国纳米技术的主要研发力量分布在高等院校和科研院所，来自企业的人才偏少，力量薄弱。一方面，说明我国在纳米技术的市场化和产业化方面与美国差距颇大，另一方面，反映了我国对纳米技术应用研究方面的重视不够，对纳米技术应用化和产业化人才的培养不足。只有鼓励更多的纳米技术人才向纳米技术企业流动，或者采取更多的激励措施引导基础研究人才为纳米技术在产业界的应用提供技术支撑和服务，才能推动我国纳米技术在多个不同应用领域的产业化，为我国战略性新兴产业和国家经济发展提供更好的支持和保障。

4.4 基于专利数据挖掘的全球云计算技术领域人才分布研究

本节以技术发明人申请的专利数据为基础，构建云计算技术领域人才分布研究的框架，对全球云计算技术领域的人才区域分布、机构分布、创新效率、重要发明人及其专利申请趋势和技术领域进行研究。研究发现，我国虽然在云计算技术领域的人力资本数量仅次于美国，但在云计算技术领域的人才储备质量方面存在较大差距，表现为缺乏强有力的技术竞争实体，发明人创新效率低和技术应用领域狭窄等，并针对这些问题提出建议。

作为继个人计算机、互联网之后的第三次 IT 变革浪潮，云计算以其超大规模、虚拟化、通用性、高可靠性、高扩展性等特点，在全世界得到了广泛的关注和应用，各国政府都提出了云计算发展战略或行动计划。云计算既是我国战略性新兴产业的重要组成部分，也是实现国家战略性新兴产业发展规划的关键（赵文银，2016）。本节从技术创新的视角研究全球云计算技术领域的人才分布情况，为我国云计算技术领域人力资源管理和发展提供参考。

4.4.1 专利分析与创新人才

专利分析通过专利检索获得相关的专利信息，利用统计与内容分析等技术辨识特定技术领域的技术内容，形成专利竞争情报。专利信息可以用来评估技术现况和进行技术追踪（Narin，1995；张诚等，2006），测定技术创新的速度（Narin，2000），判断技术所处生命周期的阶段（陈燕等，2014），衡量技术创新能力和技术竞争力（方曙，2007；WIPO，2016），促进技术研发和创新设计（Huang et al.，2003），辨识特定技术领域的技术内容和研究热点（王曰芬等，2008），评价技术研发实力、技术质量和技术影响力（Guan and Gao，2009；张旭等，2011）等。专利的分析单元主要包括发明人、专利权人、专利所属国家和机构、主题或技术领域、时间轴等。专利发明人是对发明创造的实质性特点做出创造性贡献的自然人，是技术进步的最基本要素和财富创造的原动力。本节通过对专利发明人信息的提取来研究全球范围内云计算技术领域的创新人才分布情况，从技术创新的角度研究人力资源的布局，以适应我国创新驱动推动经济增长的现实需求。

4.4.2 数据来源与处理方法

专利保护存在地域性的特点，各国专利局都分别审批和出版各自的专利说明书。一项发明创造可以在多个国家申请，获得多国的专利权，也就产生了不同语种的多份专利说明书。这些专利说明书的共同特点是内容基本相同，且具有相同的优先权日期。具有共同优先权的在不同国家或国际专利组织多次申请、多次公布或批准的内容相同或基本相同的一组专利文献，称为专利族（patent family）。专利族的联系媒介是优先权，一个专利族可能有一个或多个优先权，本书使用最早优先权日代表该技术发明的专利族的计量日期。数据采集的信息源是 Questel 公司的 Orbit 全球专利数据检索平台，该数据平台的检索结果以专利族为单位的形式呈现，一个专利族即为一项技术发明。专利族数量越多，表示专利权人所拥有的技术发明数量越多。此外，各个国家专利制度的差异导致专利类型也不尽相同，但是发明专利是各个国家最基础也最主要的专利类型，并且发明专利也是最能体现技术创新水平的指标，所以本节采用授权的发明专利族作为分析云计算技术领域人才分布的数据基础。

通过名称和摘要的方式检索与云计算技术相关的专利文献，所使用的关键词包括：云计算 or 云技术 or 云服务 or 云平台 or 云存储 or 云数据 or 云系统 or 云管理 or 云环境 or 云终端 or 云安全 or 软件即服务 or 平台即服务 or 基础设施即服务 or 私有云 or 社区云 or 公共云 or 混合云（"cloud computing" or "cloud technology" or "cloud service" or "cloud platform" or "cloud storage" or "cloud data" or "cloud system" or "cloud management" or "cloud environment" or "cloud terminal" or "cloud security" or "Software as a Service" or Saas or "Platform as a Service" or Paas or "Infrastructure as a Service" or Iaas or "private cloud" or "community cloud" or "public cloud" or "hybrid cloud"）。检索日期为 2016 年 11 月 30 日。经过专利检索和数据清洗后，采集到与云计算技术有关的专利族共计 4409 个。

4.4.3　全球云计算技术领域创新人才分布

4.4.3.1　云计算技术领域发明人的区域分布

随着技术的发展，专利申请数量会不断增加，从事技术研发的发明人数量也越来越多。通过对云计算技术领域授权专利族的所属国别进行统计分析，可以了解这些国家从事该技术领域发明人的分布状况。一个国家从事云计算技术领域的发明人数越多，表明该国家在该技术领域的人力投入规模越大，人才竞争力越强，同时也可反映该国家对于云计算技术领域技术研发和创新的重视程度和发展趋势。表 4-16 为云计算技术领域主要国家技术发明的数量、专利发明人数量及发明人的创新效率。创新效率是指技术创新行为的投入产出比，本节通过计算某个国家所拥有的专利族数与发明人数的比值获得，表示该国家发明人技术发明的平均拥有量。

表 4-16　云计算技术领域发明人的主要国家和地区分布

国家	专利族数/个（比例/%）	发明人数/人	创新效率/(项/人)
美国	1997（45.3）	4446	0.45
中国	1415（32.1）	3649	0.39
韩国	495（11.2）	1010	0.49
日本	166（3.8）	288	0.58
印度	41（0.9）	109	0.38
澳大利亚	32（0.7）	60	0.53
英国	27（0.6）	69	0.39
俄罗斯	17（0.4）	41	0.41
德国	10（0.2）	20	0.50

表 4-16 显示以下内容。

（1）从发明人分布的区域情况来看，主要分布在美国、中国和韩国，这三个国家技术发明的拥有量占全球的 88.6%，是云计算技术的主要技术和人力资源分布国。其中，美国和中国作为优先权国所拥有的技术发明分别有 1997 项和 1415 项，技术发明拥有量占全球的比例为 45.3%和 32.1%；发明人数量分别为 4446 人和 3649 人。无论是从作为优先权国所拥有的专利族数量即技术发明的拥有量来看，还是从发明人的队伍来看，美国和中国都占据主要地位。日本的专利技术发明为 166 项，发明人数为 288 人。在云计算技术领域进行专利布局的国家还有印度、澳大利亚、英国、俄罗斯和德国等，但是专利拥有量都比较少，技术发明拥有量占全球的比例都在 1%以下，从事云计算技术的发明人数量都不算多。

（2）从发明人的创新效率来看，创新效率最高的国家是日本和澳大利亚，平均每位发明人所拥有的技术发明分别为 0.58 和 0.53。其次是德国、韩国、美国和俄罗斯，平均每位发明人所拥有的技术发明在 0.4～0.5 项/人。最低的是印度、中国和英国，每位发明人平均所拥有的技术发明在 0.38～0.39 项/人。我国云计算技术领域的发明人虽然在专利技术发明数量上很高，但是创新效率相比很低，与其发明数量上的地位不成正比，反映我国投入人力资本比较多，但是相比其他主要国家的人均技术发明产出偏低。

4.4.3.2 云计算技术领域发明人的重要机构分布

对云计算技术领域专利权人专利授权量的分析，可以获知拥有最强技术实力的公司和科研院所等机构。发明人在机构分布的聚集程度上体现了该机构在云计算领域的人力资源状况。专利权人在云计算技术领域所拥有的发明人数量越多，发明人团队越大，说明其从事技术研发和创新的人力资源储备越丰富。表 4-17 为云计算技术领域专利族数居于前列的机构及其所属国家、最早申请年、专利族数、发明人数和创新效率。

表 4-17 云计算技术领域的重要机构分布

机构	国家	最早申请年	专利族数/个	发明人数/人	创新效率/(项/人)
IBM	美国	2008 年	285	638	0.45
微软	美国	2005 年	171	605	0.28
红帽（Red Hat）	美国	2007 年	83	44	1.89
谷歌（Google）	美国	2009 年	58	145	0.40
戴尔（Dell）	美国	2007 年	57	129	0.44

续表

机构	国家	最早申请年	专利族数/个	发明人数/人	创新效率/(项/人)
华为	中国	2010年	46	90	0.51
思爱普（SAP）	德国	2007年	42	77	0.55
思科（Cisco）	美国	2008年	39	111	0.35
英特尔	美国	2009年	37	88	0.42
中兴通讯	中国	2009年	33	43	0.77
威瑞森（Verizon）	美国	2008年	33	62	0.53

注：中兴通讯全程为中兴通讯股份有限公司

从表4-17可以发现如下内容。

（1）云计算技术领域的重要专利权人都是公司，说明云计算技术已经在市场上得到了广泛的重视和应用。“云计算”的概念是谷歌首席执行官埃里克·施密特在2006年的搜索引擎大会上首次提出的。云计算技术发展至今经历了十多年的时间，不仅出现了一大批初创公司，而且一些科技巨头也积极开展云计算市场的专利布局。微软是这些企业中最早开展专利布局的企业，从2005年就开始了在云计算技术领域的专利申请。IBM虽然在2008年才申请云计算技术的专利，但是此后有关云计算的专利技术申请大量增加，发展势头迅猛，以285个专利族排在首列，成为目前拥有云计算技术发明最多的公司。2010年后这些公司都集中布局云计算技术领域的专利申请，云计算技术从此进入了快速发展期。

（2）云计算技术领域的重要专利权人大多数都来自美国。在11家机构中，美国有8家，占据绝对优势，中国有2家，德国有1家。美国不仅是云计算技术发展最早的国家，也是在云计算技术领域专利布局最多的国家。IBM、微软、谷歌和戴尔公司在技术发明数量和发明人数量上都占据很大优势。IBM公司拥有638位发明人，在云计算技术的创新团队实力远超其他公司。红帽公司虽然发明人数只有44人，但是技术发明有83项。美国的公司还有思科、英特尔和威瑞森，也都拥有几十人或上百人的创新团队。中国的华为和中兴通讯公司分别在云计算技术领域有46项和33项技术发明，发明人数有90人和43人，两家公司相比，华为公司在云计算技术领域有更大的发明人团队。

（3）红帽公司发明人的创新效率最高，人均有1.89项技术发明，远远超过其他公司。红帽公司虽然在发明人团队的总体数量上没有以上大多数公司多，但是人均技术发明的产出最高，说明公司拥有一些关键发明人，这些关键发明人在云计算的技术发明上有很强的技术研发实力。中兴通讯公司发明人的创新效率排在第二位，人均的技术发明是0.77项。发明人创新效率最低的公司是微软和思科，分别是0.28项/人和0.35项/人。其他公司的创新效率在0.4～0.55项/人，居于中间位置。

4.4.3.3 云计算技术领域的重要发明人

按照专利发明人在云计算技术领域发明技术的专利族数量进行统计分析，可以了解该技术领域中研发最活跃的专利发明人。表 4-18 列示了全球云计算技术领域专利活动中排名前列的发明人。从表 4-18 中可以看出，全球云计算技术领域的重要发明人主要来自中美两国。除了 1 位高校的发明人，其他重要发明人都来自公司，其中 IBM 的人数最多，在前 12 位中占了 6 位。其次是红帽公司，有 2 位发明人位居前列，其中 Ferris James 以 38 个专利族位居第一位，是云计算技术领域技术发明最多产的专利发明人。中国在云计算技术领域的重要发明人共有 4 位，分别来自广东电子工业研究院有限公司、华中科技大学和中国联合网络通信集团股份有限公司。这些发明人都是云计算技术领域的重要发明人，是创新能力最强最活跃的技术研发者。

表 4-18 云计算技术专利申请的重要发明人

发明人	所属机构	专利族数/个
Ferris James	红帽	38
Dawson Christopher	IBM	26
Deluca Lisa	IBM	22
Boss Gregory	IBM	22
季统凯	广东电子工业研究院有限公司	19
Riveros Gerry	红帽	18
金海	华中科技大学	18
Jang Soobaek	IBM	17
Hamilton Rick	IBM	14
Abuelsaad Kelly	IBM	13
岳强	广东电子工业研究院有限公司	13
张云勇	中国联合网络通信集团股份有限公司	13

4.4.3.4 云计算技术领域重要发明人的专利申请趋势

通过发明人时间序列分析，研究发明人申请专利的情况，可以了解发明人研发活跃期，预测其未来发明趋势（肖沪卫，2011）。图 4-12 是云计算技术领域重要发明人的专利申请趋势。最早申请云计算技术专利的发明人是红帽公司的 Ferris

James，其研发开始时间相对其他发明人最早，研发活动期起始于 2008 年。红帽公司的另外一位重要发明人 Riveros Gerry 的研发活动期起始于 2009 年。在 IBM 的几位发明人中，除了 Dawson Christopher 和 Hamilton Rick 研发活动期开始较早（2009 年）外，其他 3 位发明人的研发活动期起始于 2010 年。中国重要发明人的研发开始期比美国的发明人晚 2 年，季统凯、金海和岳强的研发活动期起始于 2010 年，而张云勇的研发活动期起始于 2011 年。从中美云计算技术领域重要发明人的总体比较来看，美国的重要发明人介入云计算技术的研发时期更早，技术发明量更多，研发能力更强。

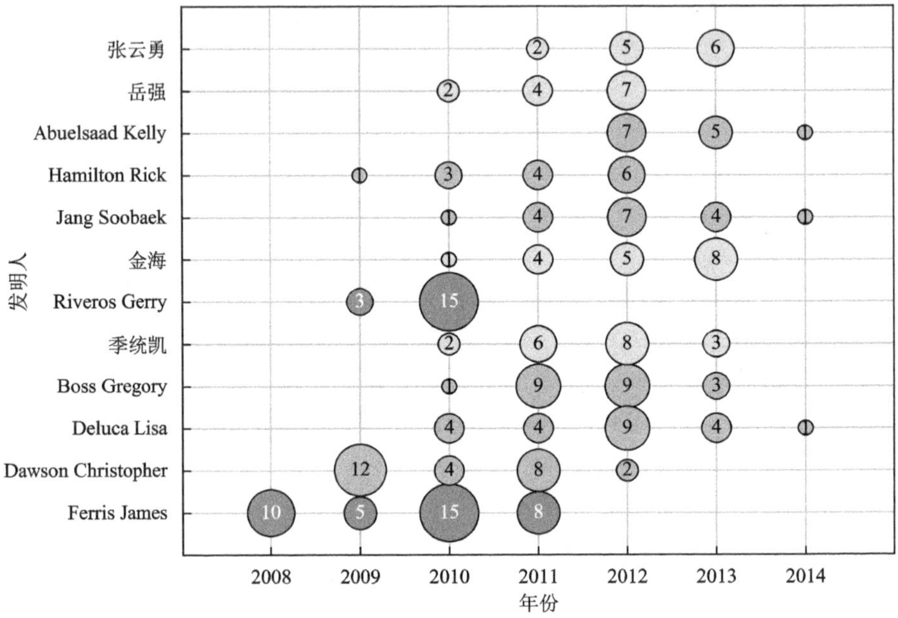

图 4-12　云计算技术领域重要发明人的专利申请趋势

4.4.3.5　云计算技术领域重要发明人的技术领域分布

对于云计算技术领域已知发明人的发明技术分布进行分析，可以了解这些发明人的技术多样性和在技术所涉及不同应用领域的技术活动组合等。国际专利分类是国际上通用的对专利文献进行分类的方法，是按照发明创造的技术主题为特征进行分类的。采用国际专利分类小类进行技术领域的分析。根据国际专利分类进行统计分析，可知发明人发明创造所涉及的不同技术领域，为了解云计算技术不同应用领域的研发人员提供参考。

图4-13是云计算技术领域重要发明人在主要国际专利分类小类的专利族数量

分布。可以看出，电数字数据处理（G06F）和数字信息的传输（H04L）是这些重要发明人都涉足的技术领域，说明这两个领域是云计算技术最基础最相关的技术领域。发明人较多涉足的另外两个技术领域是专门适用于行政、商业、金融、管理、监督或预测目的的数据处理系统或方法（G06Q）和无线通信网络（H04W）。红帽公司的发明人 Ferris James 和 Riveros Gerry 技术研发涉及的技术领域最多，除了以上四个技术领域，还包括其他发明人没有涉足的技术领域：电话通信（H04M）、售票设备；车费计；用于在一个或多个管理点收车费、通行费或入场费的装置或设备；签发设备（G07B）、投币式设备或类似设备（G07F）、多路复用通信（H04J）和静态存储器（G11C）。

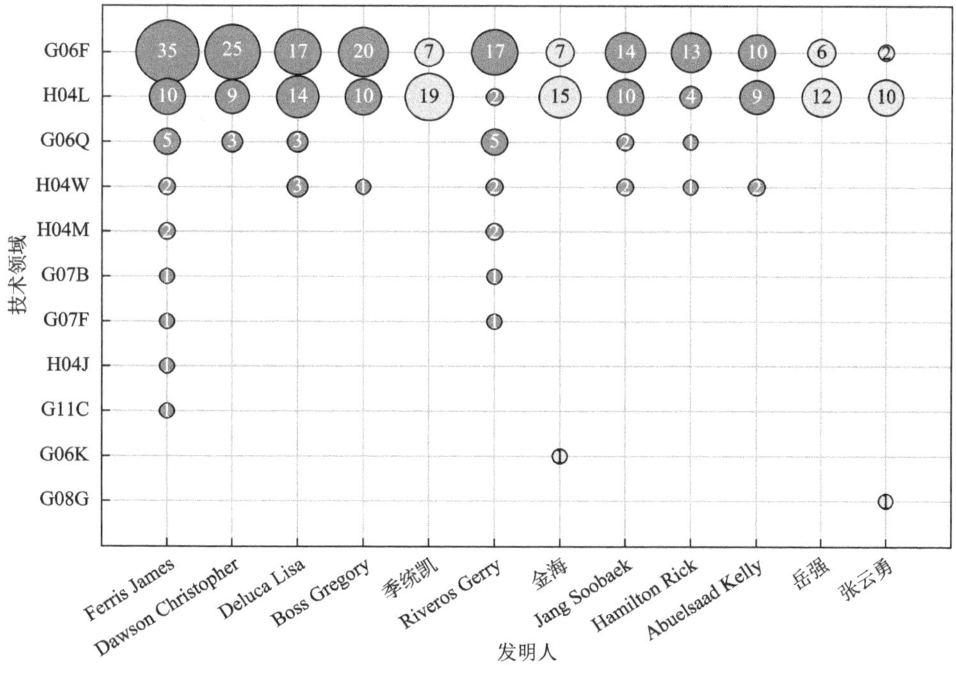

图 4-13　云计算技术领域重要发明人的技术领域分布

中美重要专利发明人在技术领域分布上的差异体现在技术布局重点上的差异。美国重要发明人技术分布最多的领域是物理部的 G06F，而中国重要发明人技术分布最多的领域是电学部的 H04L。前者与计算机技术密切相关，而后者则主要关联的是数字通信技术领域。另外一个重要的差异是，美国的重要发明人涉足的技术领域比中国的重要发明人数量更多，反映了美国的云计算技术发明应用领域比中国更广泛。

4.4.4 主要结论及启示

从创新人才的角度来看，依据专利数据分析的结果，通过对全球云计算技术领域技术发明人的研究，得出以下结论：①云计算技术领域的研发力量和创新人才主要集中在美国、中国和韩国，但是日本和澳大利亚发明人的创新效率更高，中国发明人的创新效率则几乎处于最低的位置。②IBM、微软等科技巨头在云计算技术领域的技术实力和创新人才数量遥遥领先，美国公司在云计算技术领域的人力资源储备方面占据显著的优势地位，红帽公司发明人的创新效率远远超过其他公司。③云计算技术领域的重要发明人主要来自中美两国的公司和高校。④从重要发明人专利申请趋势来看，美国技术发明人的研发开始期更早，总体研发实力也高于中国的技术发明人。⑤从重要发明人的技术领域来看，中美重要专利发明人的技术布局重点存在差异，美国的云计算技术应用范围更广泛。

总体来看，中国虽然发明人总体数量仅次于美国，但是在云计算技术领域的人才储备质量方面尚存在较大的差距。中国在云计算技术领域的人才资源状况和分布的问题主要体现在：①人才资源布局分散，缺乏强有力的云计算技术竞争实体。美国科技巨头储备了大批的云计算技术人才，而我国还没有形成可以与其竞争的云计算技术人才高地。②发明人创新效率低，虽然投入人力资本量很大，但是发明人的技术发明产出不成正比。③发明人的技术领域狭窄，反映技术应用不够宽泛。显然，我国云计算行业和企业要想得到快速发展，从人力资源管理的角度来看，亟须做出如下努力：集聚云计算技术领域的创新人才，构建云计算技术创新人才分布的高地，形成产业创新与发展的合力；加强云计算技术领域的人力资源管理，提高云计算技术发明人才的创新效率；鼓励和引导发明人在技术研发和创新中拓宽技术领域的范围，扩展云计算技术在不同领域的应用。

4.5 基于双源数据的全球云计算创新合作网络多维分析

本节以 2002～2016 年的学术文献和专利两种数据源为基础，利用社会网络分析法从论文作者所属机构与专利权人、作者与发明人、学科与技术领域等多维视角出发，对全球云计算基础研究与应用研究的创新合作网络进行数据挖掘和对比分析。研究发现：云计算论文作者及所属机构间的合作更普遍；专利权人合作网络呈现分散的小网络特点，专利发明人合作关系更密切且群体性更强；云计算的基础学科是计算机理论与方法、电气与电子工程和计算机信息系统，而核心技术是数字计算机和电话与数据传输系统。基于研究结果，提出建立基础创新与应用创新的对接和融合，利用合作网络分析发掘重要的创新竞合对象，精准定位领军人才和创新群体，构建学科知识体系等促进中国云计算协同创新与产教融合的启示和建议。

4.5.1 数据来源

信息革命进程持续快速演进，云计算与物联网、大数据、人工智能等技术广泛渗透于经济社会各个领域，信息经济繁荣程度成为国家实力的重要标志。目前力推的“互联网＋”战略，其核心技术即云计算和大数据。中国将云计算列入国家重点培育和发展的战略性新兴产业。

本节所使用学术文献数据来自 Web of Science 数据库中的科学引文索引数据库（Science Citation Index Expanded，SCI-E）和科技会议论文引文索引数据库（Conference Proceedings Citation Index-Science，CPCI-S），包括期刊论文和会议论文。专利数据来自德温特创新索引数据库（Derwent Innovations Index，DII）。DII 数据库对来自全球 50 家专利授权机构的专利数据进行深度加工，专利的名称和摘要由技术专家根据技术特点改写而成，用简单的语言或本领域的技术词汇替换宽泛抽象的用词和拗口的法律用语，更容易被普通技术人员阅读、理解、检索和分析。

根据云计算的定义和技术特点，检索使用的关键词确定为"cloud computing" or "cloud technology" or "cloud service" or "cloud platform" or "cloud storage" or "cloud data" or "cloud system" or "cloud management" or "cloud environment" or "cloud terminal" or "cloud security" or "Software as a Service" or Saas or "Platform as a Service" or Paas or "Infrastructure as a Service" or Iaas or "private cloud" or "community cloud" or "public cloud" or "hybrid cloud" or cloud-based。通过文献或专利名称字段进行检索，时间跨度截至 2016 年，检索时间为 2017 年 8 月。经过数据清洗，SCI-E 和 CPCI-S 数据库的检索结果为 10 781 篇文献，其中期刊论文 2335 篇，会议论文 8511 篇。DII 数据库的检索结果为 13 658 个专利族，一个专利族代表一项技术发明，是同一项发明在多个国家申请专利的集合。

4.5.2 研究方法与分析工具

创新合作已成为推动创新驱动发展的加速器，创新合作网络的特点可以反映知识流动的特点和范围。学术出版物和专利申请是反映科技创新和发明创造的两种最重要的形式。学术文献代表的是基础科学知识的进步，专利则能够展现具有重大商业化潜力的科学技术知识（Chen and Roco，2009）。已有学者分别基于文献数据或者专利数据，利用社会网络分析法从不同视角对创新合作网络进行了研究。社会网络分析法主要分析不同社会单位所构成关系的结构及其属性（林聚任，2009），能够用于检测子群，发现子群的交互模式，识别中心个体，揭示网络组织和结构（Chen and Roco，2009）。吴翌琳和吴洁琼（2017）以万方知识平台的科技论文大数据为研究对象，分析了中国科技创新合作网络的属性。刘云等（2015）利用国际合作论文数据，系统研究了纳米科技国际合作创新网络的结构和演进特征。Liu 等（2015）利用学术论文及其引用数据，研究了中美纳米科技领域学术机构合作网络中的研究学者对知识扩散的影响。王鹏和张淑贤（2016）利用 2006～2014 年广东省产学研合作专利申请数据，考察了产学研创新合作网络的社会资本结构维度。阮平南和顾春柳（2017）利用生物医药领域的专利数据，深入剖析协同创新过程中知识流动的核心作用路径及典型微观作用路径。吕民乐和王丹丹（2016）利用 1986～2014 年我国在美国专利商标局的专利授权数据，分析了我国省际知识流动的发展演变和特征。陈欣（2019）利用"一带一路"沿线国家跨国 PCT 专利合作申请信息，构建了五个技术领域的科技合作网络。陈文婕和曾德明（2019）利用 1992～2011 年低碳汽车技术领域的专利数据，构建全球低碳汽车技术合作创新网络，并考察网络的多维邻近性及演化。

已有文献基本上都是从单一数据源即论文数据或者专利数据来分析创新合作网络的结构特征、知识流动、对创新的影响等问题，这些分析往往面向同质网络。在当今创新日趋多元化的背景下，有必要从多数据源的角度分析创新合作网络的结构和特点，从而更全面地反映科技创新主体的合作关系，挖掘出更丰富更全面的网络内涵。而且，跨数据源的多维数据网络分析方法更加符合现实的复杂创新网络原貌和知识创新本质。为了研究云计算基础研究和产业应用的创新网络合作发展现状，本节以 2002～2016 年的学术文献和专利两种数据源为基础，利用社会网络分析法从机构、个体、学科或技术领域等多维视角进行数据挖掘和对比分析，全面展示云计算技术领域的创新合作网络，以期为云计算技术领域的科技创新合作提供更加完整和精准的分析。

以云计算技术领域的学术文献和专利申请数据为基础，使用科学学（Science of Science，Sci2）软件进行论文作者所属机构与专利发明人所属机构（专利权人）合作网络、作者与发明人合作网络及学科与技术领域合作网络分析，对云计算基础研究创新与应用研究创新进行多维复杂网络分析。Sci2 是美国印第安纳大学图书馆与信息科学学院的 Katy Börner 和 Kevin W. Boyack 等研发的知识图谱分析软件（Sci2 Team，2009），可以用来进行作者共现网络、引文耦合、组织合作网络等各种网络分析（邱小花等，2013；李国俊等，2014；Liu and Guan，2016），并将网络关系以清晰的可视化图谱展示出来。

4.5.3 云计算文献和专利创新与合作网络比较分析

4.5.3.1 论文出版与专利公开趋势

图 4-14 为 2002～2016 年云计算技术领域的论文出版与专利公开情况。2002～2006 年，论文和专利数量都极少，每年的论文出版量没有超过 2 篇，技术发明也没有超过 2 项。从 2008 年开始特别是 2010 年以后，有关云计算的学术论文和专利申请开始快速增长。2010～2015 年，论文出版的年均增长率为 49.45%，而专利公开的年均增长率则达到了 100.41%。2016 年的论文和专利还没有由数据库收集完全，但是目前的专利公开量已经达到了 3783 个专利族，比 2015 年增长了 13.6%。

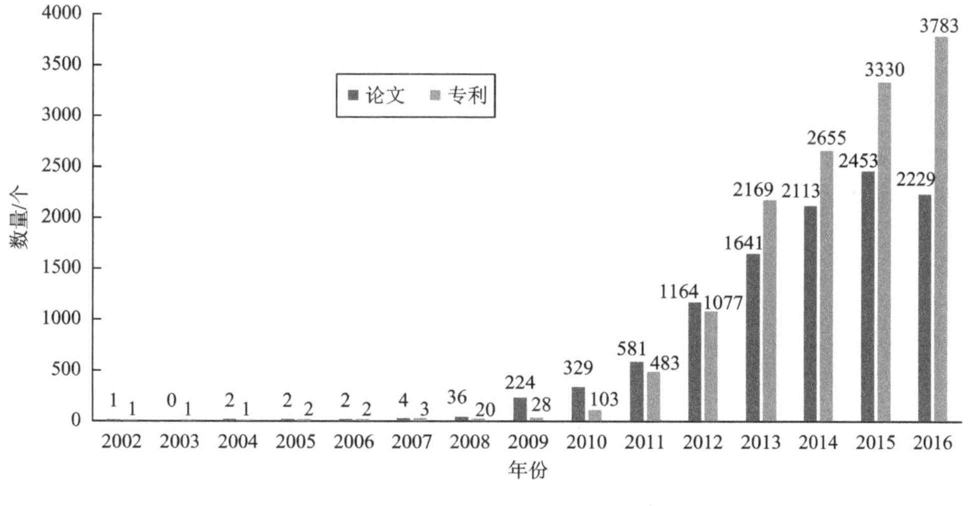

图 4-14 云计算技术领域的论文出版与专利公开趋势

从论文出版和专利公开的年度趋势比较来看，2002～2006 年，论文出版总量与专利公开总量相等；2007～2012 年，每年的论文出版数量都高于专利公开数量；2013～2016 年，每年的专利公开数量均高于论文出版数量，并且差距越来越大。学术论文和专利申请分别代表科学技术的基础知识和商业化应用，所以论文出版和专利公开数量前后的对比变化可以说明，从 2013 年开始，云计算技术的发展从基础研究创新为主向商业化应用创新为主进行转移。体现在日常的工作和生活中是各家公司的云应用技术的推广和成熟，如微软的 Azure、亚马逊的 AWS 和阿里巴巴的阿里云等。

4.5.3.2 论文作者所属机构与专利权人合作网络

云计算技术领域论文发表量排名前十的论文作者所属机构和专利申请量排名前十的专利权人如表 4-19 和表 4-20 所示。可以看到，云计算论文发表的重要机构都是高校院所，除 1 家韩国高校外，其他都是中国的高校院所，有 8 家高校和 1 家科研机构；云计算专利申请的重要机构都是公司，有 5 家美国公司、4 家中国公司和 1 家英国公司。云计算技术的基础研究集中在高校院所，而应用技术研究则集中在公司。

表 4-19　云计算论文发表量排名前十的机构

论文作者所属机构	所属国家	论文数/篇
北京邮电大学	中国	172
中国科学院	中国	145
清华大学	中国	119
华中科技大学	中国	105
电子科技大学	中国	91
西安电子科技大学	中国	84
武汉大学	中国	82
国防科技大学	中国	74
北京航空航天大学	中国	72
庆熙大学（韩国）	韩国	66

表 4-20　云计算专利申请量排名前十的专利权人

专利权人	所属国家	专利族数/个
IBM	美国	648
微软	美国	221
浪潮	中国	167
中兴通讯	中国	128
华为	中国	118
红帽	美国	111
惠普公司	美国	101
甲骨文（Oracle）	美国	96
中国国家电网有限公司	中国	92
政府云（G-cloud）	英国	84

注：浪潮全称为浪潮集团有限公司

机构合作网络是指为了研究某一学术领域的发展变化，某一个新的思想在此领域内的产生、传播，大学及科研院所构造的一个通过文献相互联系影响的网络（魏瑞斌，2012）。机构合作网络的完整性影响知识分享和信息扩散的强弱（Carnabuci and Operti，2013）。在云计算机构合作网络中，节点表示论文作者所属机构或专利权人，边表示机构间的合作关系。合作网络参数如表 4-21 所示，图 4-15 为论文作者所属机构合作网络中的最大网络，图 4-16 为专利权人合作网络中前十个最大的网络。

表 4-21　云计算论文作者所属机构与专利权人合作网络参数

参数	论文作者所属机构	专利权人
节点（机构/专利权人）	5571	6037
边（合作关系）	8360	2619
平均度	3	0.87
孤点（无合作关系）	1261	4117
网络合作最大值	15	67
合作网络数量	1716	4693
最大网络包含节点数	3165	127

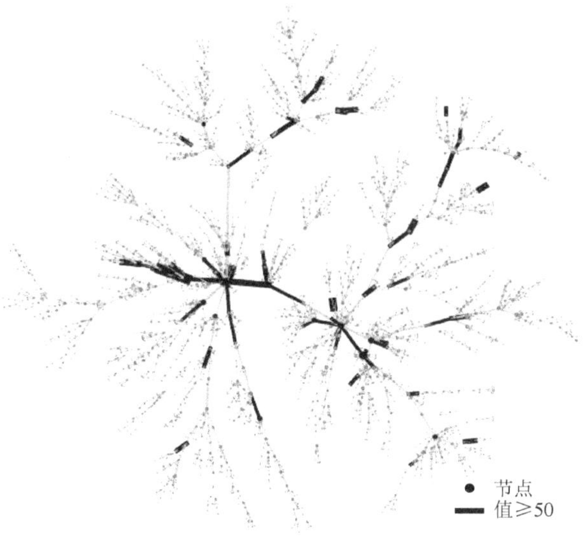

图 4-15　云计算论文作者所属机构合作网络

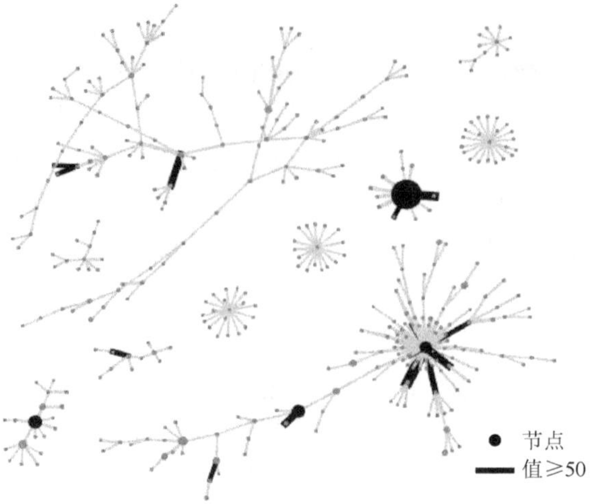

图 4-16　云计算专利权人合作网络

从表 4-21、图 4-15 和图 4-16 可以发现如下内容。

（1）从合作网络数量来看，专利权人的合作网络数量（4693）大大高于论文作者所属机构的合作网络数量（1716）。专利权人的合作网络更加分散，网络结构呈现出更多的小网络特点，说明专利权人间的合作更加分散，以小范围的创新合作为主。云计算论文作者所属机构合作网络中的最大网络更加完整。从平均度的数值来看，论文作者所属机构合作网络平均度（3）远大于专利权人合作网络平均度（0.87）。度表示通过节点的边的数值，平均度表示通过每个节点的边的平均值，平均度越大，说明节点所代表的论文作者所属机构间的合作关系数量更多，合作关系越密切。这些都说明，在云计算技术领域，基础研究的知识分享和信息扩散能力与范围比应用研究更强更广泛。

（2）从边的数值来看，云计算论文作者所属机构合作网络的边的总数（8360）是专利权人合作网络的边的总数（2619）的 3 倍多。从孤点的数值来看，论文作者所属机构的孤点数量（1261）比专利权人的孤点数量（4117）更少。从最大网络包含节点数来看，论文作者所属机构最大网络包含节点数（3165）远远大于专利权人的最大网络包含节点数（127）。这些都说明，相比专利权人来讲，处于合作网络中的论文作者所属机构更多，合作更普遍。

（3）从网络合作最大值来看，专利权人的网络合作最大值（67）比论文作者的网络合作最大值（15）更大，网络合作最大值表示节点间最大的边值，最大值越大，说明该边所代表的机构间的合作关系越密切。从网络合作最大值来看，某些专利权人之间存在非常密切的合作关系。

4.5.3.3　论文作者与专利发明人合作网络

科学知识增长的主要贡献者是一小群高产出的科学家和学者，这些科学家和学者形成了一个合作者网络，以此来促进自己研究领域的发展。根据已有研究可知，许多高被引的重要学术论文和产业关键专利技术都产生于合作创新网络。多产科学家网络的出现，使得处于同一研究领域不同研究团体的合作者能够联系在一起（Crane，1972）。以论文作者和专利发明人的共现数据为基础，利用社会网络分析法，以可视化的形式能够展示和描绘科学家或发明家合作网络的结构与特点。在作者和发明人合作网络中，节点表示作者或发明人，边表示作者或发明人间的合作关系。合作网络参数如表 4-22 所示，图 4-17 和图 4-18 分别为作者和专利发明人合作网络中的最大网络。

表 4-22　云计算论文作者与专利发明人合作网络参数

参数	论文作者	专利发明人
节点（作者或发明人）	20 312	12 702
人均论文或专利数量	0.53	1.08
边（合作关系）	49 798	62 530
平均度	4.9	9.85
孤点（无合作关系）	417	765
网络合作最大值	22	63
合作网络数量	2 793	2 125
最大网络包含节点数	10 643	6 193

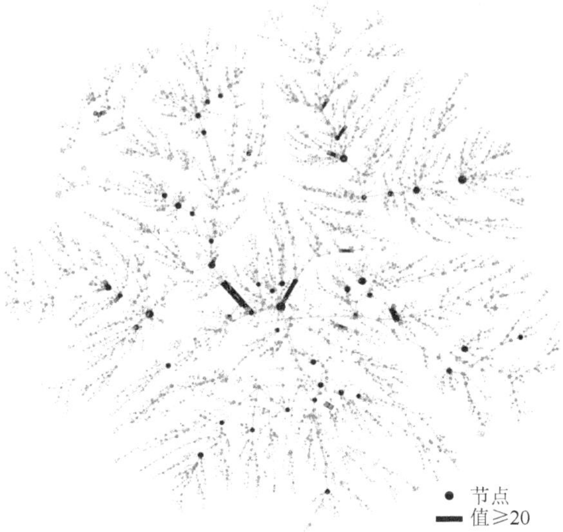

图 4-17　云计算论文作者合作网络

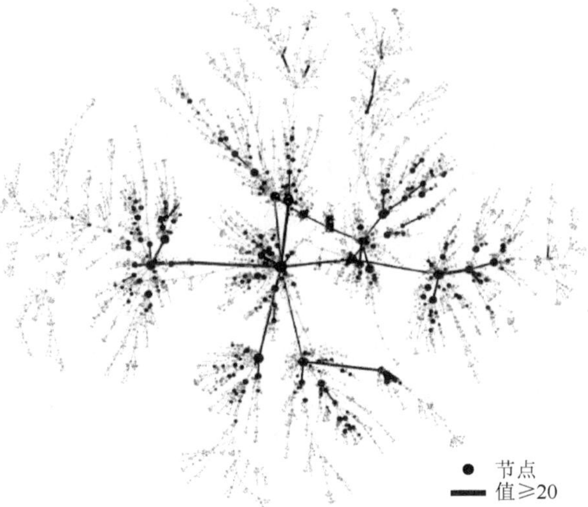

图 4-18　云计算专利发明人合作网络

从表 4-22、图 4-17 和图 4-18 可以发现如下内容。

（1）从人均出版或公开数量来看，人均专利申请量（1.08 个专利族）大于人均论文发表数量（0.53 篇论文）。以论文发表量大于 20 篇的作者或专利申请量大于 20 项的发明人定义为重要论文作者或重要专利发明人。图 4-18 中的节点值超过 20 的节点的数量明显超过图 4-17，说明重要专利发明人的数量多于重要论文作者的数量。

（2）虽然论文作者的数量（20 312）大大超过专利发明人的数量（12 702），但是从孤点的数值来看，论文作者的孤点数量（417）比专利发明人的孤点数量（765）更少。从最大网络包含节点数来看，论文作者最大网络包含节点数（10 643）比专利发明人最大网络包含节点数（6193）更多。这些都说明，相比于专利发明人，论文作者间的合作网络更普遍。

（3）从平均度的数值来看，专利发明人合作网络平均度（9.85）是论文作者合作网络平均度（4.9）的两倍。从网络合作最大值来看，专利发明人的网络合作最大值（63）比论文作者的网络合作最大值（22）更大。另外，图 4-18 中的边值超过 10 的边的数量明显超过图 4-17，这些都说明专利发明人间的合作关系更密切。

（4）从子群的凝聚性来看，图 4-18 比图 4-17 呈现出的群体性更强，说明相比于论文作者，专利发明人更多地以创新群体的形式聚集。

4.5.3.4　学科与技术领域合作网络

麻省理工学院《技术评论》2001～2011 年发布的 100 项新兴技术，极少不是多学科交叉融合的创新。新兴技术立足信息、生物、材料、机械、数理乃至社会科学领域前沿的交叉综合，其创新和应用涉及理工文的多种学科，展现了普遍的交叉融合特点（沈雪石等，2013）。作为新一代信息技术产业重点领域的云计算，其理论发展、技术创新和实际应用涉及多个学科和技术领域的知识。利用网络分析方法研究云计算技术的学科与技术领域合作网络，可以发现云计算涉及的基础学科、主要交叉学科和核心技术领域，以及这些学科或技术领域间的共现关系。在学科合作网络和技术领域合作网络中，节点表示学科或技术领域，边表示学科或技术领域间的共现关系。

Web of Science 数据库的学科包括自然科学、社会科学和艺术人文三大类，共计 250 个细分的学科。与云计算技术相关的学科共有 144 个，选取出现频次在 10 及以上的学科共计 57 个，如图 4-19 所示。可以看出，云计算所依托的三大基础学科为计算机理论与方法、电气与电子工程和计算机信息系统，频次分别是 4490、4164 和 3487，其中计算机理论与方法处于最核心的地位。云计算主要涉及的学科有电信、计算机硬件与架构、软件工程、人工智能和计算机跨领域应用，频次在 1176～1839。云计算的主要交叉学科有自动化与控制系统、工程相关交叉学科、材料相关交叉学科、机械工程、运作研究与管理、工业工程、制造工程和力学，这些学科涉及的频次在 111～487。就云计算应用技术学科的分布及与基础学科的关联性来看，运作研究与管理、信息学、管理学、绿色可持续发展科技等与计算机信息系统关联紧密；物理相关交叉学科、数学与计算生物学、医疗信息学等与计算机理论与方法关联紧密；自动化与控制系统、力学、建筑学与建筑工程、制造工程、自然地理学、环境科学等与电气与电子工程紧密相关。这些应用技术学科分别围绕计算机理论与方法、电气与电子工程和计算机信息系统这三大基础学科形成了三个大的学科群。

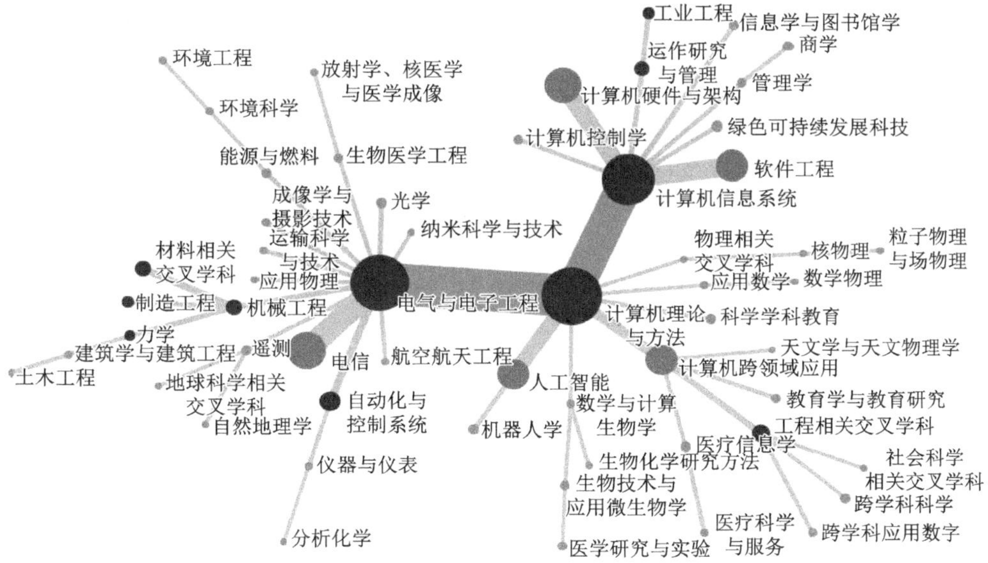

图 4-19　云计算学科合作网络

DII 数据库的德温特专利分类将所有的技术领域按照专利用途分为 20 个主题领域，包括 A～M（化学）、P～Q（工程）、S～X（电子电气），主题领域又细分成 291 个类别。云计算涉及其中的 141 个技术领域，选取出现频次在 10 及以上的学科共计 59 个，如图 4-20 所示。可以看出，数字计算机是涉及数量最多且处于最核心位置的技术分类，涉及频次为 12 703，其次是电话与数据传输系统，频次为 5856。这两个技术领域也是同时共现频次最多即联系最密切的两个技术领域。计算机外围设备，工艺与机械控制，报警、信号、遥测与遥控，广播、无线与有线传输系统，音频/视频记录及系统的频次在 528～602，这些技术领域也是云计算技术的基础技术领域。云计算的技术应用领域主要集中在：印刷电路与连接器，电视与广播无线接收机，诊断、外科；家用电器，航空、海洋与雷达系统，工程仪器、记录设备、通用测试方法，工业用电设备；汽车电气电子设备，科学仪器、光度测定、热测量，计数、检查、售货、ATM（automated teller machine，自动取款机）与 POS（point of sale，销售终端）系统，医用电气设备。这些应用领域的频次在 111～419。处于网络最外围的技术领域有 41 个，涉及云计算技术在电动汽车，交通控制系统，照明，乐器、声学，教育、密码术、广告等不同领域的应用，频次在 10～88。

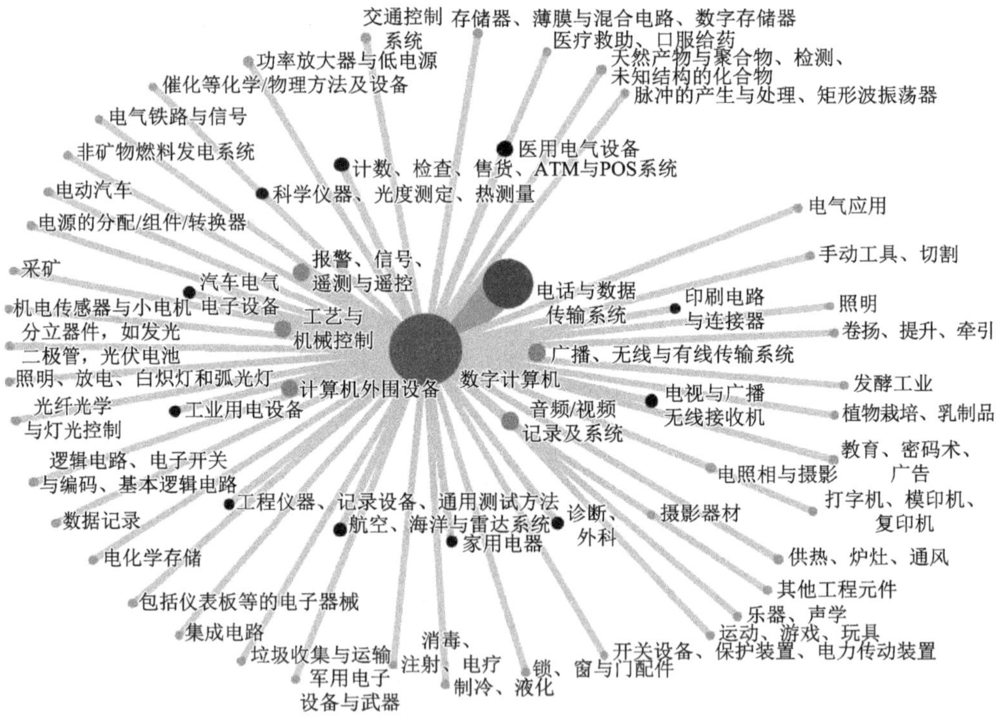

图 4-20　云计算技术领域合作网络

4.5.4 主要结论及启示

本节以云计算技术领域的学术文献和专利申请两种主要的知识创新数据为基础，从学术出版与专利公开趋势、论文作者所属机构与专利权人合作网络、作者与发明人合作网络及学科与技术领域合作网络等角度，主要利用社会网络分析法对云计算基础研究创新与应用研究创新进行了多维复杂网络的对比研究。研究发现：①从2013年开始，全球云计算技术的发展从基础研究创新为主向商业化应用创新为主进行转移。②云计算技术的基础研究集中在高校院所，而应用技术研究则集中在公司。云计算论文作者所属机构间的合作更普遍，专利权人的合作网络更加分散，网络结构呈现出更多的小网络特点，某些专利权人之间存在非常密切的合作关系。③云计算重要专利发明人的数量多于重要论文作者的数量，论文作者间的合作网络更普遍，但是专利发明人间的合作关系更密切，群体性更强。④云计算的三大基础学科是计算机理论与方法、电气与电子工程和计算机信息系统，主要涉及学科有电信、计算机硬件与架构、软件工程、人工智能和计算机跨领域应用等，应用技术学科围绕三大基础学科形成三个大的学科群。云计算的核心技术是数字计算机和电话与数据传输系统，主要技术领域涉及计算机外围设备、工艺与机械控制、报警、信号、遥测与遥控等。

根据以上分析结论，从研发合作、人才定位和学科建设等方面提出如下启示和建议。

（1）建立基础科技创新与产业应用创新的对接和融合，加快我国云计算产业创新驱动发展。依托多源大数据分析和整合，科学建立企业和高校院所的协同创新网络及运行机制，以科技创新推动产业转型升级，以产业应用引导基础科研创新的方向，有效实现我国云计算科技创新和产业应用的深度融合。

（2）利用云计算机构合作网络发掘重要的创新竞合对象及其网络，构建云计算产业创新合作生态系统。机构合作网络的特点影响机构间的合作模式，对于合作比较普遍的高校院所间的合作，可以通过会议或者多边合作的形式推动云计算信息和知识的广泛交流；对于小网络特点突出的云计算公司间的合作，则需要多地采取双边合作如合作开发的形式加强研发创新的合作。机构间合作网络的加强将有效地促进我国云计算产业创新生态系统的组织构建。

（3）利用论文作者和专利发明人合作网络分析甄别顶尖的云计算技术创新人才和创新群体，精准定位领军人才和创新群体。可以在高校院所去寻找从事云计算基础研究的创新人才，因为发明人通常以合作团队的形式出现，所以定位和挖掘云计算应用研究创新人才则需要更多地去关注发明人创新群体的存在。作者和发明人的合作网络分析可以为云计算产业聚集国际高端领军人才和创新团队提供精准的指导，这将有利于推动我国云计算产业开放式创新和国际化发展的进程。

（4）利用云计算学科和技术领域合作网络分析获得基础学科、交叉学科和核心技术及主要技术领域知识，为云计算技术创新人才培养提供学科知识体系的构建参考。为云计算基础学科和应用学科的布局提供建议，为云计算产业创新人才培养提供复合学科的专业知识及知识创新技能上的帮助。应鼓励高校加强云计算相关学科建设，结合云计算产业发展，与企业共同制定人才培养目标，注重围绕创新链和产业链打造“人才链”，加快培养一批我国云计算产业发展急需的高端复合型云计算人才。

4.6 基于专利数据挖掘的中美 3D 打印技术创新与合作比较研究

本节以中美 3D 打印技术领域的发明专利数据为基础，基于世界知识产权组织技术领域划分法和社会网络分析法，从技术创新发展趋势和应用领域分布、专利权人合作网络和发明人合作网络等多维视角，对中美 3D 打印技术创新与合作状况进行比较研究。基于比较研究的结果，提出建立技术创新的引导机制，推动企业成为技术创新主体，增强技术创新和产业应用创新的对接和融合等，推动我国 3D 打印技术创新发展的建议。

作为集技术、法律和经济信息于一体的专利信息，在研究技术创新、市场竞争、产业和经济发展等方面已经成为重要的核心指标和要素。随着大数据技术的迅猛发展，将数据挖掘技术与专利信息分析结合起来进行深层次的融合，可以大幅度提高专利信息的利用效率，挖掘隐藏在专利数据背后的科技情报和信息等。通过专利数据的深度挖掘，可以预测技术发展（Lee et al.，2014）与技术演变（许冠南等，2016），进行专利内容挖掘（王博等，2015），分析研究热点（董坤和吴红，2014），识别技术机会（张鼐等，2015）和竞争对手的研发方向（韩晓彤等，2018），考察产学研创新合作情况（王鹏和张淑贤，2016）等。

3D 打印技术，又称增材制造技术，是以数字模型文件为基础，以粉末状金属、陶瓷或塑料等黏合材料为原料，通过逐层打印的方式来构造物体的技术。3D 打印已经成为全球智能制造领域的关注热点，世界主要国家均在加速布局 3D 打印技术。国外 3D 打印技术的发展以美国的设计、制造、销售全产业链模式为典型代表（权雯雯和张芸芸，2014）。已有文献对中国和美国 3D 打印领域专利申请情况进行了分析和比较，陈军和张韵君（2015）基于专利地图，从专利类型及时间序列，专利权人及所属技术领域，技术生命周期，专利组合，专利授权，法律状态等方面对中国 3D 打印技术进行分析。袁梦（2016）利用中美 3D 打印技术专利申请数据，从申请年度分布、区域分布、主要申请人、技术构成等方面对该领域的专利技术发展状况进行分析。刘鑫等（2015）对中美两国 3D 打印专利的发展态势、专利权人、高强度专利和研究前沿热点等进行比较研究和可视化分析。创新合作已成为推动创新驱动发展的加速器，创新合作网络的特点可以反映知识流动的特点和范围。目前尚缺乏从创新合作网络的视角对中美 3D 打印技术开展对比研究。本节基于专利数据，分析中国和美国 3D 打印技术领域技术发展趋势与应用领域情况，利用社会网络分析法，从专利权人和发明人两个维度对创新合作网络的分布结构和特点进行比较研究，以期为我国在 3D 打印技术领域的技术创新趋势研判和创新合作等方面提供情报支持与决策参考。

4.6.1 数据来源与分析方法

本节研究使用的专利数据来源于 Questel 公司的 Orbit 全球专利数据检索平台，使用授权的发明专利作为分析 3D 打印技术领域创新与合作的数据基础。根据 3D 打印技术的定义和技术特点，确定检索使用的关键词为：增材制造 or Additive Manufacturing or 3D 打印 or（三维 and 打印）or 3D print* or Three dimensional print* or 3 dimensional print* or Selective Laser Melting or Laser Powder Forming or Direct Metal Deposition or Stereolithography or Laser direct Manufacture or Laser engineered net shaping or Fused Deposition Modeling or Electron Beam Melting or Wire Arc Additive Manufacturing or Selective Laser Sintering or Laser cladding forming or（（SLM or LPF or DMD or SLA or LDM or LENS or FDM or EBM or WAAM or SLS or LCF）and（printing or manufacturing））or 激光选区熔化 or 激光粉末成型 or 激光粉末成形 or 直接金属沉积 or 光固化成型 or 光固化成形 or 激光直接制造 or 激光工程化净成形 or 激光近净成型 or 激光近净成形 or 激光近形制造 or 熔融沉积造型 or 电子束熔化成型 or 电子束熔化成形 or 电弧增材制造 or 选择性激光烧结 or 激光熔覆成形 or 激光熔覆成型。检索的时间跨度为 2001～2018 年，检索时间为 2019 年 4 月。通过名称和摘要的方式进行检索，经过数据清洗后得到中国国家知识产权局和美国专利商标局在 3D 打印技术领域授权的发明专利数量分别为 6484 件和 4500 件。专利权人在中国国家知识产权局和美国专利商标局中申请的 3D 打印技术专利可以表示其在中国和美国市场上的技术创新和研发布局，也可以代表其对中美市场的重视程度。

本节使用的分析方法为世界知识产权组织技术领域划分法和社会网络分析法。世界知识产权组织将所有的专利技术发明归类到 35 个技术领域，如半导体、特殊机械、光学、材料与冶金、医学技术等，并建立了每个技术领域与国际专利分类的对照表（Schmoch，2008）。与通常使用国际专利分类代码进行技术领域比较不同的是，世界知识产权组织技术领域划分法更加系统，也更适合进行不同国家间创新活动的比较。依据 3D 打印专利的国际专利分类代码将这些专利分别归类到 35 个技术领域，根据这 35 个技术领域对中国和美国 3D 打印技术应用领域进行统计分析，可以了解中美在 3D 打印技术应用领域的差异。社会网络分析法是对社会关系结构及其属性加以分析的一套规范和方法，主要分析不同社会单位所构成的关系的结构及其属性（林聚任，2009）。社会网络分析能够用于检测子群，发现子群的交互模式，识别中心个体，揭示网络组织和结构（Chen and Roco，2009）。利用社会网络分析法，可以展现中美 3D 打印技术领域专利权人合作网络分布和发明人合作网络分布情况。

4.6.2　中美 3D 打印技术创新发展趋势与应用领域分布

从图 4-21 中的中国和美国 3D 打印专利授权量趋势来看，美国 2001～2014 年的专利授权量保持稳定，126～297 件专利，2015～2018 年增幅较大，授权专利从 336 件增长到 643 件；中国早期 3D 打印技术专利授权量极少，2001～2007 年的专利授权数量都在 100 件以下，2008～2014 年不断增长，2015～2018 年则突飞猛进，专利授权量从 576 件增长到 1713 件，年均增长率为 43.8%。美国早期（2001～2008 年）的 3D 打印技术专利授权量明显高于中国，中国从 2009 年以后 3D 打印技术专利授权量才开始逐渐增多，2015～2018 年的专利授权量大大超过美国。

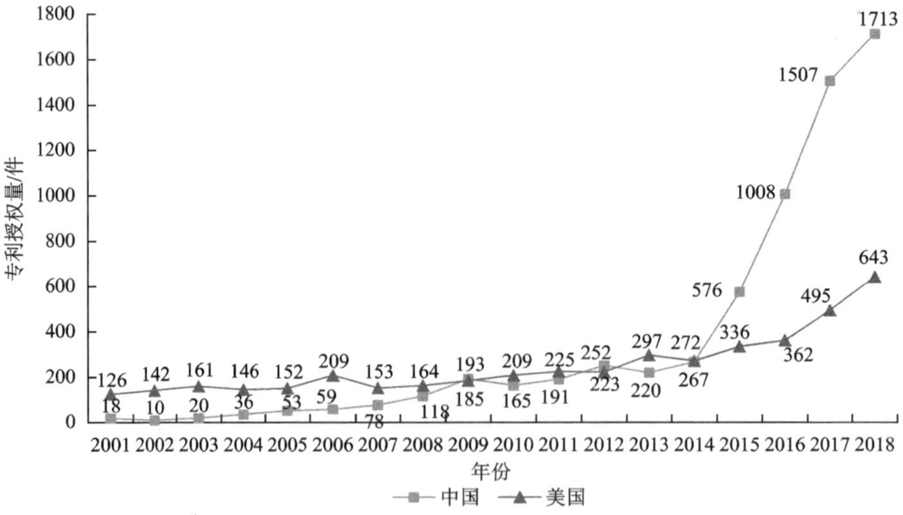

图 4-21　中美 3D 打印专利授权量趋势

根据世界知识产权组织技术领域划分法对 3D 打印的发明技术领域分布进行分析，可以了解 3D 打印技术的应用领域情况。中国和美国 3D 打印技术应用领域的专利数量分布见本书附表 6 和附表 7。图 4-22 和图 4-23 分别是中国和美国 3D 打印前十个技术应用领域的专利数量分布。中国 3D 打印技术的应用领域主要集中在特殊机械、光学和材料与冶金等方面；美国 3D 打印技术的应用领域主要集中在光学、特殊机械和半导体等方面。比较来看，美国在光学、半导体和视听技术、机床等领域的专利申请高于中国，中国在特殊机械、材料与冶金、医学技术等方面的应用具有显著优势。

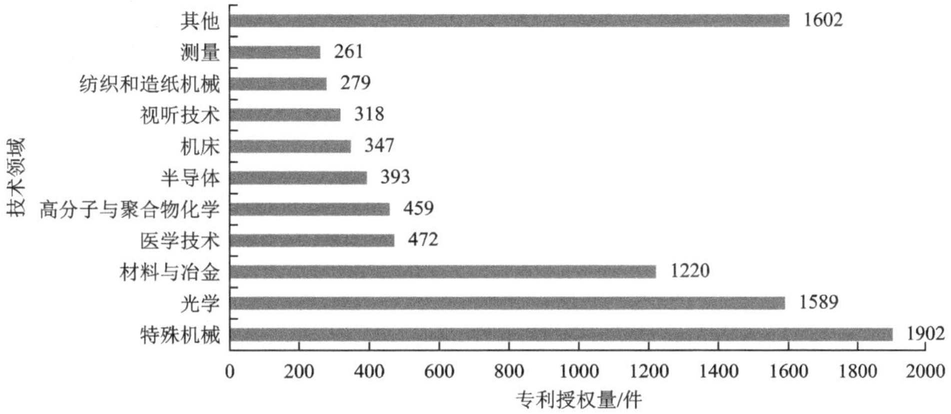

图 4-22 中国 3D 打印技术应用领域分布

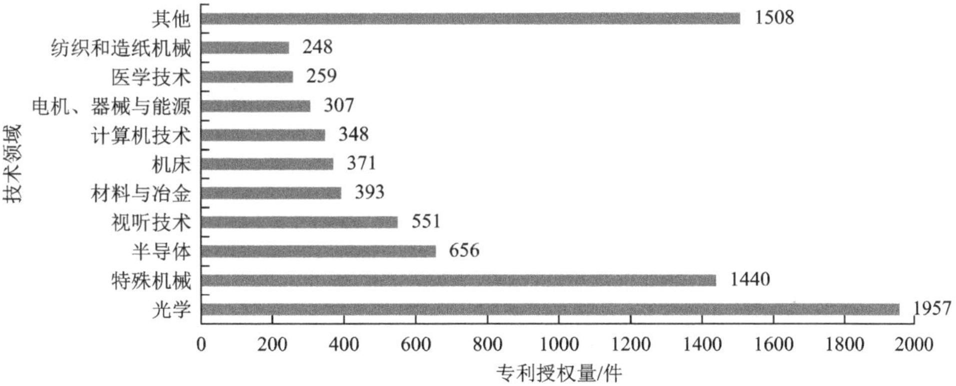

图 4-23 美国 3D 打印技术应用领域分布

图 4-24 和图 4-25 是中国和美国 3D 打印技术领域在 2001～2017 年的重点技术主题及其演变趋势。2001～2007 年，中国 3D 打印技术领域的专利授权非常少，相对应的技术主题也不明显。2008～2014 年，专利授权量比较多的两个技术主题

是电器元件（镜头、摄像机、传感器、图像）和电子元件（电极、二极管、电路、芯片）。2015 年到 2017 年，3D 打印相关的专利授权迅猛增长，其中增长最快的三个主题是打印机硬件设备（打印机、喷嘴、电机、盘）、打印材料（金属、陶瓷、复合材料）和数据处理（计算机、数据、扫描、加工），其次分别是加工工艺（接触、固化、制备）、设备附件（盘、基座、导轨、外壳）、电器元件（镜头、摄像机、传感器、图像）、电子元件（电极、二极管、电路、芯片）和加工工艺（机加工、熔化、焊接）。

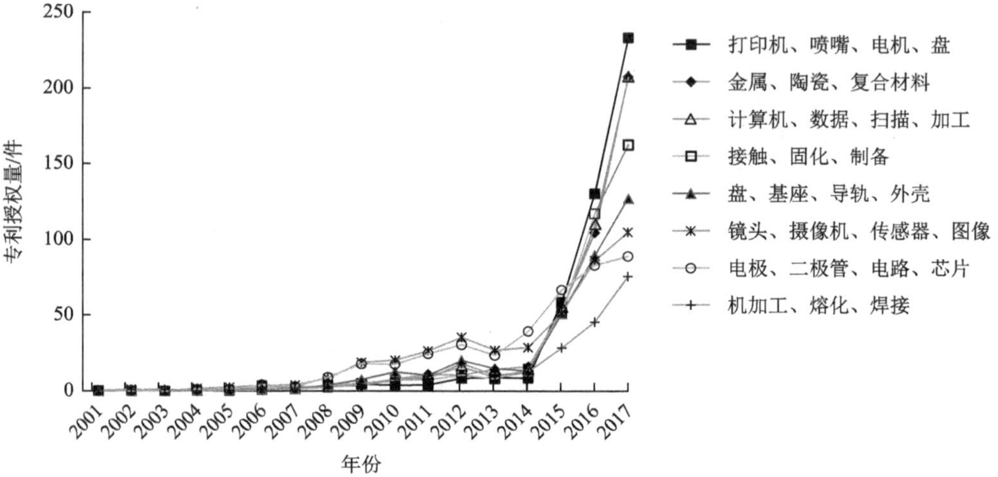

图 4-24　中国 3D 打印重点技术主题及其演变趋势

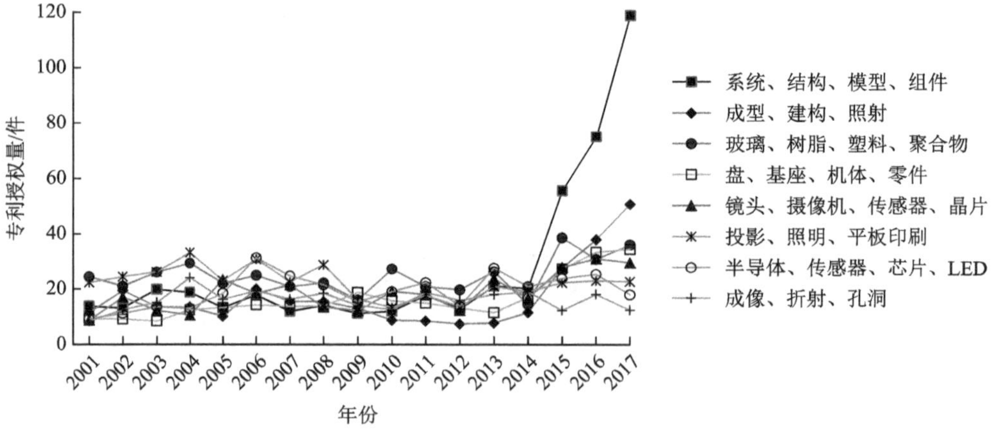

图 4-25　美国 3D 打印重点技术主题及其演变趋势

2001～2014 年，美国 3D 打印技术相关的专利授权量相对稳定，多个技术主题交替成为研究的热点。2015～2017 年，专利授权量增长较多，其中有关 3D 打印技术系统和结构（系统、结构、模型、组件）主题的专利授权增长最为突出，远超其他技术主题。其次增长较快的技术主题是 3D 打印的成型工艺（成型、建构、照射），而其他主题的专利授权呈现小幅增长或小幅波动的趋势。

就中国和美国的重点技术主题对比来看，相同点是都包含 3D 打印技术的打印材料、电器元件和加工工艺等主题；不同点是中国的技术主题较多涉及硬件设备方面，而美国的技术主题较多涉及图像处理方面。另外，在电器元件主题中，美国明确包含了半导体技术，而中国则不显著；在打印材料方面，材料开发的重点有所不同，中国偏向于金属和陶瓷等，美国则为玻璃、树脂和塑料等。

4.6.3 中美 3D 打印技术领域专利权人合作网络

表 4-23 和表 4-24 分别为中国和美国 3D 打印技术领域专利授权量排名前十位的专利权人。在中国国家知识产权局的 3D 打印专利申请中，排名前十位的专利权人中有 8 家来自中国，2 家来自日本。来自中国的 8 家专利权人有 7 家高校院所和 1 家公司，来自日本的 2 家专利权人则都是公司。在美国专利商标局的 3D 打印专利申请中，排名前十位的专利权人都是公司，其中有 6 家来自日本，2 家来自美国，另外 2 家分别来自韩国和荷兰。可以看出，我国在 3D 打印技术领域的重要专利权人主要来自高校或科研院所，说明高校院所依然是我国 3D 打印技术领域的主要创新力量。而美国、日本等国家在 3D 打印技术领域的重要创新主体都是公司。相比高校院所而言，公司的技术创新更能适应市场的需求。另外，中国和美国重要专利权人中分别有 2 家、6 家日本公司，说明日本公司很重视在中国和美国 3D 打印市场上的专利布局。

表 4-23 中国国家知识产权局专利授权量排名前十的专利权人

排名	专利权人	所属国家	专利数量/件
1	中国科学院	中国	211
2	西安交通大学	中国	166
3	尼康	日本	100
4	华中科技大学	中国	94
5	浙江大学	中国	71
6	华南理工大学	中国	65
7	豪雅	日本	64
8	大连理工大学	中国	56
9	鸿海精密工业股份有限公司	中国	55
10	北京工业大学	中国	54

表 4-24　美国专利商标局专利授权量排名前十的专利权人

排名	专利权人	所属国家	专利数量/件
1	尼康	日本	157
2	Stratasys	美国	103
3	佳能	日本	97
4	爱普生	日本	84
5	三星电子有限公司	韩国	84
6	3D Systems	美国	83
7	索尼	日本	80
8	富士胶片	日本	74
9	豪雅	日本	66
10	Asml Netherlands	荷兰	63

在 3D 打印技术领域创新合作研发的专利权人通常会作为共同申请人一起申请专利，通过对专利权人共现关系的可视化，可以建立这些专利权人的合作网络图谱。专利权人合作网络的分布特点可以展现技术知识分享和信息扩散的强弱（Carnabuci and Operti，2013）。在 3D 打印机构合作网络中，节点表示共同申请专利的专利权人，边表示专利权人间的合作关系。中国和美国 3D 打印的专利权人合作网络参数如表 4-25 所示，图 4-26 和图 4-27 分别为中国和美国专利权人的合作网络图谱。

表 4-25　中美 3D 打印专利权人合作网络参数

参数	中国专利权人	美国专利权人
总节点（专利权人）	2624	1448
孤点（无合作关系）	2119	913
合作网络节点	505	535
节点的合作比例（合作网络节点/总节点）	19.2%	36.9%
边（合作关系）	438	904
平均度	0.33	1.25
合作最大值	53	45
合作网络数量	2308	1078
包含 3 个节点以上的网络数量	40	69
最大网络包含节点数	23	28

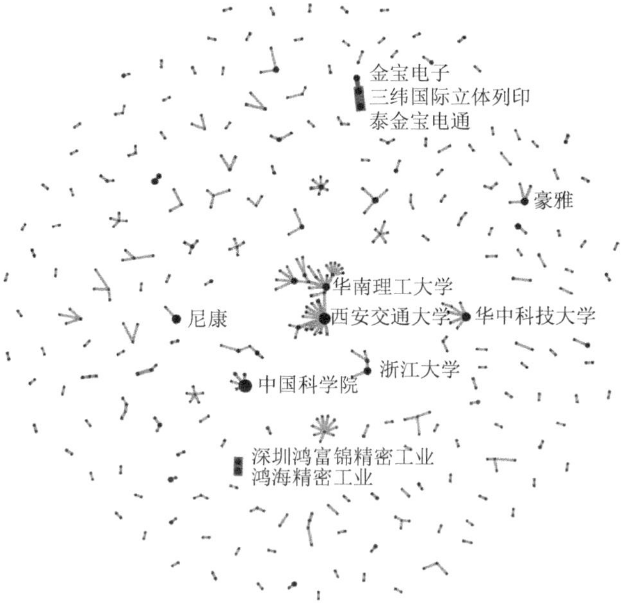

图 4-26 中国 3D 打印专利权人合作网络图谱

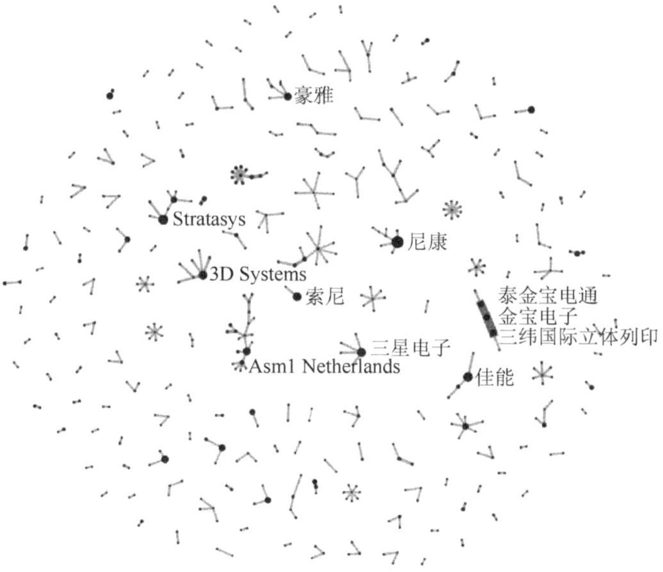

图 4-27 美国 3D 打印专利权人合作网络图谱

从表 4-25、图 4-26 和图 4-27 可以发现如下内容。

（1）从节点总数和节点的合作比例来看，虽然美国 3D 打印专利权人总数

（1448）远低于中国3D打印专利权人总数（2624），但是美国3D打印专利权人中参与网络合作的比例（36.9%）是中国3D打印专利权人中参与网络合作比例（19.2%）的接近2倍。从平均度的数值来看，美国专利权人合作网络平均度（1.25）远大于中国专利权人合作网络平均度（0.33）。度表示通过节点的边的数值，平均度表示通过每个节点的边的平均值，平均度越大，说明节点所代表的专利权人间的合作关系数量更多，合作关系越广泛。根据节点间合作比例和平均度可以看出，在3D打印技术领域，相比中国专利权人，美国专利权人间的知识分享范围更广泛，信息扩散能力更强。

（2）从边的数值来看，美国3D打印专利权人合作网络的边的总数（904）是中国专利权人合作网络的边的总数（438）的2倍多。从孤点的数值来看，美国专利权人的孤点数量（913）比中国专利权人的孤点数量（2119）更少。从最大网络包含节点数来看，美国专利权人最大网络包含节点数（28）略大于中国专利权人的最大网络包含节点数（23）。这些都说明，相比于中国专利权人，美国3D打印合作网络中的专利权人合作更加普遍。

（3）在中国3D打印专利权人合作网络中，3个以上的合作网络数量有40个，最大的专利权人合作网络是以西安交通大学和华南理工大学为中心的合作网络。首先，网络合作最大值为53，是中国台湾地区的三纬国际立体列印科技股份有限公司、金宝电子工业股份有限公司和泰金宝电通股份有限公司间的合作。其次是鸿海精密工业股份有限公司与鸿富锦精密工业（深圳）有限公司（母公司与子公司）间的合作研发，合作的数量值是52。在美国3D打印专利权人合作网络中，3个以上的合作网络数量有70个，最大的合作网络数量是以Asml Netherlands为中心的合作网络。网络合作最大值是45，同样是三纬国际立体列印科技股份有限公司、金宝电子工业股份有限公司和泰金宝电通股份有限公司间的合作。网络合作数值表示节点间的边值，数值越大说明该边所代表的机构间的合作关系越密切。

4.6.4 中美3D打印技术领域发明人合作网络

表4-26和表4-27分别为中国和美国3D打印技术领域专利授权量排名前十位的发明人及其所属机构。在中国国家知识产权局的3D打印专利申请中，排名前十位的发明人全部来自中国的高校院所，有两位来自西安交通大学，七位来自中国科学院，一位来自华中科技大学。在美国专利商标局的3D打印专利申请中，排名前十位的发明人中有一位来自日本的公司，其他九位发明人都来自美国的公司。

表 4-26　中国国家知识产权局专利授权量排名前十的发明人

排名	发明人	所属机构	专利数量/件
1	李涤尘	西安交通大学	114
2	林学春	中国科学院	55
3	董金勇	中国科学院	53
4	李春成	中国科学院	53
5	马永梅	中国科学院	53
6	孙文华	中国科学院	53
7	符文鑫	中国科学院	50
8	史玉升	华中科技大学	44
9	卢秉恒	西安交通大学	43
10	徐坚	中国科学院	38

表 4-27　美国专利商标局专利授权量排名前十的发明人

排名	发明人	所属机构	专利数量/件
1	Koichiro Tanaka	Semiconductor Energy Laboratory（日本）	40
2	William J. Swanson	Stratasys	35
3	Samuel Batchelder J.	Stratasys	33
4	Kevin C. Johnson	Stratasys	22
5	Gregory Thomas Mark	Markforged	19
6	Benyamin Buller	Velo3d	18
7	Warren M. Farnworth	Micron Technology	17
8	Nathaniel B. Pettis	Makerbot Industries	16
9	William B. Buel	Makerbot Industries	16
10	Dominic F. Mannella	Stratasys	16

以专利发明人的共现数据为基础，利用社会网络分析法，可以以可视化的形式展示和描绘发明家合作网络的结构与特点。在 3D 打印专利发明人合作网络中，节点表示专利发明人，边表示发明人间的合作关系。合作网络参数如表 4-28 所示，图 4-28 为中国 3D 打印发明人合作网络中的最大网络，图 4-29 为美国 3D 打印发明人合作网络中前五个最大的网络。

表 4-28　3D 打印专利发明人合作网络参数

参数	中国国家知识产权局专利发明人	美国专利商标局专利发明人
节点（发明人）	13 360	7 339
孤点（无合作关系）	1 011	788

续表

参数	中国国家知识产权局专利发明人	美国专利商标局专利发明人
合作网络节点	12 349	6 551
节点的合作比例（合作网络节点/总节点）	92.4%	89.2%
边（合作关系）	34 269	12 031
平均度	5.13	3.28
网络合作最大值	53	21
合作网络数量	2 504	2 285
最大网络包含节点数	6 483	72

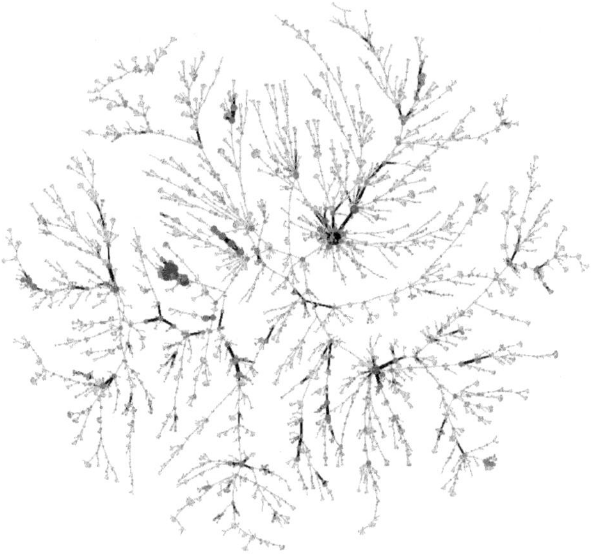

图 4-28　中国 3D 打印发明人合作网络

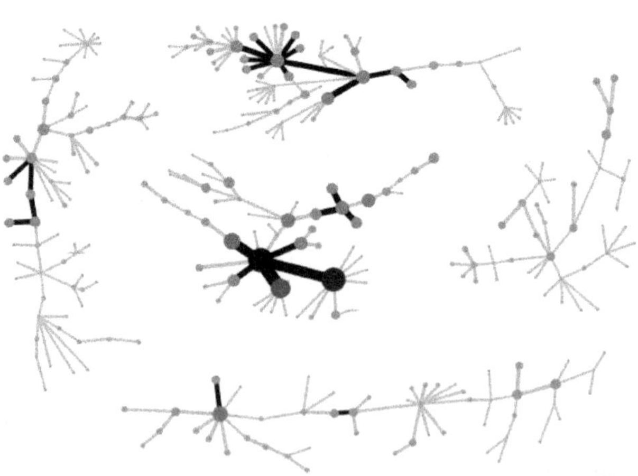

图 4-29　美国 3D 打印发明人合作网络

从表 4-28、图 4-28 和图 4-29 可以发现如下内容。

（1）从节点的合作比例来看，中国和美国 3D 打印专利发明人参与合作的比例都比较高，分别是 92.4%和 89.2%。这说明中国和美国 3D 打印技术专利发明人参与创新合作的情况都比较普遍。

（2）从平均度的数值来看，中国 3D 打印专利发明人合作网络平均度（5.13）大于美国专利发明人合作网络平均度（3.28）。从网络合作最大值来看，中国专利发明人的网络合作最大值（53）比美国专利发明人的网络合作最大值（21）更大。这些都说明中国专利发明人间的合作关系更密切。

（3）从最大网络包含节点数来看，中国专利发明人最大网络包含节点数（6483）远远超过美国专利发明人最大网络包含节点数（72）。美国专利发明人合作网络中前 5 个最大的网络所包含节点数量在 44～72，网络结构呈现出更多的小网络特点，如图 4-29 所示。这是与中美专利发明人所属机构的类型密切相关的，中国专利发明人更多地来自高校院所，美国专利发明人更多地来自公司或企业，高校院所之间的合作通常比较普遍，但是公司或企业间的合作则相对少得多，所以美国专利发明人之间合作处于较小的网络范围内。

4.6.5　主要结论与启示

本节基于中国和美国 3D 打印技术发明专利数据，利用世界知识产权组织技术领域划分法和社会网络分析法，对中美 3D 打印技术创新发展趋势和应用领域分布、专利权人合作网络和发明人合作网络分布进行比较研究。基于中美在 3D 打印技术领域创新与合作方面的差异，借鉴和参考美国在 3D 打印技术领域技术创新与合作发展的特点，提出推动我国 3D 打印技术领域创新与合作发展的政策建议与启示。

（1）建立 3D 打印技术创新引导机制。美国的 3D 打印技术创新开始较早，并且保持持续稳定的增长，中国的 3D 打印技术创新能力在近年增长迅猛，展现了良好的发展态势。中美 3D 打印技术都主要集中在特殊机械和光学等领域，但是也存在一些差异，美国在光学、半导体和视听技术领域的专利申请高于中国，中国则在材料与冶金方面的应用具有显著优势。中国的 3D 打印技术在半导体等领域的应用与美国存在较大差距。3D 打印技术的发展需要关注与国家需求和重大科学问题紧密相关的研究领域。为此，可以通过建立 3D 打印技术创新研究方向引导机制，引导专利申请人在国家战略需求的技术应用领域从事 3D 打印技术的研发和创新，如半导体等关键核心技术领域，从而形成对国家战略性新兴产业发展和传统产业转型升级的支撑。

（2）推动企业成为 3D 打印技术创新主体。从 3D 打印技术重要创新主体的类型来看，美国以公司为主，中国以高校院所为主。美国 3D 打印市场上的重要创新主体包括 3D Systems、Stratasys 等公司；而中国的重要创新主体则是中国科学院、西安交通大学和华中科技大学等高校院所。尼康、豪雅等日本公司很重视在中国和美国 3D 打印市场上的专利布局。创新主体类型的不同可以反映市场需求导向在研发创新阶段的差异。美国在 3D 打印技术领域以公司为创新主体，说明研发创新阶段以市场需求为创新导向，其创新产品直接就可以转化为市场收益。高等院校是我国 3D 打印技术领域的主要创新实体，说明我国 3D 打印技术创新系统缺乏规模企业的广泛参与，直接表现为 3D 打印技术创新不能迅速实现技术市场化和产业化。

3D 打印技术作为发展智能制造的重要方向和关注热点，我国亟须提高创新主体的创新能力尤其是直接能与市场对接的企业的创新效率。推动企业成为市场创新的主体，可以通过完善企业创新机制和环境，为企业从事 3D 打印技术领域创新提供良好的政策环境和市场环境，增强企业作为创新主体在 3D 打印技术领域的创新参与度，推动规模企业广泛参与 3D 打印技术的市场化和产业化进程等。

（3）增强技术创新和产业应用创新的合作对接与融合。从专利权人参与网络合作的比例来看，美国 3D 打印技术领域创新合作网络中的创新主体参与者比例高于中国，同时美国 3D 打印技术领域创新合作网络中包含三个节点以上的网络数量也高于中国，说明美国 3D 打印市场上创新主体间的信息传播和知识分享的范围更广泛。中国专利发明人最大网络包含节点数远远超过美国专利发明人最大网络包含节点数，美国专利发明人合作网络结构呈现出更多的小网络特点，这与中美专利发明人所属机构的类型差异密切相关。

建立企业和高校院所的协同创新网络和机制，以科技创新推动产业转型升级，以产业应用引导应用基础研究和技术创新的方向，有效实现科技创新和产业应用的深度融合。鼓励更多的创新主体尤其是企业参与 3D 打印技术领域的合作创新，推动产学研合作的范围和信息传播的广度。支持企业牵头成立创新联合体或创新联盟，推进产学研用一体化，以实际的市场应用引导和推动高校院所的研发创新。

4.7 本章小结

本章主要内容包括：①分析云计算技术在知识产权信息服务与数据分析中的应用；②基于中国国家知识产权局和美国专利商标局的发明专利授权数据，比较 2001～2017 年中国和美国的纳米技术发展全景图，内容包括中国和美国纳米技术专利趋势变化、纳米专利技术主题差异、纳米技术国内外市场的主要竞争者及竞争者合作模式等；③以技术发明人申请的专利数据为基础，利用专利分析的方法，以可视化的形式，对中国和美国纳米技术领域的人才地域分布、机构分布、重要发明人及其专利申请趋势和技术领域进行了比较研究；④以技术发明人申请的专利数据为基础，构建云计算技术领域人才分布研究的框架，对全球云计算技术领域的人才区域分布、机构分布、创新效率、重要发明人及其专利申请趋势和技术领域进行研究；⑤以2002～2016年的学术文献和专利两种数据源为基础，利用社会网络分析法从论文作者所属机构与专利权人、作者与发明人、学科与技术领域等多维视角，对全球云计算基础研究与应用研究的创新合作网络进行数据挖掘和对比分析；⑥以中美3D打印技术领域的发明专利数据为基础，基于世界知识产权组织技术领域划分法和社会网络分析法，从技术创新发展趋势和应用领域分布、专利权人合作网络和发明人合作网络等多维视角对中美3D打印技术创新与合作状况进行比较研究。在大数据分析的基础上，提出企业和高校院所在专利申请方面的布局策略，提出中国在新兴产业技术创新、产业发展、产教融合和技术产业化等方面的建议。

参考文献

敖翔，谢虹霞. 2016. 专利大数据发展路径研究[J]. 中国发明与专利，（5）：14-16.

陈军，张韵君. 2015. 基于专利地图的中国3D打印技术发展研究[J]. 中国科技论坛，（11）：34-40.

陈文婕，曾德明. 2019. 低碳技术合作创新网络中的多维邻近性演化[J]. 科研管理，40（3）：30-40.

陈欣. 2019. “一带一路”沿线国家科技合作网络比较研究[J]. 科研管理，40（7）：22-32.

陈燕，黄迎燕，方建国，等. 2014. 专利信息采集与分析[M]. 2版. 北京：清华大学出版社.

邓鹏. 2014. 大数据时代专利分析服务的机遇与挑战[J]. 中国发明与专利，（2）：29-31.

董坤，吴红. 2014. 基于论文-专利整合的3D打印技术研究热点分析[J]. 情报杂志，33（11）：73-76，61.

方曙. 2007. 基于专利信息分析的技术创新能力研究[D]. 西安：西安交通大学博士学位论文.

国家知识产权局. 2015.全国专利信息公共服务指南[EB/OL]. https://www.cnipa.gov.cn/art/2015/1/20/art_67_28454.html[2015-01-20].

国务院. 2016.“十三五”国家战略性新兴产业发展规划[EB/OL]. http://www.gov.cn/zhengce/content/2016-12/19/content_5150090.htm[2016-12-19].

韩晓彤，刘燕新，任智军，等. 2018. 基于专利挖掘的技术竞争对手研发方向识别[J]. 科学学与科学技术管理，39（2）：23-32.

姜怀宇，徐效坡，李铁立. 2005. 1990年代以来中国人才分布的空间变动分析[J]. 经济地理，25（5）：702-706.

李国俊，刘恩涛，邱小花，等. 2014. 国外图书馆学情报学知识图谱研究——基于Sci2的文献引文耦合分析[J]. 情报杂志，33（1）：78-90，151.

李淑燕，孙锐. 2016. 国外开放式创新研究学术群探析——基于作者共被引分析[J]. 科研管理，37（5）：10-18.

林聚任.2009. 社会网络分析：理论、方法与应用[M]. 北京：北京师范大学出版社.

刘鑫，余翔，张奔. 2015. 中美3D打印技术专利比较与产业发展对策研究[J]. 情报杂志，34（5）：41-46，10.

刘云，蒋海军，樊威，等. 2015. 纳米科技国际合作创新网络结构与演化特征研究[J]. 科研管理，36（2）：641-649.

吕民乐，王丹丹. 2016. 基于创新合作网络的我国省际间知识流动研究[J]. 工业技术经济，（7）：154-160.

邱小花，李国俊，肖明. 2013. Sci2——一款新的知识图谱分析软件介绍与评价[J]. 图书馆杂志，32（9）：79-87.

权雯雯，张芸芸. 2014. 从专利视角看3D打印技术的发展[J]. 中国发明与专利，（5）：10-11.

阮平南，顾春柳. 2017. 技术创新合作网络知识流动的微观作用路径分析[J]. 科技进步与对策，34（17）：22-27.

沈雪石，刘长利，吴集，等. 2013. 近 10 年来《技术评论》十大新兴技术解读[J]. 科技进步与对策，30（1）：155-160.

王博，刘盛博，丁堃，等. 2015. 基于 LDA 主题模型的专利内容分析方法[J]. 科研管理，36（3）：111-117.

王鹏，张淑贤. 2016. 产学研创新合作网络的社会资本结构维度研究[J]. 中国科技论坛，（7）：16-22.

王庆波，金漳，何乐，等. 2011. 虚拟化与云计算[M]. 北京：电子工业出版社.

王曰芬，徐丹丹，李飞. 2008. 专利信息内容挖掘及其实验研究[J]. 现代图书情报技术，（12）：59-65.

魏瑞斌. 2012. 科学计量学领域科研机构合作网络演化分析[J]. 情报杂志，31（12）：40-45.

吴翌琳，吴洁琼. 2017. 中国科技创新合作网络研究[J]. 统计研究，34（5）：94-101.

肖沪卫. 2011. 专利地图方法与应用[M]. 上海：上海交通大学出版社.

许冠南，谢梦娇，潘美娟，等. 2016. 3D 打印产业技术的演变与预测研究——基于专利主路径分析[J]. 北京邮电大学学报（社会科学版），18（4）：77-85.

尹林. 2015. 大数据与云计算的关系探讨[J]. 通信与信息技术，（9）：50-52，92.

余国忠，方圆圆. 2014. 我国人才分布现状及主要影响因素[J]. 信阳师范学院学报（自然科学版），27（2）：204-207.

袁梦. 2016. 3D 打印技术中美专利申请状况对比分析[J]. 中国发明与专利，（6）：50-54.

张诚，朱东华，汪雪锋. 2006. 集成电路封装技术中国专利数据分析研究[J]. 现代情报，（9）：160-166.

张鼐，刘玉梅，艾华，等. 2015. 基于专利的技术机会分析方法与应用研究[J]. 现代情报，35（10）：104-106.

张伟兵，刘林，李贵宝. 2011. 我国现代水利人才分布及背景[J]. 水利发展研究，（4）：71-74.

张旭，雷孝平，刘润生，等. 2011. 中德风电技术专利比较研究[J]. 情报杂志，30（5）：18-22.

赵文银. 2016. 云计算是实现国家战略性新兴产业发展规划的关键[EB/OL]. http://column.iresearch.cn/b/201208/607184.shtml[2016-09-28].

Bae S H，Kim J，Shin K M，et al. 2017. Comparative analysis of co-authorship and keyword network for nanotechnology：carbon nanomaterials field[J]. Journal of The Korean Society of Manufacturing Technology Engineers，26：172-184.

Barabási A L. 2016. Network Science[M]. Cambridge：Cambridge University Press.

Blei D M，Edu B B，Ng A Y，et al. 2003. Latent dirichlet allocation[J]. Journal of Machine Learning Research，3：993-1022.

Breitzman F A，Mogee E M. 2002. The many applications of patent analysis[J]. Journal of Information Science，28（3）：187-205.

Brin S，Page L. 1998. The anatomy of a large-scale hypertextual Web search engine[J]. Computer Networks and ISDN Systems，30：107-117.

Carnabuci G，Operti E. 2013. Where do firms' recombinant capabilities come from? Intraorganizational networks，knowledge，and firms' ability to innovate through technological recombination[J]. Strategic Management Journal，34（13）：1591-1613.

Chan J，Pun N，Selden M. 2013. The politics of global production：Apple，Foxconn and China's new working class[J]. New Technology，Work and Employment，28：100-115.

Chan J. 2017. Robots，not humans：official policy in China[EB/OL]. https://newint.org/features/2017/11/01/industrial-robots-china[2017-11-01].

Chen H，Roco M C. 2009. Mapping Nanotechnology Innovations and Knowledge：Global and Longitudinal Patent and Literature Analysis[M]. New York：Springer.

Chen H，Roco M C，Li X，et al. 2008. Trends in nanotechnology patents[J]. Nature Nanotechnology，3：123-125.

Chen H，Roco M C，Son J，et al. 2013. Global nanotechnology development from 1991 to 2012：patents，scientific publications，and effect of NSF funding[J]. Journal of Nanoparticle Research，15：1951.

Committee on Triennial Review of the National Nanotechnology Initiative，National Materials and Manufacturing Board，Division of Engineering and Physical Sciences. 2016. Triennial Review of the National Nanotechnology Initiative[M]. Washington：National.

Crane D. 1972. Invisible Colleges：Diffusion of Knowledge in Scientific Communities[M]. Chicago：University of Chicago Press.

Dang Y，Zhang Y，Fan L，et al. 2010. Trends in worldwide nanotechnology patent applications：1991 to 2008[J]. Journal of Nanoparticle Research，12：687-706.

Dara A，Sangamwar A T. 2014. Clearing the fog of anticancer patents from 1993-2013：through an in-depth technology landscape & target analysis from pioneer research institutes and universities worldwide[J]. PLoS One，9：e103847.

Dong H，Gao Y，Sinko P J，et al. 2016. The nanotechnology race between China and the United States[J]. Nano Today，11：7-12.

Flynn H，Hwang D，Holman M. 2013. Nanotechnology Update：Corporations Up their Spending as Revenues for Nano-enabled Products Increase[M]. Boston：LuxResearch Inc.

Gao Y，Jin B，Shen W，et al. 2016. China and the United States—global partners，competitors and collaborators in nanotechnology development[J]. Nanomedicine：Nanotechnology，Biology and Medicine，12：13-19.

Glaeser L E，Scheinkman A J，Shleifer A. 1995. Economic growth in a cross-section of cities[J]. Journal of Monetary Economics，36：117-144.

Gong H，Peng S. 2018. Effects of patent policy on innovation outputs and commercialization：evidence from universities in China[J]. Scientometrics，117（2）：687-703.

Govindarajan U H，Trappey A J C，Trappey C V. 2018. Immersive technology for human-centric cyberphysical systems in complex manufacturing processes：a comprehensive overview of the global patent profile using collective intelligence[J]. Complexity，2018：1-17.

Guan J C，Gao X. 2009. Exploring the h-index at patent level[J]. Journal of the American Society of Information Science and Technology，60（1）：35-40.

Huang M H，Chiang L Y，Chen D Z. 2003. Constructing a patent citation map using bibliographic coupling：a study of Taiwan's high-tech companies[J]. Scientometrics，58（3）：489-506.

Jacobs J. 1969. The Death and Life of Great American Cities[M]. New York：Random House.

Kendrick I，Bos A，Chen S. 2015. Nanotechnology update：U.S. leads in government spending amidst increased spending across Asia[R]. Boston：LuxResearch Inc.

Kong X，Hu Y，Cai Z，et al. 2015. Dendritic-cell-based technology landscape：insights from patents and citation networks[J]. Human Vaccines & Immunotherapeutics，11：682-688.

Lee C，Kang B，Shin J. 2014. Novelty-focused patent mapping for technology opportunity analysis [J]. Technological Forecasting & Social Change，45（1）：3865-3876.

Li X，Lin Y，Chen H，et al. 2007. Worldwide nanotechnology development：a comparative study of USPTO，EPO，and JPO patents（1976-2004）[J]. Journal of Nanoparticle Research，9：977-1002.

Liu N，Guan J. 2016. Policy and innovation：nanoenergy technology in the USA and China[J]. Energy Policy，91：220-232.

Liu X，Jiang S，Chen H，et al. 2015. Modeling knowledge diffusion in scientific innovation networks：an institutional comparison between China and US with illustration for nanotechnology[J]. Scientometrics，105：1953-1984.

Liu X，Zhang P，Li X，et al. 2009. Trends for nanotechnology development in China，Russia，and India[J]. Journal of Nanoparticle Research，11：1845-1866.

Mell P，Grance T. 2011. The NIST definition of cloud computing[R]. National Institute of Standards and Technology

Special Publication.

Morrison W M. 2018. China-U.S. trade issues[EB/OL]. https://fas.org/sgp/crs/row/RL33536.pdf[2018-01-01].

Narin F. 1995. Patents as indicators for the evaluation of industrial research output[J]. Scientometrics，34（3）：489-496.

Narin F. 2000. Tech-line Background Paper[EB/OL]. https://www.researchgate.net/publication/228748910_Tech-line_Background_Paper/link/0f317536b18227a6b9000000/download[2000-05-15].

Roco M C. 2005. International perspective on government nanotechnology funding in 2005[J]. Journal of Nanoparticle Research，7：707-712.

Roco M C. 2011. The long view of nanotechnology development：the National Nanotechnology Initiative at 10 years[J]. Journal of Nanoparticle Research，13：427-445.

Schmoch U. 2008. Concept of a technology classification for country comparisons[R]. Karlsruhe：Final report to the World Intellectual Property Organisation.

Sci2 Team. 2009. Science of Science（Sci2）Tool[EB/OL]. https://sci2.cns.iu.edu[2013-12-04].

Suominen A，Li Y，Youtie J，et al. 2016. A bibliometric analysis of the development of next generation active nanotechnologies[J]. Journal of Nanoparticle Research，18：270.

Tang L，Shapira P. 2011. China-US scientific collaboration in nanotechnology：patterns and dynamics[J]. Scientometrics，88：1-16.

Vincent C L，Singh V，Chakraborty K，et al. 2017. Patent data mining in fisheries sector：an analysis using Questel-Orbit and Espacenet[J]. World Patent Information，51：22-30.

Wang B，Liu S，Ding K，et al. 2014. Identifying technological topics and institution-topic distribution probability for patent competitive intelligence analysis：a case study in LTE technology[J]. Scientometrics，101：685-704.

World Intellectual Property Organization（WIPO）. 2016. The Global Innovation Index 2016[EB/OL]. http://www.wipo.int/edocs/pubdocs/en/wipo_pub_gii_2016.pdf[2016-08-20].

Zhang G P，Duan H B，Wang S Y，et al. 2018. Comparative technological advantages between China and developed areas in respect of energy production：quantitative and qualitative measurements based on patents[J]. Energy，162：1223-1233.

Zhao Y L，Song Y L，Song W G，et al. 2014. Progress of nanoscience in China[J]. Frontiers of Physics，9：257-288.

Zheng J，Zhao Z，Zhang X，et al. 2014. International collaboration development in nanotechnology：a perspective of patent network analysis[J]. Scientometrics，98：683-702.

Zhu H，Jiang S，Chen H，et al. 2017. International perspective on nanotechnology papers，patents，and NSF awards（2000-2016）[J]. Journal of Nanoparticle Research，19：370.

5　基于专利分析的新兴产业与技术族群的关联机制研究

本章利用专利分析的方法，研究战略性新兴产业所涉及技术族群的专利分类，以专利分类和文本聚类为基础，建立新兴产业与技术族群之间的关联机制，探讨研究新兴产业与技术族群关联机制的专利价值综合评价或分析媒介。

5.1　基于专利分析的新兴产业与技术族群的关联机制构建方法

5.1.1　基于专利分析的新兴产业与技术族群的关联方法

从经济学的角度，产业可以划分成三个层次。第一层次是以同一商品市场为单位划分的产业，即产业组织。产业内的企业关系结构对该产业的经济效益有极其重要的影响，要实现某一产业的最佳经济效益须使该产业符合两个条件：首先，该产业内的企业有足够的改善经营、提高技术、降低成本的压力；其次，充分利用“规模经济”使该企业的单位成本最低。第二层次是以技术和工艺的相似性为根据划分的产业。在一个国家一定时期内所进行的社会再生产过程中，各个产业部门通过一定的经济技术关系发生着投入和产出，即中间产品的运动，真实地反映了社会再生产过程中的比例关系及变化规律。第三层次是大致以经济活动的阶段为根据，将国民经济划分为若干大部分所形成的产业，即产业结构。

本书所涉及的新兴产业以第二层次为主要对象，即以技术和工艺的相似性为划分根据。在构建和研究新兴产业和技术族群的关联方面，采用了以下方法。

（1）产业与专利分类号对照关联。根据美国专利分类与产业分类对照表（concordance between USPC and SIC）建立产业与技术族群的关联。美国专利分类与产业分类对照表将专利的分类号与相关的产业分类号对应起来，以确定这些专利涉及的产业类别。美国专利分类依据技术主题将所有从属于该技术主题的美国专利文献及其他技术文献编排整理，形成一定数量范围的文献集合，这些专利文献集合所代表的技术的集合可以看作一定的技术族群。根据专利分类与产业分类对照表建立的产业与技术分类的关联可以看作产业与技术族群的关联。

（2）产业与专利技术内容和主题关联。根据国家知识产权局《国际专利分类与国民经济行业分类参照关系表（2018）》和《国际专利分类与战略性新兴产业分类双向参照关系表（2021）（试行）》建立新兴产业与技术族群的关联。这两个参照关系表是新兴产业技术专家和知识产权专业人员根据其专业知识，结合国际专利分类和技术关键词建立的产业分类与专利分类对照表。在对照表基础上，针对选定的产业，利用自然语言处理技术，对于专利技术内容进行主题聚类，形成技术族群。

（3）新兴产业与技术族群的发展演变。本书很重要的一个方面是从动态的角度描绘新兴产业与技术族群的发展演变，即通过时间轴，根据时间切片的方法（如年份）来动态展现新兴产业中技术族群的发展趋势和变化情况。可以采用 LDA 模型方法来实现这一目的，确定每个技术族群随时间的动态演变趋势。

5.1.2　新兴产业与技术族群关联机制实现的数据库选择

由于与产业对应的技术数量庞大，相关专利也是数以万计，在专利分析和挖掘时需要借助特定的专利数据库展开。本章使用的专利数据库及其功能如下所示。

5.1.2.1　Patentics 数据库平台

新兴产业与技术族群的关联通过借助索意互动（北京）信息技术有限公司的智能化信息处理系统 Patentics 来实现。Patentics 系统采用新一代文本自动理解/概念搜索技术，可以实现海量大数据分组，即分析样本不限量，可以分析全库数据。Patentics 系统中建立了国民经济分类的专利搜索引擎，可以借助分类搜索实现产业专利数据的收集和分析，并借助于系统的大数据分组技术实现对技术族群的分类（图 5-1）。该技术分类利用系统的自然语言处理算法技术可以将产业技术分为八个族群，每个族群是对技术内容的聚类，代表就一个技术主题聚合的专利文献集。

5.1.2.2　南京理工大学知识产权大数据综合应用平台

新兴产业与技术族群的关联也参照南京理工大学知识产权大数据综合应用平

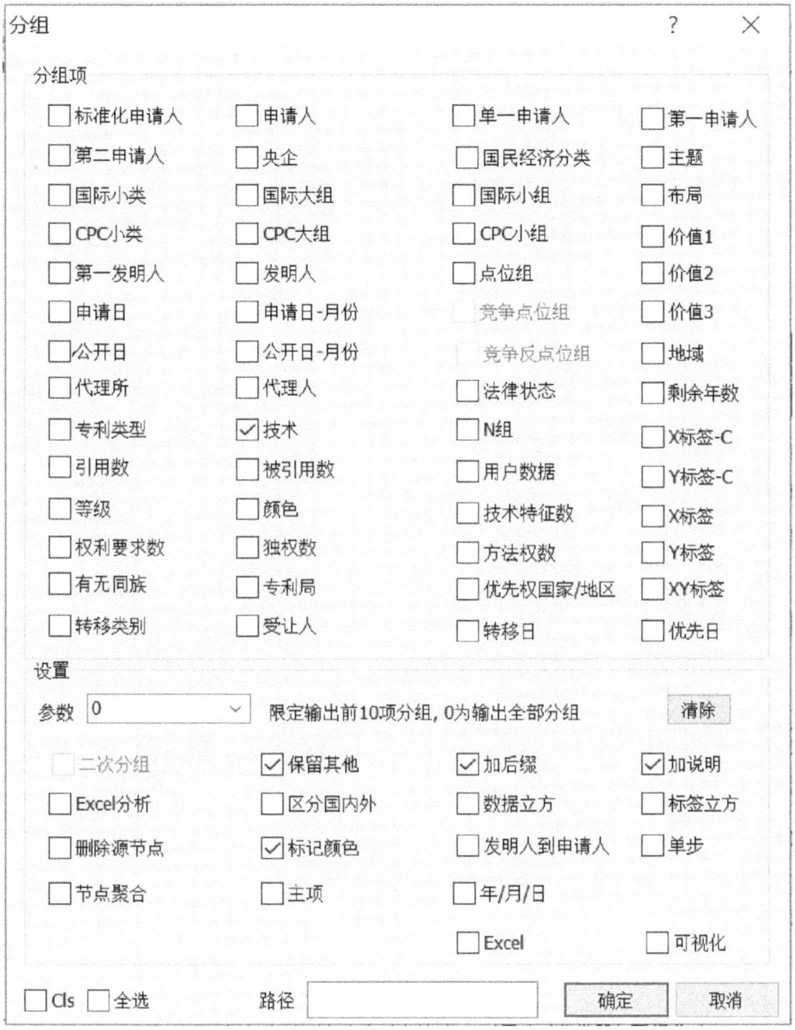

图 5-1　Patentics 技术分组

台的国民经济分类（图 5-2）和新兴产业分类（图 5-3）。首先，在专利数据的收集和处理上，参考了知识产权大数据综合应用平台的新兴产业中关于人工智能产业专利数据的提取方法，利用该方法在 Patentics 中采集和提取数据，建立人工智能产业的专利数据集，利用 Patentics 中的技术分组技术建立人工智能产业技术族群的聚合。

在确定行业的重要核心技术方面，因为受技术因素影响，本书采用了被引证数的分组统计来寻找核心专利或重要专利，在实际操作方面结合运用了 Patentics 和南京理工大学知识产权大数据综合应用平台的被引证专利分组统计。

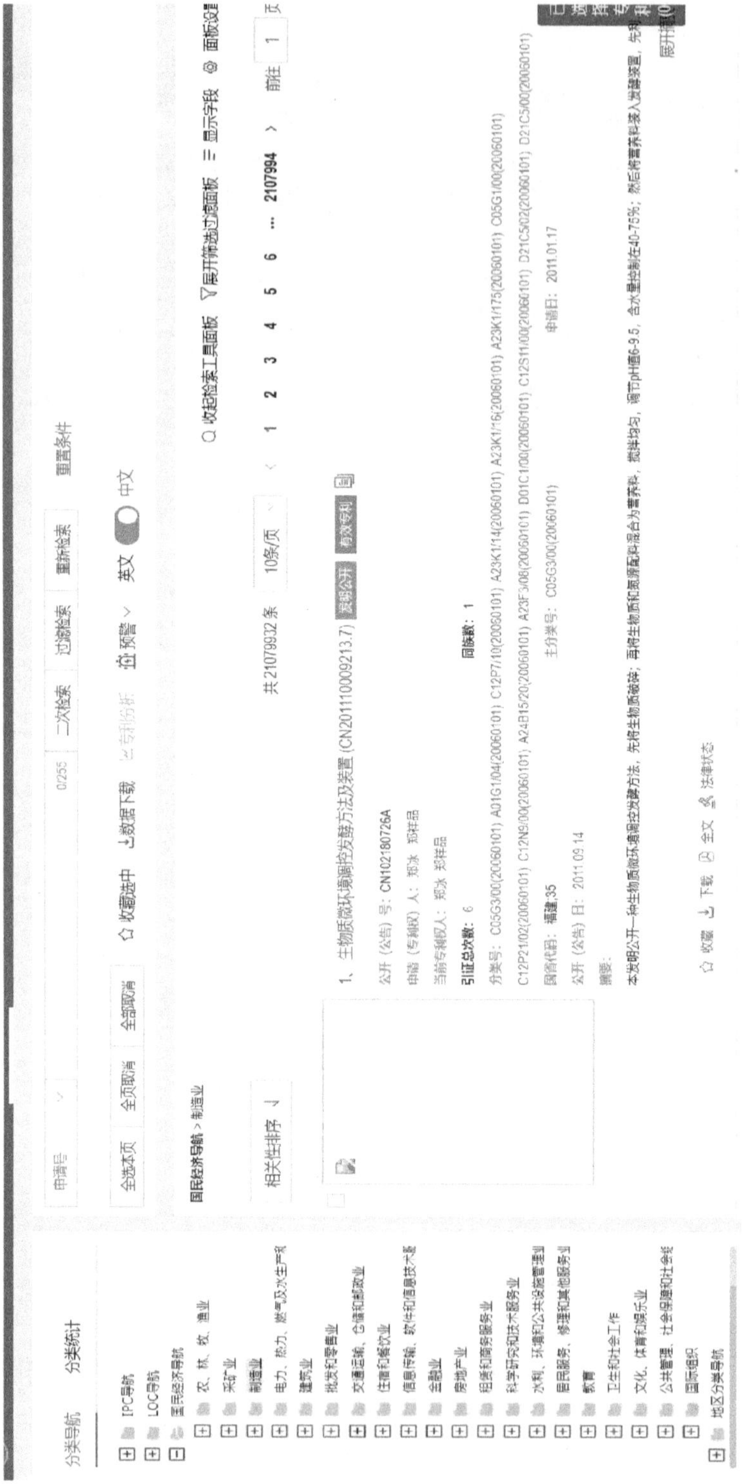

图 5-2　国民经济产业分类导航

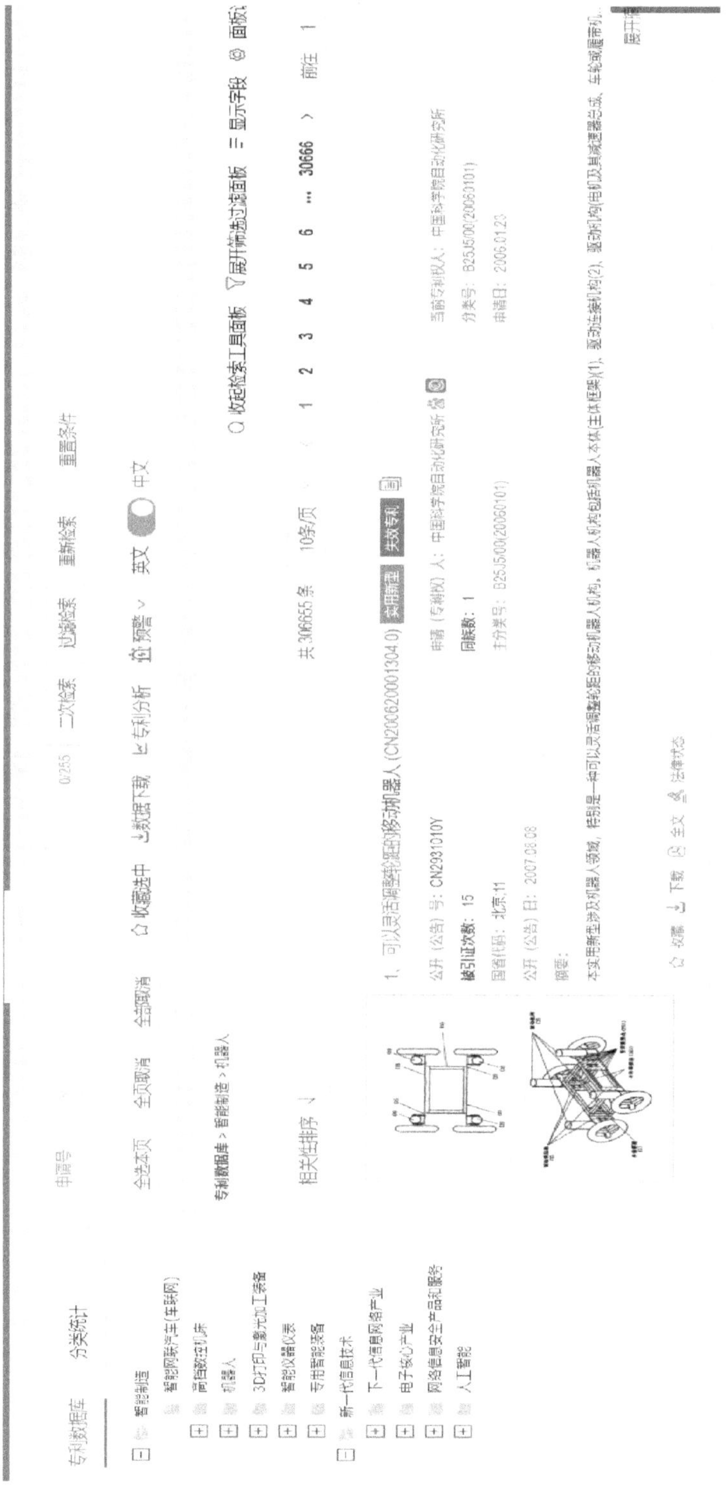

图 5-3 新兴产业分类导航

5.2 基于专利分析的核心技术和关键产业的演变研究

专利是科技领域最重要的知识产权，是反映科技创新的最重要形式。专利统计可以反映国家、区域或科技领域、企业等的创新表现，衡量研发产出及技术领域和产业的架构，显示技术和产业的发展脉络。本节从专利的视角分析中国的核心技术和关键产业的发展和演变，为我国科技和产业发展政策的制定提供参考。以中国专利权人的美国发明专利为基础，利用美国专利分类和产业分类，分三个阶段对 1981～2012 年中国的核心技术和关键产业的发展和演变进行了研究。研究发现：核心技术和关键产业的专利集中度越来越高，并且其发展都呈现出向高科技领域集中的趋势。依据专利视角的分析结果，提出通过核心技术专利布局促进关键产业发展的相关建议。

专利分类按照发明创造的技术主题或技术领域进行分类。专利分类可以作为专利统计工作的基础，从而对各个技术领域的技术发展状况做出评价。目前使用的专利分类主要有国际专利分类、美国专利分类、欧洲专利分类、日本专利分类及美欧联合开发的联合专利分类。产业分类把参与经济活动的所有领域的各个组织机构按其经济活动的类型予以分类并赋予编码，反映了产业不同的经济活动特征。已有文献通常利用专利分类来评价技术优势、技术领域分布及技术发展情况等。将专利数据用于产业统计和经济分析，需要建立专利分类与产业分类的对应关系。目前国际上还没有统一的专利分类与产业分类对照表。Kortum 和 Putnam（1997）构建了国际专利分类与加拿大产业分类的对照表。Johnson（2002）提出了国际专利分类与国际标准产业分类的对应方法并进行了实证研究。王淼等（2011）从产业分解技术确定产业分类，通过综合检索确定相关国际专利分类号，构建了生物医药产业与国际专利分类的对照表。Chen 等（2005）利用美国专利分类和产业分类的对照表，基于 1978～2002 年的美国专利分析结果，对中国台湾地区核心技术和关键产业的变化和发展趋势做了研究。

5.2.1 数据来源与处理方法

本节以美国专利商标局的授权专利数据库为数据源，该数据库可检索 1790 年以来在美国授权的专利文献。美国专利包括发明专利、外观设计专利、植物专利等多种类型。由于发明专利最能体现国家或产业的创新和研发能力，本节通过对发明专利的分析来确定核心技术和关键产业。美国专利分类依据技术主题将所有从属于该技术主题的美国专利文献及其他技术文献编排整理，形成一定数量范围的文献集合。一件专利可能有一个或多个专利分类号，有主分类号（第一个专利分类号）和副分类号之分。对于每一件专利，只使用主分类号进行统计，以确定核心技术。然后，根据美国专利分类与产业分类对照表，将专利的主分类号与相关的产业分类号对应起来，以确定这些专利涉及的产业类别。由于每一个分类号可能对应一个或多个不同的产业类别，在产业类别统计时可能会造成部分重叠。用一定时期内专利总量中专利比例超过2%的技术代表核心技术，用一定时期内专利总量中专利比例超过5%的产业代表关键产业。

5.2.2　中国专利权人在美国的核心技术和关键产业演变

1981年，中国专利权人获得了第一件美国发明专利的授权，这件专利是袁隆平作为发明人申请的关于杂交水稻方面的技术。1981～1987年，每年的专利授权量都不超过10件。1988～2001年，专利授权量从32件增加到70件，经历了一个长达14年的缓慢增长期。2002～2008年，专利授权量增长较快，从2002年的130件增加到2008年的811件，年平均增长率为35.68%。从2009年开始，专利授权量出现了快速增长，2012年专利授权量达到了3793件，年平均增长率为49.33%，如表5-1所示。

表5-1　1981～2012年中国专利权人在美国发明专利授权量

年份	授权量/件	年份	授权量/件	年份	授权量/件	年份	授权量/件
1981	1	1990	27	1999	56	2008	811
1982	1	1991	27	2000	63	2009	1 139
1983	0	1992	23	2001	70	2010	2 055
1984	2	1993	34	2002	130	2011	2 484
1985	0	1994	27	2003	168	2012	3 793
1986	4	1995	28	2004	195	总计	12 437
1987	7	1996	23	2005	244		
1988	32	1997	30	2006	349		
1989	33	1998	43	2007	538		

为了研究不同阶段核心技术和关键产业的发展与演变，根据中国专利权人在美国持有的发明专利的授权数量，将1981～2012年分成三个阶段：1981～2006年，每年发明专利授权量小于500件；2007～2009年，每年发明专利授权量在500～2000件；2010～2012年，每年发明专利授权量大于2000件。

5.2.2.1　1981～2006 年的核心技术和产业分布

1981～2006 年的核心技术如表 5-2 所示。这些核心技术集中在医药、化学及与电学和半导体相关的技术方面，其中与医药、化学相关的技术占了大部分。核心技术专利的总和占全部专利件数的比例为 20.90%，每个大类包括的专利件数都不超过总量的 5%，说明这个阶段核心技术的分布呈现比较分散的特点。

表 5-2　1981～2006 年的核心技术

排名	大类	类名	专利授权量/件（比例/%）
1	514	药物、生物疗效和医疗用的合成物	72（4.45）
2	502	催化剂、固体吸附剂或其载体：产品或制造过程	70（4.33）
3	435	化学：分子生物学和微生物学	48（2.97）
4	438	半导体器件制造：工艺	40（2.47）
5	257	电固体器件（如晶体管、固体二极管）	38（2.35）
6	424	药物、生物疗效和医疗用的合成物	36（2.23）
7	361	电学：电力系统和设备	34（2.10）

1981～2006 年的关键产业包括电力与电子机械、设备及供电，化学品及同类产品，电力除外的机械，专业、科学仪器，金属制品，如表 5-3 所示。排名前 3 位的产业是电力与电子机械、设备及供电，化学品及同类产品，电力除外的机械，比例分别为 28.49%、22.13%和 14.63%。专业、科学仪器比例为 8.75%，也占了一定的比例。在这个阶段，虽然高科技产业如电力与电子机械、设备及供电的发明专利件数最多，但是传统产业所申请的发明专利在全部产业中占的比例更大。

表 5-3　1981～2006 年的产业分布

排名	产业名称	专利授权量/件（比例/%）
1	电力与电子机械、设备及供电	524（28.49）
2	化学品及同类产品	407（22.13）
3	电力除外的机械	269（14.63）
4	专业、科学仪器	161（8.75）
5	金属制品	97（5.27）
6	运输设备	58（3.15）
7	橡胶和塑料制品	56（3.05）

续表

排名	产业名称	专利授权量/件（比例/%）
8	石、黏土、玻璃和混凝土制品	24（1.31）
9	石油和天然气提取与精炼	23（1.25）
10	初级金属	21（1.14）
11	纺织品	4（0.22）
12	食品及同类产品	2（0.11）
	其他产业	193（10.50）
总计		1839（100.00）

5.2.2.2　2007～2009 年的核心技术和产业分布

2007～2009 年，核心技术主要集中在与电学、通信、半导体、热交换等相关的技术领域，如表 5-4 所示。电力系统和设备的专利比例从上个阶段的 2.10%大幅提高到 16.08%，成为最集中的核心技术。这些核心技术的专利总和占全部专利件数的比例也提升到了 30.79%。与上个阶段相比，这个阶段的核心技术呈现相对集中的趋势。

表 5-4　2007～2009 年的核心技术

排名	大类	类名	专利授权量/件（比例/%）
1	361	电学：电力系统和设备	400（16.08）
2	370	多路复用通信	87（3.50）
3	439	电连接器	79（3.18）
4	438	半导体器件制造：工艺	75（3.01）
5	362	照明	71（2.85）
6	165	热交换	54（2.17）

2007～2009 年的关键产业包括电力与电子机械、设备及供电，电力除外的机械，化学品及同类产品，专业、科学仪器，如表 5-5 所示。其中，电力与电子机械、设备及供电的比例为 56.14%，超过了所有产业专利总量的一半，显示了这个阶段产业在专利申请方面的高度集中。其他 3 个关键产业的比例依次为 11.11%、9.51%和 7.66%。在这个阶段，高科技产业的发展非常迅速，在全部产业中占了主要地位。

表 5-5　2007～2009 年的产业分布

排名	产业名称	专利授权量/件（比例/%）
1	电力与电子机械、设备及供电	1481（56.14）
2	电力除外的机械	293（11.11）
3	化学品及同类产品	251（9.51）
4	专业、科学仪器	202（7.66）
5	金属制品	124（4.70）
6	橡胶和塑料制品	40（1.52）
7	石、黏土、玻璃和混凝土制品	22（0.83）
8	运输设备	21（0.80）
9	石油和天然气提取与精炼	12（0.45）
10	初级金属	8（0.30）
11	纺织品	3（0.11）
12	食品及同类产品	1（0.04）
	其他产业	180（6.83）
总计		2638（100.00）

5.2.2.3　2010～2012 年的核心技术和产业分布

2010～2012 年，核心技术主要集中在与电学、通信、计算机、半导体等相关的技术领域，如表 5-6 所示。这些核心技术的专利总和占全部专利件数的比例提高到了 33.92%。与通信相关的技术如多路复用通信和远程通信占比分别为 8.40% 和 4.60%，在核心技术中的比例占了 1/3 多。这个阶段的核心技术也呈现相对集中的趋势。

表 5-6　2010～2012 年的核心技术

排名	大类	类名	专利授权量/件（比例/%）
1	370	多路复用通信	700（8.40）
2	361	电学：电力系统和设备	672（8.07）
3	455	远程通信	383（4.60）
4	362	照明	305（3.66）
5	439	电连接器	219（2.63）
6	345	计算机图形处理和选择性视觉显示系统	184（2.21）
7	438	半导体器件制造：工艺	184（2.21）
8	257	电固体器件（如晶体管、固体二极管）	178（2.14）

2010～2012 年的关键产业包括电力与电子机械、设备及供电，电力除外的机械，专业、科学仪器，化学品及同类产品，金属制品，如表 5-7 所示。其中，电力与电子机械、设备及供电的比例为 54.45%，仍然占所有产业专利总量的一半以上。电力除外的机械比例为 16.30%，其他三个产业则相差不大，分别为 7.49%、6.35%和 5.56%。在这个阶段，高科技产业仍然在全部产业中占了主要地位。

表 5-7 2010～2012 年的产业分布

排名	产业名称	专利授权量/件（比例/%）
1	电力与电子机械、设备及供电	5012（54.45）
2	电力除外的机械	1500（16.30）
3	专业、科学仪器	689（7.49）
4	化学品及同类产品	584（6.35）
5	金属制品	512（5.56）
6	橡胶和塑料制品	204（2.22）
7	石、黏土、玻璃和混凝土制品	91（0.99）
8	运输设备	85（0.92）
9	初级金属	52（0.56）
10	纺织品	16（0.17）
11	石油和天然气提取与精炼	11（0.12）
12	食品及同类产品	3（0.03）
	其他产业	445（4.84）
总计		9204（100.00）

5.2.2.4 1981～2012 年的核心技术和关键产业演变

从三个不同阶段的核心技术的变化可以发现核心技术的发展轨迹。1981～2006 年，核心技术集中在医药、化学及与电学和半导体相关的技术方面，其中以医药、化学为主；2007～2009 年，核心技术主要集中在与电学、通信、半导体、热交换等相关的技术领域，其中以电力电子为主；2010～2012 年，核心技术主要集中在与电学、通信、计算机、半导体等相关的技术领域，其中以通信技术为主。从技术发展来看，主要核心技术呈现出从医药化学到电力电子再到通信技术的发展轨迹；从专利集中度来讲，核心技术在专利总量中所占的比例从 20.90%提高到 30.79%，再到 33.92%，呈现越来越高的趋势，如表 5-8 所示。就 1981～2012 年总的区间来看，电力电子、半导体等技术占了核心技术专利总数的接近 2/3，通信技术则占了总数的 1/3 左右。

表 5-8　核心技术的发展和演变

时间	核心技术	核心技术所占比例/%
1981～2006 年	（1）514 药物、生物疗效和医疗用的合成物 （2）502 催化剂、固体吸附剂或其载体：产品或制造过程 （3）435 化学：分子生物学和微生物学 （4）438 半导体器件制造：工艺 （5）257 电固体器件（如晶体管、固体二极管） （6）424 药物、生物疗效和医疗用的合成物 （7）361 电学：电力系统和设备	20.90
2007～2009 年	（1）361 电学：电力系统和设备 （2）370 多路复用通信 （3）439 电连接器 （4）438 半导体器件制造：工艺 （5）362 照明 （6）165 热交换	30.79
2010～2012 年	（1）370 多路复用通信 （2）361 电学：电力系统和设备 （3）455 远程通信 （4）362 照明 （5）439 电连接器 （6）345 计算机图形处理和选择性视觉显示系统 （7）438 半导体器件制造：工艺 （8）257 电固体器件（如晶体管、固体二极管）	33.92
1981～2012 年	（1）361 电学：电力系统和设备 （2）370 多路复用通信 （3）455 远程通信 （4）362 照明 （5）439 电连接器 （6）438 半导体器件制造：工艺 （7）257 电固体器件（如晶体管、固体二极管） （8）514 药物、生物疗效和医疗用的合成物	31.11

从关键产业的发展和演变来看，也呈现出越来越集中的趋势。关键产业的专利数量在专利总量中所占的比例从 1981～2006 年的 79.27%提高到 2007～2009 年的 91.24%和 2010～2012 年 90.15%，专利数量越来越聚集到这几个关键产业中，如表 5-9 所示。三个阶段关键产业的种类基本一致，然而产业的比重有较大变化。电力与电子机械、设备及供电的专利数量在三个阶段都居于首位，但是在后两个阶段的比例（56.14%和 54.45%）都大大高于第一个阶段（28.49%），集中度明显增强。化学品及同类产品的专利比例在三个阶段分别为 22.13%、9.51%和 6.35%，随着时间的推移呈现不断降低的趋势。就 1981～2012 年总的区间来看，电力与电子机械、设备及供电占了所有产业专利总量的 51.29%，电力除外的机械的比例为 15.07%，其他三个产业比例在 5%～10%，差别较小。

表 5-9 关键产业的发展和演变

时间	核心技术	核心技术所占比例/%
1981～2006 年	（1）电力与电子机械、设备及供电 （2）化学品及同类产品 （3）电力除外的机械 （4）专业、科学仪器 （5）金属制品	79.27
2007～2009 年	（1）电力与电子机械、设备及供电 （2）电力除外的机械 （3）化学品及同类产品 （4）专业、科学仪器	91.24
2010～2012 年	（1）电力与电子机械、设备及供电 （2）电力除外的机械 （3）专业、科学仪器 （4）化学品及同类产品 （5）金属制品	90.15
1981～2012 年	（1）电力与电子机械、设备及供电 （2）电力除外的机械 （3）化学品及同类产品 （4）专业、科学仪器 （5）金属制品	88.49

5.2.3 研究结论及建议

本节根据中国专利权人在美国申请发明专利授权的数量多少，将 1981～2012 年分成三个时间段，基于专利分析的结果来研究各个阶段的核心技术和关键产业并分析其发展和演变的情况。研究结果发现，核心技术和关键产业的专利集中度都呈现出越来越高的趋势，即这些核心技术和关键产业在专利总量中所占的比例越来越高，专利数量越来越聚集到这些核心技术和关键产业中。从技术发展情况来看，主要核心技术呈现出从医药化学到电力电子再到通信技术的发展轨迹。在整个阶段中，电力电子、半导体等技术占了核心技术专利总数的大部分比例。从产业发展情况来看，电力与电子机械、设备及供电的专利数量在三个阶段都居于首位，并且集中度越来越高。

依据专利视角的分析结果，我国的产业已经从最初的传统产业占据主要地位，发展到现在的高科技产业为主要发展方向。我国已经将节能环保、新一代信息技术、生物、高端装备制造、新能源、新材料、新能源汽车等产业作为战略性新兴产业给予重点支持和优先发展。在经济全球化和竞争国际化的背景下，要保护这些关键核心技术的成果，加强创新成果产业化，加快产业升级和提升产业核心竞争力，最关键的一步就是重视和开展这些核心技术的国际专利布局。从对我国专利权人在美国的专利分析结果来看，虽然我国专利权人在电力与电子机械、设备及供电产业的专利申请占据很大优势，但是在生物、新能源、新材料等产业的专利布局方面并不突出和显著。为了我国的战略性新兴产业在“十三五”期间能够在国际竞争中占据有利地位，我国科技和产业的发展不仅要重视国内市场的专利布局，同时国家和企业应努力在未来3～5年内加快完成核心技术和关键产业的国际专利布局。

在核心技术和关键产业的专利布局方面，要充分发挥政府、行业联盟和企业的积极作用。国家对于不同阶段关键产业的发展要做出规划和指引，地方政府则应结合本地实际经济和产业发展情况规划本地的关键产业。行业联盟可以通过对于产业核心技术的全球专利布局和发展趋势做出分析与预警，指导企业尤其是从事出口和投资的企业开展海外专利布局，降低企业在海外的知识产权风险。企业要及时跟进国家的产业发展规划，确定自身在产业链中的位置和技术发展方向，以全球化的视角进行技术尤其是核心技术的前瞻性专利布局，以专利的有效运用增强企业的核心竞争力。

5.3 基于专利分析的物联网产业与技术族群的关联分析

5.3.1 物联网产业的发展现状

物联网（Internet of things，IOT）是指通过各种信息传感器、射频识别（radio frequency identification，RFID）技术、全球定位系统、红外感应器、激光扫描器等装置与技术，实时采集任何需要监控、连接、互动的物体或过程，采集其声、光、热、电、力学、化学、生物、位置等各种需要的信息，通过各类可能的网络接入，实现物与物、物与人的泛在连接，实现对物品和过程的智能化感知、识别与管理（刘陈等，2011）。2016年11月印发的《“十三五”国家战略性新兴产业发展规划》提出要推动信息技术产业跨越发展，拓展网络经济新空间。具体来讲，包括实施网络强国战略，加快建设“数字中国”，推动物联网、云计算和人工智能等技术向各行业全面融合渗透，构建万物互联、融合创新、智能协同、安全可控的新一代信息技术产业体系。对于物联网的发展，加强物联网网络架构研究，组织开展物联网重大应用示范。加快下一代互联网商用部署，构建工业互联网技术试验验证和管理服务平台。面向万物互联需求，发展物联网搜索引擎、E级高性能计算、面向物端的边缘计算等技术和产品。

物联网是新一代信息技术的重要组成部分，是新一代信息技术的高度集成和综合运用。近几年，我国物联网加速进入“跨界融合、集成创新和规模化发展”阶段，在芯片、传感器、智能终端、中间件、架构、标准制定等领域取得一大批研究成果。光纤传感器、红外传感器技术达到国际先进水平，超高频智能卡、微波无源无线射频识别、北斗芯片技术水平大幅提升，微机电系统（micro-electro-mechanical system，MEMS）传感器实现批量生产，物联网中间件平台、多功能便捷式智能终端研发取得突破。

我国物联网产业已拥有一定规模，设备制造、网络和应用服务具备较高水平，技术研发和标准制定取得突破，物联网与行业融合发展成效显著，物联网产业已形成环渤海、长三角、泛珠三角[①]及中西部地区四大区域聚集发展的格局。物联网万亿级的垂直行业市场正在不断兴起。制造业成为物联网的重要应用领域，我国在建设制造强国、网络强国过程中，推进供给侧结构性改革，以信息物理系统（cyber-physical systems，CPS）为代表的物联网智能信息技术将在制造业智能化、网络化、服务化等转型升级方面发挥重要作用。车联网、健康、家居、智能硬件、可穿戴设备等消费市场需求更加活跃，驱动物联网和其他前沿技术不断融合，人工智能、虚拟现实、自动驾驶、智能机器人等技术不断取得新突破。智慧城市建设成为全球热点，物联网是智慧城市构架中的基本要素和模块单元，已成为实现智慧城市“自动感知、快速反应、科学决策”的关键基础设施和重要支撑（工业和信息化部，2016）。

物联网近几年在产业规模和技术应用方面都取得了飞速发展，目前出现的问题主要体现为：①产业整合和引领能力不足。当前全球巨头企业纷纷以平台为核心构建产业生态，通过兼并整合、开放合作等方式增强产业链上下游资源整合能力，在企业营收、应用规模、合作伙伴数量等方面均大幅领先。我国缺少整合产业链上下游资源、引领产业协调发展的龙头企业，产业链协同性能力较弱。②物联网安全问题日益突出。数以亿计的设备接入物联网，针对用户隐私、基础网络环境等的安全攻击不断增多，物联网风险评估、安全评测等尚不成熟，成为推广物联网应用的重要制约因素。③标准体系仍不完善。一些重要标准研制进度较慢，跨行业应用标准制定推进困难，尚难满足产业急需和规模应用需求（中国信息通信研究院，2018）。

5.3.2 数据来源

本节数据采集的信息源是索意互动公司的 Patentics 专利客户端软件。因为发明专利是各个国家最基础也最主要的专利类型，并且发明专利也是最能体现技术创新水平的指标，所以采用授权的发明专利作为分析物联网产业分析的数据基础。

① 长三角指长江三角洲，珠三角指珠江三角洲。

Patentics 采用了国家知识产权局制定的《国际专利分类与国民经济行业分类参照关系表（2018）》，对专利按照国民经济行业分类进行归类，国民经济行业分类采用的是 2017 年 6 月 30 日发布的标准 GB/T 4754—2017。

在 Patentics 数据库范围中选择中国发明授权专利数据库，使用的检索式为 NIC/I6532 and R/“物联网技术服务”and ISD/2010—2019，采集的数据为 2010～2019 年中国物联网产业的发明授权专利。检索日期为 2020 年 2 月 27 日，采集到与物联网产业相关的中国发明授权专利共计 198 013 件。采集美国专利数据的方法如上，在 Patentics 数据库范围中选择美国授权中文专利数据库，使用的检索式为 NIC/I6532 and R/“物联网技术服务”and ISD/2010—2019，采集的数据为 2010～2019 年美国物联网产业的发明授权专利。采集到与物联网产业相关的美国发明授权专利共计 276 095 件。然后按照年份对中国的物联网产业专利进行技术聚合和分组。Patentics 的技术分组是按照语义的聚合度分成八个技术组，每个分组就组成一个族群，用几个特征词进行标征。

5.3.3 基于专利分析的中国物联网产业与技术族群关联分析

5.3.3.1 中国物联网产业发明专利授权趋势

图 5-4 为中国物联网产业发明专利授权趋势图。从图 5-4 中可以看出，在 2010～2012 年，中国物联网产业发明专利授权量增长较快，年平均增长率为 20.7%。相比 2012 年，2013 年中国物联网产业发明专利授权量出现了小幅下降，下降幅度为 8.7%。2013～2017 年，发明专利授权量增长缓慢，年均增长率只有 7.2%。然而，从 2017 年到 2019 年，中国物联网产业发明专利授权量出现了大幅增长，

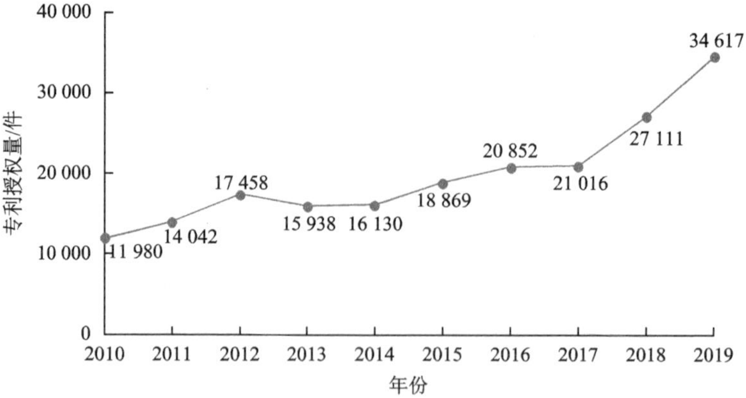

图 5-4 中国物联网产业发明专利授权趋势

年均增长率达到了28.3%。从总的趋势来看，2010年到2017年间，中国物联网产业发明专利授权量经历了快速增长、小幅下降、缓慢增长到快速增长的四个阶段，总体增长趋势非常明显。

5.3.3.2 中国物联网产业重要专利权人

表5-10为中国物联网产业排名前20的专利权人及其所属国家、专利权人类型、发明专利量及其所占比例。这20位专利权人中有17家企业、2家高校和1家科研院所，高校和科研院所都来自中国。在17家企业中，中国的企业占到了9家，美国、韩国、日本企业各2家，芬兰、瑞典企业各1家。从这前20位专利权人来看，中国的企业数量占了大多数。物联网发明专利最多的两家企业是中国的华为和中兴通讯，发明专利授权量都超过了1万件。其次是美国的高通公司、中国的大唐电信、芬兰的诺基亚、中国的移动通信、中国的新华三技术有限公司和中国的腾讯科技（深圳）有限公司，排名前十位的公司还有瑞典的爱立信、韩国的三星电子有限公司。

表5-10 中国物联网产业排名前20的专利权人

序号	专利权人	专利权人所属国家	专利权人类型	发明专利量/件(所占比例/%)
1	华为	中国	企业	22 695（11.5）
2	中兴通讯	中国	企业	17 791（9.0）
3	高通公司	美国	企业	5 989（3.0）
4	大唐电信	中国	企业	4 740（2.4）
5	诺基亚	芬兰	企业	4 655（2.4）
6	中国移动通信	中国	企业	4 509（2.3）
7	新华三技术有限公司	中国	企业	3 480（1.8）
8	腾讯科技（深圳）有限公司	中国	企业	3 440（1.7）
9	爱立信	瑞典	企业	3 370（1.7）
10	三星电子有限公司	韩国	企业	2 880（1.5）
11	中国科学院	中国	科研院所	2 693（1.4）
12	LG电子株式会社	韩国	企业	2 474（1.2）
13	英特尔	美国	企业	2 329（1.2）
14	中国电信集团有限公司	中国	企业	2 050（1.0）

续表

序号	专利权人	专利权人所属国家	专利权人类型	发明专利量/件(所占比例/%)
15	北京邮电大学	中国	高校	2 032（1.0）
16	清华大学	中国	高校	2 031（1.0）
17	中国国家电网有限公司	中国	企业	1 861（0.9）
18	中国联合网络通信集团有限公司	中国	企业	1 783（0.9）
19	NTT 通信	日本	企业	1 636（0.8）
20	索尼	日本	企业	1 557（0.8）

5.3.3.3 中国物联网产业涉及主要技术领域

表 5-11 为中国物联网产业排名前 20 的国际专利分类小类，与物联网相关的国际专利分类主要是 G 部（物理）和 H 部（电学）。发明专利授权量最多的国际专利分类小类是 H04L（数字信息的传输，如电报通信），有 135 730 件专利；其次是 H04W（无线通信网络）83 067 件专利。物联网发明专利授权量在 1 万件以上的国际专利分类小类还有 H04B（传输）、G06F（电数字数据处理）。在 5000 件到 1 万件之间的国际专利分类小类有 H04M（电话通信）和 H04N（图像通信）。在 2000～5000 件的国际专利分类小类有 H04J（多路复用通信）、G06Q（专门适用于行政、商业、金融、管理、监督或预测目的的数据处理系统或方法）、H04Q（选择）。其他排在前 20 的国际专利分类小类发明专利授权量在 2000 件以下。

表 5-11 中国物联网产业排名前 20 的国际专利分类小类

序号	国际专利分类小类	国际专利分类号含义	发明专利量/件
1	H04L	数字信息的传输，如电报通信	135 730
2	H04W	无线通信网络	83 067
3	H04B	传输	18 189
4	G06F	电数字数据处理	14 878
5	H04M	电话通信	7 543
6	H04N	图像通信	5 180
7	H04J	多路复用通信	4 484
8	G06Q	专门适用于行政、商业、金融、管理、监督或预测目的的数据处理系统或方法	2 746

续表

序号	国际专利分类小类	国际专利分类号含义	发明专利量/件
9	H04Q	选择	2 479
10	G06K	数据识别；数据表示；记录载体；记录载体的处理	1 497
11	G01S	无线电定向	1 371
12	G05B	一般的控制或调节系统；这种系统的功能单元；用于这种系统或单元的监视或测试装置	1 225
13	G08C	测量值，控制信号或类似信号的传输系统	1 015
14	H03M	一般编码，译码或代码转换	963
15	H04H	广播通信	748
16	H02J	供电或配电的电路装置或系统；电能存储系统	698
17	G08G	交通控制系统	562
18	G10L	语音分析或合成；语音识别；语音或声音处理；语音或音频编码或解码	532
19	G08B	信号装置或呼叫装置	438
20	G07C	时间登记器或出勤登记器	417

5.3.3.4　中国物联网产业的技术族群分布

下面按照年份来分析中国物联网产业的技术族群分布，并从年度专利数量比例的变化来研究技术族群的变化趋势。

2010 年中国物联网产业的专利数量为 11 980 件，技术族群的分布和每个技术族群所包含的内容、专利数量及比例如表 5-12 和图 5-5 所示。2010 年的技术族群分布在 8 个领域：网络配置、网关协议、传输信道、传输速率、通信设备、服务地址、总线设备和身份验证。

表 5-12　2010 年中国物联网产业技术族群及专利数量

序号	技术族群		专利数量/件	比例/%
	名称	内容		
1	网络配置	逐跳 | 二层网络 | 路由配置 | 广播域	2087	17.4
2	网关协议	分组数据协议 | 请求业务 | 信令网关 | 业务网关	2046	17.1
3	传输信道	Uplink | 接入信道 | 信令传输 | 信道配置	1866	15.6

续表

序号	技术族群		专利数量/件	比例/%
	名称	内容		
4	传输速率	信道均衡 | 符号速率 | 码片速率 | 符号同步	1519	12.7
5	通信设备	设备共享 | 消息通信 | 万维网服务器 | 网络站点	1421	11.9
6	服务地址	远程调用 | 服务器 IP 地址 | 邮件系统 | 服务地址	1282	10.7
7	总线设备	异步通信 | 以太网设备 | 物理层芯片 | 总线设备	919	7.7
8	身份验证	验证签名 | 非对称密钥 | 用户口令 | 身份证书	840	7.0

注：IP 表示 Internet protocol，互联网协议；因四舍五入，存在相加不等于 100%情况

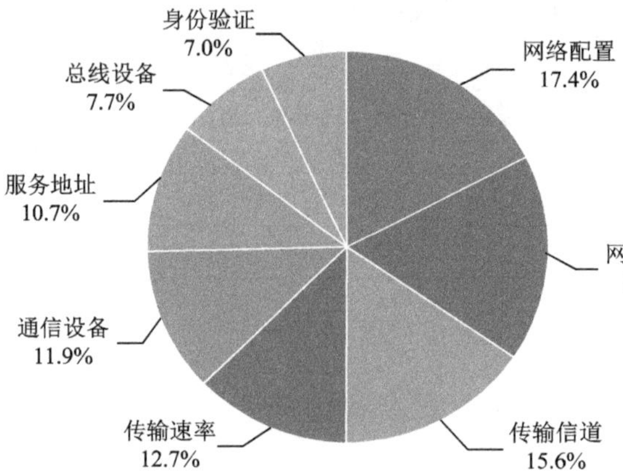

图 5-5　2010 年中国物联网产业技术族群分布比例

在这 8 个技术族群中，专利授权量在 2000 件以上的技术族群是网络配置和网关协议，专利数量分别为 2087 件和 2046 件，所占比例分别为 17.4%和 17.1%。专利授权量在 1000～2000 件的技术族群是传输信道、传输速率、通信设备和服务地址，专利数量分别为 1866 件、1519 件、1421 件和 1282 件，所占比例在 10%～16%。专利授权量在 1000 件以下的技术族群是总线设备和身份验证，专利数量分别为 919 件和 840 件，所占比例在 7%～8%。

表 5-13 为 2010 年中国物联网产业被引用量排名前 10 的专利。从这些专利的名称和内容来看，主要关联局域网管理、数据传输、通信系统等；从专利权人来看，共有 5 家公司；从专利权人所属国家来看，11 件专利的专利权人所属国家都是美国，另外 1 件专利属于瑞士；从专利被引用量来看，都在 30 次以上，最多的一件专利被引用量为 141 次。

表 5-13 2010 年中国物联网产业被引用量排名前 10 的专利

序号	专利号	专利名称	专利权人	所属国家	被引用量/次
1	CN1820482	产生并管理局域网的方法	纳格拉影像股份有限公司	瑞士	141
2	CN100581289	多次探测心跳信号以减少误差概率	快捷通信公司	美国	56
3	CN1968435	高速率分组数据传输的方法和装置	高通公司	美国	50
4	CN1968433	高速率分组数据传输的方法和装置	高通公司	美国	50
5	CN1968434	高速率分组数据传输的方法和装置	高通公司	美国	50
6	CN1901507	扩频多用户信道的数据流优先化和控制	交互数字技术公司	美国	41
7	CN1751484	时分双工通信系统的信道校准	高通公司	美国	38
8	CN1751248	无线移动通信网络内使用移动站确定基站位置参数	高通公司	美国	37
9	CN1647427	用于通信的方法及装置	摩托罗拉移动控股公司	美国	37
10	CN100589338	可变多速率通信系统的快速自适应功率控制	交互数字技术公司	美国	37
11	CN100578956	可变多速率通信系统的快速自适应功率控制	交互数字技术公司	美国	37
12	CN1941656	可变多速率通信系统的快速自适应功率控制	交互数字技术公司	美国	37

2011 年中国物联网产业的专利数量为 14 042 件，技术族群的分布及每个技术族群所包含的专利数量如表 5-14 和图 5-6 所示。2011 年的技术族群分布在 8 个领域：网络配置、网关协议、终端应用、信道分配、消息通信、信道类型、传输速率和通信模式。

表 5-14 2011 年中国物联网产业技术族群专利量

序号	技术族群		专利数量/件	比例/%
	名称	内容		
1	网络配置	二层网络 | 转发策略 | 路由配置 | 策略路由	2942	21.0
2	网关协议	协商过程 | 分组数据协议 | 请求业务 | 信令网关	2488	17.7
3	终端应用	返回用户 | 返回查询 | 获取访问 | 邮件系统	1890	13.5
4	信道分配	Uplink | 接入信道 | 信令传输 | 信道配置	1813	12.9
5	消息通信	请求传送 | 设备共享 | 消息通信 | 网络站点	1569	11.2
6	信道类型	子信道 | 信道参数 | 同信道 | 获取信道	1196	8.5
7	传输速率	符号速率 | 码片速率 | 符号率 | 符号同步	1184	8.4
8	通信模式	通信模式 | 通讯通道 | 串口设备 | 数据交换模块	960	6.8

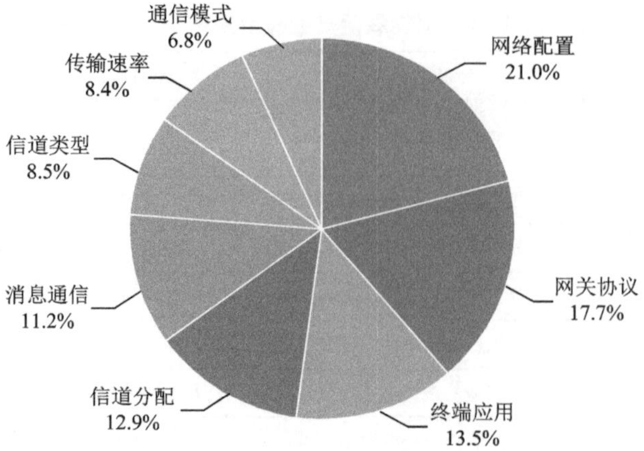

图 5-6　2011 年中国物联网产业技术族群分布比例

在这 8 个技术族群中，专利授权量在 2000 件以上的技术族群是网络配置和网关协议，专利数量分别为 2942 件和 2488 件，所占比例分别为 21.0%和 17.7%。专利授权量在 1000～2000 件的技术族群是终端应用、信道分配、消息通信、信道类型和传输速率，专利数量分别为 1890 件、1813 件、1569 件、1196 件和 1184 件，所占比例在 8%～14%。专利授权量在 1000 件以下的技术族群是通信模式，专利数量和所占比例分别为 960 件和 6.8%。

表 5-15 为 2011 年中国物联网产业被引用量排名前 10 的专利。从这些专利的名称和内容来看，主要关联通信设备、数据传输方法和通信系统方法等；从专利权人来看，有 4 家公司；从专利权人所属国家来看，10 件专利的专利权人所属国家都是美国；从专利被引用量来看，都在 40 次以上，最多的一件专利被引用量为 68 次。

表 5-15　2011 年中国物联网产业被引用量排名前 10 的专利

序号	专利号	专利名称	专利权人	所属国家	被引用量/次
1	CN1759595	配备用户可拆卸模块的无线通信设备中的紧急回叫	摩托罗拉移动控股公司	美国	68
2	CN101036338	分组传输冗余选择设备和方法	摩托罗拉移动控股公司	美国	62
3	CN101635945	基站	美商内数位科技公司	美国	61
4	CN101635946	用户设备	美商内数位科技公司	美国	61
5	CN101366293	蜂窝通信系统中的切换	摩托罗拉移动控股公司	美国	54
6	CN1953567	高速率分组数据传输的方法和装置	高通公司	美国	50
7	CN101341777	用于报告和/或使用控制信息的方法和设备	高通公司	美国	44
8	CN101341787	用于利用多个字典来传送信息的方法和设备	高通公司	美国	44
9	CN1748433	无线通信系统中的网络辅助小区重新选择及其方法	摩托罗拉移动控股公司	美国	42
10	CN1933667	配置远程通信系统的方法、相应的配置系统、基站和移动站	三菱电机株式会社	日本	42

2012 年中国物联网产业的专利数量为 17 458 件，技术族群的分布及每个技术族群所包含的专利数量如表 5-16 和图 5-7 所示。2012 年的技术族群分布在 8 个领域：网络配置、网关协议、传输速率、信道类型、调用服务、信令传输、信息连接和身份验证。

表 5-16 2012 年中国物联网产业技术族群及专利数量

序号	技术族群		专利数量/件	比例/%
	名称	内容		
1	网络配置	TCP/UDP | 多链路 | 传输报文 | 路由配置	3318	19.0
2	网关协议	分组数据协议 | 请求业务 | 信令网关 | 业务网关	2615	15.0
3	传输速率	信道均衡 | 符号速率 | 码片速率 | 符号同步	2349	13.5
4	信道类型	业务信道 | 公共信道 | 信道配置 | 中继链路	2236	12.8
5	调用服务	调用服务 | 远程调用 | 服务器 IP 地址 | 业务逻辑处理	2109	12.1
6	信令传输	信令传输 | 发送信令 | 分配时隙 | 空中链路	1887	10.8
7	信息连接	电话连接 | 设备共享 | 数据链接 | 消息通信	1880	10.8
8	身份验证	验证签名 | 非对称密钥 | 用户口令 | 身份证书	1064	6.1

注：TCP 为传输控制协议，transmission control protocol；UDP 为用户数据报协议，user datagram protocol；因四舍五入，存在相加不等于 100%情况

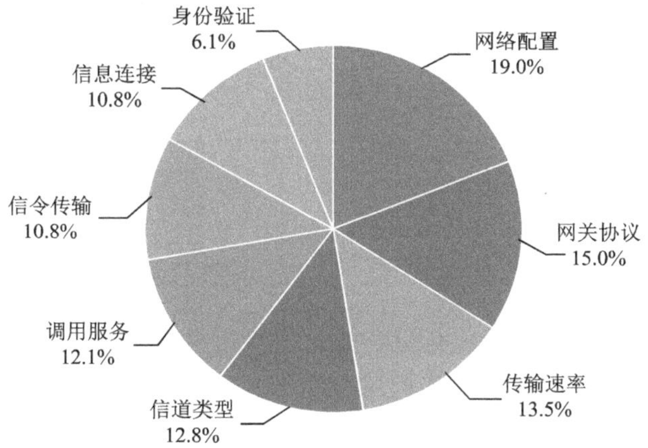

图 5-7 2012 年中国物联网产业技术族群分布比例

在这 8 个技术族群中，专利授权量最多的技术族群是网络配置，专利数量为 3318 件，所占比例为 19.0%。专利授权量在 2000～3000 件的技术族群是网关协议、传输速率、信道类型和调用服务，专利数量分别为 2615 件、2349 件、2236 件和 2109 件，所占比例在 12%～15%。专利授权量在 1000～2000 件的技术族群是信令传输、信息连接和身份验证，专利数量分别为 1887 件、1880 件和 1064 件，所占比例在 6%～11%。

表 5-17 为 2012 年中国物联网产业被引用量排名前 10 的专利。从这些专利的名称和内容来看，主要关联通信系统、通信设备和数据传输方法等；从专利权人来看，有 6 家公司；从专利权人所属国家来看，8 件专利的专利权人所属国家都是美国，另外 2 件专利属于芬兰和日本；从专利被引用量来看，都在 50 次及以上，最多的一件专利被引用量为 125 次。

表 5-17　2012 年中国物联网产业被引用量排名前 10 的专利

序号	专利号	专利名称	专利权人	所属国家	被引用量/次
1	CN1790932	用于码分多址通信系统的自动功率控制方法和系统	交互数字技术公司	美国	125
2	CN101047895	在高速共享控制信道中接收数据的用户设备与方法	美商内数位科技公司	美国	79
3	CN101278574	用于用短路的消息流提供定位服务的方法及设备	高通公司	美国	65
4	CN101094017	用于扩频时分双工通信的用户设备	交互数字技术公司	美国	65
5	CN101379839	广播/多点传送服务的分布式架构和方法	摩托罗拉移动控股公司	美国	63
6	CN101646187	在基站中实施的用于确定上行链路功率等级的方法	美商内数位科技公司	美国	61
7	CN101416551	用于与处于不连续接收状态的移动站进行数据传输的方法	摩托罗拉移动公司	美国	56
8	CN101185278	用于在无线通信中进行高速率数据传输的方法和装置	高通公司	美国	56
9	CN101175290	移动通信系统中多个同时进行的呼叫的实现	诺基亚公司	芬兰	55
10	CN1881842	移动通信系统，通信控制方法及其中所用的基站和移动台	日本电气株式会社	日本	50

2013 年中国物联网产业的专利数量为 15 938 件，技术族群的分布及每个技术族群所包含的专利数量如表 5-18 和图 5-8 所示。2013 年的技术族群分布在 8 个领域：信道类型、消息传输、传输速率、网络配置、网络寻址、授权认证、通信接收和分配算法。

表 5-18　2013 年中国物联网产业技术族群及专利数量

序号	技术族群		专利数量/件	比例/%
	名称	内容		
1	信道类型	业务信道 | 公共信道 | 接入信道 | 信道配置	3400	21.3
2	消息传输	消息传输 | 呼叫建立 | 分组数据协议 | 本地接入	2523	15.8
3	传输速率	训练序列 | AWGN | 信道均衡 | 码片速率	2328	14.6

续表

序号	技术族群		专利数量/件	比例/%
	名称	内容		
4	网络配置	TCP/UDP | 传输报文 | 路由配置 | 广播域	2146	13.5
5	网络寻址	本地资源 | 远程调用 | 服务器 IP 地址 | 策略配置	1792	11.2
6	授权认证	信息注册 | 用户鉴权 | 访问终端 | 授权认证	1614	10.1
7	通信接收	频移键控 | 射频接收机 | 发信机 | 接收基带	1285	8.1
8	分配算法	分簇 | 通信开销 | 分配算法 | 两跳	850	5.3

注：AWGN 为加性高斯白噪声，additive white Gaussian noise；因四舍五入，存在相加不等于 100%情况

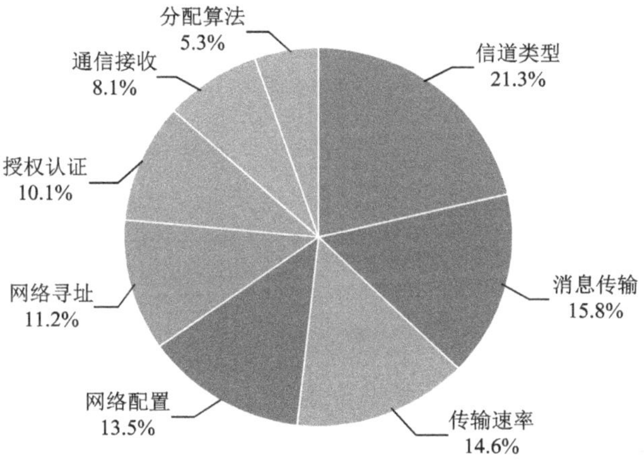

图 5-8 2013 年中国物联网产业技术族群分布比例

在这 8 个技术族群中，专利授权量最多的技术族群是信道类型，专利数量为 3400 件，所占比例为 21.3%。专利授权量在 2000～3000 件的技术族群是消息传输、传输速率和网络配置，专利数量分别为 2523 件、2328 件和 2146 件，所占比例在 13%～16%。专利授权量在 1000～2000 件的技术族群是网络寻址、授权认证和通信接收，专利数量分别为 1792 件、1614 件和 1285 件，所占比例在 8%～12%。专利授权量最少的技术族群是分配算法，专利数量和所占比例分别为 850 件和 5.3%。

表 5-19 为 2013 年中国物联网产业被引用量排名前 10 的专利。从这些专利的名称和内容来看，主要关联网络拓扑、码分多址和数据传输方法等；从专利权人来看，有 5 家公司；从专利权人所属国家来看，9 件专利的专利权人所属国家都是美国，另外 1 件专利属于中国；从专利被引用量来看，都在 60 次以上，最多的一件专利被引用量为 121 次。

表 5-19　2013 年中国物联网产业被引用量排名前 10 的专利

序号	专利号	专利名称	专利权人	所属国家	被引用量/次
1	CN102017692	在无线中继通信网络中用于网络拓扑结构重构的方法和装置	上海贝尔股份有限公司	中国	121
2	CN1917389	用短代码控制码分多址系统中初始功率提升的方法	交互数字技术公司	美国	101
3	CN1917391	用短代码控制码分多址系统中初始功率提升的方法	交互数字技术公司	美国	101
4	CN1728588	用短代码控制码分多址系统中初始功率提升的方法	交互数字技术公司	美国	101
5	CN102083185	一种码分多址通信单元	交互数字技术公司	美国	101
6	CN101772178	用于传输服务数据的方法以及所使用的基站和用户设备	美商内数位科技公司	美国	98
7	CN101790244	用于传输服务数据的方法和无线通信系统以及节点 B 和 RNC	美商内数位科技公司	美国	98
8	CN101536579	演进节点 B 间切换方法和装置	高通公司	美国	78
9	CN101523947	在无线通信系统中在控制信道中的无线电资源指配	摩托罗拉移动控股公司	美国	68
10	CN101326849	用于多播服务的邻近协助组合的设备和方法	摩托罗拉移动控股公司	美国	63

注：RNC 表示 radio network controller，无线网络控制器

2014 年中国物联网产业的专利数量为 16 130 件，技术族群的分布及每个技术族群所包含的专利数量如表 5-20 和图 5-9 所示。2014 年的技术族群分布在 8 个领域：信道类型、网络配置、终端应用、传输速率、消息传输、消息通信、数据传输和分配算法。

表 5-20　2014 年中国物联网产业技术族群及专利数量

序号	技术族群		专利数量/件	比例/%
	名称	内容		
1	信道类型	业务信道 | 公共信道 | 接入信道 | 信道配置	3690	22.9
2	网络配置	节点设备 | 传输报文 | 路由配置 | 策略路由	2472	15.3
3	终端应用	返回用户 | 服务器交互 | 获取访问 | 邮件系统	2163	13.4
4	传输速率	AWGN | 信道均衡 | 符号速率 | 码片速率	2142	13.3
5	消息传输	消息传输 | 管理实体 | 分组数据协议 | 本地业务	1823	11.3
6	消息通信	交换消息 | 特定网络 | 设备共享 | 消息通信	1813	11.2
7	数据传输	双向数据传输 | 通讯通道 | 串口设备 | 数据交换模块	1019	6.3
8	分配算法	节点数目 | 分簇 | 通信开销 | 分配算法	1008	6.2

注：因四舍五入，存在相加不等于 100%情况

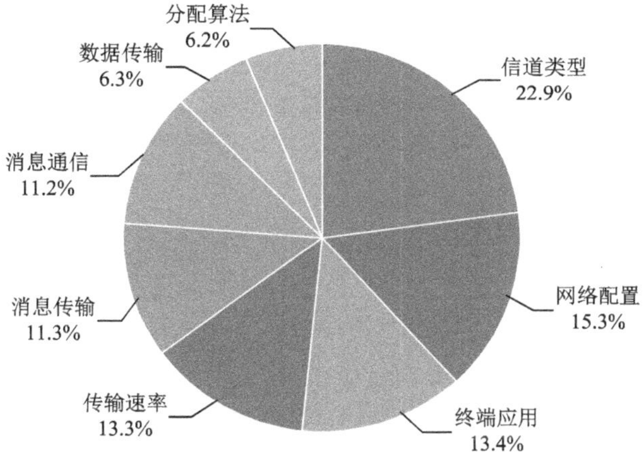

图 5-9 2014 年中国物联网产业技术族群分布比例

在这 8 个技术族群中，专利授权量最多的技术族群是信道类型，专利数量为 3690 件，所占比例为 22.9%。专利授权量在 2000～3000 件的技术族群是网络配置、终端应用和传输速率，专利数量分别为 2472 件、2163 件和 2142 件，所占比例在 13%～16%。专利授权量在 1000～2000 件的技术族群是消息传输、消息通信、数据传输和分配算法，专利数量分别为 1823 件、1813 件、1019 件和 1008 件，所占比例在 6%～12%。

表 5-21 为 2014 年中国物联网产业被引用量排名前 10 的专利。从这些专利的名称和内容来看，主要关联通信设备、无线通信方法和系统等；从专利权人来看，有 4 家公司；从专利权人所属国家来看，10 件专利的专利权人所属国家都是美国；从专利被引用量来看，都在 50 次以上，最多的一件专利被引用量为 101 次。

表 5-21 2014 年中国物联网产业被引用量排名前 10 的专利

序号	专利号	专利名称	专利权人	所属国家	被引用量/次
1	CN102083190	一种码分多址用户单元	交互数字技术公司	美国	101
2	CN101453303	用于确定信令开销和无线电资源利用的方法、基站和用户设备移动终端	英特尔	美国	79
3	CN101056159	在高速共享控制信道中接收数据的用户设备与方法	英特尔	美国	79
4	CN102065522	无线数据通信的分布式基础结构	高通公司	美国	74
5	CN101692744	在 CDMA 用户设备中建立与基站的连接的方法和 CDMA 用户设备	英特尔	美国	68
6	CN102438317	在无线通信系统中在控制信道中的无线电资源指配	摩托罗拉移动控股公司	美国	68
7	CN102349339	无线通信系统中的中继装置操作	摩托罗拉移动控股公司	美国	56

续表

序号	专利号	专利名称	专利权人	所属国家	被引用量/次
8	CN102106178	无线通信系统中的用于干扰减小的方法和装置	摩托罗拉移动控股公司	美国	56
9	CN102415176	在无线通信系统中用信号通知特定类型的资源元素的方法	摩托罗拉移动控股公司	美国	56
10	CN101785348	用于频分复用的无线系统中的发射功率校准的方法和装置	摩托罗拉移动控股公司	美国	56

注：CDMA 表示 code division multiple access，码分多址

2015 年中国物联网产业的专利数量为 18 869 件，技术族群的分布及每个技术族群所包含的专利数量如表 5-22 和图 5-10 所示。2015 年的技术族群分布在 8 个领域：信道类型、网络配置、终端应用、消息通信、传输速率、远程访问、消息传输和通信通道。

表 5-22　2015 年中国物联网产业技术族群及专利数量

序号	技术族群		专利数量/件	比例/%
	名称	内容		
1	信道类型	业务信道 | 信道分配 | 公共信道 | 信道配置	4132	21.9
2	网络配置	节点设备 | 转发策略 | 路由配置 | 广播域	2954	15.7
3	终端应用	发送邮件 | 返回用户 | 服务器交互 | 授权认证	2152	11.4
4	消息通信	交换消息 | 特定网络 | 设备共享 | 消息通信	2145	11.4
5	传输速率	AWGN | 信道均衡 | 符号速率 | 码片速率	2126	11.3
6	远程访问	服务器配置 | 访问方式 | 远程调用 | 策略配置	2101	11.1
7	消息传输	消息传输 | 分组数据协议 | 请求业务 | 本地业务	1982	10.5
8	通信通道	通信链路 | 通信方法 | 数据回传 | 通信通道	1277	6.8

注：因四舍五入，存在相加不等于 100%情况

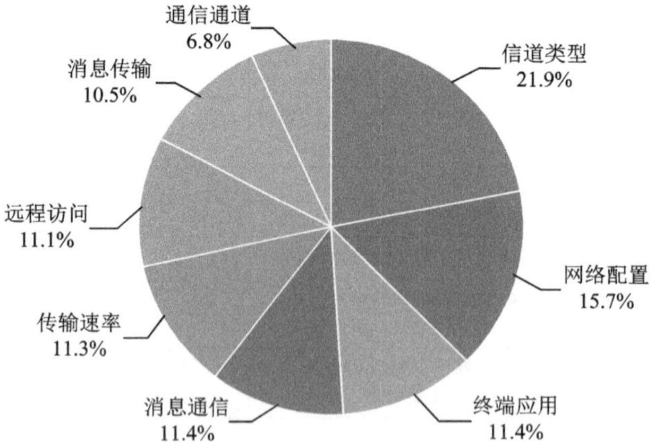

图 5-10　2015 年中国物联网产业技术族群分布比例

在这 8 个技术族群中，专利授权量最多的技术族群是信道类型，专利数量为 4132 件，所占比例为 21.9%。专利授权量在 2000～3000 件的技术族群是网络配置、终端应用、消息通信、传输速率和远程访问，专利数量分别为 2954 件、2152 件、2145 件、2126 件和 2101 件，所占比例在 11%～16%。专利授权量在 1000～2000 件的技术族群是消息传输和通信通道，专利数量分别为 1982 件和 1277 件，所占比例在 6%～11%。

表 5-23 为 2015 年中国物联网产业被引用量排名前 10 的专利。从这些专利的名称和内容来看，主要关联无线通信系统、链路传输等；从专利权人来看，有 3 家公司；从专利权人所属国家来看，10 件专利的专利权人所属国家都是美国；从专利被引用量来看，都在 50 次及以上，最多的被引用量是 68 次。

表 5-23 2015 年中国物联网产业被引用量排名前 10 的专利

序号	专利号	专利名称	专利权人	所属国家	被引用量/次
1	CN102143435	无线通信系统中的调度	摩托罗拉移动控股公司	美国	68
2	CN102572942	在无线通信系统中在控制信道中的无线电资源指配	摩托罗拉移动控股公司	美国	68
3	CN102547849	在无线通信系统中在控制信道中的无线电资源指配	摩托罗拉移动控股公司	美国	68
4	CN102893674	在无线通信系统中的载波聚合期间最小化测量	摩托罗拉移动控股公司	美国	67
5	CN102387581	用于针对多载波上行链路传输提供控制信息的方法和 WTRU	交互数字专利控股公司	美国	62
6	CN102282903	使用多个上行链路载波处理上行链路传输	交互数字专利控股公司	美国	62
7	CN102461292	用于 OTDOA 测量的方法	摩托罗拉移动控股公司	美国	56
8	CN102422556	用于多天线上行链路传输的方法	摩托罗拉移动控股公司	美国	56
9	CN102349346	无线通信系统中的资源分配	摩托罗拉移动控股公司	美国	56
10	CN1968446	传输高速数据的可变速率无线信道的帧结构	苹果公司	美国	50
11	CN102577540	来自连接到微小区的无线通信设备的上行链路干扰的减轻	摩托罗拉移动控股公司	美国	50

注：WTRU 表示 wireless transmit receive unit，无线发射接收单元；OTDOA 表示 observed time difference of arrival，观测到达时间差

2016 年中国物联网产业的专利数量为 20 852 件，技术族群的分布及每个技术族群所包含的专利数量如表 5-24 和图 5-11 所示。2016 年的技术族群分布在 8 个领域：信道类型、网络配置、终端应用、远程访问、消息通信、消息传输、传输速率和通信链路。

表 5-24　2016 年中国物联网产业技术族群及专利数量

序号	技术族群		专利数量/件	比例/%
	名称	内容		
1	信道类型	业务信道 | 信道分配 | 公共信道 | 信道配置	4289	20.6
2	网络配置	节点设备 | 转发策略 | 路由配置 | 广播域	3128	15.0
3	终端应用	发送邮件 | 返回用户 | 终端登录 | 授权认证	2853	13.7
4	远程访问	服务器配置 | 访问方式 | 远程调用 | 策略配置	2517	12.1
5	消息通信	交换消息 | 设备共享 | 消息通信 | 网络站点	2346	11.3
6	消息传输	消息传输 | 分组数据协议 | 本地业务 | 本地接入	2153	10.3
7	传输速率	AWGN | 多径信道 | 信道均衡 | 符号速率	2115	10.1
8	通信链路	双向数据传输 | 通信链路 | 数据回传 | 通信通道	1451	7.0

注：因四舍五入，存在相加不等于 100%情况

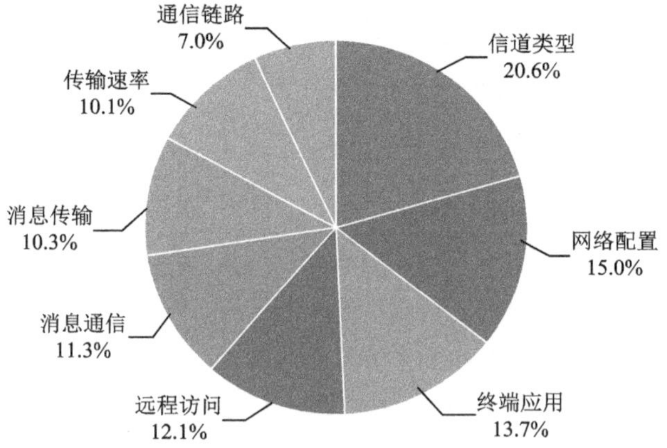

图 5-11　2016 年中国物联网产业技术族群分布比例

在这 8 个技术族群中，专利授权量最多的技术族群是信道类型和网络配置，专利数量分别为 4289 件和 3128 件，所占比例分别为 20.6%和 15.0%。专利授权量在 2000～3000 件的技术族群是终端应用、远程访问、消息通信、消息传输和传输速率，专利数量分别为 2853 件、2517 件、2346 件、2153 件和 2115 件，所占比例在 10%～14%。专利授权量在 1000～2000 件的技术族群是通信链路，专利数量和所占比例分别为 1451 件和 7%。

表 5-25 为 2016 年中国物联网产业被引用量排名前 10 的专利(因为并列排名，共有 15 件专利)。从这些专利的名称和内容来看，主要关联无线通信网络、网络分配和调度和链路传输等；从专利权人来看，有 8 家公司；从专利权人所属国家来看，11 件专利的专利权人所属国家都是美国，其他国家有日本、加拿大和韩国；从专利被引用量来看，都在 30 次及以上，最多的被引用量是 56 次。

表 5-25 2016 年中国物联网产业被引用量排名前 10 的专利

序号	专利号	专利名称	专利权人	所属国家	被引用量/次
1	CN103227702	用于接收多个传输块的无线发射/接收单元和方法	交互数字技术公司	美国	56
2	CN102870463	无线通信网络中载波聚合操作期间的切换	摩托罗拉移动控股公司	美国	50
3	CN102948205	用于在无线网络中发起通信的方法、系统和设备	英特尔	美国	44
4	CN103313370	用于传送和/或使用传输功率信息的方法和设备	高通公司	美国	44
5	CN103125129	移动通信系统、移动站、交换站及移动站的位置登记方法	日本电气株式会社	日本	42
6	CN103220807	采用快速指示的上行调度和资源分配	黑莓有限公司	加拿大	39
7	CN103259633	用于动态分配 HARQ 进程的方法和接入点	交互数字技术公司	美国	38
8	CN101779405	用于管理确认的方法	摩托罗拉移动控股公司	美国	32
9	CN103178884	多输入多输出（multiple-in multiple-out，MIMO）发射机、设备、系统及在无线网络中进行通信的方法	英特尔	美国	32
10	CN101861746	解决节点标识符混淆	高通公司	美国	30
11	CN102405610	在无线通信系统中使用中继节点的方法	LG 电子株式会社	韩国	30
12	CN103262624	用于在上行链路多输入多输出传输期间辅助控制信道提升的系统和方法	高通公司	美国	30
13	CN103262623	用于上行链路多输入多输出传输中的外环及内环功率控制的系统和方法	高通公司	美国	30
14	CN102395164	无线传输/接收单元及由无线传输/接收单元执行的方法	英特尔	美国	30
15	CN103327536	在无线通信系统中发送缓冲器状态报告的方法	LG 电子株式会社	韩国	30

注：HARQ 表示 hybrid automatic repeat request，混合自动重传要求

2017 年中国物联网产业的专利数量为 21 016 件，技术族群的分布及每个技术族群所包含的专利数量如表 5-26 和图 5-12 所示。2017 年的技术族群分布在 8 个领域：网络配置、信道类型、远程访问、终端应用、消息通信、传输速率、授权认证和分配算法。

表 5-26 2017 年中国物联网产业技术族群及专利数量

序号	技术族群		专利数量/件	比例/%
	名称	内容		
1	网络配置	获取 IP | 二层网络 | 路由配置 | 广播域	3914	18.6
2	信道类型	业务信道 | 公共信道 | 接入信道 | 信道配置	3697	17.6

续表

序号	技术族群		专利数量/件	比例/%
	名称	内容		
3	远程访问	访问方式 | 用户层 | 远程调用 | 配置管理模块	3041	14.5
4	终端应用	服务器交互 | 服务设备 | 查询获取 | 即时通信系统	2537	12.1
5	消息通信	交换消息 | 特定网络 | 设备共享 | 消息通信	2230	10.6
6	传输速率	AWGN | 信道均衡 | 符号速率 | 码片速率	2188	10.4
7	授权认证	验证签名 | 非对称密钥 | 用户口令 | 授权认证	1749	8.3
8	分配算法	分簇 | 通信开销 | 分配算法 | 融合中心	1660	7.9

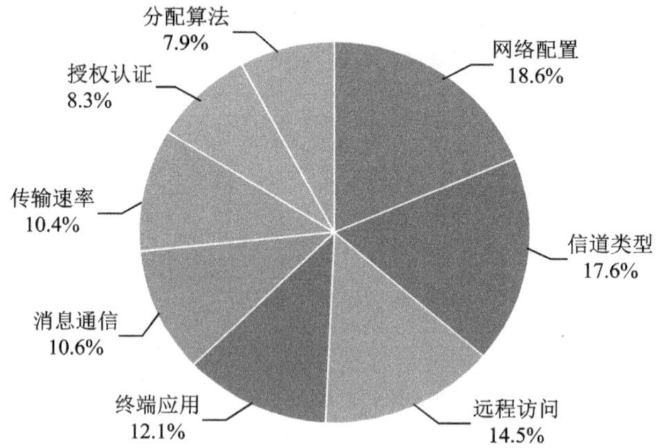

图 5-12　2017 年中国物联网产业技术族群分布比例

在这 8 个技术族群中，专利授权量在 3000 件以上的技术族群是网络配置、信道类型和远程访问，专利数量分别为 3914 件、3697 件和 3041 件，所占比例在 14%～19%。专利授权量在 2000～3000 件的技术族群是终端应用、消息通信和传输速率，专利数量分别为 2537 件、2230 件和 2188 件，所占比例在 10%～13%。专利授权量在 1000～2000 件的技术族群是授权认证和分配算法，专利数量分别为 1749 件和 1660 件，所占比例分别为 8.3%和 7.9%。

表 5-27 为 2017 年中国物联网产业被引用量排名前 10 的专利（因为并列排名，共有 15 件专利）。从这些专利的名称和内容来看，主要关联控制系统、虚拟网络、云平台、数据加密及处理和信息交流等；从专利权人来看，有 12 家公司和 3 家高校院所；从专利权人所属国家来看，10 件专利的专利权人所属国家都是中国，其他国家有美国、芬兰和法国；从专利被引用量来看，都在 2～3 次。

表 5-27 2017 年中国物联网产业被引用量排名前 10 的专利

序号	专利号	专利名称	专利权人	所属国家	被引用量/次
1	CN103916942	一种降低功耗的LEACH协议改进方法	安徽工程大学	中国	3
2	CN104335539	用于执行DIAMETER过载控制的系统	泰科来股份有限公司	美国	3
3	CN104081403	移动装置类型锁定	T移动美国公司	美国	2
4	CN103841179	云桌面系统	上海宝信软件股份有限公司	中国	2
5	CN103168445	用于虚拟网络中的可靠性和可用性设定的控制机制	诺基亚	芬兰	2
6	CN102077490	用于提供飞行中宽带移动通信服务的系统和方法	阿尔卡特朗讯	法国	2
7	CN104199425	一种智能农业监控预警系统及方法	中国农业科学院农业信息研究所	中国	2
8	CN104486445	一种基于云平台的分布式可扩展资源监控系统	北京天云融创软件技术有限公司	中国	2
9	CN103425656	商品信息的搜索方法、服务器和终端	阿里巴巴集团控股有限公司	中国	2
10	CN104320262	基于加密数字货币公开账本技术的用户公钥地址绑定、检索和校验的方法及系统	中国科学院合肥物质科学研究院	中国	2
11	CN104463661	交易数据的处理方法和系统	腾讯科技（深圳）有限公司	中国	2
12	CN103460648	用于在Diameter信令路由器（DSR）内屏蔽Diameter消息的方法和系统	泰克莱克股份有限公司	美国	2
13	CN103269308	一种用于发布通信群组交流信息的方法及系统	北京奇虎科技有限公司 | 奇智软件（北京）有限公司	中国	2
14	CN103701926	一种获取故障原因信息的方法、装置和系统	小米科技有限责任公司	中国	2
15	CN103117924	一种保护倒换方法和设备	新华三技术有限公司	中国	2

注：DSR 表示 data set ready，数据准备就绪

2018 年中国物联网产业的专利数量为 27 111 件，技术族群的分布及每个技术族群所包含的专利数量如表 5-28 和图 5-13 所示。2018 年的技术族群分布在 8 个领域：网络配置、信道类型、远程访问、终端设备、多径信道、授权认证、消息通信和消息传输。

表 5-28 2018 年中国物联网产业技术族群及专利数量

序号	技术族群		专利数量/件	比例/%
	名称	内容		
1	网络配置	节点设备 | 转发策略 | 传输报文 | 路由配置	5032	18.6

续表

序号	技术族群		专利数量/件	比例/%
	名称	内容		
2	信道类型	业务信道 | 公共信道 | UE 传输 | 信道配置	4731	17.5
3	远程访问	服务器配置 | 访问方式 | 远程调用 | 策略配置	3753	13.8
4	终端设备	终端系统 | 关联设备 | 联网状态 | 移动终端信息	3069	11.3
5	多径信道	多径 | CIR | 多径信道 | AWGN 信道	2960	10.9
6	授权认证	私钥签名 | 用户口令 | 授权认证 | 身份证书	2594	9.6
7	消息通信	交换消息 | 特定网络 | 设备共享 | 消息通信	2515	9.3
8	消息传输	消息传输 | 请求接入 | 获取接入 | 本地业务	2457	9.1

注：UE 表示 user equipment，用户设备；CIR 表示 committed information rate，承诺信息速率；因四舍五入，存在相加不等于 100%情况

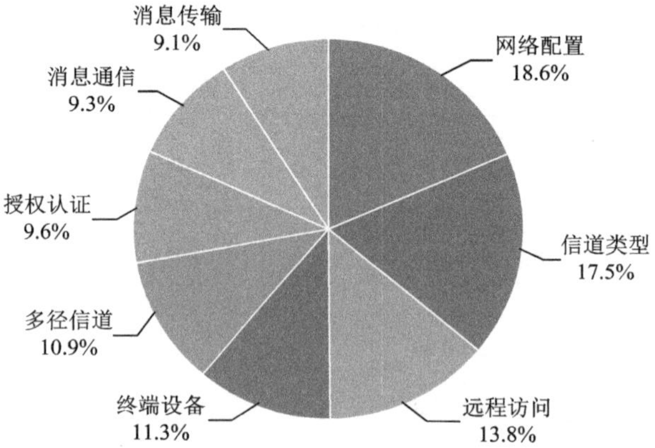

图 5-13　2018 年中国物联网产业技术族群分布比例

在这 8 个技术族群中，专利授权量最多的技术族群是网络配置和信道类型，专利数量分别是 5032 件和 4731 件，所占比例分别是 18.6%和 17.5%。在 3000 件以上的技术族群是远程访问和终端设备，专利数量分别为 3753 件和 3069 件，所占比例分别为 13.8%和 11.3%。专利授权量在 2000～3000 件的技术族群是多径信道、授权认证、消息通信和消息传输，专利数量分别为 2960 件、2594 件、2515 件和 2457 件，所占比例在 9%～11%。

表 5-29 为 2018 年中国物联网产业被引用量排名前 10 的专利（因为并列排名，共有 23 件专利）。从这些专利的名称和内容来看，主要关联无线通信与无线传输、云存储、虚拟网络、网络安全等；从专利权人来看，有 17 家公司和 6 家高校院所；从专利权人所属国家来看，主要来自中国，其他国家有美国、日本和荷兰；从专利被引用量来看，都只有 1 次。

表 5-29 2018 年中国物联网产业被引用量排名前 10 的专利

序号	专利号	专利名称	专利权人	所属国家	被引用量/次
1	CN104335619	电信设备功能的远程解锁	T 移动美国公司	美国	1
2	CN104469940	一种基于无线路由器的无线终端设备的定位方法和系统	上海斐讯数据通信技术有限公司	中国	1
3	CN104471974	动态地控制无线电接入网络中拥塞的方法、系统和计算机可读介质	泰科来股份有限公司	美国	1
4	CN104469737	一种嵌入式通用集成电路卡及其用户签约信息激活方法	中国联合网络通信集团有限公司	中国	1
5	CN103947229	用于地理围栏管理的方法及/或设备	高通公司	美国	1
6	CN105188106	一种无线能量传输供电的中继系统的能量合作方法	浙江大学	中国	1
7	CN104023246	一种视频数据私有云存储系统和视频数据私有云存储方法	深圳英飞拓科技股份有限公司	中国	1
8	CN104735153	一种资源推送和获取的方法及装置	百度在线网络技术（北京）有限公司	中国	1
9	CN104394140	一种基于 SDN 的虚拟网络优化方法	南京邮电大学	中国	1
10	CN105144121	高速缓存内容可寻址数据块以供存储虚拟化	微软技术许可有限责任公司	美国	1
11	CN106464699	无线通信设备、近场无线通信设备、无线通信方法和近场无线通信方法	NEC 平台株式会社	日本	1
12	CN102638459	认证信息传输系统、认证信息传输服务平台及传输方法	腾讯科技（深圳）有限公司	中国	1
13	CN105282790	一种适用于异构网络的负载均衡方法及基站	普天信息技术有限公司	中国	1
14	CN107276770	一种无线路由自动关闭方法	北京百卓网络技术有限公司	中国	1
15	CN104901812	一种 ECC 结合轻量级 Hash 函数的 RFID 系统安全认证方法	四川理工学院	中国	1
16	CN104572279	一种支持节点绑定的虚拟机动态调度方法	国云科技股份有限公司	中国	1
17	CN104660582	DDoS 识别、防护和路径优化的软件定义的网络架构	南京晓庄学院	中国	1
18	CN105007224	一种 SDN 网络和 IP 网络互联通信系统、通信方法	清华大学	中国	1
19	CN104506529	网站防护方法和装置	北京奇安信科技有限公司	中国	1
20	CN104322002	更新密钥信息	爱迪德技术有限公司	荷兰	1
21	CN102958084	一种时延差的纠正方法和系统	中兴通讯	中国	1
22	CN104104468	一种上下行配置信息传输方法和设备	电信科学技术研究院	中国	1
23	CN105009541	一种低码率的编码方法和设备	华为	中国	1

注：SDN 表示 software defined network，软件定义网络；ECC 表示 error correcting code，误差校正码；DDoS 表示 distributed denial of service，分布式拒绝服务攻击

2019 年中国物联网产业的专利数量为 34 617 件，技术族群的分布及每个技术族群所包含的专利数量如表 5-30 和图 5-14 所示。2019 年的技术族群分布在 8 个领域：网络配置、信道类型、终端设备、访问授权、消息传输、分配算法、多径信道和消息通信。

表 5-30　2019 年中国物联网产业技术族群及专利数量

序号	技术族群		专利数量/件	比例/%
	名称	内容		
1	网络配置	SNMP | 服务器 IP 地址 | 路由配置 | 业务单元	7965	23.0
2	信道类型	业务信道 | 公共信道 | UE 传输 | 信道配置	6011	17.4
3	终端设备	终端系统 | 本地终端 | 联网状态 | 共享设备	4512	13.0
4	访问授权	获取加密 | 获取访问 | 设备序列号 | 授权认证	4245	12.3
5	消息传输	消息传输 | 发送信令 | 获取接入 | 组通信	3144	9.1
6	分配算法	分簇 | 分配算法 | 效用值 | 融合中心	3062	8.8
7	多径信道	AWGN | 误比特率 | 多径信道 | 信道均衡	2854	8.2
8	消息通信	交换消息 | 特定网络 | 设备共享 | 消息通信	2824	8.2

注：SNMP 表示 simple network management protocol，简单网络管理协议

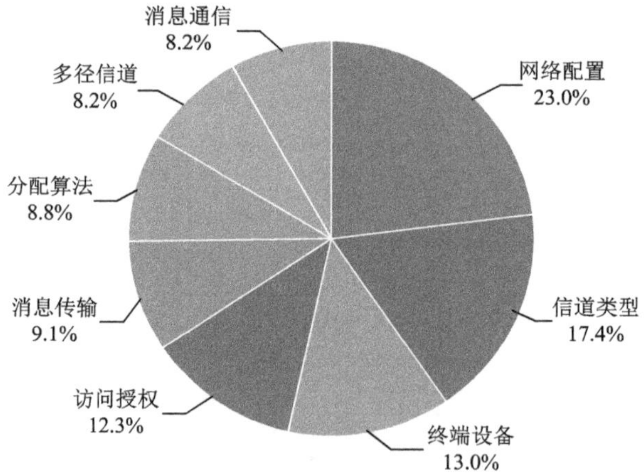

图 5-14　2019 年中国物联网产业技术族群分布比例

在这 8 个技术族群中，专利授权量最多的技术族群是网络配置和信道类型，专利数量分别是 7965 件和 6011 件，所占比例分别是 23%和 17.4%。专利授权量在 4000～5000 件的技术族群是终端设备和访问授权，专利数量分别为 4512 件和 4245 件，所占比例分别为 13%和 12.3%。专利授权量在 3000～4000 件的技术族群是消息传输和分配算法，专利数量分别为 3144 件和 3062 件，所占比例分别为

9.1%和 8.8%。专利授权量在 2000～3000 件的技术族群是多径信道和消息通信，专利数量分别为 2854 件和 2824 件，所占比例都是 8.2%。

表 5-31 为 2019 年中国物联网产业被引用量排名前列的专利（有被引用的专利只有 3 件）。从这几件专利的名称和内容来看，主要关联信息发送、载波聚合、信息传递方法和设备等；从专利权人来看，有 2 家公司和 1 家高校；从专利权人所属国家来看，都是中国；从专利被引用量来看，都是 1 次或 2 次。

表 5-31　2019 年中国物联网产业被引用量排名前 10 的专利

序号	专利号	专利名称	专利权人	所属国家	被引用量/次
1	CN106452709	发送分集的 OFDM-IM 调制方法	西安电子科技大学	中国	2
2	CN102387508	一种 LTE-A 系统中载波聚合的方法和装置	中兴通讯	中国	1
3	CN104254066	状态信息传递、去激活的方法、站点设备和终端设备	华为	中国	1

注：OFDM-IM 表示 orthogonal frequency division multiplexing-index modulation，正交频分复用索引调制；LTE-A 表示 long term evolution-advanced，长期演进技术升级版

5.3.4 基于专利分析的美国物联网产业与技术族群关联分析

5.3.4.1 美国物联网产业发明专利授权趋势

图 5-15 为美国物联网产业发明专利授权趋势图。从图中可以看出，在 2010～2013 年，美国物联网产业发明专利授权量增长缓慢，年平均增长率为 6.6%。2013～2015 年，发明专利授权量出现大幅增长，2014 年和 2015 两年的年均增长率达到了 40%。2016～2017 年，发明专利授权量增长幅度较为缓慢，年均增长率为 9.1%。

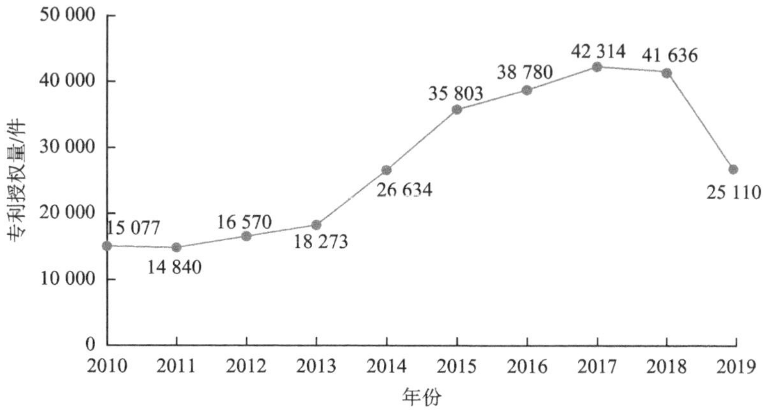

图 5-15　美国物联网产业发明专利授权趋势

2018 年发明专利授权量出现了小幅下降，数量从 2017 年的 42 314 件下降到了 41 636 件。2019 年下降幅度非常大，相比 2018 年下降了 37.2%，授权量只有 25 110 件。从总的趋势来看，2010～2017 年，美国物联网产业发明专利授权量经历了缓慢增长、快速增长到较为缓慢增长的阶段，2018 年和 2019 年出现的下降可能是因为这两年的专利授权尤其是 2019 年还没有完全公开，数据不完整导致授权量出现下降的情况。

5.3.4.2　美国物联网产业重要专利权人

表 5-32 为美国物联网产业排名前 20 的专利权人及其所属国家、专利权人类型、发明专利量及其所占比例。这 20 位专利权人全部为企业，在这 20 家企业中，美国的企业占到了 11 家，日本企业 3 家，韩国企业 2 家，瑞典、中国、芬兰、加拿大企业各 1 家。从这前 20 位专利权人来看，美国的企业数量还是占到了绝对比例。物联网发明专利最多的两家企业是 IBM 和高通公司，发明专利授权量都超过了 1 万件。其次是韩国的三星电子有限公司、瑞典的爱立信、韩国的 LG 电子株式会社、中国的华为和芬兰的诺基亚，排名前十位的美国公司还有英特尔、美国电话电报公司和思科公司。

表 5-32　美国物联网产业排名前 20 的专利权人

序号	专利权人	专利权人所属国家	专利权人类型	发明专利量/件（所占比例/%）
1	IBM	美国	企业	12 484（4.5）
2	高通公司	美国	企业	10 577（3.8）
3	三星电子有限公司	韩国	企业	9 689（3.5）
4	爱立信	瑞典	企业	9 085（3.3）
5	LG 电子株式会社	韩国	企业	8 709（3.2）
6	华为	中国	企业	7 834（2.8）
7	诺基亚	芬兰	企业	7 410（2.7）
8	英特尔	美国	企业	6 729（2.4）
9	美国电话电报	美国	企业	6 174（2.2）
10	思科系统	美国	企业	6 057（2.2）
11	微软	美国	企业	5 586（2.0）
12	博通	美国	企业	4 292（1.6）
13	富士通	日本	企业	4 281（1.6）
14	谷歌	美国	企业	4 215（1.5）

续表

序号	专利权人	专利权人所属国家	专利权人类型	发明专利量/件（所占比例/%）
15	索尼	日本	企业	4 049（1.5）
16	黑莓	加拿大	企业	3 828（1.4）
17	戴尔	美国	企业	3 444（1.2）
18	威瑞森	美国	企业	3 290（1.2）
19	苹果	美国	企业	3 276（1.2）
20	日本电气株式会社	日本	企业	3 246（1.2）

5.3.4.3 美国物联网产业涉及主要技术领域

表 5-33 为美国物联网产业排名前 20 的国际专利分类小类，与物联网相关的国际专利分类主要是 G 部（物理）和 H 部（电学）。发明专利授权量最多的国际专利分类小类是 H04L（数字信息的传输，如电报通信），有 209 444 件专利；其次是 H04W（无线通信网络），有 123 542 件专利。物联网发明专利授权量在 1 万件以上的国际专利分类小类还有 G06F（电数字数据处理）、H04B（传输）、H04M（电话通信）、H04J（多路复用通信）、G06Q（专门适用于行政、商业、金融、管理、监督或预测目的的数据处理系统或方法）、H04N（图像通信）。其他排在前 20 的国际专利分类小类发明专利授权量在 2000～5000 件。

表 5-33 美国物联网产业排名前 20 的国际专利分类小类

序号	国际专利分类小类	国际专利分类号含义	发明专利量/件
1	H04L	数字信息的传输，如电报通信	209 444
2	H04W	无线通信网络	123 542
3	G06F	电数字数据处理	88 126
4	H04B	传输	41 289
5	H04M	电话通信	23 881
6	H04J	多路复用通信	18 081
7	G06Q	专门适用于行政、商业、金融、管理、监督或预测目的的数据处理系统或方法	17 101
8	H04N	图像通信	15 670
9	G06K	数据识别；数据表示；记录载体；记录载体的处理	4 650
10	H04Q	选择	4 489

续表

序号	国际专利分类小类	国际专利分类号含义	发明专利量/件
11	G01S	无线电定向	4 358
12	G08B	信号装置或呼叫装置	3 826
13	G01R	测量电变量；测量磁变量	3 809
14	H03M	一般编码，译码或代码转换	3 667
15	G08C	测量值，控制信号或类似信号的传输系统	3 525
16	H04K	保密通信	3 403
17	H04H	广播通信	3 331
18	G05B	一般的控制或调节系统；这种系统的功能单元；用于这种系统或单元的监视或测试装置	2 369
19	G01C	测量距离，水准或者方位；勘测；导航；陀螺仪；摄影测量学或视频测量学	2 054
20	H03K	脉冲技术	2 033

5.3.4.4 美国物联网产业的技术族群分布

下面按照年份来分析美国物联网产业的技术族群分布，并从年度专利数量比例的变化来研究技术族群的变化趋势。

2010 年美国物联网产业的专利数量为 15 077 件，技术族群的分布及每个技术族群所包含的专利数量如表 5-34 和图 5-16 所示。2010 年的技术族群分布在 8 个领域：通信连接、客户系统、消息交换、传输速率、网络信道、连接设备、访问授权和数据串流。

表 5-34 2010 年美国物联网产业技术族群及专利数量

序号	技术族群		专利数量/件	比例/%
	名称	内容		
1	通信连接	传递消息 | 管理协议 | 通信流 | 虚拟连接	2964	19.7
2	客户系统	系统访问 | 目录服务 | 电子邮件系统 | 网络站点	2114	14.0
3	消息交换	交换消息 | 消息流 | 服务连接 | 呼叫服务器	1984	13.2
4	传输速率	相移键控 | 符号速率 | 码片速率 | CDMA 信号	1948	12.9
5	网络信道	特定信道 | 分配时隙 | 主信道 | 空中链路	1858	12.3
6	连接设备	通信链接 | 电话连接 | 设备共享 | 终端用户设备	1528	10.1
7	访问授权	授权访问 | 访问授权 | 私人密钥 | 专用密钥	1362	9.0
8	数据串流	串行化 | FIFO 缓冲器 | 突发长度 | 数据串流	1319	8.7

注：FIFO 表示 first input first output，先进先出；因四舍五入，存在相加不等于 100%情况

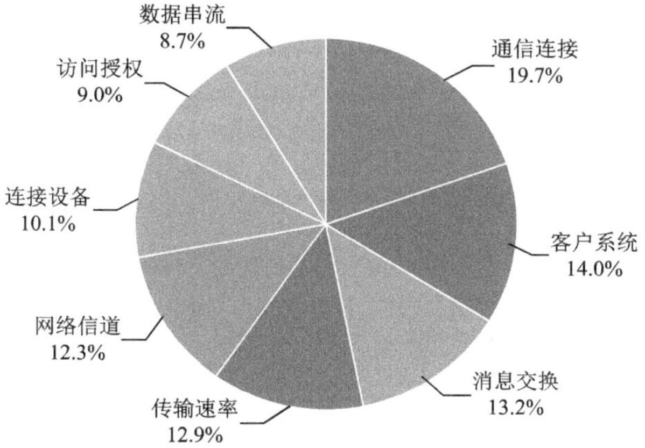

图 5-16 2010 年美国物联网产业技术族群分布比例

在这 8 个技术族群中，专利授权量在 2000 件以上的技术族群是通信连接和客户系统，专利数量分别为 2964 件和 2114 件，所占比例分别为 19.7%和 14%。专利授权量在 1500～2000 件的技术族群是消息交换、传输速率、网络信道和连接设备，专利数量分别为 1984 件、1948 件、1858 件和 1528 件，所占比例在 10%～14%。专利授权量在 1300～1400 件的技术族群是访问授权和数据串流，专利数量分别为 1362 件和 1319 件，所占比例在 8%～9%。

表 5-35 为 2010 年美国物联网产业被引用量排名前 10 的专利。从这些专利的名称和内容来看，主要关联集成电路、身份认证和信息处理等；从专利权人来看，有 9 件专利都属于同一家公司 Silverbrook Research Pty Ltd；从专利权人所属国家来看，9 件专利的专利权人所属国家都是澳大利亚，另外一家公司所属国家是美国；从专利被引用量来看，都在 500 次以上。

表 5-35 2010 年美国物联网产业被引用量排名前 10 的专利

序号	专利号	专利名称	中文名称	专利权人	所属国家	被引用量/次
1	US7783886	multi-level boot hierarchy for software development on an integrated circuit	集成电路上软件开发的多级引导层次结构	Silverbrook Research Pty Ltd	澳大利亚	860
2	US7831827	authenticated communication between multiple entities	多个实体之间已通过身份认证	Silverbrook Research Pty Ltd	澳大利亚	773
3	US7818519	timeslot arbitration scheme	时隙仲裁方案	Silverbrook Research Pty Ltd	澳大利亚	769
4	US7660998	relatively unique ID in integrated circuit	集成电路中相对唯一的 ID	Silverbrook Research Pty Ltd	澳大利亚	766
5	US7770008	embedding data and information related to function with which data is associated into a payload	将与数据关联到的功能相关的数据和信息嵌入到有效载荷中	Silverbrook Research Pty Ltd	澳大利亚	765

续表

序号	专利号	专利名称	中文名称	专利权人	所属国家	被引用量/次
6	US7707621	creation and usage of mutually exclusive messages	创建和使用互斥信息	Silverbrook Research Pty Ltd	澳大利亚	754
7	US7757086	key transportation	关键运输	Silverbrook Research Pty Ltd	澳大利亚	753
8	US7643894	audio network distribution system	音频网络分配系统	Netstreams LLC	美国	692
9	US7685423	validation protocol and system	验证协议和系统	Silverbrook Research Pty Ltd	澳大利亚	675
10	US7685424	validating untrusted objects and entities	验证不可信对象和实体	Silverbrook Research Pty Ltd	澳大利亚	583

注：ID 表示 identity document，身份标识号

2011 年美国物联网产业的专利数量为 14 840 件，技术族群的分布及每个技术族群所包含的专利数量如表 5-36 和图 5-17 所示。2011 年的技术族群分布在 8 个领域：通信连接、访问授权、消息交换、网络信道、通信设备、传输类型、传送信道和传输频率。

表 5-36　2011 年美国物联网产业技术族群及专利数量

序号	技术族群		专利数量/件	比例/%
	名称	内容		
1	通信连接	传递消息 | 管理协议 | 通信流 | 虚拟连接	2795	18.8
2	访问授权	访问权 | 授权访问 | 访问限制 | 访问授权	2269	15.3
3	消息交换	交换消息 | 特定网络 | 消息流 | 服务连接	2193	14.8
4	网络信道	特定信道 | 分配时隙 | 空中链路 | 用户台	2008	13.5
5	通信设备	设备共享 | 附加服务 | 终端用户设备 | 网络站点	1890	12.7
6	传输类型	AWGN | SISO | 调制类型 | 码片速率	1451	9.8
7	传送信道	传送分组 | 错误恢复 | 虚拟信道 | FIFO 缓冲器	1252	8.4
8	传输频率	模拟域 | 数字采样 | 正交相位 | 频率校正	982	6.6

注：SISO 表示 simple input simple output，单输入单输出；因四舍五入，存在相加不等于 100%情况

在这 8 个技术族群中，通信连接、访问授权、消息互换和网络信道专利数量分别为 2795 件、2269 件、2193 件和 2008 件，都在 2000 件以上，比例在 13%～19%；通信设备的专利数量为 1890 件，比例为 12.7%；传输类型和传送信道的专利数量为 1451 件和 1252 件，比例分别为 9.8%和 8.4%；传输频率的专利最少，数量和比例分别为 982 件和 6.6%。

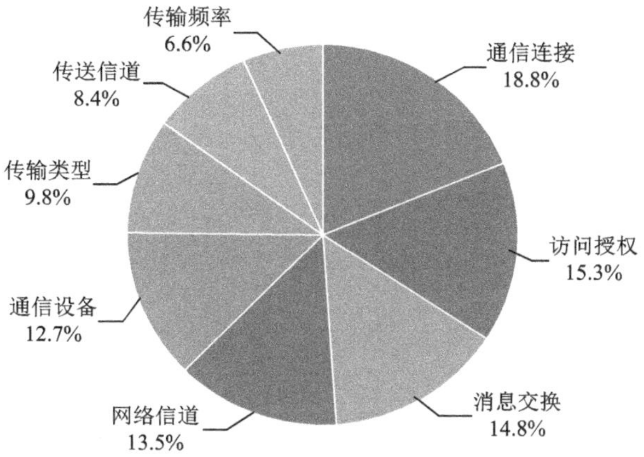

图 5-17 2011 年美国物联网产业技术族群分布比例

表 5-37 为 2011 年美国物联网产业被引用量排名前 10 的专利。从这些专利的名称和内容来看，主要关联服务器、网络通信及设备等；从专利权人来看，有 8 家公司和 1 位个人；从专利权人所属国家来看，8 件专利的专利权人所属国家都是美国，另外的两件专利分属于卢森堡和澳大利亚；从专利被引用量来看，都在 300 次以上。

表 5-37 2011 年美国物联网产业被引用量排名前 10 的专利

序号	专利号	专利名称	中文名称	专利权人	所属国家	被引用量/次
1	US8015495	centrifugal communication and collaboration method	离心通信和协作方法	Groupserve IT Trust LLC	美国	727
2	US8045952	method and device for obtaining playlist content over a network	通过网络获取播放列表内容的方法和设备	Horsham Enterprises，LLC	美国	690
3	US8014423	reference time distribution over a network	通过网络进行参考时间分配	SMSC Holdings S.a.r.l.	卢森堡	617
4	US8054832	methods and apparatus for routing between virtual resources based on a routing location policy	用于基于路由位置策略在虚拟资源之间进行路由的方法和设备	Juniper Networks，Inc.	美国	365
5	US8027354	network consolidation for virtualized servers	虚拟化服务器的网络整合	Cisco Technology，Inc.	美国	361
6	US7899915	method and apparatus for browsing using multiple coordinated device sets	用于使用多个协调的设备集浏览的方法和设备	Richard Reisman	美国	343
7	US8060652	extensible binary mark-up language for efficient XML-based data communications and related systems and methods	能够从内容服务器获得播放列表内容的互联网收音机的方法和设备	L-3 Communications Integrated Systems L.P.	美国	342
8	US7996836	using a hypervisor to provide computer security	使用管理程序来提供计算机安全	Symantec Corporation	美国	334
9	US7905401	pharmaceutical product tracking	药品跟踪	Silverbrook Research Pty Ltd	澳大利亚	325
10	US7948986	applying services within MPLS networks	在 MPLS 网络中应用服务	Juniper Networks，Inc.	美国	304

注：MPLS 表示 multi-protocol label switching，多协议标签交换

2012 年美国物联网产业的专利数量为 16 570 件，技术族群的分布及每个技术族群所包含的专利数量如表 5-38 和图 5-18 所示。2012 年的技术族群分布在 8 个领域：信道分配、通信连接、客户系统、消息交换、通信设备、传输速率、访问授权和数据串流。

表 5-38　2012 年美国物联网产业技术族群及专利数量

序号	技术族群		专利数量/件	比例/%
	名称	内容		
1	信道分配	信道分配 | 特定信道 | 分配信道 | 信道配置	2780	16.8
2	通信连接	传递消息 | 管理协议 | 通信流 | 虚拟连接	2504	15.1
3	客户系统	目录服务 | 电子邮件系统 | 网络站点 | 客户机系统	2496	15.1
4	消息交换	交换消息 | 特定网络 | 消息流 | 服务连接	2347	14.2
5	通信设备	无线链接 | 设备共享 | 本地无线 | 移动无线通信设备	1862	11.2
6	传输速率	符号速率 | 码片速率 | CDMA 信号 | RAKE 接收机	1844	11.1
7	访问授权	访问设备 | 授权访问 | 访问授权 | 专用密钥	1613	9.7
8	数据串流	串行数据流 | FIFO 缓冲器 | 突发长度 | 数据串流	1124	6.8

注：RAKE 接收机是一种能分离多径信号并有效合并多径信号能量的最终接收机

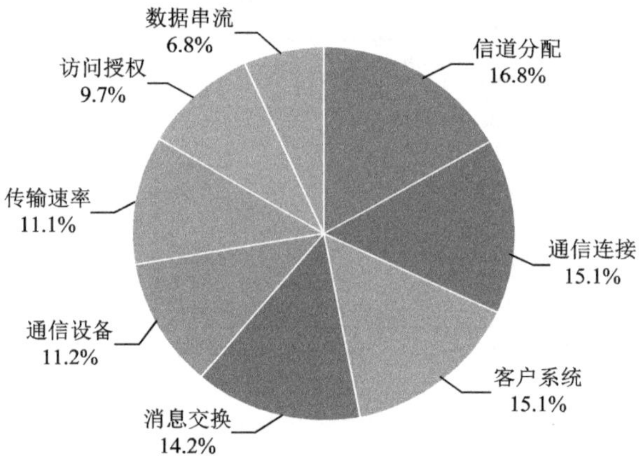

图 5-18　2012 年美国物联网产业技术族群分布比例

在这 8 个技术族群中，信道分配、通信连接、客户系统和消息互换专利数量分别为 2780 件、2504 件、2496 件和 2347 件，都在 2000 件以上，比例在 14%～17%；通信设备、传输速率和访问授权的专利数量分别为 1862 件、1844 件和 1613 件，比例为 11.2%、11.1%和 9.7%；数据串流的专利最少，数量和比例分别为 1124 件和 6.8%。

表 5-39 为 2012 年美国物联网产业被引用量排名前 10 的专利。从这些专利的

名称和内容来看，主要关联网络通信系统、通信设备、身份代理等；从专利权人来看，有 7 家公司和 7 位个人；从专利权人所属国家来看，9 件专利的专利权人所属国家都是美国，另外 1 件专利属于日本；从专利被引用量来看，都在 250 次以上。

表 5-39 2012 年美国物联网产业被引用量排名前 10 的专利

序号	专利号	专利名称	中文名称	专利权人	所属国家	被引用量/次
1	US8316237	system and method for secure three-party communications	用于安全三方通信的系统和方法	David P. Felsher，Robert H. Nagel，Steven M. Hoffberg	美国	467
2	US8122128	system for regulating access to and distributing content in a network	用于管理访问和分发网络内容的系统	Robert M. Burke Ⅱ，David Z. Carman	美国	432
3	US8339959	streamlined packet forwarding using dynamic filters for routing and security in a shared forwarding plane	使用动态过滤器在共享转发平面中进行路由和安全的流线型数据包转发	Juniper Networks，Inc.	美国	383
4	US8224971	using virtual networking devices and routing information to initiate external actions	使用虚拟网络设备和路由信息启动外部操作	Amazon Technologies，Inc.	美国	378
5	US8131390	network speaker for an audio network distribution system	音频网络分配系统的网络扬声器	Netstreams，LLC	美国	274
6	US8090616	visual identification information used as confirmation in a wireless communication	用作无线通信确认的视觉识别信息	James Arthur Proctor Jr.，James Arthur Proctor Ⅲ	美国	264
7	US8107925	portable base station device	便携式基站设备	NTT DoCoMo，Inc.	日本	260
8	US8266327	identity brokering in a network element	网络元素中的身份代理	Cisco Technology，Inc.	美国	258
9	US8140658	apparatus for internetworked wireless integrated network sensors（WINS）	互联网络无线集成网络传感器	Borgia/Cummins，LLC	美国	256
10	US8339994	defining an optimal topology for a group of logical switches	定义一组逻辑交换机的最佳拓扑结构	Brocade Communications Systems，Inc.	美国	253

2013 年美国物联网产业的专利数量为 18 273 件，技术族群的分布及每个技术族群所包含的专利数量如表 5-40 和图 5-19 所示。2013 年的技术族群分布在 8 个领域：通信连接、通信设备、终端链路、信道分配、传输速率、系统访问、访问授权和传送信道。

表 5-40　2013 年美国物联网产业技术族群及专利数量

序号	技术族群		专利数量/件	比例/%
	名称	内容		
1	通信连接	传递消息 | 管理协议 | 虚拟连接 | 网络网关	3173	17.4
2	通信设备	电话连接 | 设备共享 | 附加服务 | 终端用户设备	2567	14.0
3	终端链路	接入终端 | 直接链路 | 对等通信 | 空中链路	2550	14.0
4	信道分配	信道分配 | LTE 标准 | 执行信道 | 发送信道	2490	13.6
5	传输速率	相移键控 | 符号速率 | 码片速率 | CDMA 信号	2152	11.8
6	系统访问	系统访问 | 可访问性 | 目录服务 | 网络站点	1919	10.5
7	访问授权	访问设备 | 授权访问 | 访问授权 | 安全证书	1797	9.8
8	传送信道	数据包被 | 传送分组 | 分组报头 | 虚拟信道	1625	8.9

注：LTE 表示 long term evolution，长期演进技术

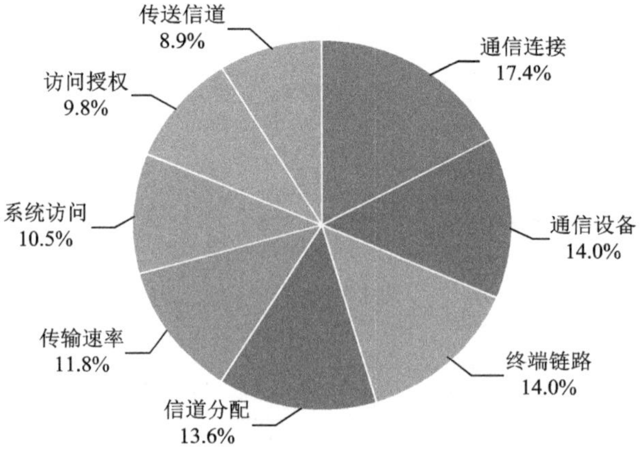

图 5-19　2013 年美国物联网产业技术族群分布比例

在这 8 个技术族群中，专利授权量在 2000 件以上的有通信连接、通信设备、终端链路、信道分配和传输速率，专利数量分别为 3173 件、2567 件、2550 件、2490 件和 2152 件，所占比例在 11%～18%；系统访问、访问授权和传送信道的专利数量分别为 1919 件、1797 件和 1625 件，比例为 10.5%、9.8%和 8.9%。

表 5-41 为 2013 年美国物联网产业被引用量排名前 10 的专利。从这些专利的名称和内容来看，主要关联信息发布、传输终端、通信安全等；从专利权人来看，有 8 家公司和 2 位个人；从专利权人所属国家来看，9 件专利的专利权人所属国家都是美国，另外 1 件专利属于韩国；从专利被引用量来看，都在 200 次以上。

表 5-41 2013 年美国物联网产业被引用量排名前 10 的专利

序号	专利号	专利名称	中文名称	专利权人	所属国家	被引用量/次
1	US8457545	information distribution and processing system	信息发布和处理系统	Online News Link LLC	美国	622
2	US8457013	wireless dual-function network device dynamically switching and reconfiguring from a wireless network router state of operation into a wireless network coordinator state of operation in a wireless communication network	无线双功能网络设备从无线网络路由器操作状态动态切换和重新分配成无线网络协调器在无线通信网络中的操作状态	Metrologic Instruments，Inc.	美国	478
3	US8565107	terminal configurable for use within an unknown regulatory domain	终端可配置为在未知的管理域中使用	Hand Held Products，Inc.	美国	453
4	US8599957	method and system for communicating information in a digital signal	用于在数字信号中传递信息的方法和系统	EMS Technologies，Inc.	美国	449
5	US8611309	roaming encoded information reading terminal	漫游编码信息阅读终端	Ynjiun P. Wang，Huyu Qu	美国	439
6	US8583924	location-based feature enablement for mobile terminals	移动终端的基于位置的功能启用	Hand Held Products，Inc.	美国	438
7	US8572247	agile network protocol for secure communications using secure domain names	使用安全域名进行安全通信的敏捷网络协议	VirnetX，Inc.	美国	343
8	US8528059	apparatuses，methods and systems for a secure resource access and placement platform	用于安全资源访问和放置平台的装置，方法和系统	Goldman，Sachs & Co.	美国	312
9	US8467363	intelligent backhaul radio and antenna system	智能回程无线电和天线系统	CBF Networks，Inc.	美国	281
10	US8520636	method and apparatus for performing handover	执行切换的方法和装置	Samsung Electronics Co.，Ltd.	韩国	224

2014 年美国物联网产业的专利数量为 26 634 件，技术族群的分布及每个技术族群所包含的专利数量如表 5-42 和图 5-20 所示。2014 年的技术族群分布在 8 个领域：信道分配、数据交换、通信连接、系统访问、通信设备、传输速率、访问授权和传送信道。

表 5-42 2014 年美国物联网产业技术族群及专利数量

序号	技术族群		专利数量/件	比例/%
	名称	内容		
1	信道分配	信道分配 | LTE 标准 | 信道配置 | 上行链路/下行链路	4760	17.9
2	数据交换	交换消息 | 特定网络 | 数据会话 | P2P 通信	3989	15.0
3	通信连接	传递消息 | 管理协议 | 通信流 | 虚拟连接	3667	13.8

续表

序号	技术族群		专利数量/件	比例/%
	名称	内容		
4	系统访问	系统访问 | 可访问性 | 网络站点 | 管理引擎	3547	13.3
5	通信设备	设备共享 | 附加服务 | 内容共享 | 终端用户设备	3487	13.1
6	传输速率	符号速率 | 码片速率 | CDMA 信号 | RAKE 接收机	2739	10.3
7	访问授权	访问设备 | 授权访问 | 访问授权 | 安全证书	2532	9.5
8	传送信道	传送分组 | 错误恢复 | 虚拟信道 | FIFO 缓冲器	1913	7.2

注：P2P 表示 peer-to-peer，对等网络；因四舍五入，存在相加不等于 100%情况

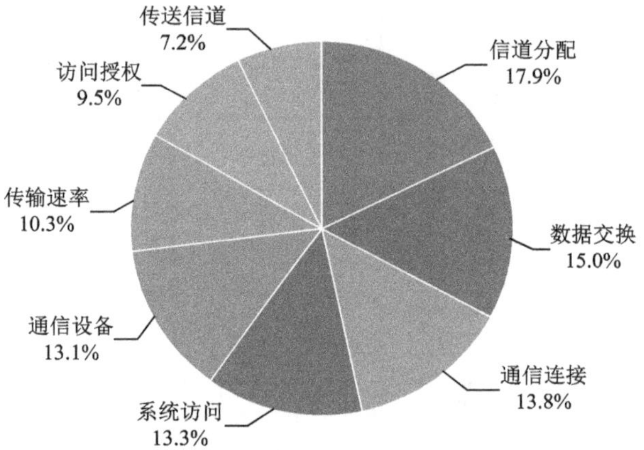

图 5-20　2014 年美国物联网产业技术族群分布比例

在这 8 个技术族群中，专利授权量最高的技术族群是信道分配，专利数量为 4760 件，所占比例为 17.9%。专利授权量在 2000～4000 件的技术族群有数据交换、通信连接、系统访问、通信设备、传输速率和访问授权，专利数量分别为 3989 件、3667 件、3547 件、3487 件、2739 件和 2532 件，所占比例在 9%～15%；传送信道的专利最少，数量和比例分别为 1913 件和 7.2%。

表 5-43 为 2014 年美国物联网产业被引用量排名前 10 的专利。从这些专利的名称和内容来看，主要关联通信安全认证、传输设备、信息传递等；从专利权人来看，有 7 家公司和 4 位个人；从专利权人所属国家来看，10 件专利的专利权人所属国家都是美国；从专利被引用量来看，都在 200 次以上。

表 5-43　2014 年美国物联网产业被引用量排名前 10 的专利

序号	专利号	专利名称	中文名称	专利权人	所属国家	被引用量/次
1	US8646103	method and system for securing online identities	确保在线身份的方法和系统	Gabriel Jakobson, Steven Rueben	美国	519

续表

序号	专利号	专利名称	中文名称	专利权人	所属国家	被引用量/次
2	US8897697	millimeter-wave surface-wave communications	毫米波表面波通信	AT&T Intellectual Property I，LP	美国	462
3	US8750445	method and system for communicating information in a digital signal	用于在数字信号中传递信息的方法和系统	EMS Technologies，Inc.	美国	405
4	US8914788	universal connectivity for non-universal devices	非通用设备的通用连接性	Hand Held Products，Inc.	美国	360
5	US8881987	data collection device having dynamic access to multiple wireless networks	具有动态访问多个无线网络的数据收集设备	Hand Held Products，Inc.	美国	359
6	US8769622	authentication and authorization methods for cloud computing security	云计算安全认证和授权方法	IBM	美国	300
7	US8763097	system，design and process for strong authentication using bidirectional OTP and out-of-band multichannel authentication	使用双向 OTP 和带外多通道认证的强认证系统、设计和流程	Bhatnagar Piyush，Reddy Sridnar	美国	247
8	US8897770	apparatus for distributed airborne wireless communications	分布式机载无线通信设备	Sunlight Photonics Inc.	美国	245
9	US8644188	providing virtual networking functionality for managed computer networks	为受管计算机网络提供虚拟网络功能	Amazon Technologies，Inc.	美国	241
10	US8817741	method and apparatus for resource management in handover operation	用于切换操作中资源管理的方法和装置	Interdigital Technology Corporation	美国	227

2015 年美国物联网产业的专利数量为 35 803 件，技术族群的分布及每个技术族群所包含的专利数量如表 5-44 和图 5-21 所示。2015 年的技术族群分布在 8 个领域：信道分配、网络服务、系统访问、通信连接、通信设备、传输速率、消息交换和访问授权。

表 5-44 2015 年美国物联网产业技术族群及专利数量

序号	技术族群		专利数量/件	比例/%
	名称	内容		
1	信道分配	信道分配 | LTE 标准 | 信道配置 | 上行链路/下行链路	5749	16.1
2	网络服务	设备共享 | 电子邮件系统 | 内容共享 | 万维网服务器	5299	14.8
3	系统访问	系统访问 | 应用逻辑 | 网络站点 | 管理引擎	5213	14.6
4	通信连接	传递消息 | 管理协议 | 通信流 | 虚拟连接	4510	12.6
5	通信设备	802.11 标准 | OOB | 移动无线通信设备 | WCD	4085	11.4
6	传输速率	模拟域 | 符号速率 | CDMA 信号 | 正交相位	3943	11.0
7	消息交换	消息传输 | 交换消息 | 特定网络 | 服务连接	3781	10.6
8	访问授权	访问设备 | 授权访问 | 访问授权 | 安全证书	3223	9.0

注：OOB 表示 out of band，带外数据；WCD 表示 wireless custom development，无线定制开发；因四舍五入，存在相加不等于 100%情况

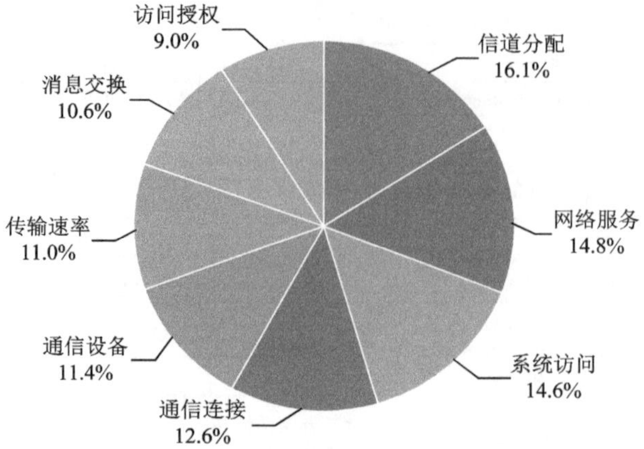

图 5-21　2015 年美国物联网产业技术族群分布比例

在这 8 个技术族群中，专利授权量在 5000 件以上的技术族群有信道分配、网络服务和系统访问，专利数量分别为 5749 件、5299 件和 5213 件，所占比例在 14%～17%。专利授权量在 4000～5000 件的技术族群是通信连接和通信设备，专利数量分别为 4510 件和 4085 件，所占比例分别为 12.6%和 11.4%。专利授权量在 3000～4000 件的技术族群是传输速率、消息交换和访问授权，专利数量分别为 3943 件、3781 件和 3223 件，所占比例分别为 11.0%、10.6%和 9.0%。

表 5-45 为 2015 年美国物联网产业被引用量排名前 10 的专利。从这些专利的名称和内容来看，主要关联数据处理、通信设备、编程和通信方法等；从专利权人来看，有 7 家公司；从专利权人所属国家来看，10 件专利的专利权人所属国家都是美国；从专利被引用量来看，都在 200 次以上。

表 5-45　2015 年美国物联网产业被引用量排名前 10 的专利

序号	专利号	专利名称	中文名称	专利权人	所属国家	被引用量/次
1	US9015513	receiving application specific individual battery adjusted battery use profile data upon loading of work application for managing remaining power of a mobile device	在加载用于管理移动设备的剩余电力的工作应用程序时接收应用程序特定的单独电池调整后的电池使用简档数据	Vocollect，Inc.	美国	364
2	US8971346	system and method for reliable store-and-forward data handling by encoded information reading terminals	由编码信息读取终端进行可靠的存储转发数据处理的系统和方法	Hand Held Products，Inc.	美国	360
3	US8989053	association management in a wireless node network	无线节点网络中的关联管理	FedEx Corporate Services，Inc.	美国	357

续表

序号	专利号	专利名称	中文名称	专利权人	所属国家	被引用量/次
4	US9030964	wireless network device	无线网络设备	Metrologic Instruments，Inc.	美国	354
5	US8985457	reprogramming system and method for devices including programming symbol	包含编程符号的设备的重新编程系统和方法	Hand Held Products，Inc.	美国	354
6	US9113347	backhaul link for distributed antenna system	分布式天线系统的回程链路	AT&T Intellectual Property I，LP	美国	346
7	US9086875	controlling power consumption of a mobile device based on gesture recognition	基于手势识别控制移动设备的功耗	Qualcomm Incorporated	美国	311
8	US9049640	encoded information reading terminal with wireless path selection capability	编码信息阅读终端具有无线路径选择功能	Hand Held Products，Inc.	美国	303
9	US9042812	surface-wave communications and methods thereof	表面波通信及其方法	AT&T Intellectual Property I，LP	美国	284
10	US9094407	security and rights management in a machine-to-machine messaging system	机器到机器消息系统中的安全和权限管理	Citrix Systems，Inc.	美国	258

2016 年美国物联网产业的专利数量为 38 780 件，技术族群的分布及每个技术族群所包含的专利数量如表 5-46 和图 5-22 所示。2016 年的技术族群分布在 8 个领域：通信设备、系统访问、信道分配、通信连接、无线通信、消息交换、访问授权和传输速率。

表 5-46　2016 年美国物联网产业技术族群及专利数量

序号	技术族群		专利数量/件	比例/%
	名称	内容		
1	通信设备	设备共享 | 电子邮件系统 | 内容共享 | 网络站点	6758	17.4
2	系统访问	系统访问 | 可访问性 | 应用逻辑 | 管理引擎	6329	16.3
3	信道分配	信道分配 | UE 传输 | 信道配置 | 上行链路/下行链路	5841	15.1
4	通信连接	传递消息 | 管理协议 | 通信流 | 虚拟连接	4706	12.1
5	无线通信	无线设备 | 对等通信 | 空中链路 | OOB	4344	11.2
6	消息交换	消息传输 | 交换消息 | 特定网络 | 服务连接	3696	9.5
7	访问授权	访问权 | 访问设备 | 授权访问 | 访问授权	3671	9.5
8	传输速率	模拟域 | 符号速率 | 扩展频谱 | 正交相位	3435	8.9

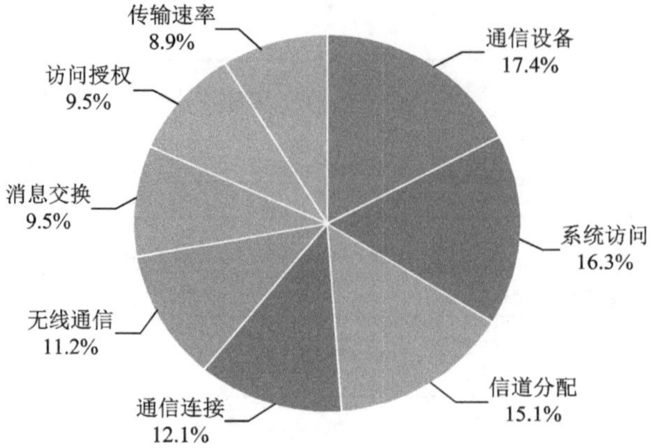

图 5-22　2016 年美国物联网产业技术族群分布比例

在这 8 个技术族群中，专利授权量在 5000 件以上的技术族群有通信设备、系统访问和信道分配，专利数量分别为 6758 件、6329 件和 5841 件，所占比例在 15%～18%。专利授权量在 4000～5000 件的技术族群是通信连接和无线通信，专利数量分别为 4706 件和 4344 件，所占比例分别为 12.1%和 11.2%。专利授权量在 3000～4000 件的技术族群是消息交换、访问授权和传输速率，专利数量分别为 3696 件、3671 件和 3435 件，所占比例分别为 9.5%、9.5%和 8.9%。

表 5-47 为 2016 年美国物联网产业被引用量排名前 10 的专利。从这些专利的名称和内容来看，主要关联通信传输与信息存储、天线系统等；从专利权人来看，有 8 家公司；从专利权人所属国家来看，10 件专利的专利权人所属国家都是美国；从专利被引用量来看，都在 180 次以上。

表 5-47　2016 年美国物联网产业被引用量排名前 10 的专利

序号	专利号	专利名称	中文名称	专利权人	所属国家	被引用量/次
1	US9432298	system，method，and computer program product for improving memory systems	用于改进存储器系统的系统，方法和计算机程序产品	P4tents1，LLC	美国	346
2	US9490869	transmission medium having multiple cores and methods for use therewith	具有多个内核的传输介质及其使用方法	AT&T Intellectual Property I，L.P.	美国	279
3	US9258033	docking system and method using near field communication	使用近场通信的对接系统和方法	Hand Held Products，Inc.	美国	243
4	US9260244	wireless visualization interface for autonomous ground vehicle signal coverage	用于自动地面车辆信号覆盖的无线可视化界面	Amazon Technologies，Inc.	美国	216

续表

序号	专利号	专利名称	中文名称	专利权人	所属国家	被引用量/次
5	US9525524	remote distributed antenna system	远程分布式天线系统	AT&T Intellectual Property I，L.P.	美国	203
6	US9282582	sleep control for network of bluetooth low energy devices	睡眠控制蓝牙低功耗设备的网络	Aruba Networks，Inc.	美国	201
7	US9306682	systems and methods for a self-optimizing distributed antenna system	用于自我优化分布式天线系统的系统和方法	CommScope Technologies LLC	美国	201
8	US9401977	remote sensing device，system，and method utilizing smartphone hardware components	利用智能手机硬件组件的遥感装置，系统和方法	David Curtis Gaw	美国	190
9	US9338823	radio-frequency integrated circuit（RFIC）chip（s）for providing distributed antenna system functionalities，and related components，systems，and methods	用于提供分布式天线系统功能的射频集成电路（RFIC）芯片以及相关组件，系统和方法	Corning Optical Communications Wireless Ltd	美国	190
10	US9351182	method and apparatus for monitoring and adjusting multiple communication services at a venue	用于监视和调整场地处的多个通信服务的方法和设备	AT&T Intellectual Property I，LP	美国	189

2017 年美国物联网产业的专利数量为 42 314 件，技术族群的分布及每个技术族群所包含的专利数量如表 5-48 和图 5-23 所示。2017 年的技术族群分布在 8 个领域：系统访问、终端应用、通信连接、通信设备、信道分配、终端链路、访问授权和传输速率。

表 5-48　2017 年美国物联网产业技术族群及专利数量

序号	技术族群		专利数量/件	比例/%
	名称	内容		
1	系统访问	系统访问 | 用户应用程序 | 应用逻辑 | 管理引擎	6298	14.9
2	终端应用	创建用户 | 电子邮件系统 | 内容共享 | 网络站点	6142	14.5
3	通信连接	传递消息 | 管理协议 | 通信流 | 虚拟连接	6046	14.3
4	通信设备	远程设备 | 通信链接 | 设备共享 | 控制器设备	5837	13.8
5	信道分配	公共信道 | UE 传输 | LTE 版本 | 信道配置	5113	12.1
6	终端链路	接入终端 | BSS | 直接链路 | 空中链路	4696	11.1
7	访问授权	访问权 | 访问设备 | 授权访问 | 访问授权	4287	10.1
8	传输速率	模拟域 | 扩展频谱 | CDMA 信号 | 正交相位	3895	9.2

注：BBC 表示 base station subsystem，基站子系统

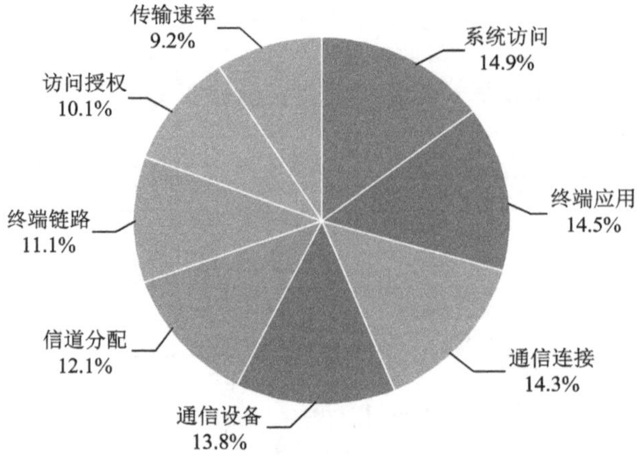

图 5-23 2017 年美国物联网产业技术族群分布比例

在这 8 个技术族群中，专利授权量在 5000 件以上的技术族群有系统访问、终端应用、通信连接、通信设备和信道分配，专利数量分别为 6298 件、6142 件、6046 件、5837 件和 5113 件，所占比例在 12%～15%。专利授权量在 4000～5000 件的技术族群是终端链路和访问授权，专利数量分别为 4696 件和 4287 件，所占比例分别为 11.1%和 10.1%。专利授权量最少的技术族群是传输速率，专利数量和所占比例分别为 3895 件和 9.2%。

表 5-49 为 2017 年美国物联网产业被引用量排名前 10 的专利。从这些专利的名称和内容来看，主要关联传输方法与设备、导波和电磁波传输、无线传播器等；从专利权人来看，有 2 家公司；从专利权人所属国家来看，10 件专利的专利权人所属国家都是美国；从专利被引用量来看，都在 170 次以上。

表 5-49 2017 年美国物联网产业被引用量排名前 10 的专利

序号	专利号	专利名称	中文名称	专利权人	所属国家	被引用量/次
1	US9680670	transmission device with channel equalization and control and methods for use therewith	具有信道均衡和控制的传输设备及其使用方法	AT&T Intellectual Property I，L.P.	美国	208
2	US9653770	guided wave coupler，coupling module and methods for use therewith	导波耦合器，耦合模块及其使用方法	AT&T Intellectual Property I，L.P.	美国	207
3	US9705571	method and apparatus for use with a radio distributed antenna system	用于无线电分布式天线系统的方法和设备	AT&T Intellectual Property I，L.P.	美国	205
4	US 9640850	methods and apparatus for inducing a non-fundamental wave mode on a transmission medium	用于在传输介质上引发非基波模式的方法和设备	AT&T Intellectual Property I，L.P.	美国	205
5	US9564947	guided-wave transmission device with diversity and methods for use therewith	具有多样性的导波传输装置及其使用方法	AT&T Intellectual Property I，L.P.	美国	204

续表

序号	专利号	专利名称	中文名称	专利权人	所属国家	被引用量/次
6	US9769020	method and apparatus for responding to events affecting communications in a communication network	用于响应影响通信网络中的通信的事件的方法和设备	AT&T Intellectual Property I，L.P.	美国	203
7	US9780834	method and apparatus for transmitting electromagnetic waves	发射电磁波的方法和设备	AT&T Intellectual Property I，L.P.	美国	203
8	US9627768	guided-wave transmission device with non-fundamental mode propagation and methods for use therewith	具有非基模传播的导波传输装置及其使用方法	AT&T Intellectual Property I，L.P.	美国	203
9	US9742462	transmission medium and communication interfaces and methods for use therewith	传输介质和通信接口及其使用方法	AT&T Intellectual Property I，L.P.	美国	200
10	US9537354	system and method for smart registration of wireless power receivers in a wireless power network	用于无线电力网络中的无线电力接收器的智能注册的系统和方法	Energous Corporation	美国	176
11	US9538382	system and method for smart registration of wireless power receivers in a wireless power network	用于无线电力网络中的无线电力接收器的智能注册的系统和方法	Energous Corporation	美国	176

2018 年美国物联网产业的专利数量为 41 636 件，技术族群的分布及每个技术族群所包含的专利数量如表 5-50 和图 5-24 所示。2018 年的技术族群分布在 8 个领域：终端应用、系统访问、远程设备、通信连接、信道分配、通信链路、通信接收和传输类型。

表 5-50 2018 年美国物联网产业技术族群及专利数量

序号	技术族群		专利数量/件	比例/%
	名称	内容		
1	终端应用	创建用户 | 授权访问 | 电子邮件系统 | 网络站点	8173	19.6
2	系统访问	系统访问 | 应用逻辑 | 软件对象 | 管理引擎	7278	17.5
3	远程设备	远程设备 | 远程装置 | 设备共享 | 控制器设备	6287	15.1
4	通信连接	传递消息 | 管理协议 | 通信流 | 虚拟连接	5542	13.3
5	信道分配	公共信道 | UE 传输 | 信道配置 | 上行链路/下行链路	5050	12.1
6	通信链路	直接链路 | 对等通信 | 通信类型 | 空中链路	4708	11.3
7	通信接收	模拟域 | 接收机电路 | 发射机电路 | 通信接收机	2379	5.7
8	传输类型	SISO | 调制类型 | 信号映射 | 码片速率	2219	5.3

注：因四舍五入，存在相加不等于 100%情况

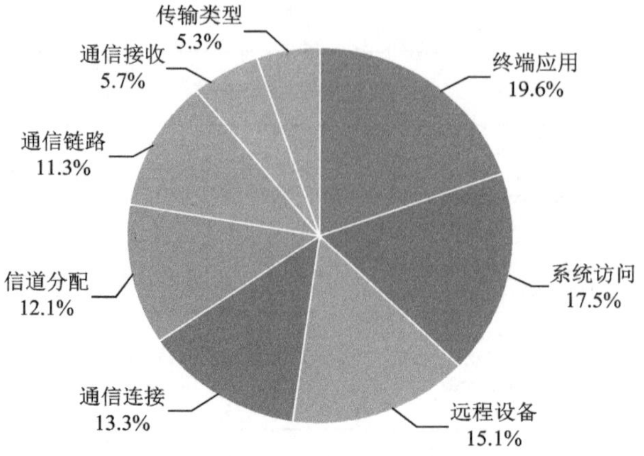

图 5-24　2018 年美国物联网产业技术族群分布比例

在这 8 个技术族群中，专利授权量在 5000 件以上的技术族群有终端应用、系统访问、远程设备、通信连接和信道分配，专利数量分别为 8173 件、7278 件、6287 件、5542 件和 5050 件，所占比例在 12%～20%。专利授权量在 4000～5000 件之间的技术族群是通信链路，专利数量为 4708 件，所占比例为 11.3%。专利授权量在 2000～3000 件的技术族群是通信接收和传输类型，专利数量分别为 2379 件和 2219 件，所占比例分别为 5.7%和 5.3%。

表 5-51 为 2018 年美国物联网产业被引用量排名前 10 的专利。从这些专利的名称和内容来看，主要关联通信节点、导波、分布式天线系统、感测与信号测量等；从专利权人来看，都是同一家公司；从专利权人所属国家来看，10 件专利的专利权人所属国家都是美国；从专利被引用量来看，都在 170 次以上。

表 5-51　2018 年美国物联网产业被引用量排名前 10 的专利

序号	专利号	专利名称	中文名称	专利权人	所属国家	被引用量/次
1	US9860075	method and communication node for broadband distribution	用于宽带分配的方法和通信节点	AT&T Intellectual Property I，L.P.	美国	205
2	US9866309	host node device and methods for use therewith	主机节点设备和与其一起使用的方法	AT&T Intellectual Property I，L.P.	美国	204
3	US9912381	network termination and methods for use therewith	网络终止及与之一起使用的方法	AT&T Intellectual Property I，L.P.	美国	196
4	US9876605	launcher and coupling system to support desired guided wave mode	启动器和耦合系统支持所需的导波模式	AT&T Intellectual Property I，L.P.	美国	194
5	US10009065	backhaul link for distributed antenna system	分布式天线系统的回程链路	AT&T Intellectual Property I，L.P.	美国	181

续表

序号	专利号	专利名称	中文名称	专利权人	所属国家	被引用量/次
6	US9999038	remote distributed antenna system	远程分布式天线系统	AT&T Intellectual Property I，L.P.	美国	181
7	US9998870	method and apparatus for proximity sensing	用于接近感测的方法和设备	AT&T Intellectual Property I，L.P.	美国	178
8	US10027427	apparatus and methods for measuring signals	用于测量信号的装置和方法	AT&T Intellectual Property I，L.P.	美国	175
9	US10009901	method，apparatus，and computer-readable storage medium for managing utilization of wireless resources between base stations	用于管理基站之间的无线资源的利用的方法，装置和计算机可读存储介质	AT&T Intellectual Property I，L.P.	美国	171
10	US10033107	method and apparatus for coupling an antenna to a device	用于将天线耦合到设备的方法和设备	AT&T Intellectual Property I，L.P.	美国	170

2019 年美国物联网产业的专利数量为 25 110 件，技术族群的分布及每个技术族群所包含的专利数量如表 5-52 和图 5-25 所示。2019 年的技术族群分布在 8 个领域：信道分配、系统访问、通信连接、终端应用、通信设备、数据更新、传输速率和访问授权。

表 5-52 2019 年美国物联网产业技术族群及专利数量

序号	技术族群		专利数量/件	比例/%
	名称	内容		
1	信道分配	信道分配 | LTE 标准 | 信道配置 | 上行链路/下行链路	4357	17.4
2	系统访问	系统访问 | 用户应用程序 | 应用逻辑 | 管理引擎	3753	14.9
3	通信连接	特定网络 | 传递消息 | 通信流 | 虚拟连接	3553	14.1
4	终端应用	创建用户 | 可访问性 | 电子邮件系统 | 网络站点	3438	13.7
5	通信设备	110 通信 | 设备共享 | 控制器设备 | 移动无线通信设备	3063	12.2
6	数据更新	接收更新 | 数据链接 | 更新设备 | 分发数据	2410	9.6
7	传输速率	模拟域 | 单信道 | 扩展频谱 | CDMA 信号	2294	9.1
8	访问授权	访问系统 | 访问设备 | 授权访问 | 访问授权	2242	8.9

注：因四舍五入，存在相加不等于 100%情况

在这 8 个技术族群中，专利授权量最多的技术族群是信道分配，专利数量为 4357 件，所占比例为 17.4%。专利授权量在 3000～4000 件的技术族群是系统访问、通信连接、终端应用和通信设备，专利数量分别为 3753 件、3553 件、3438 件和 3063 件，所占比例在 12%～15%。专利授权量在 2000～3000 件的技术族群是数

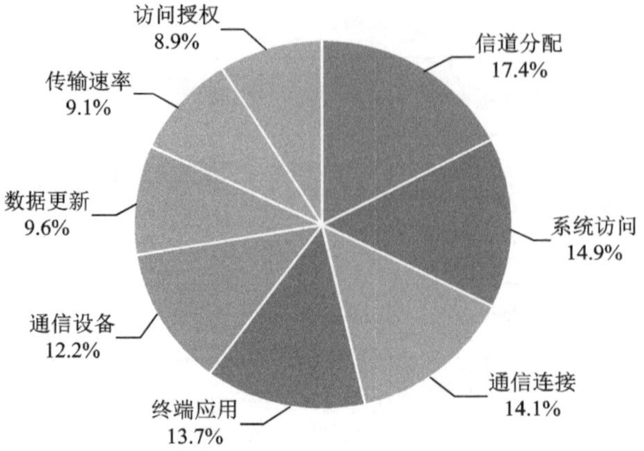

图 5-25　2019 年美国物联网产业技术族群分布比例

据更新、传输速率和访问授权，专利数量分别为 2410 件、2294 件和 2242 件，所占比例在 8%～10%。

表 5-53 为 2019 年美国物联网产业被引用量排名前 10 的专利。从这些专利的名称和内容来看，主要关联天线系统、电磁波通信、传输介质、通信方法等；从专利权人来看，共有 3 家公司，其中 8 件专利属于同一家公司；从专利权人所属国家来看，10 件专利的专利权人所属国家都是美国；从专利被引用量来看，在 10～80 次。

表 5-53　2019 年美国物联网产业被引用量排名前 10 的专利

序号	专利号	专利名称	中文名称	专利权人	所属国家	被引用量/次
1	US10205655	apparatus and methods for communicating utilizing an antenna array and multiple communication paths	利用天线阵列和多个通信路径进行通信的装置和方法	AT&T Intellectual Property I，L.P.	美国	71
2	US10230428	access point and methods for use in a radio distributed antenna system	用于无线电分布式天线系统的接入点和方法	AT&T Intellectual Property I，L.P.	美国	66
3	US10224981	passive electrical coupling device and methods for use therewith	无源电耦合装置及其使用方法	AT&T Intellectual Property I，L.P.	美国	63
4	US10244408	dual mode communications device with null steering and methods for use therewith	具有零转向的双模通信设备及其使用方法	AT&T Intellectual Property I，L.P.	美国	53
5	US10284261	access point and methods for communicating with guided electromagnetic waves	用于与被引导的电磁波通信的接入点和方法	AT&T Intellectual Property I，L.P.	美国	45
6	US10276907	transmission medium and methods for use therewith	传输介质及其使用方法	AT&T Intellectual Property I，L.P.	美国	43

续表

序号	专利号	专利名称	中文名称	专利权人	所属国家	被引用量/次
7	US10320586	apparatus and methods for generating non-interfering electromagnetic waves on an insulated transmission medium	用于在绝缘传输介质上产生非干扰电磁波的装置和方法	AT&T Intellectual Property I，L.P.	美国	36
8	US10348391	client node device with frequency conversion and methods for use therewith	具有频率转换的客户端节点设备及其使用方法	AT&T Intellectual Property I，L.P.	美国	27
9	US10284407	zero tail and unique word based waveforms for DFT-S OFDM and OFDM	用于 DFT-S OFDM 和 OFDM 的零尾和基于独特字的波形	IDAC Holdings，Inc.	美国	25
10	US10212076	routing methods，systems，and computer program products for mapping a node-scope specific identifier	用于映射节点范围特定标识符的路由方法，系统和计算机程序产品	Sitting Man，LLC	美国	16

5.3.5 中美物联网产业技术族群对比分析

与物联网产业相关的中国发明授权专利为 198 013 件，与物联网产业相关的美国发明授权专利为 276 095 件。以下从产业技术领域、技术族群、高被引专利内容、高被引专利权人国家及类型、高被引专利被引用量等多方面对中国和美国物联网产业进行对比分析。

5.3.5.1 中美物联网产业技术领域的对比

根据中国和美国物联网产业排名前 20 的国际专利分类对比来看，与物联网相关的国际专利分类主要都是 G 部（物理）和 H 部（电学）；中国和美国物联网发明专利授权量排名前 20 的国际专利分类小类中，有 16 个国际专利分类小类都是相同的，说明中国和美国物联网技术分布领域基本上是一致的。发明专利授权量最多的国际专利分类小类都是 H04L（数字信息的传输，如电报通信）和 H04W（无线通信网络），在各自授权总量中都占了相当高的比例，中国物联网国际专利分类小类 H04L 和 H04W 占比分别为 68.5%和 42.0%，美国物联网国际专利分类小类 H04L 和 H04W 占比分别为 75.9%和 44.7%，美国另外 2 个授权量占比较高的物联网国际专利分类小类是 G06F（电数字数据处理）（31.9%）和 H04B（传输）（15.0%）。从中国和美国物联网发明专利授权量排名前 20 的国际专利分类小类各自所占比例和总体所占比例来看，后者要高于前者，说明美国物联网技术的集中度高于中国物联网技术的集中度。这里，集中度指的是物联网分布的每个技术领域占总体的比例或者程度，比例越高，集中度越高。

表 5-54　中国和美国物联网产业排名前 20 的国际专利分类小类

序号	中国物联网产业专利国际专利分类小类			美国物联网产业专利国际专利分类小类		
	国际专利分类小类	发明专利量/件	所占比例/%	国际专利分类小类	发明专利量/件	所占比例/%
1	H04L	135 730	68.5	H04L	209 444	75.9
2	H04W	83 067	42.0	H04W	123 542	44.7
3	H04B	18 189	9.2	G06F	88 126	31.9
4	G06F	14 878	7.5	H04B	41 289	15.0
5	H04M	7 543	3.8	H04M	23 881	8.6
6	H04N	5 180	2.6	H04J	18 081	6.5
7	H04J	4 484	2.3	G06Q	17 101	6.2
8	G06Q	2 746	1.4	H04N	15 670	5.7
9	H04Q	2 479	1.3	G06K	4 650	1.7
10	G06K	1 497	0.8	H04Q	4 489	1.6
11	G01S	1 371	0.7	G01S	4 358	1.6
12	G05B	1 225	0.6	G08B	3 826	1.4
13	G08C	1 015	0.5	G01R	3 809	1.4
14	H03M	963	0.5	H03M	3 667	1.3
15	H04H	748	0.4	G08C	3 525	1.3
16	H02J	698	0.4	H04K	3 403	1.2
17	G08G	562	0.3	H04H	3 331	1.2
18	G10L	532	0.3	G05B	2 369	0.9
19	G08B	438	0.2	G01C	2 054	0.7
20	G07C	417	0.2	H03K	2 033	0.7

注：专利可能对应多个国际专利分类小类，所以国际专利分类小类所占比例之和大于 100%

5.3.5.2　中美物联网产业技术族群的对比

表 5-55 是 2010～2019 年中国物联网技术族群的发展演变情况。可以看到，在中国物联网产业技术族群的分布中，网络配置一直都是发明专利授权量居于前列的技术族群；网关协议的发明专利授权量仅在 2010～2012 年居于前列；传输速率在 2010～2017 年一直在不断发展，前 2 年发明专利授权量在 1100～1600 件，2012～2017 年发明专利授权量在 2100～2400 件；关于信道方面的研究，由最开始的传输信道、信道分配到信道类型再到最近的多径信道，重点关注点在不断转移；关于设备方面的研究，最开始关注通信设备和总线设备，中间几年并没有作为重点关注的技术族群，2018～2019 年终端设备又成为重要关注点；关于身份验证和授

权认证，在 10 年间的一半时间里成为研究的重要关注点；远程访问在前 5 年并没有成为重点关注的研究热点，在 2015～2018 年则成为重点研究的技术族群；消息通信除了 2010 年、2012 年和 2013 年以外一直都是关注的重点，并且随着时间的推移，重要性也日益凸显；分配算法的重要性也在近年越来越受重视。

表 5-55 2010～2019 年中国物联网技术族群发展演变

2010 年		2011 年		2012 年		2013 年		2014 年	
技术族群	专利量/件	技术族群	专利量/件	技术族群	专利量/件	技术族群	专利量/件	技术族群	专利量/件
网络配置	2087	网络配置	2942	网络配置	3318	信道类型	3400	信道类型	3690
网关协议	2046	网关协议	2488	网关协议	2615	消息传输	2523	网络配置	2472
传输信道	1866	终端应用	1890	传输速率	2349	传输速率	2328	终端应用	2163
传输速率	1519	信道分配	1813	信道类型	2236	网络配置	2146	传输速率	2142
通信设备	1421	消息通信	1569	调用服务	2109	网络寻址	1792	消息传输	1823
服务地址	1282	信道类型	1196	信令传输	1887	授权认证	1614	消息通信	1813
总线设备	919	传输速率	1184	信息连接	1880	通信接收	1285	数据传输	1019
身份验证	840	通信模式	960	身份验证	1064	分配算法	850	分配算法	1008
2015 年		2016 年		2017 年		2018 年		2019 年	
技术族群	专利量/件	技术族群	专利量/件	技术族群	专利量/件	技术族群	专利量/件	技术族群	专利量/件
信道类型	4132	信道类型	4289	网络配置	3914	网络配置	5032	网络配置	7965
网络配置	2954	网络配置	3128	信道类型	3697	信道类型	4731	信道类型	6011
终端应用	2152	终端应用	2853	远程访问	3041	远程访问	3753	终端设备	4512
消息通信	2145	远程访问	2517	终端应用	2537	终端设备	3069	访问授权	4245
传输速率	2126	消息通信	2346	消息通信	2230	多径信道	2960	消息传输	3144
远程访问	2101	消息传输	2153	传输速率	2188	授权认证	2594	分配算法	3062
消息传输	1982	传输速率	2115	授权认证	1749	消息通信	2515	多径信道	2854
通信通道	1277	通信链路	1451	分配算法	1660	消息传输	2457	消息通信	2824

表 5-56 是 2010～2019 年美国物联网技术族群的发展演变情况。可以看到，在美国物联网产业技术族群的分布中，通信设备和通信连接一直都是不断发展的重点研究领域，通信设备 2011～2012 年的发明专利授权量在 1800～1900 件，2013～2019 年的发明专利授权量在 2000～7000 件，2015～2017 年是研究的高峰期，通信连接的发明专利授权量从 2010 年起都保持在 2500 件以上；传输速率也是重点研究的技术族群，2010 年和 2012 年的发明专利授权量在 1500～2000 件，2014～2017 年和 2019 年的发明专利授权量在 2000～4000 件；关于信道方面的研

究，信道分配从 2012 年到 2019 年一直都是研究的热点，而传送信道在前几年也是重点关注的技术族群；关于系统访问和访问授权一直都是研究重点，并且相关的发明专利授权量也是越来越多，尤其是系统访问；消息交换或数据交换在 2010～2016 年是重点关注的研究热点；终端应用在 2017～2019 年成为研究热点；关于数据处理方面的研究，有数据串流、数据交换和数据更新，相关的研究也不断出现。

表 5-56　2010～2019 年美国物联网技术族群发展演变

2010 年		2011 年		2012 年		2013 年		2014 年	
技术族群	专利量/件	技术族群	专利量/件	技术族群	专利量/件	技术族群	专利量/件	技术族群	专利量/件
通信连接	2964	通信连接	2795	信道分配	2780	通信连接	3173	信道分配	4760
客户系统	2114	访问授权	2269	通信连接	2504	通信设备	2567	数据交换	3989
消息交换	1984	消息交换	2193	客户系统	2496	终端链路	2550	通信连接	3667
传输速率	1948	网络信道	2008	消息交换	2347	信道分配	2490	系统访问	3547
网络信道	1858	通信设备	1890	通信设备	1862	传输速率	2152	通信设备	3487
连接设备	1528	传输类型	1451	传输速率	1844	系统访问	1919	传输速率	2739
访问授权	1362	传送信道	1252	访问授权	1613	访问授权	1797	访问授权	2532
数据串流	1319	传输频率	982	数据串流	1124	传送信道	1625	传送信道	1913
2015 年		2016 年		2017 年		2018 年		2019 年	
技术族群	专利量/件	技术族群	专利量/件	技术族群	专利量/件	技术族群	专利量/件	技术族群	专利量/件
信道分配	5749	通信设备	6758	系统访问	6298	终端应用	8173	信道分配	4357
网络服务	5299	系统访问	6329	终端应用	6142	系统访问	7278	系统访问	3753
系统访问	5213	信道分配	5841	通信连接	6046	远程设备	6287	通信连接	3553
通信连接	4510	通信连接	4706	通信设备	5837	通信连接	5542	终端应用	3438
通信设备	4085	无线通信	4344	信道分配	5113	信道分配	5050	通信设备	3063
传输速率	3943	消息交换	3696	终端链路	4696	通信链路	4708	数据更新	2410
消息交换	3781	访问授权	3671	访问授权	4287	通信接收	2379	传输速率	2294
访问授权	3223	传输速率	3435	传输速率	3895	传输类型	2219	访问授权	2242

从以上对中国和美国物联网产业技术族群发展的历程来看，既有相同的地方，也存在很大的差异。中国和美国物联网产业中同样作为研究重点的技术族群，有传输速率、授权认证或访问授权等。中国物联网产业关注更多的技术族群有网络配置、信道类型、消息通信、远程访问、分配算法等；美国物联网产业关注更多的是通信设备、通信连接、信道分配、系统访问、数据处理等。

5.3.5.3 中美物联网产业高被引专利内容的对比

表 5-57 是 2010～2019 年中国和美国物联网产业高被引专利的内容比较。可以看到，2010～2019 年，随着时间的推移，中国物联网产业高被引专利内容从通信系统、数据传输、通信设备向云存储、云平台、网络安全和信息处理转变；美国物联网产业高被引专利内容从早期的集成电路、通信设备、信息处理、身份认证等向最近的无线系统、导波和电磁波通信、感测与信号测量、传输介质等转变。

表 5-57 中美物联网产业高被引专利内容比较

年份	中国物联网高被引专利内容	美国物联网高被引专利内容
2010	局域网管理、数据传输、通信系统	集成电路、身份认证和信息处理
2011	通信设备、数据传输方法和通信系统方法	服务器、网络通信及设备
2012	通信系统、通信设备和数据传输方法	网络通信系统、通信设备、身份代理
2013	网络拓扑、码分多址和数据传输方法	信息发布、传输终端、通信安全
2014	通信设备、无线通信方法和系统	通信安全认证、传输设备、信息传递
2015	无线通信系统、链路传输	数据处理、通信设备、编程和通信方法
2016	无线通信网络、网络分配和调度和链路传输	通信传输与信息存储、无线系统
2017	控制系统、虚拟网络、云平台、数据加密及处理和信息交流	传输方法与设备、导波和电磁波传输、无线传播器
2018	无线通信与无线传输、云存储、虚拟网络、网络安全	通信节点、导波、分布式天线系统、感测与信号测量
2019	信息发送、载波聚合、信息传递方法和设备	天线系统、电磁波通信、传输介质、通信方法

5.3.5.4 中美物联网产业高被引专利权人国家及类型的对比

表 5-58 是 2010～2019 年中国和美国物联网产业高被引专利权人国家及类型的对比。从专利权人所属国家来看，中美物联网产业高被引专利权人国家特点比较如下：中国物联网产业高被引专利中，早期的专利权人大多来自美国，其他国家有瑞士、芬兰和日本等，来自中国的专利权人在 2013 年才开始出现，从 2017 年开始占据大多数；美国物联网产业高被引专利中，早期澳大利亚占了很大的比重，从 2011 年开始美国开始占据主导地位，其他国家有卢森堡、日本和韩国等。从专利权人类型来看，中国物联网产业高被引专利中，来自中国的专利权人，除了公司，高校院所也占了很大的比例；美国物联网产业高被引专利中，来自美国的专利权人，公司占了主导地位，但是个人也占有一定的比例，其他国家的专利权人则都是公司。

表 5-58 中美物联网产业高被引专利权人国家及类型

年份	中国	美国
2010	4 家美国公司、1 家瑞士公司	1 家美国公司、1 家澳大利亚公司
2011	4 家美国公司	6 家美国公司、1 位美国个人、1 家卢森堡公司、1 家澳大利亚公司
2012	4 家美国公司、1 家芬兰公司、1 家日本公司	6 家美国公司、7 位美国个人、1 家日本公司
2013	1 家中国公司、4 家美国公司	7 家美国公司、2 位美国个人、1 家韩国公司
2014	4 家美国公司	7 家美国公司、4 位美国个人
2015	3 家美国公司	7 家美国公司
2016	5 家美国公司、1 家日本公司、1 家加拿大公司、1 家韩国公司	8 家美国公司
2017	7 家中国公司、3 家中国高校院所、3 家美国公司、1 家德国公司、1 家法国公司	2 家美国公司
2018	11 家中国公司、6 家中国高校院所、4 家美国公司、1 家日本公司、1 家荷兰公司	1 家美国公司
2019	2 家中国公司、1 家中国高校	3 家美国公司

5.3.5.5 中美物联网产业高被引专利被引用量的对比

表 5-59 和表 5-60 分别是 2010～2019 年中国和美国物联网产业高被引专利的被引用量。2010～2018 年美国物联网产业高被引专利的被引用量都在 100 以上，而中国物联网产业的专利被引用量只有个别年份才有超过 100 的次数，美国物联网产业高被引专利被引用量远远高于中国物联网产业高被引专利被引用量。中国物联网产业高被引专利被引用量从 2017 年大幅下跌，2017～2019 年，最高被引用量只有 3 次，可以观察到如下两个方面的现象：一是被引用量是随着年份增长的，年代距离现在的年份越近，被引用量越低，从总的趋势来看，中国和美国的物联网产业高被引专利被引用量都随着时间的推移在减少；二是 2010～2016 年中国物联网产业专利权人所属国家以美国为主，而 2017～2019 年，专利权人所属国家以中国为主，来自中国的专利权人的专利被引用量普遍低于美国专利权人的专利被引用量。美国物联网产业高被引专利被引用量除了 2019 年出现大幅下降，其他年份的被引用量呈现出逐渐下降的趋势。

表 5-59 2010～2019 年中国物联网产业高被引专利被引用量（单位：次）

排序	2010 年	2011 年	2012 年	2013 年	2014 年	2015 年	2016 年	2017 年	2018 年	2019 年
1	141	68	125	121	101	68	56	3	1	2
2	56	62	79	101	79	68	50	3	1	1

续表

排序	2010 年	2011 年	2012 年	2013 年	2014 年	2015 年	2016 年	2017 年	2018 年	2019 年
3	50	61	65	101	79	68	44	2	1	1
4	50	61	65	101	74	67	44	2	1	
5	50	54	63	101	68	62	42	2	1	
6	41	50	61	98	68	62	39	2	1	
7	38	44	56	98	56	56	38	2	1	
8	37	44	56	78	56	56	32	2	1	
9	37	42	55	68	56	56	32	2	1	
10	37	42	50	63	56	50	30	2	1	
11	37					50	30	2	1	
12	37						30	2	1	
13							30	2	1	
14							30	2	1	
15							30	2	1	
16									1	
17									1	
18									1	
19									1	
20									1	
21									1	
22									1	
23									1	

表 5-60　2010～2019 年美国物联网产业高被引专利被引用量（单位：次）

排序	2010 年	2011 年	2012 年	2013 年	2014 年	2015 年	2016 年	2017 年	2018 年	2019 年
1	860	727	467	622	519	364	346	208	205	71
2	773	690	432	478	462	360	279	207	204	66
3	769	617	383	453	405	357	243	205	196	63
4	766	365	378	449	360	354	216	205	194	53
5	765	361	274	439	359	354	203	204	181	45
6	754	343	264	438	300	346	201	203	181	43
7	753	342	260	343	247	311	201	203	178	36
8	692	334	258	312	245	303	190	203	175	27
9	675	325	256	281	241	284	190	200	171	25
10	583	304	253	224	227	258	189	176	170	16
11								176		

以上从产业技术领域、技术族群、高被引专利内容、高被引专利权人国家及类型、高被引专利被引用量五个方面对中国和美国物联网产业进行对比分析。分析结果总结如下：①中国和美国物联网技术分布领域基本上一致，但美国物联网技术的集中度高于中国物联网技术的集中度。②中国和美国物联网产业相同的技术族群有传输速率、授权认证或访问授权等，区别在于中国物联网产业关注更多的技术族群有网络配置、信道类型、消息通信、远程访问、分配算法等，而美国物联网产业关注更多的是通信设备、通信连接、信道分配、系统访问、数据处理等。③中国物联网产业高被引专利内容从通信系统、数据传输、通信设备向云存储、云平台、网络安全和信息处理转变；美国物联网产业高被引专利内容从早期的集成电路、通信设备、信息处理、身份认证等向最近的无线系统、导波和电磁波通信、感测与信号测量、传输介质等转变。④在中国物联网产业高被引专利中，早期的专利权人大多来自美国，来自中国的专利权人从 2017 年开始占据大多数；在美国物联网产业高被引专利中，美国占据主导地位。来自中国的物联网产业专利权人类型中，除了公司，高校院所也占很大比例；来自美国的物联网产业专利权人类型中，公司占主导地位，但是个人也占有一定比例。⑤美国物联网产业高被引专利被引用量远远高于中国物联网产业高被引专利被引用量，来自中国的专利权人的专利被引用量普遍低于美国专利权人的专利被引用量。

5.4 基于专利分析的人工智能产业与技术族群的关联分析

5.4.1 人工智能产业的发展现状

人工智能（artificial intelligence，AI）是引领未来的战略性技术，成为新一轮产业革命的核心驱动力、国际新焦点、经济发展新引擎和新机遇。2018 年 10 月 31 日，习近平总书记在中央政治局第九次集体学习时强调“加快发展新一代人工智能是事关我国能否抓住新一轮科技革命和产业变革机遇的战略问题”[①]。“人工智能+”无时不有、无处不在，人工智能技术正全面赋能各行各业，将深刻地全面重构我国经济、社会发展格局。随着人工智能技术的发展应用，许多行业面临着重新定义，就业结构、社会伦理将受到前所未有的冲击，政府管理、经济安全将面临新的挑战，社会转型、产业升级将进一步加快。因此，人工智能技术发展

① 习近平主持中共中央政治局第九次集体学习并讲话，参见 http://www.gov.cn/xinwen/2018-10/31/content_5336251.htm。

要充分考虑利弊、把握趋势、明晰风险、精准施策，从而更好地确保经济安全，促进经济社会高质量健康发展（戚湧，2019）。

1950 年，计算机与人工智能之父图灵提出“图灵测试”用以判断机器是否能够思考。“机器是否能思考”这一问题第一次得到世界关注。1956 年召开的达特茅斯会议标志着人工智能学科的起源，奠定了人工智能的基础。自 20 世纪 50 年代出现以来，人工智能的发展经历了三个阶段：1950～1980 年，萌芽期；1980～2006 年，突破期；2006 年至今，飞速发展期（智慧芽和灼识咨询，2019）。近年来人工智能技术加速发展，截至 2018 年初，创新发明人和科研人员发表的人工智能论文超过 160 万篇，申请的人工智能发明专利达到 34 万件，发明超过半数为 2013 年以后公布（WIPO，2019）。

发展战略性新兴产业是提升国家综合实力的重要途径。人工智能是引领未来的战略性技术，世界主要发达国家把发展人工智能作为提升国家竞争力、维护国家安全的重大战略，加紧出台规划和政策（表 5-61），围绕核心技术、顶尖人才、标准规范等强化部署，力图在新一轮国际科技竞争中掌握主导权。

表 5-61　发达国家和地区人工智能相关政策

国家	2013 年	2015 年	2016 年	2017 年
美国	《推进创新神经技术脑研究计划》		《为人工智能的未来做好准备》 《国家人工智能研究与发展战略计划》 《人工智能、自动化与经济报告》	
日本		《日本机器人战略：愿景、战略、行动计划》	《第五期科学技术基本计划（2016—2020 年）》 《日本高级综合智能平台计划》	
英国			《机器人与人工智能》 《人工智能：未来决策制定的机遇与影响》	《英国数字战略》 《在英国发展人工智能》
德国		《智慧数据项目》 《自动与互联汽车国家战略》		《智能服务世界》
欧盟	《人脑计划》 《SPARC 计划》	《机器人技术多年路线图》	《人工智能立法动议》	

我国人工智能技术的研究起步较晚，20 世纪 70 年代末至 80 年代前期，人工智能项目才开始纳入国家科技计划。近年来尤其是 2016 年以来，国务院和国家发展和改革委员会、科学技术部、工业和信息化部、教育部等部门先后密集出台人工智能相关的政策（图 5-26），加强人工智能的顶层设计，推动我国人工智能技术快速高效发展。

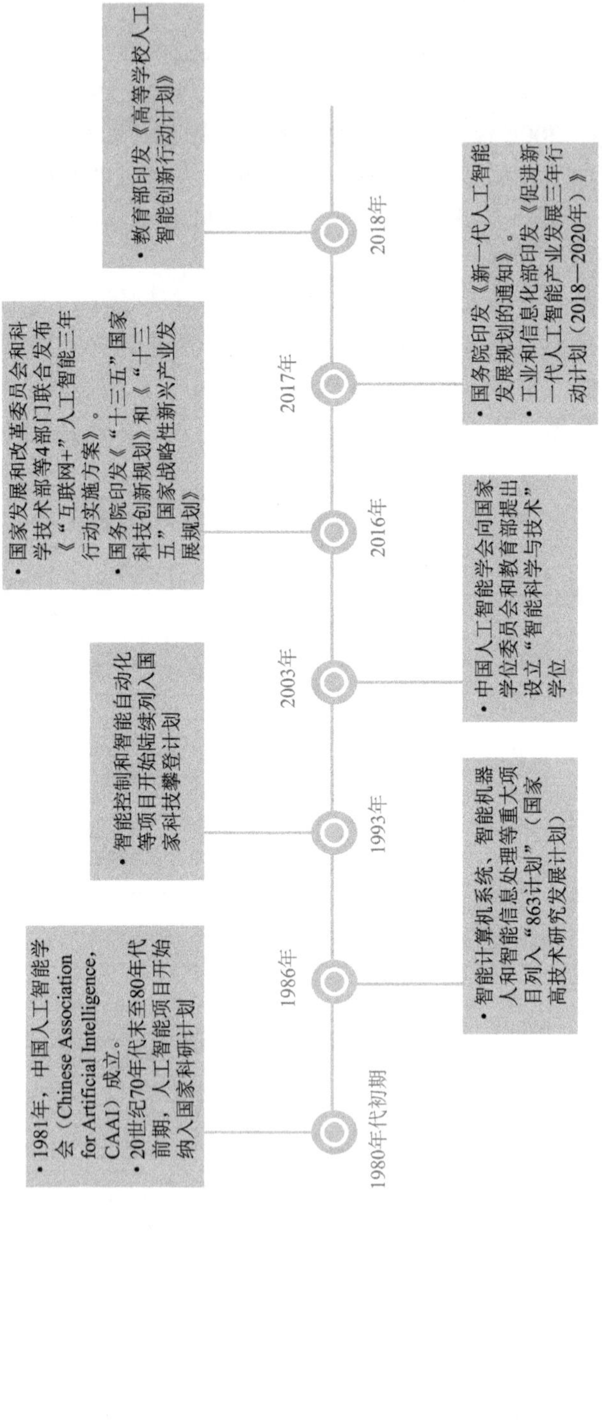

图 5-26　我国人工智能发展及相关政策

无论是从论文发表量还是专利申请量来看，美国和中国都是技术最领先的两个国家（图 5-27 和图 5-28）。中国国际科技论文发表量和发明专利申请量已居世界第二。从全球专利数据来看，有 1/3 的人工智能专利申请会在初次提交专利申请后到其他国家专利局提交申请。在排名前三位的人工智能专利申请国家中，40%的日本专利申请和 32%的美国专利申请会在其他国家再次提交申请，但是，在中国提交的专利申请中只有 4%会同时在其他国家提交申请。中国绝大部分专利申请只局限在国内（中国海外专利布局少，绝大部分技术的市场局限在国内）。

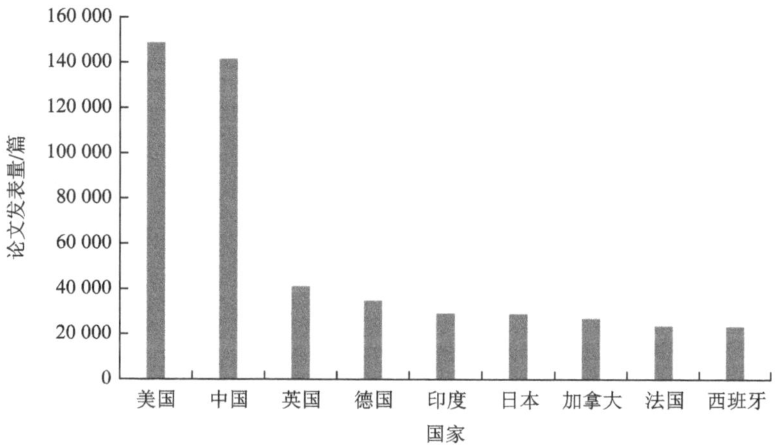

图 5-27 论文发表量排名前十的国家

资料来源：世界知识产权组织

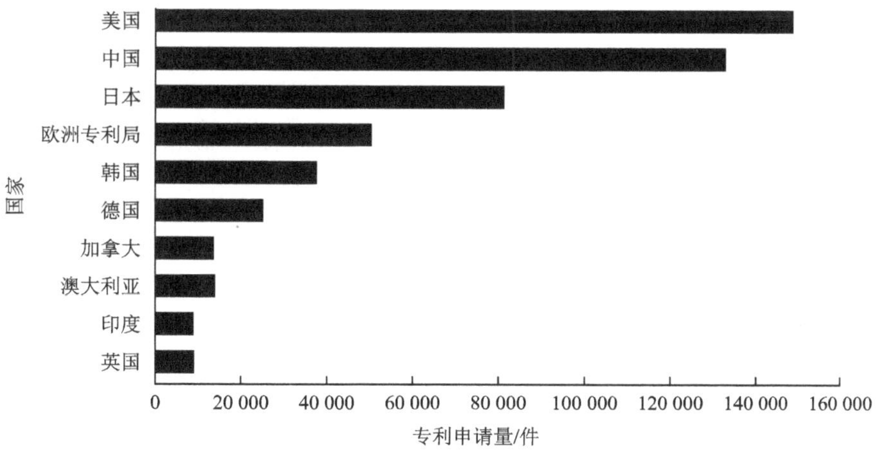

图 5-28 专利申请量排名前十的国家或组织

资料来源：世界知识产权组织

从全球人工智能技术领域发展来看，机器学习是最主流的技术；计算机视觉是最常见的应用；交通运输是涉及最多且增长最快的产业应用领域。①机器学习成为公布专利中最主流的人工智能技术，超过 1/3 的发明都含有此项技术，深度学习和神经网络是发展最快的机器学习技术。②包括图像识别的计算机视觉，是最常见的人工智能应用，所有人工智能相关专利中有 49%涉及该技术，用于机器人和控制方法的人工智能专利增长率最快。③目前的人工智能分析中至少涉及了 20 个应用领域，62%的专利至少涉及其中的一种。这些领域包括：交通运输、电信、生命医疗，以及个人设备、计算与人机交互等。交通运输是增长最快的领域。在交通运输领域，航空领域和无人机领域的年均增长率最快。几乎 70%的人工智能发明技术会同时涉及人工智能使用的技术、功能应用或产业应用领域。最常见的组合是：深度学习与计算机视觉，计算机视觉与交通运输，电信与安全，本体工程与自然语言处理，机器学习与生命医疗（WIPO，2019）。

从我国人工智能技术领域的分布来看，语音识别、视觉识别技术世界领先，自适应自主学习、直觉感知、综合推理、混合智能和群体智能等初步具备跨越发展的能力，中文信息处理、智能监控、生物特征识别、工业机器人、服务机器人、无人驾驶逐步进入实际应用。人工智能创新创业日益活跃，一批龙头骨干企业加速成长，在国际上获得广泛关注和认可。加速积累的技术能力与海量的数据资源、巨大的应用需求、开放的市场环境有机结合，形成了我国人工智能发展的独特优势（国务院，2017）。

5.4.2　数据来源

本节数据采集的信息源是索意互动公司的 Patentics 专利客户端软件，采用授权的发明专利作为人工智能产业分析的数据基础。依据人工智能产业的特点和专家意见，在中国发明授权专利数据库和美国发明授权专利数据库中检索 2010～2019 年人工智能产业的发明授权专利，专利数据采集使用的检索式见本书附表 8 和附表 9。检索日期为 2020 年 6 月，采集到与人工智能产业相关的中国发明授权专利共计 36 238 件，美国发明授权专利共计 50 419 件。然后按照年份对中国的人工智能产业专利进行技术聚合和分组。

对于人工智能发明授权专利被引次数的统计，使用的数据库是南京理工大学知识产权大数据综合应用平台中的重点产业专利专题数据库。

5.4.3　基于专利分析的中国人工智能产业与技术族群关联分析

5.4.3.1　中国人工智能产业发明专利授权趋势

图 5-29 为中国人工智能产业发明专利授权趋势图。从图 5-29 中可以看出，

在2010～2012年，中国人工智能产业发明专利授权量增长较快，年平均增长率为38.3%。相比2012年，2013年和2014年中国人工智能产业发明专利授权量均出现了小幅下降，下降幅度分别为11.6%和1.9%。然而，从2014年到2019年，中国人工智能产业发明专利授权量出现了大幅增长，年均增长率达到了43.3%。从总的趋势来看，2010年到2019年间，中国人工智能产业发明专利授权量经历了快速增长、小幅下降、快速增长的三个阶段，总体增长趋势非常突出。

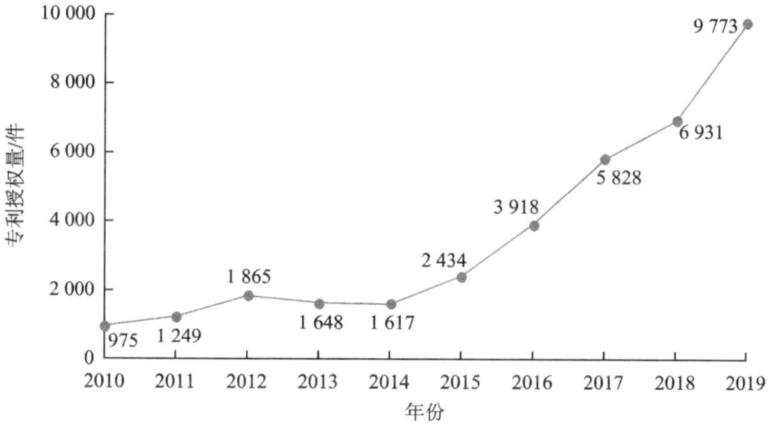

图5-29 中国人工智能产业发明专利授权趋势

5.4.3.2 中国人工智能产业重要专利权人

表5-62为中国人工智能产业排名前20的专利权人及其所属国家、专利权人类型、发明专利量及其所占比例。这20位专利权人中有1家科研院所、10家高校和9家企业，高校和科研院所都来自中国。在9家企业中，美国企业有1家，其他都是来自中国的企业。从这前20位专利权人来看，中国具有绝对的优势。人工智能发明专利最多的专利权人是中国科学院，发明专利授权量为1443件。其次是西安电子科技大学、百度在线网络技术（北京）有限公司、中国国家电网有限公司、浙江大学、清华大学和腾讯科技（深圳）有限公司，发明专利授权量都在500件以上。美国的微软排在第11位，为393件。

表5-62 中国人工智能产业排名前20的专利权人及其所属国家、专利权人类型、发明专利量及其所占比例

序号	专利权人	专利权人所属国家	专利权人类型	发明专利量/件（所占比例/%）
1	中国科学院	中国	科研院所	1443（4.0）
2	西安电子科技大学	中国	高校	728（2.0）

续表

序号	专利权人	专利权人所属国家	专利权人类型	发明专利量/件（所占比例/%）
3	百度在线网络技术（北京）有限公司	中国	企业	647（1.8）
4	中国国家电网有限公司	中国	企业	614（1.7）
5	浙江大学	中国	高校	580（1.6）
6	清华大学	中国	高校	541（1.5）
7	腾讯科技（深圳）有限公司	中国	企业	538（1.5）
8	北京航空航天大学	中国	高校	489（1.3）
9	北京大学	中国	高校	435（1.2）
10	电子科技大学	中国	高校	417（1.2）
11	微软	美国	企业	393（1.1）
12	华为	中国	企业	358（1.0）
13	联想	中国	企业	309（0.9）
14	北京工业大学	中国	高校	305（0.8）
15	上海交通大学	中国	高校	292（0.8）
16	华中科技大学	中国	高校	290（0.8）
17	广东欧珀电子工业有限公司	中国	企业	289（0.8）
18	小米科技	中国	企业	286（0.8）
19	北京奇虎科技有限公司	中国	企业	281（0.8）
20	武汉大学	中国	高校	279（0.8）

5.4.3.3　中国人工智能产业涉及主要技术领域

表 5-63 为中国人工智能产业排名前 20 的国际专利分类小类，与人工智能相关的国际专利分类主要是 G 部（物理）和 H 部（电学）。发明专利授权量最多的国际专利分类小类是 G06F（电数字数据处理），有 13 657 件专利；其次是 G06K（数据识别；数据表示；记录载体；记录载体的处理），有 9290 件专利。人工智能发明专利授权量在 2000 件以上的国际专利分类小类还有 G06T（一般的图像数据处理或产生）、G06N（基于特定计算模型的计算机系统）、H04N（图像通信）、H04L（数字信息的传输）。在 1000 到 2000 件之间的国际专利分类小类有 G10L（语音分析或合成；语音识别；语音或声音处理；语音或音频编码或解码）、G06Q（专门适用于行政、商业、金融、管理、监督或预测目的的数据处理系统或方法）、G01N（借助于测定材料的化学或物理性质来测试或分

析材料）和 G05B（一般的控制或调节系统；这种系统的功能单元；用于这种系统或单元的监视或测试装置）。其他排在前 20 的国际专利分类小类发明专利授权量在 1000 件以下。

表 5-63 中国人工智能产业排名前 20 的国际专利分类小类

序号	国际专利分类小类	国际专利分类号含义	发明专利量/件
1	G06F	电数字数据处理	13 657
2	G06K	数据识别；数据表示；记录载体；记录载体的处理	9 290
3	G06T	一般的图像数据处理或产生	4 792
4	G06N	基于特定计算模型的计算机系统	2 877
5	H04N	图像通信	2 519
6	H04L	数字信息的传输	2 280
7	G10L	语音分析或合成；语音识别；语音或声音处理；语音或音频编码或解码	1 647
8	G06Q	专门适用于行政、商业、金融、管理、监督或预测目的的数据处理系统或方法	1 545
9	G01N	借助于测定材料的化学或物理性质来测试或分析材料	1 362
10	G05B	一般的控制或调节系统；这种系统的功能单元；用于这种系统或单元的监视或测试装置	1 324
11	H04M	电话通信	800
12	H04W	无线通信网络	722
13	G05D	非电变量的控制或调节系统	709
14	G01R	测量电变量；测量磁变量	631
15	G01C	测量距离，水准或者方位；勘测；导航；陀螺仪；摄影测量学或视频测量学	624
16	G01S	无线电定向；无线电导航；采用无线电波测距或测速；采用无线电波的反射或再辐射的定位或存在检测；采用其他波的类似装置	534
17	G01B	长度、厚度或类似线性尺寸的计量；角度的计量；面积的计量；不规则的表面或轮廓的计量	456
18	G01M	机器或结构部件的静或动平衡的测试	435
19	G08G	交通控制系统	376
20	H04B	传输	339

5.4.3.4 中国人工智能产业的技术族群分布

下面按照年份来分析中国人工智能产业的技术族群分布，并从年度专利数量比例的变化来研究技术族群的变化趋势。

2010 年中国人工智能产业的专利数量为 975 件，技术族群的分布及每个技术族群所包含的专利数量如表 5-64 和图 5-30 所示。2010 年的技术族群分布在 8 个领域：特征算法、数据库建设、文本分析、函数建模、内容输入、视觉计算、图像计算和信号分析。

表 5-64　2010 年中国人工智能产业技术族群及专利数量

序号	技术族群		专利数量/件	比例/%
	名称	内容		
1	特征算法	计算特征 | 高斯核 | 加权融合 | 特征分量	195	20.0
2	数据库建设	创建用户 | 创建数据 | 数据库访问 | 修改内容	162	16.6
3	文本分析	词典 | 词汇表 | 文法 | 中文文本	133	13.6
4	函数建模	函数模型 | 预测函数 | 云模型 | 小波神经网络	121	12.4
5	内容输入	输入文字 | 输入字母 | 母语 | 内容输入	111	11.4
6	视觉计算	获取物体 | 相机标定 | 双目立体视觉 | 单目视觉	100	10.3
7	图像计算	位图图像 | 识别字符 | 打印文档 | 输出对象	79	8.1
8	信号分析	域信号 | 信号包络 | 频谱信号 | 样本信号	74	7.6

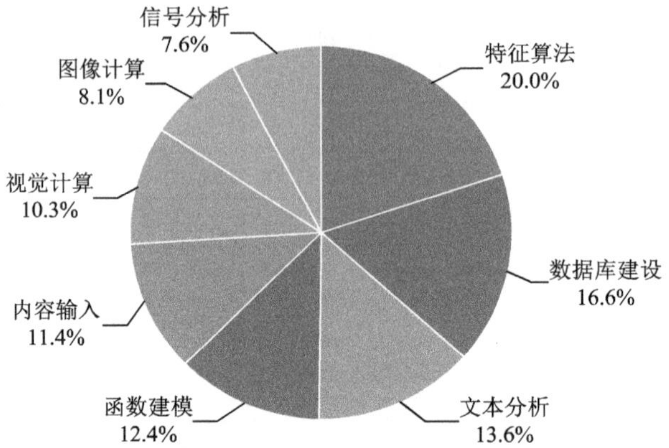

图 5-30　2010 年中国人工智能产业技术族群分布比例

在这 8 个技术族群中，专利授权量在 150 件以上的技术族群是特征算法和数据库建设，专利数量分别为 195 件和 162 件，所占比例分别为 20.0%和 16.6%。专利授权量在 100～150 件的技术族群是文本分析、函数建模、内容输入和视觉计算，专利数量分别为 133 件、121 件、111 件和 100 件，所占比例在 10%～14%。专利授权量在 100 件以下的技术族群是图像计算和信号分析，专利数量分别为 79 件和 74 件，所占比例在 7%～9%。

表 5-65 为 2010 年中国人工智能产业技术被引用量排名前 10 的专利。从这些专利的名称和内容来看，主要关联人脸识别、机器视觉、文本检索与分类、图像分析等；从专利权人来看，共有 2 家公司和 8 家高校；从专利权人所属国家来看，10 件专利的专利权人所属国家都是中国；从专利被引用量来看，都在 57 次及以上，最多的一件专利被引用量为 75 次。

表 5-65 2010 年中国人工智能产业技术被引用量排名前 10 的专利

序号	专利号	专利名称	专利权人	所属国家	被引用量/次
1	CN101266704	基于人脸识别的 ATM 安全认证与预警方法	哈尔滨工业大学、哈尔滨维科智能系统有限公司	中国	75
2	CN101135558	一种基于机器视觉的汽车防撞预警方法及装置	上海中科深江电动车辆有限公司	中国	72
3	CN101257671	基于内容的大规模垃圾短信实时过滤方法	浙江大学	中国	66
4	CN101183377	一种基于消息中间件的高可用性数据库集群系统	华中科技大学	中国	65
5	CN100595763	基于自然语言的全文检索系统	华中科技大学	中国	64
6	CN100583101	基于领域知识的文本分类特征选择及权重计算方法	昆明理工大学	中国	62
7	CN101315663	一种基于区域潜在语义特征的自然场景图像分类方法	中国人民解放军国防科技大学	中国	62
8	CN101655837	一种对语音识别后文本进行检错并纠错的方法	北京邮电大学	中国	61
9	CN1995987	基于高光谱图像技术的农畜产品无损检测方法	江苏大学	中国	57
10	CN101286161	一种基于概念的智能中文问答系统	华中科技大学	中国	57

2011 年中国人工智能产业的专利数量为 1249 件，技术族群的分布及每个技术族群所包含的专利数量如表 5-66 和图 5-31 所示。2011 年的技术族群分布在 8 个领域：图像分析、特征算法、文本分析、数据规则、函数建模、信息编辑、图像采集和媒体系统。

表 5-66 2011 年中国人工智能产业技术族群及专利数量

序号	技术族群		专利数量/件	比例/%
	名称	内容		
1	图像分析	阈值化 | 灰度特征 | HAAR 特征 | 采样图像	273	21.9
2	特征算法	统计特征 | 训练算法 | EM 算法 | 特征分量	228	18.3

续表

序号	技术族群		专利数量/件	比例/%
	名称	内容		
3	文本分析	字词 | 释义 | 译文 | 中文字符	163	13.1
4	数据规则	Schema | 规则定义 | 查询处理 | 规则处理	139	11.1
5	函数建模	函数模型 | 线性回归模型 | 预测函数 | 小波神经网络	137	11.0
6	信息编辑	信息编辑 | 照片数据 | 信息输入单元 | 信息代码	124	9.9
7	图像采集	算法分析 | 位置采集 | CDC 图像 | 自动标定	105	8.4
8	媒体系统	用户定义 | 翻译器 | 媒体系统 | 简表	80	6.4

注：EM 算法表示 expectation maximization algorithm，最大期望算法；CDC 表示 class device context，类设备上下文；因四舍五入，存在相加不等于 100%情况

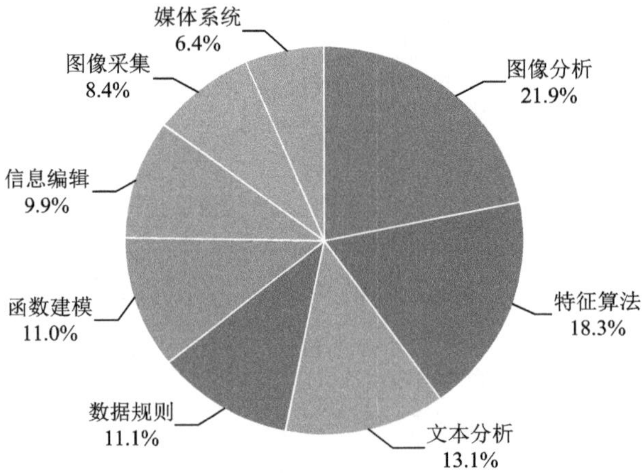

图 5-31　2011 年中国人工智能产业技术族群分布比例

在这 8 个技术族群中，专利授权量在 200 件以上的技术族群是图像分析和特征算法，专利数量分别为 273 件和 228 件，所占比例分别为 21.9%和 18.3%。专利授权量在 100～200 件的技术族群是文本分析、数据规则、函数建模、信息编辑和图像采集，专利数量分别为 163 件、139 件、137 件、124 件和 105 件，所占比例在 8%～14%。专利授权量在 100 件以下的技术族群是媒体系统，专利数量为 80 件，所占比例为 6.4%。

表 5-67 为 2011 年中国人工智能产业技术被引用量排名前 10 的专利。从这些专利的名称和内容来看，主要关联视频压缩与识别、自动追踪识别、语音语义处理等；从专利权人来看，共有 5 家公司、4 家高校、3 家科研院所和研究中心；从专利权人所属国家来看，9 件专利的专利权人所属国家都是中国，另外 1 家公司所属公司是瑞典；从专利被引用量来看，都在 62 次及以上，最多的一件专利被引用量为 202 次。

表 5-67 2011 年中国人工智能产业技术被引用量排名前 10 的专利

序号	专利号	专利名称	专利权人	所属国家	被引用量/次
1	CN1857001	混合视频压缩方法	AMT 先进多媒体科技公司	瑞典	202
2	CN101398894	机动车车牌自动识别方法及其实现装置	浙江师范大学	中国	133
3	CN101465033	一种自动追踪识别系统及方法	英特威视贸易（深圳）有限公司	中国	86
4	CN101315731	一种利用 GPS 智能车载终端实现车辆监控调度的系统	上海途锐信息技术有限公司	中国	77
5	CN101692315	基于实时雷达数据的高精度 4D 飞机航迹分析方法	民航总局空管局技术中心、南京莱斯信息技术股份有限公司	中国	77
6	CN101799987	一种自适应式智能交通灯及其控制方法	北京航空航天大学	中国	69
7	CN101162470	一种基于分层匹配的视频广告识别方法	北京交通大学	中国	66
8	CN101281745	一种车载语音交互系统	深圳市北科瑞声科技有限公司、深港产学研基地产业发展中心	中国	65
9	CN101630314	一种基于领域知识的语义查询扩展方法	中国科学院自动化研究所	中国	65
10	CN101566998	一种基于神经网络的中文问答系统	华中师范大学	中国	62

注：GPS 表示 global positioning system，全球定位系统；4D 表示 four dimension，四维

2012 年中国人工智能产业的专利数量为 1865 件，技术族群的分布及每个技术族群所包含的专利数量如表 5-68 和图 5-32 所示。2012 年的技术族群分布在 8 个领域：基础算法、函数建模、文本分析、内容处理、查询规则、视觉处理、信号分析和图像类型。

表 5-68 2012 年中国人工智能产业技术族群及专利数量

序号	技术族群		专利数量/件	比例/%
	名称	内容		
1	基础算法	SIFT | 高斯核 | 灰度特征 | 加权融合	545	29.2
2	函数建模	函数模型 | EM 算法 | 预测函数 | 小波神经网络	255	13.7
3	文本分析	词汇表 | 中文文本 | 双语 | 类别属性	239	12.8
4	内容处理	内容转换 | 内容输入 | 文本转换 | 搜索用户	228	12.2
5	查询规则	结构化查询语言 | 规则定义 | 查询处理 | 全局数据	220	11.8
6	视觉处理	实时识别 | 位置采集 | 双目立体视觉 | 单目视觉	145	7.8
7	信号分析	信号模型 | 信号包络 | 频谱信号 | 样本信号	124	6.6
8	图像类型	照片图像 | 位图图像 | 文档图像 | 修正图像	109	5.8

注：SIFT 表示 scale-invariant feature transform，尺度不变特征变换；因四舍五入，存在相加不等于 100%情况

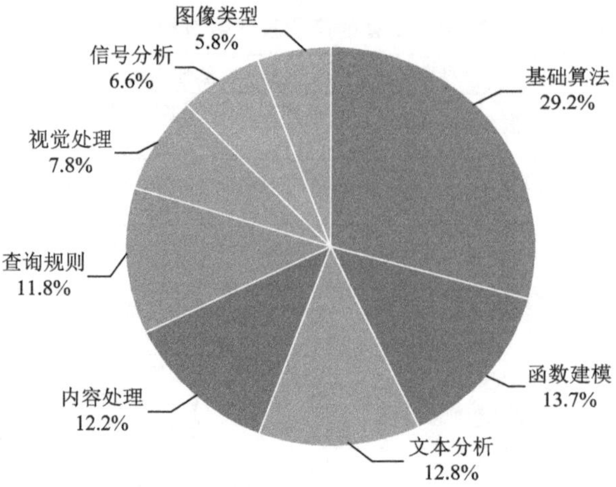

图 5-32　2012 年中国人工智能产业技术族群分布比例

在这 8 个技术族群中，专利授权量在 500 件以上的技术族群是基础算法，专利数量为 545 件，所占比例为 29.2%。专利授权量在 200 件以上的技术族群是函数建模、文本分析、内容处理和查询规则，专利数量分别为 255 件、239 件、228 件和 220 件，所占比例在 11%～14%。专利授权量在 100～150 件的技术族群是视觉处理、信号分析和图像类型，专利数量分别为 145 件、124 件和 109 件，所占比例在 5%～8%。

表 5-69 为 2012 年中国人工智能产业技术被引用量排名前 10 的专利。从这些专利的名称和内容来看，主要关联语音命令、信息采集与分析、视觉语音识别、行为识别等；从专利权人来看，共有 3 家公司、4 家高校、2 位个人和 1 家研究所；从专利权人所属国家来看，9 件专利的专利权人所属国家都是中国，另外 1 件专利所属国家是日本；从专利被引用量来看，都在 78 次及以上，最多的一件专利被引用量为 115 次。

表 5-69　2012 年中国人工智能产业技术被引用量排名前 10 的专利

序号	专利号	专利名称	专利权人	所属国家	被引用量/次
1	CN101951553	基于语音命令的导航方法及系统	车音智能科技有限公司	中国	115
2	CN101777253	一种实时路况采集、分析与反馈及智能交通综合服务系统	戴磊	中国	109
3	CN101510221	一种用于信息检索的查询语句分析方法与系统	北京大学	中国	97
4	CN101853071	基于视觉的手势识别方法及系统	重庆大学	中国	95
5	CN101847405	语音识别装置和方法、语言模型产生装置和方法	索尼公司	日本	93

续表

序号	专利号	专利名称	专利权人	所属国家	被引用量/次
6	CN101072340	流媒体中加入广告信息的方法与系统	孟智平	中国	84
7	CN102074056	网络智能防盗门	卫芯科技（浙江）有限公司	中国	80
8	CN101719216	基于模板匹配的运动人体异常行为识别方法	西安电子科技大学	中国	78
9	CN101778260	一种基于结构化描述的视频监控管理方法及系统	公安部第三研究所	中国	78
10	CN102102626	风电场短期功率预测方法	华北电力大学	中国	78

2013 年中国人工智能产业的专利数量为 1648 件，技术族群的分布及每个技术族群所包含的专利数量如表 5-70 和图 5-33 所示。2013 年的技术族群分布在 8 个领域：特征算法、算法函数、文本分类、查询规则、图像字符、数据算法、媒体系统和通信系统。

表 5-70　2013 年中国人工智能产业技术族群及专利数量

序号	技术族群		专利数量/件	比例/%
	名称	内容		
1	特征算法	SIFT | 点特征 | 灰度特征 | 加权融合	461	28.0
2	算法函数	BP 算法 | EM 算法 | 先验分布 | 预测函数	314	19.1
3	文本分类	词汇表 | 中文文本 | 类别属性 | 分类属性	196	11.9
4	查询规则	SQL | 规则定义 | 查询处理 | 全局数据	167	10.1
5	图像字符	位图图像 | 识别字符 | 文本字符 | 手写字符	165	10.0
6	数据算法	数据精度 | 算法分析 | 自动标定 | 数据融合算法	143	8.7
7	媒体系统	用户定义 | 可访问性 | 媒体系统 | 网络站点	109	6.6
8	通信系统	通信软件 | 信息编辑 | 游戏用户 | 即时通信系统	93	5.6

注：BP 算法表示误差反向传播（error back propagation）算法；SQL 表示 structured query language，结构化查询语言

在这 8 个技术族群中，专利授权量在 300 件以上的技术族群是特征算法和算法函数，专利数量分别为 461 件和 314 件，所占比例分别为 28.0%和 19.1%。专利授权量在 100～200 件的技术族群是文本分类、查询规则、图像字符、数据算法和媒体系统，专利数量分别为 196 件、167 件、165 件、143 件和 109 件，所占比例在 6%～12%。专利授权量在 100 件以下的技术族群是通信系统，专利数量为 93 件，所占比例为 5.6%。

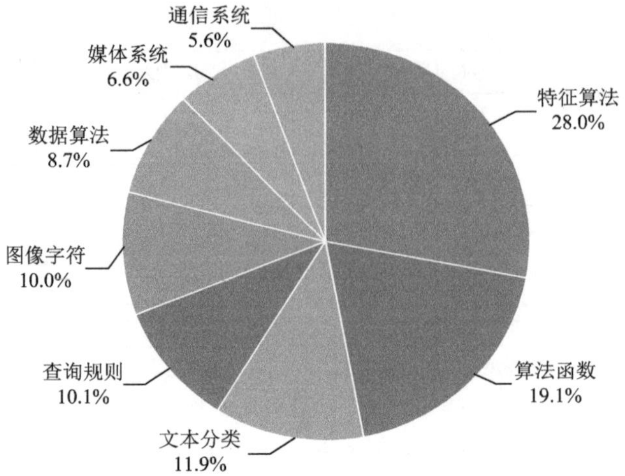

图 5-33 2013 年中国人工智能产业技术族群分布比例

表 5-71 为 2013 年中国人工智能产业技术被引用量排名前 10 的专利。从这些专利的名称和内容来看，主要关联防伪方法、视觉测量、人机交互、视频检索等；从专利权人来看，共有 5 家公司和 5 家高校；从专利权人所属国家来看，9 件专利的专利权人所属国家都是中国，另外 1 件专利所属国家是韩国；从专利被引用量来看，都在 67 次及以上，最多的一件专利被引用量为 232 次。

表 5-71 2013 年中国人工智能产业技术被引用量排名前 10 的专利

序号	专利号	专利名称	专利权人	所属国家	被引用量/次
1	CN102184428	二进制加密信号调制印刷品调幅网点的形状的加密防伪印刷技术	北京印刷学院	中国	232
2	CN102622588	双验证人脸防伪方法及装置	北京中科奥森数据科技有限公司	中国	109
3	CN101557432	移动终端及其菜单控制方法	LG 电子株式会社	韩国	108
4	CN102004671	一种云计算环境下数据中心基于统计模型的资源管理方法	上海君是信息科技有限公司	中国	97
5	CN101726296	空间机器人视觉测量、路径规划、GNC 一体化仿真系统	哈尔滨工业大学	中国	83
6	CN101431573	通过人机交互技术实现自动客户服务的方法和设备	上海智臻智能网络科技股份有限公司	中国	76
7	CN101866215	在视频监控中采用视线跟踪的人机交互装置和方法	复旦大学	中国	71
8	CN102682771	一种适用于云平台的多语音控制方法	厦门云聚智能科技有限公司	中国	68
9	CN102207966	基于对象标签的视频内容快速检索方法	华南理工大学	中国	67
10	CN102435188	一种用于室内环境的单目视觉/惯性全自主导航方法	南京航空航天大学	中国	67

注：GNC 表示制导（guidance）、导航（navigation）和控制（control）

2014 年中国人工智能产业的专利数量为 1617 件，技术族群的分布及每个技术族群所包含的专利数量如表 5-72 和图 5-34 所示。2014 年的技术族群分布在 8 个领域：函数建模、图像采集、特征算法、查询规则、文本分类、内容输入、视觉目标和终端信息。

表 5-72　2014 年中国人工智能产业技术族群及专利数量

序号	技术族群		专利数量/件	比例/%
	名称	内容		
1	函数建模	BP 算法 | 函数模型 | 预测函数 | 小波神经网络	302	18.7
2	图像采集	灰度特征 | 特征点位置 | 图像目标 | 采样图像	300	18.6
3	特征算法	统计特征 | 随机采样 | EM 算法 | 特征分量	271	16.8
4	查询规则	结构化查询语言 | 规则定义 | 查询处理 | 全局数据	201	12.4
5	文本分类	词汇表 | 中文文本 | 类别属性 | 分类属性	188	11.6
6	内容输入	可视信息 | 内容输入 | 文本字符串 | 显示链接	132	8.2
7	视觉目标	观测目标 | 单目视觉 | 姿态确定 | 水下目标	128	7.9
8	终端信息	手机信息 | 通信软件 | 短信接收 | 交互终端	95	5.9

注：因四舍五入，存在相加不等于 100%情况

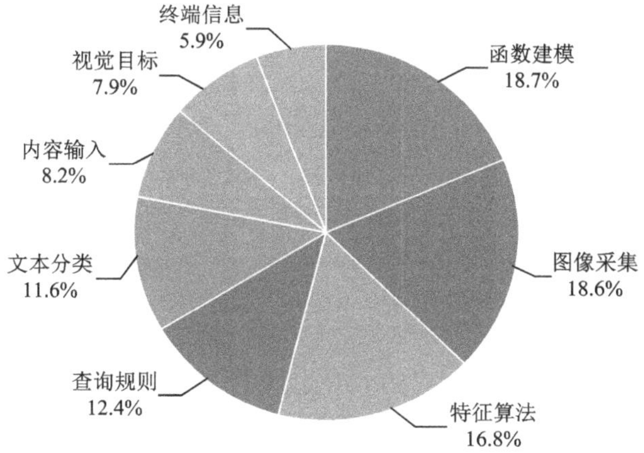

图 5-34　2014 年中国人工智能产业技术族群分布比例

在这 8 个技术族群中，专利授权量在 300 件以上的技术族群是函数建模和图像采集，专利数量分别为 302 件和 300 件，所占比例分别为 18.7%和 18.6%。专利授权量在 200 件以上的技术族群是特征算法和查询规则，专利数量分别为 271 件和 201 件，所占比例在 12%～17%。专利授权量在 100～200 件的技术族群是文本分类、内容输入和视觉目标，专利数量分别为 188 件、132 件和 128 件，

所占比例在 7%～12%。专利授权量在 100 件以下的技术族群是终端信息，专利数量为 95 件，所占比例为 5.9%。

表 5-73 为 2014 年中国人工智能产业技术被引用量排名前 10 的专利。从这些专利的名称和内容来看，主要关联网络推荐与舆情监测、视觉检测、算法应用、图像识别等；从专利权人来看，共有 5 家公司、4 家高校和 1 家研究院；从专利权人所属国家来看，10 件专利的专利权人所属国家都是中国；从专利被引用量来看，都在 57 次及以上，最多的一件专利被引用量为 122 次。

表 5-73 2014 年中国人工智能产业技术被引用量排名前 10 的专利

序号	专利号	专利名称	专利权人	所属国家	被引用量/次
1	CN102054015	使用有机物件数据模型来组织社群智能信息的系统及方法	财团法人工业技术研究院	中国	122
2	CN102594905	一种基于场景的社交网络位置兴趣点推荐方法	南京邮电大学	中国	99
3	CN102708096	一种基于语义的网络智能舆情监测系统及其工作方法	武汉华安科技股份有限公司	中国	91
4	CN102497477	一种手机监控车辆的方法	芜湖法雷奥汽车照明系统有限公司	中国	85
5	CN102538781	基于机器视觉和惯导融合的移动机器人运动姿态估计方法	浙江大学	中国	64
6	CN102880186	基于稀疏 A*算法和遗传算法的航迹规划方法	北京理工大学	中国	63
7	CN103424113	移动终端基于图像识别技术的室内定位与导航方法	上海秀品信息科技有限公司	中国	63
8	CN102682292	基于单目视觉的道路边缘检测及粗定位方法	清华大学	中国	62
9	CN102196207	语音控制电视机的方法、装置和系统	车音智能科技有限公司	中国	58
10	CN102568026	一种多视点自由立体显示的3D增强现实方法	万维显示科技（深圳）有限公司	中国	57

2015 年中国人工智能产业的专利数量为 2434 件，技术族群的分布及每个技术族群所包含的专利数量如表 5-74 和图 5-35 所示。2015 年的技术族群分布在 8 个领域：基础算法、函数建模、内容输入、查询规则、文本分析、视觉处理、信号分析和防伪信息。

表 5-74 2015 年中国人工智能产业技术族群及专利数量

序号	技术族群		专利数量/件	比例/%
	名称	内容		
1	基础算法	SIFT | 高斯核 | 灰度特征 | 加权融合	540	22.2
2	函数建模	函数模型 | EM 算法 | 预测函数 | 小波神经网络	432	17.7

续表

序号	技术族群		专利数量/件	比例/%
	名称	内容		
3	内容输入	输入内容 | 用户编辑 | 内容输入 | 文本转换	335	13.8
4	查询规则	结构化查询语言 | 查询处理 | 规则处理 | 全局数据	295	12.1
5	文本分析	文本分析 | 中文文本 | 类别属性 | 文本集	263	10.8
6	视觉处理	实时识别 | 位置采集 | 双目立体视觉 | 单目视觉	257	10.6
7	信号分析	信号分解 | 能量谱 | 时频分析 | 样本信号	179	7.4
8	防伪信息	防伪信息 | 信息码 | 防伪码 | 明码	133	5.5

注：因四舍五入，存在相加不等于 100%情况

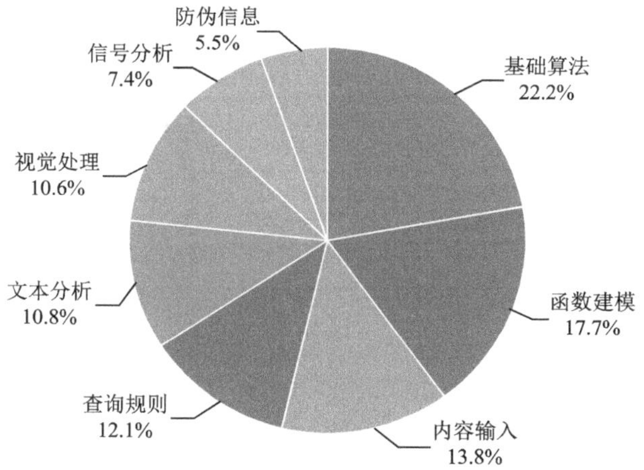

图 5-35　2015 年中国人工智能产业技术族群分布比例

在这 8 个技术族群中，专利授权量在 400 件以上的技术族群是基础算法和函数建模，专利数量分别为 540 件和 432 件，所占比例分别为 22.2%和 17.7%。专利授权量在 200～400 件的技术族群是内容输入、查询规则、文本分析和视觉处理，专利数量分别为 335 件、295 件、263 件和 257 件，所占比例在 10%～14%。专利授权量在 100～200 件的技术族群是信号分析和防伪信息，专利数量分别为 179 件和 133 件，所占比例在 5%～8%。

表 5-75 为 2015 年中国人工智能产业技术被引用量排名前 10 的专利。从这些专利的名称和内容来看，主要关联云端服务的智能管理、语音系统、智能设备（机器人和无人飞行器）等；从专利权人来看，共有 4 家公司、5 家高校和 1 位个人；从专利权人所属国家来看，8 件专利的专利权人所属国家都是中国，另外 2 件专利属于美国和日本；从专利被引用量来看，都在 66 次及以上，最多的一件专利被引用量为 124 次。

表 5-75　2015 年中国人工智能产业技术被引用量排名前 10 的专利

序号	专利号	专利名称	专利权人	所属国家	被引用量/次
1	CN102681899	云计算服务平台的虚拟计算资源动态管理方法	金剑	中国	124
2	CN102608973	基于云端服务网络的智能家居控制系统	湖南银宝科技发展有限公司	中国	81
3	CN102160043	针对集成多语气多装置自然语言语音服务环境的系统和方法	韦伯资产有限责任公司	美国	81
4	CN102246136	导航装置	三菱电机株式会社	日本	78
5	CN102866706	一种采用智能手机导航的清扫机器人及其导航清扫方法	深圳市银星智能科技股份有限公司	中国	77
6	CN102693324	一种分布式数据库同步系统、同步方法和节点管理方法	西安电子科技大学	中国	77
7	CN103247075	基于变分机制的室内环境 3D 重建方法	北京工业大学	中国	72
8	CN103365296	一种四旋翼无人飞行器非线性输出反馈飞行控制方法	天津大学	中国	67
9	CN102663409	一种基于 HOG-LBP 描述的行人跟踪方法	西安电子科技大学	中国	67
10	CN102937960	突发事件热点话题的识别与评估装置	北京邮电大学	中国	66

2016 年中国人工智能产业的专利数量为 3918 件，技术族群的分布及每个技术族群所包含的专利数量如表 5-76 和图 5-36 所示。2016 年的技术族群分布在 8 个领域：基础算法、函数建模、内容获取、视觉图像、查询规则、文本属性、信号分析和身份信息。

表 5-76　2016 年中国人工智能产业技术族群及专利数量

序号	技术族群		专利数量/件	比例/%
	名称	内容		
1	基础算法	SIFT | 计算特征 | 高斯核 | 加权融合	835	21.3
2	函数建模	函数模型 | EM 算法 | 预测函数 | 小波神经网络	626	16.0
3	内容获取	搜索功能 | 用户编辑 | 内容输入 | 文本转换	575	14.7
4	视觉图像	获取物体 | 双目立体视觉 | 单目视觉 | 双目图像	464	11.8
5	查询规则	结构化查询语言 | 规则定义 | 查询处理 | 全局数据	460	11.7
6	文本属性	语料库 | 中文文本 | 类别属性 | 文本集	459	11.7
7	信号分析	频域分析 | 能量谱 | 时频分析 | 样本信号	282	7.2
8	身份信息	银行卡号 | 个人身份信息 | 居民身份证 | 证照	217	5.5

注：因四舍五入，存在相加不等于 100%情况

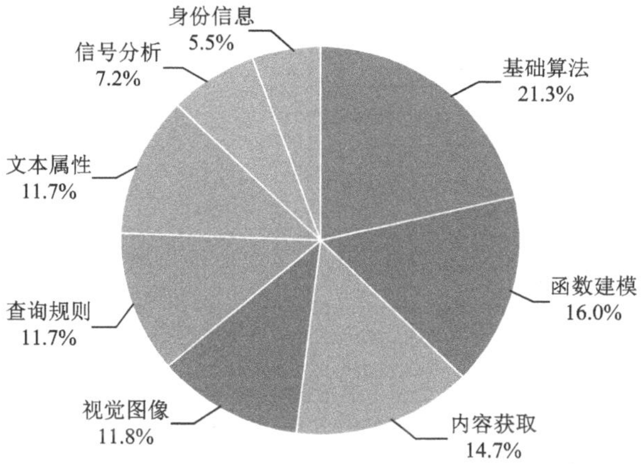

图 5-36 2016 年中国人工智能产业技术族群分布比例

在这 8 个技术族群中，专利授权量在 500 件以上的技术族群是基础算法、函数建模和内容获取，专利数量分别为 835 件、626 件和 575 件，所占比例分别为 21.3%、16.0%和 14.7%。专利授权量在 400～500 件的技术族群是视觉图像、查询规则和文本属性，专利数量分别为 464 件、460 件和 459 件，所占比例在 11%～12%。专利授权量在 200～300 件的技术族群是信号分析和身份信息，专利数量分别为 282 件和 217 件，所占比例在 5%～8%。

表 5-77 为 2016 年中国人工智能产业技术被引用量排名前 10 的专利。从这些专利的名称和内容来看，主要关联图像分析、智能设备（机器人、无人驾驶车辆）、移动终端等；从专利权人来看，共有 4 家公司、3 家高校、2 家研究所和 1 位个人；从专利权人所属国家来看，8 件专利的专利权人所属国家都是中国，另外 2 件专利属于美国；从专利被引用量来看，都在 58 次及以上，最多的一件专利被引用量为 135 次。

表 5-77 2016 年中国人工智能产业技术被引用量排名前 10 的专利

序号	专利号	专利名称	专利权人	所属国家	被引用量/次
1	CN102792320	数字助理的个人化词汇	苹果公司	美国	135
2	CN103544705	一种基于深度卷积神经网络的图像质量测试方法	华南理工大学	中国	75
3	CN103278170	基于显著场景点检测的移动机器人级联地图创建方法	东南大学	中国	70
4	CN103778802	一种基于车位信息共享的停车方法	吴一凡、叶茂、祖研	中国	69
5	CN103561011	一种 SDN 控制器盲 DDoS 攻击防护方法及系统	中国科学院信息工程研究所	中国	68
6	CN104036323	一种基于卷积神经网络的车辆检测方法	成都六活科技有限责任公司	中国	64
7	CN101292282	支持自然语言人机交互的移动系统和方法	纽昂斯通讯公司	美国	60

续表

序号	专利号	专利名称	专利权人	所属国家	被引用量/次
8	CN103207090	一种无人驾驶车辆环境模拟测试系统及测试方法	北京理工大学	中国	59
9	CN103019656	可动态重构的多级并行单指令多数据阵列处理系统	中国科学院半导体研究所	中国	59
10	CN102314386	一种测试移动终端的方法与设备	百度在线网络技术（北京）有限公司	中国	58

2017 年中国人工智能产业的专利数量为 5828 件，技术族群的分布及每个技术族群所包含的专利数量如表 5-78 和图 5-37 所示。2017 年的技术族群分布在 8 个领域：基础算法、函数建模、文本类别、相机成像、数据查询、语音搜索、智能识别和媒体系统。

表 5-78　2017 年中国人工智能产业技术族群及专利数量

序号	技术族群		专利数量/件	比例/%
	名称	内容		
1	基础算法	随机采样 | 高斯模型 | 高斯核 | 加权融合	1406	24.1
2	函数建模	函数模型 | EM 算法 | 预测函数 | 小波神经网络	1122	19.2
3	文本类别	短文本 | 类别属性 | 分类属性 | 文本集	714	12.3
4	相机成像	相机标定 | 成像模型 | 特征点位置 | 亚像素级	688	11.8
5	数据查询	SQL | 结构化查询语言 | 数据字典 | 增量更新	615	10.5
6	语音搜索	获取搜索 | 点击信息 | 阅读内容 | 语音搜索	558	9.6
7	智能识别	智能识别 | 实时识别 | 自动识别系统 | 视频识别	384	6.6
8	媒体系统	用户环境 | 图形接口 | 文档处理 | 媒体系统	341	5.9

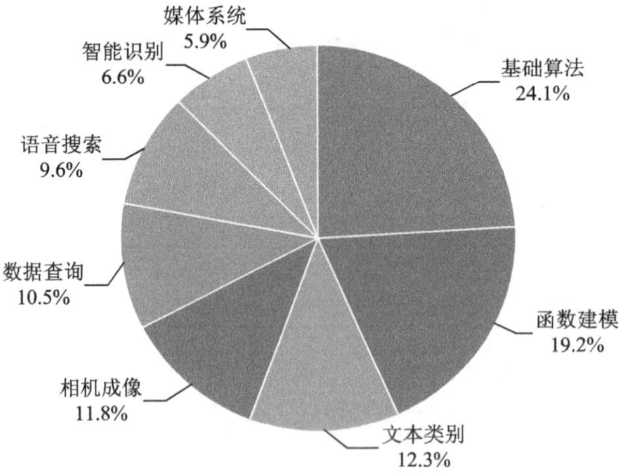

图 5-37　2017 年中国人工智能产业技术族群分布比例

在这 8 个技术族群中，专利授权量在 1000 件以上的技术族群是基础算法和函数建模，专利数量分别为 1406 件和 1122 件，所占比例分别为 24.1%和 19.2%。专利授权量在 500～800 件的技术族群是文本类别、相机成像、数据查询和语音搜索，专利数量分别为 714 件、688 件、615 件和 558 件，所占比例在 9%～13%。专利授权量在 300～400 件的技术族群是智能识别和媒体系统，专利数量分别为 384 件和 341 件，所占比例在 5%～7%。

表 5-79 为 2017 年中国人工智能产业技术被引用量排名前 10 的专利。从这些专利的名称和内容来看，主要关联智能问答系统、语义分析、语音识别、自动驾驶汽车、图像分析等；从专利权人来看，共有 5 家公司、4 家高校和 1 位个人；从专利权人所属国家来看，10 件专利的专利权人所属国家都是中国；从专利被引用量来看，都在 48 次及以上，最多的一件专利被引用量为 87 次。

表 5-79 2017 年中国人工智能产业技术被引用量排名前 10 的专利

序号	专利号	专利名称	专利权人	所属国家	被引用量/次
1	CN104050256	基于主动学习的问答方法及采用该方法的问答系统	西安蒜泥电子科技有限责任公司	中国	87
2	CN103544255	基于文本语义相关的网络舆情信息分析方法	常州大学	中国	81
3	CN102629246	识别浏览器语音命令的服务器及浏览器语音命令识别方法	百纳（武汉）信息技术有限公司	中国	79
4	CN104298976	基于卷积神经网络的车牌检测方法	电子科技大学	中国	71
5	CN104290745	车辆用半自动驾驶系统的驾驶方法	奇瑞汽车股份有限公司	中国	60
6	CN103955702	基于深度 RBF 网络的 SAR 图像地物分类方法	西安电子科技大学	中国	56
7	CN103888549	基于云和智能终端的营养与生活管理系统	顾坚敏	中国	56
8	CN103198155	一种基于移动终端的智能问答交互系统及方法	北京光年无限科技有限公司	中国	49
9	CN103793718	一种基于深度学习的人脸表情识别方法	台州学院	中国	48
10	CN103943106	一种手势语音识别的智能手环	北京豪络科技有限公司	中国	48

注：RBF 表示 radial basis function，径向基函数；SAR 表示 synthetic aperture radar，合成孔径雷达

2018 年中国人工智能产业的专利数量为 6931 件，技术族群的分布及每个技术族群所包含的专利数量如表 5-80 和图 5-38 所示。2018 年的技术族群分布在 8 个领域：基础算法、函数建模、视觉图像、文本属性、语音搜索、数据查询、移动终端和媒体系统。

表 5-80　2018 年中国人工智能产业技术族群及专利数量

序号	技术族群		专利数量/件	比例/%
	名称	内容		
1	基础算法	匹配算法 | 随机采样 | 高斯核 | 加权融合	1597	23.0
2	函数建模	函数模型 | EM 算法 | 预测函数 | 小波神经网络	1392	20.1
3	视觉图像	获取物体 | 双目立体视觉 | 单目视觉 | 双目图像	920	13.3
4	文本属性	短文本 | 中文文本 | 类别属性 | 文本集	770	11.1
5	语音搜索	获取搜索 | 阅读内容 | 交互对象 | 语音搜索	711	10.3
6	数据查询	SQL | 结构化查询语言 | 数据库操作 | 增量更新	684	9.9
7	移动终端	发信息 | 手机信息 | 移动 APP | 交互终端	450	6.5
8	媒体系统	用户环境 | 文档处理 | 媒体系统 | 视频游戏系统	407	5.9

注：因四舍五入，存在相加不等于 100%情况

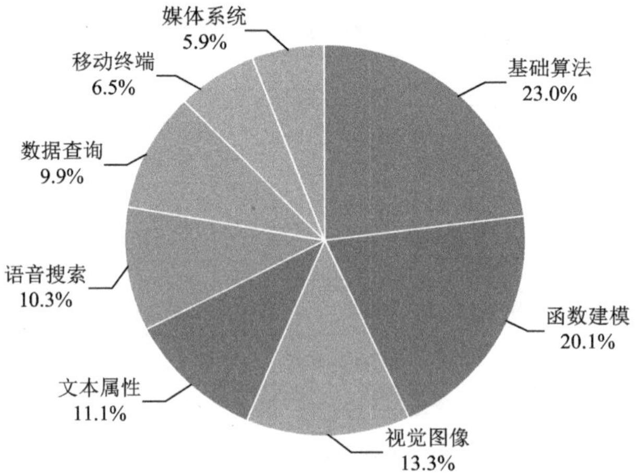

图 5-38　2018 年中国人工智能产业技术族群分布比例

在这 8 个技术族群中，专利授权量在 1000 件以上的技术族群是基础算法和函数建模，专利数量分别为 1597 件和 1392 件，所占比例分别为 23.0%和 20.1%。专利授权量在 600～1000 件的技术族群是视觉图像、文本属性、语音搜索和数据查询，专利数量分别为 920 件、770 件、711 件和 684 件，所占比例在 9%～14%。专利授权量在 400～500 件的技术族群是移动终端和媒体系统，专利数量分别为 450 件和 407 件，所占比例在 5%～7%。

表 5-81 为 2018 年中国人工智能产业技术被引用量排名前 10 的专利。从这些专利的名称和内容来看，主要关联人机交互、神经网络应用、分类推荐、无人驾驶汽车等；从专利权人来看，共有 6 家公司、2 家高校和 2 家研究所；从专利权人所属国家来看，9 件专利的专利权人所属国家都是中国，另外一件专利属于美国；从专利被引用量来看，都在 63 次及以上，最多的一件专利被引用量为 182 次。

表 5-81 2018 年中国人工智能产业技术被引用量排名前 10 的专利

序号	专利号	专利名称	专利权人	所属国家	被引用量/次
1	CN105068661	基于人工智能的人机交互方法和系统	百度在线网络技术（北京）有限公司	中国	182
2	CN101939740	在集成语言导航服务环境中提供自然语言语音用户界面	声钰科技	美国	158
3	CN103824054	一种基于级联深度神经网络的人脸属性识别方法	北京旷视科技有限公司	中国	123
4	CN105512723	一种用于稀疏连接的人工神经网络计算装置和方法	中科寒武纪科技股份有限公司	中国	98
5	CN104915322	一种卷积神经网络硬件加速方法	中国人民解放军国防科学技术大学	中国	77
6	CN104834747	基于卷积神经网络的短文本分类方法	中国科学院自动化研究所	中国	68
7	CN102609523	基于物品分类和用户分类的协同过滤推荐方法	上海视畅信息科技有限公司	中国	65
8	CN104850836	基于深度卷积神经网络的害虫图像自动识别方法	浙江大学	中国	65
9	CN104217225	一种视觉目标检测与标注方法	中国科学院自动化研究所	中国	64
10	CN105741595	一种基于云端数据库的无人驾驶车辆导航行车方法	常州加美科技有限公司	中国	63

2019 年中国人工智能产业的专利数量为 9773 件，技术族群的分布及每个技术族群所包含的专利数量如表 5-82 和图 5-39 所示。2019 年的技术族群分布在 8 个领域：基础算法、函数建模、图像特征、文本属性、语音搜索、数据查询、视觉处理和终端应用。

表 5-82 2019 年中国人工智能产业技术族群及专利数量

序号	技术族群		专利数量/件	比例/%
	名称	内容		
1	基础算法	随机采样 | 相似性度量 | 特征计算 | 加权融合	2108	21.6
2	函数建模	函数模型 | EM 算法 | 预测函数 | 小波神经网络	1665	17.0
3	图像特征	图像轮廓 | 灰度特征 | 特征点位置 | 采样图像	1511	15.5
4	文本属性	短文本 | 中文文本 | 类别属性 | 文本集	1267	13.0
5	语音搜索	获取搜索 | 互动方法 | 语音搜索 | 家教	1138	11.6
6	数据查询	SQL | 结构化查询语言 | 查询处理 | 增量更新	810	8.3
7	视觉处理	实时识别 | 位置采集 | 单目视觉 | 激光点云	788	8.1
8	终端应用	用户定义 | 可访问性 | 软件对象 | 文档处理	486	5.0

注：因四舍五入，存在相加不等于 100%情况

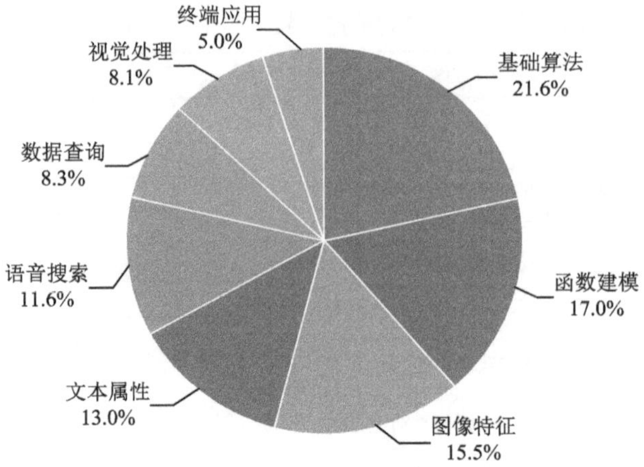

图 5-39　2019 年中国人工智能产业技术族群分布比例

在这 8 个技术族群中，专利授权量在 2000 件以上的技术族群是基础算法，专利数量为 2108 件，所占比例为 21.6%。专利授权量在 1000～2000 件的技术族群是函数建模、图像特征、文本属性和语音搜索，专利数量分别为 1665 件、1511 件、1267 件和 1138 件，所占比例在 11%～17%。专利授权量在 1000 件以下的技术族群是数据查询、视觉处理和终端应用，专利数量分别为 810 件、788 件和 486 件，所占比例在 5%～9%。

表 5-83 为 2019 年中国人工智能产业技术被引用量排名前 10 的专利。从这些专利的名称和内容来看，主要关联神经网络应用、穿戴式设备、人脸识别、图像识别等；从专利权人来看，共有 5 家公司、1 家高校、4 家科研院所和 1 位个人；从专利权人所属国家来看，10 件专利的专利权人所属国家都是中国；从专利被引用量来看，都在 44 次及以上，最多的一件专利被引用量为 122 次。

表 5-83　2019 年中国人工智能产业技术被引用量排名前 10 的专利

序号	专利号	专利名称	专利权人	所属国家	被引用量/次
1	CN106250812	一种基于快速 R-CNN 深度神经网络的车型识别方法	汤一平	中国	122
2	CN105787439	一种基于卷积神经网络的深度图像人体关节定位方法	广州新节奏智能科技股份有限公司	中国	62
3	CN106780460	一种用于胸部 CT 影像的肺结节自动检测系统	杭州健培科技有限公司	中国	62
4	CN106372390	一种基于深度卷积神经网络的预防肺癌自助健康云服务系统	汤一平	中国	55
5	CN106709568	基于深层卷积网络的 RGB-D 图像的物体检测和语义分割方法	北京工业大学	中国	54

续表

序号	专利号	专利名称	专利权人	所属国家	被引用量/次
6	CN106447034	一种基于数据压缩的神经网络处理器、设计方法、芯片	中国科学院计算技术研究所	中国	53
7	CN103976739	穿戴式摔倒动态实时检测方法和装置	宁波麦思电子科技有限公司	中国	48
8	CN105005774	一种基于卷积神经网络的人脸亲属关系识别方法及装置	中国科学院自动化研究所	中国	47
9	CN105095833	用于人脸识别的网络构建方法、识别方法及系统	中国科学院声学研究所	中国	45
10	CN106504233	基于 Faster R-CNN 的无人机巡检图像电力小部件识别方法及系统	山东鲁能智能技术有限公司、国网山东省电力公司电力科学研究院、中国国家电网有限公司	中国	44

注：CNN 表示 convolutional neural networks，卷积神经网络；R-CNN 表示 region-CNN，是第一个成功将深度学习应用到目标检测上的算法；CT 表示 computed tomography，计算机断层扫描

5.4.4 基于专利分析的美国人工智能产业与技术族群关联分析

5.4.4.1 美国人工智能产业发明专利授权趋势

图 5-40 为美国人工智能产业发明专利授权趋势图。从图 5-40 中可以看出，在 2010～2018 年，美国人工智能产业发明专利授权量处于一个稳步增长的状态，年平均增长率为 12.2%，反映出美国在人工智能产业的投入和研发产出一直保持持续的增长。由于 2019 年的数据可能还没有完全公开，目前来看，相对于 2018 年的数据呈现出下降的趋势。

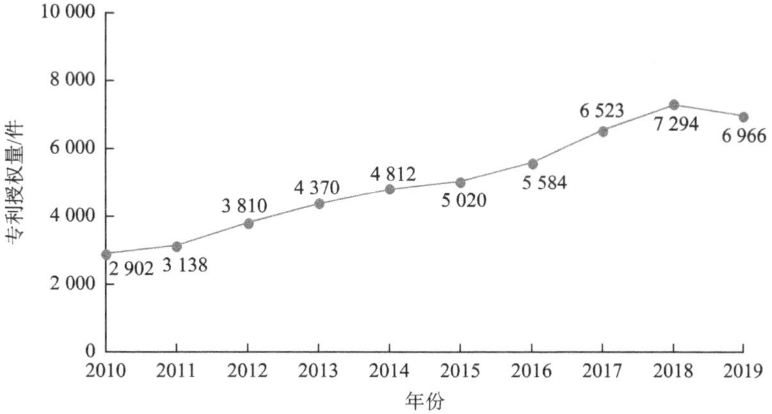

图 5-40 美国人工智能产业发明专利授权趋势

5.4.4.2　美国人工智能产业重要专利权人

表 5-84 为美国人工智能产业排名前 20 的专利权人及其所属国家、专利权人类型、发明专利量及其所占比例。这 20 位专利权人全部为企业或公司，美国企业有 16 家，韩国和日本各 1 家，德国 2 家。从这前 20 位专利权人来看，美国具有绝对的优势。人工智能发明专利最多的专利权人是 IBM，发明专利授权量为 4623 件。其次是微软、谷歌和亚马逊科技，发明专利授权量都在 1000 件以上。韩国的三星电子有限公司排在第 5 位，为 912 件；日本的索尼公司排在第 8 位，为 651 件；德国的 SAP 和西门子分别排在第 13 和 16 位，为 526 和 499 件。

表 5-84　美国人工智能产业排名前 20 的专利权人

序号	专利权人	专利权人所属国家	专利权人类型	发明专利量/件（比例/%）
1	IBM	美国	企业	4623（9.2）
2	微软	美国	企业	2652（5.3）
3	谷歌	美国	企业	2036（4.0）
4	亚马逊科技	美国	企业	1104（2.2）
5	三星电子有限公司	韩国	企业	912（1.8）
6	英特尔	美国	企业	902（1.8）
7	施乐公司	美国	企业	708（1.4）
8	索尼	日本	企业	651（1.3）
9	威瑞森	美国	企业	644（1.3）
10	美国电话电报	美国	企业	623（1.2）
11	惠普公司	美国	企业	543（1.1）
12	苹果	美国	企业	532（1.1）
13	SAP	德国	企业	526（1.0）
14	高通公司	美国	企业	520（1.0）
15	戴尔	美国	企业	503（1.0）
16	西门子	德国	企业	499（1.0）
17	甲骨文（Oracle）	美国	企业	445（0.9）
18	脸谱（Facebook）	美国	企业	443（0.9）
19	Nuance Communications	美国	企业	416（0.8）
20	Adobe Systems	美国	企业	398（0.8）

5.4.4.3 美国人工智能产业涉及主要技术领域

表 5-85 为美国人工智能产业排名前 20 的国际专利分类小类，与人工智能相关的国际专利分类主要是 G 部（物理）和 H 部（电学）。发明专利授权量最多的国际专利分类小类是 G06F（电数字数据处理），有 28 500 件专利；其次是 G06K（数据识别；数据表示；记录载体；记录载体的处理），有 11 550 件专利。人工智能发明专利授权量在 5000 件以上的国际专利分类小类还有 G06Q（专门适用于行政、商业、金融、管理、监督或预测目的的数据处理系统或方法）、H04L（数字信息的传输）、H04N（图像通信）、G06T（一般的图像数据处理或产生）和 G06N（基于特定计算模型的计算机系统）。在 2000 到 4000 件之间的国际专利分类小类有 G10L（语音分析或合成；语音识别；语音或声音处理；语音或音频编码或解码）、H04M（电话通信）和 H04W（无线通信网络）。其他排在前 20 的国际专利分类小类发明专利授权量在 2000 件以下。

表 5-85 美国人工智能产业排名前 20 的国际专利分类小类

序号	国际专利分类小类	国际专利分类号含义	发明专利量/件
1	G06F	电数字数据处理	28 500
2	G06K	数据识别；数据表示；记录载体；记录载体的处理	11 550
3	G06Q	专门适用于行政、商业、金融、管理、监督或预测目的的数据处理系统或方法	6 006
4	H04L	数字信息的传输	5 810
5	H04N	图像通信	5 512
6	G06T	一般的图像数据处理或产生	5 141
7	G06N	基于特定计算模型的计算机系统	5 073
8	G10L	语音分析或合成；语音识别；语音或声音处理；语音或音频编码或解码	4 805
9	H04M	电话通信	2 474
10	H04W	无线通信网络	2 177
11	G05D	非电变量的控制或调节系统	1 851
12	A61B	诊断；外科；鉴定	1 232
13	G01C	测量距离，水准或者方位；勘测；导航；陀螺仪；摄影测量学或视频测量学	1 206
14	G05B	一般的控制或调节系统；这种系统的功能单元；用于这种系统或单元的监视或测试装置	1 002

续表

序号	国际专利分类小类	国际专利分类号含义	发明专利量/件
15	H04B	传输	960
16	G01N	借助于测定材料的化学或物理性质来测试或分析材料	887
17	G08G	交通控制系统	755
18	G01S	无线电定向；无线电导航；采用无线电波测距或测速；采用无线电波的反射或再辐射的定位或存在检测；采用其他波的类似装置；	720
19	H04R	扬声器、传声器、唱机拾音器或其他声—机电传感器；助听器；扩音系统	656
20	G09B	教育或演示用具；用于教学或与盲人、聋人或哑人通信的用具；模型；天象仪；地球仪；地图；图表	644

5.4.4.4 美国人工智能产业的技术族群分布

下面按照年份来分析美国人工智能产业的技术族群分布，并从年度专利数量比例的变化来研究技术族群的变化趋势。

2010 年美国人工智能产业的专利数量为 2902 件，技术族群的分布及每个技术族群所包含的专利数量如表 5-86 和图 5-41 所示。2010 年的技术族群分布在 8 个领域：数据创建、用户创建、文本处理、网络终端、图像映射、标准范式、图像处理、信号特性。

表 5-86 2010 年美国人工智能产业技术族群及专利数量

序号	技术族群		专利数量/件	比例/%
	名称	内容		
1	数据创建	系统访问 | 创建数据 | 软件对象 | DBMS	513	17.7
2	用户创建	用户定义 | 用户创建 | 电子表格 | 内容关联	446	15.4
3	文本处理	特定属性 | 词汇表 | 文本处理 | 消歧	424	14.6
4	网络终端	附加服务 | 电子邮件系统 | 万维网服务器 | 网络站点	396	13.6
5	图像映射	阈值化 | 图像映射 | 空间图像 | 深度估计	375	12.9
6	标准范式	新特征 | 范式 | 公式化 | 度量标准	363	12.5
7	图像处理	可视信息 | 硬拷贝 | 位图图像 | 打印文档	228	7.9
8	信号特性	信号特性 | 信号相关 | 信号包络 | 交叉相关	157	5.4

注：DBMS 表示 database management system，数据库管理系统

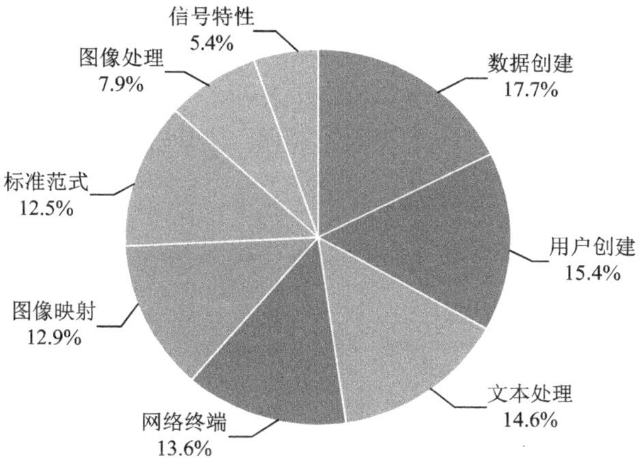

图 5-41　2010 年美国人工智能产业技术族群分布比例

在这 8 个技术族群中，专利授权量在 400 件以上的技术族群是数据创建、用户创建和文本处理，专利数量分别为 513 件、446 件和 424 件，所占比例分别为 17.7%、15.4%和 14.6%。专利授权量在 300～400 件的技术族群是网络终端、图像映射和标准范式，专利数量分别为 396 件、375 件和 363 件，所占比例在 12%～14%。专利授权量在 200 件以下的技术族群是图像处理和信号特性，专利数量分别为 228 件和 157 件，所占比例在 5%～8%。

表 5-87 为 2010 年美国人工智能产业技术被引用量排名前 10 的专利。从这些专利的名称和内容来看，主要关联数据库访问、分布式设备、自然语言、手势识别等；从专利权人来看，共有 8 家公司、1 位个人和 1 家研究院；从专利权人所属国家来看，9 件专利的专利权人所属国家都是美国，另外 1 个专利权人是韩国的 1 家研究院；从专利被引用量来看，都在 357 次及以上，最多的一件专利被引用量为 1403 次。

表 5-87　2010 年美国人工智能产业技术被引用量排名前 10 的专利

序号	专利号	专利名称	中文名称	专利权人	所属国家	被引用量/次
1	US7730478	method and system for allowing access to developed applications via a multi-tenant on-demand database service	方法和系统，允许通过多租户按需数据库服务访问开发的应用程序	Salesforce.com，Inc.	美国	1403
2	US7657910	distributed electronic entertainment method and apparatus	分布式电子娱乐方法和设备	E-cast Inc.	美国	806
3	US7693720	mobile systems and methods for responding to natural language speech utterance	用于响应自然语言话语的移动系统和方法	VoiceBox Technologies，Inc.	美国	633

续表

序号	专利号	专利名称	中文名称	专利权人	所属国家	被引用量/次
4	US7779475	software-based method for gaining privacy by affecting the screen of a computing device	通过影响计算设备的屏幕获得隐私的基于软件的方法	PetNote LLC	美国	582
5	US7726575	indicia reading terminal having spatial measurement functionality	标记阅读终端具有空间测量功能	Hand Held Products，Inc.	美国	560
6	US7797204	distributed personal automation and shopping method，apparatus，and process	分布式个人自动化和购物方法，设备和过程	Bruce F. Balent	美国	531
7	US7702130	user interface apparatus using hand gesture recognition and method thereof	使用手势识别的用户界面装置及其方法	Electronics and Telecommunications Research Institute	韩国	388
8	US7684592	realtime object tracking system	实时对象跟踪系统	Cybernet Systems Corporation	美国	379
9	US7764231	wireless location using multiple mobile station location techniques	使用多个移动电台定位技术的无线位置	TracBeam LLC	美国	363
10	US7657424	system and method for processing sentence based queries	处理基于句子的查询的系统和方法	Phoenix Solutions，Inc.	美国	357

2011 年美国人工智能产业的专利数量为 3138 件，技术族群的分布及每个技术族群所包含的专利数量如表 5-88 和图 5-42 所示。2010 年的技术族群分布在 8 个领域：用户定义、数据创建、网络终端、标准范式、图像映射、存储访问、数据关联和信号特性。

表 5-88　2011 年美国人工智能产业技术族群及专利数量

序号	技术族群		专利数量/件	比例/%
	名称	内容		
1	用户定义	用户定义 | 执行搜索 | 特定属性 | 文本处理	693	22.1
2	数据创建	创建数据 | 软件对象 | DBMS | 名称空间	523	16.7
3	网络终端	附加服务 | 电子邮件系统 | 万维网服务器 | 网络站点	499	15.9
4	标准范式	新特征 | 范式 | 度量标准 | 原始数据集	454	14.5
5	图像映射	图像表示 | 图像映射 | 空间图像 | 搜索图像	372	11.9
6	存储访问	命令集 | STORE | 访问模式 | 存储访问	276	8.8
7	数据关联	参考系统 | 位置关联 | 半自主 | 视觉数据	188	6.0
8	信号特性	信号特性 | 信号包络 | 交叉相关 | 通信接收机	133	4.2

注：因四舍五入，存在相加不等于 100%情况

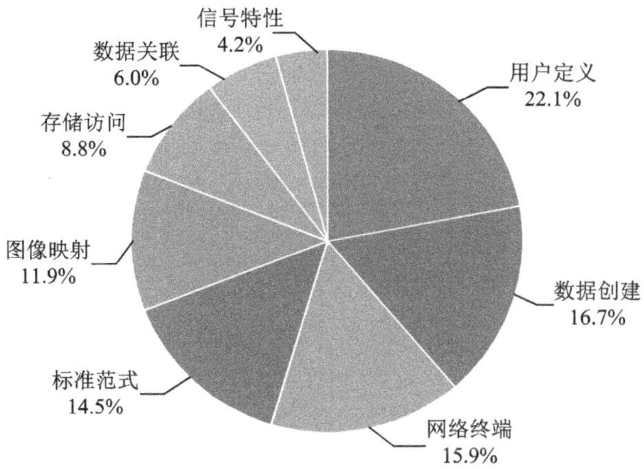

图 5-42 2011 年美国人工智能产业技术族群分布比例

在这 8 个技术族群中，专利授权量在 500 件以上的技术族群是用户定义和数据创建，专利数量分别为 693 件和 523 件，所占比例分别为 22.1%和 16.7%。专利授权量在 300～500 件的技术族群是网络终端、标准范式和图像映射，专利数量分别为 499 件、454 件和 372 件，所占比例在 11%～16%。专利授权量在 300 件以下的技术族群是存储访问、数据关联和信号特性，专利数量分别为 276 件、188 件和 133 件，所占比例在 4%～9%。

表 5-89 为 2011 年美国人工智能产业技术被引用量排名前 10 的专利。从这些专利的名称和内容来看，主要关联计算机视觉、自然语言、语音系统和道路交通检测等；从专利权人来看，共有 10 家公司；从专利权人所属国家来看，10 件专利的专利权人所属国家都是美国；从专利被引用量来看，都在 273 次及以上，最多的一件专利被引用量为 427 次。

表 5-89 2011 年美国人工智能产业技术被引用量排名前 10 的专利

序号	专利号	专利名称	中文名称	专利权人	所属国家	被引用量/次
1	US8035624	computer vision based touch screen	基于计算机视觉的触摸屏	Intellectual Ventures Holding 67 LLC	美国	427
2	US8015006	systems and methods for processing natural language speech utterances with context-specific domain agents	使用上下文特定域代理处理自然语言语音的系统和方法	VoiceBox Technologies，Inc.	美国	357
3	US7873519	natural language speech lattice containing semantic variants	包含语义变体的自然语言语音格	Phoenix Solutions，Inc.	美国	351
4	US7917367	systems and methods for responding to natural language speech utterance	响应自然语言言语的系统和方法	VoiceBox Technologies，Inc.	美国	325

续表

序号	专利号	专利名称	中文名称	专利权人	所属国家	被引用量/次
5	US8073681	system and method for a cooperative conversational voice user interface	合作对话语音用户界面的系统和方法	VoiceBox Technologies，Inc.	美国	324
6	US7873654	multimodal natural language query system for processing and analyzing voice and proximity-based queries	用于处理和分析语音和基于接近度的查询的多模态自然语言查询系统	The Intellection Group，Inc.	美国	312
7	US8082153	conversational computing via conversational virtual machine	通过会话虚拟机进行会话计算	IBM	美国	293
8	US7912702	statistical language model trained with semantic variants	用语义变体训练的统计语言模型	Phoenix Solutions，Inc.	美国	279
9	US8046256	system and method for using loyalty rewards as currency	使用忠诚奖励作为货币的系统和方法	American Express Travel Related Services Company，Inc.	美国	276
10	US7899611	detecting anomalous road traffic conditions	检测异常道路交通状况	Inrix，Inc.	美国	273

2012 年美国人工智能产业的专利数量为 3810 件，技术族群的分布及每个技术族群所包含的专利数量如表 5-90 和图 5-43 所示。2012 年的技术族群分布在 8 个领域：用户定义、数据创建、网络终端、计算特征、内容关联、标准范式、图像处理和信号接收。

表 5-90　2012 年美国人工智能产业技术族群及专利数量

序号	技术族群		专利数量/件	比例/%
	名称	内容		
1	用户定义	用户定义 | 特定属性 | 搜索系统 | 文本处理	679	17.8
2	数据创建	系统访问 | 创建数据 | 软件对象 | DBMS	616	16.2
3	网络终端	创建用户 | 授权访问 | 电子邮件系统 | 网络站点	536	14.1
4	计算特征	计算特征 | 阈值化 | 点特征 | 深度估计	504	13.2
5	内容关联	内容关联 | 音频记录 | 文档处理 | 媒体系统	480	12.6
6	标准范式	新特征 | 范式 | 度量标准 | 原始数据集	418	11.0
7	图像处理	特定图像 | 图像比较 | 图像输入单元 | 拾取图像	290	7.6
8	信号接收	信号相关 | 参考系统 | 评估器 | GNSS 接收器	287	7.5

注：GNSS 表示 global navigation satellite system，全球导航卫星系统

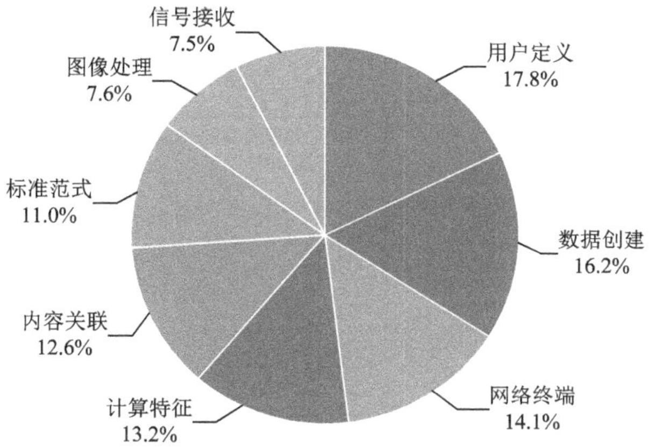

图 5-43 2012 年美国人工智能产业技术族群分布比例

在这 8 个技术族群中，专利授权量在 600 件以上的技术族群是用户定义和数据创建，专利数量分别为 679 件和 616 件，所占比例分别为 17.8%和 16.2%。专利授权量在 400～600 件的技术族群是网络终端、计算特征、内容关联和标准范式，专利数量分别为 536 件、504 件、480 件和 418 件，所占比例在 10%～15%。专利授权量在 300 件以下的技术族群是图像处理和信号接收，专利数量分别为 290 件和 287 件，所占比例在 7%～8%。

表 5-91 为 2012 年美国人工智能产业技术被引用量排名前 10 的专利。从这些专利的名称和内容来看，主要关联数据文件、语音识别系统、数据流系统、电子设备数据处理及安全等；从专利权人来看，共有 9 家公司和 2 位个人；从专利权人所属国家来看，9 件专利的专利权人所属国家都是美国，另外 1 家专利权人是澳大利亚；从专利被引用量来看，都在 204 次及以上，最多的一件专利被引用量为 608 次。

表 5-91 2012 年美国人工智能产业技术被引用量排名前 10 的专利

序号	专利号	专利名称	中文名称	专利权人	所属国家	被引用量/次
1	US8209308	method for presentation of revisions of an electronic document	展示电子文件修订的方法	Steven L. Rueben, Gabriel Jakobson	美国	608
2	US8200775	enhanced syndication	增强的联合发布	Newsilike Media Group，Inc	美国	355
3	US8229954	managing copies of data	管理数据副本	CommVault Systems, Inc.	美国	336
4	US8112275	system and method for user-specific speech recognition	用于用户特定语音识别的系统和方法	VoiceBox Technologies，Inc.	美国	332
5	US8135657	systems and methods for processing data flows	处理数据流的系统和方法	Crossbeam Systems, Inc.	美国	252

续表

序号	专利号	专利名称	中文名称	专利权人	所属国家	被引用量/次
6	US8270933	safety features for portable electronic device	便携式电子设备的安全功能	Zoomsafer，Inc.	美国	250
7	US8332475	messaging system and method	消息传递系统和方法	Triplay Communications Ltd.	美国	247
8	US8219908	digital ink database searching using handwriting feature synthesis	使用手写功能合成的数字墨水数据库搜索	Silverbrook Research Pty Ltd	澳大利亚	240
9	US8166019	providing suggested actions in response to textual communications	针对文字通信提供建议的操作	Sprint Communications Company L.P.	美国	232
10	US8296383	electronic devices with voice command and contextual data processing capabilities	具有语音命令和上下文数据处理能力的电子设备	Apple Inc.	美国	204

2013 年美国人工智能产业的专利数量为 4370 件，技术族群的分布及每个技术族群所包含的专利数量如表 5-92 和图 5-44 所示。2013 年的技术族群分布在 8 个领域：用户定义、系统访问、用户环境、图像计算、计算标准、网络终端、图像类型和系统路径。

表 5-92　2013 年美国人工智能产业技术族群及专利数量

序号	技术族群		专利数量/件	比例/%
	名称	内容		
1	用户定义	用户定义 | 特定属性 | 搜索系统 | 文本处理	855	19.6
2	系统访问	系统访问 | 命令集 | 应用逻辑 | 软件对象	735	16.8
3	用户环境	设备共享 | 用户环境 | 内容共享 | 媒体系统	683	15.6
4	图像计算	计算特征 | 阈值化 | 图像映射 | 深度估计	610	14.0
5	计算标准	新特征 | 公式化 | 度量标准 | 加权组合	492	11.3
6	网络终端	系统用户 | 创建用户 | 电子邮件系统 | 网络站点	442	10.1
7	图像类型	特定图像 | 位图图像 | 附加图像 | 拾取图像	307	7.0
8	系统路径	参考系统 | 半自主 | 自主式 | 期望路径	246	5.6

在这 8 个技术族群中，专利授权量在 700 件以上的技术族群是用户定义和系统访问，专利数量分别为 855 件和 735 件，所占比例分别为 19.6%和 16.8%。专利授权量在 600～700 件的技术族群是用户环境和图像计算，专利数量分别为 683 件和 610 件，所占比例在 14%～16%。专利授权量在 500 件以下的技术族群是计算标准、网络终端、图像类型和系统路径，专利数量分别为 492 件、442 件、307 件和 246 件，所占比例在 5%～12%。

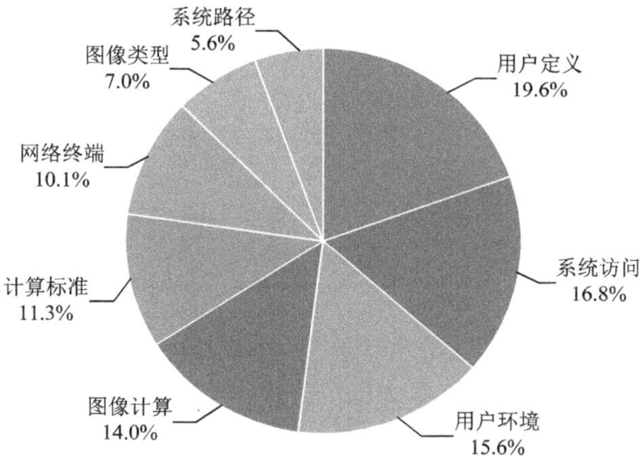

图 5-44　2013 年美国人工智能产业技术族群分布比例

表 5-93 为 2013 年美国人工智能产业技术被引用量排名前 10 的专利。从这些专利的名称和内容来看，主要关联数据收集、手机支付、自然语音及词库、数据流及内容处理、车辆及无人机系统等；从专利权人来看，共有 9 家公司和 1 家协会；从专利权人所属国家来看，10 件专利的专利权人所属国家都是美国；从专利被引用量来看，都在 179 次及以上，最多的一件专利被引用量为 458 次。

表 5-93　2013 年美国人工智能产业技术被引用量排名前 10 的专利

序号	专利号	专利名称	中文名称	专利权人	所属国家	被引用量/次
1	US8548420	panic button for data collection device	数据收集设备恐慌按钮	Hand Held Products，Inc.	美国	458
2	US8380177	mobile phone payment processing methods and systems	手机支付处理方法和系统	Paydiant，Inc.	美国	339
3	US8374871	methods for creating a phrase thesaurus	创建短语词库的方法	Fluential，LLC	美国	246
4	US8447607	mobile systems and methods of supporting natural language human-machine interactions	支持自然语言人机交互的移动系统和方法	Voice Box Technologies，Inc.	美国	245
5	US8577911	presenting search term refinements	呈现搜索字词优化	Google Inc.	美国	242
6	US8402540	systems and methods for processing data flows	处理数据流的系统和方法	Crossbeam Systems，Inc.	美国	230
7	US8434103	method of substituting content during program breaks	在程序暂停期间替换内容的方法	ARRIS Group，Inc.	美国	219
8	US8527146	systems and methods for updating vehicle behavior and settings based on the locations of vehicle passengers	根据车辆乘客的位置更新车辆行为和设置的系统和方法	Google Inc.	美国	207

续表

序号	专利号	专利名称	中文名称	专利权人	所属国家	被引用量/次
9	US8346578	systems and methods for using unmanned aerial vehicles	使用无人机的系统和方法	United Services Automobile Association	美国	193
10	US8385971	methods and systems for content processing	内容处理方法和系统	Digimarc Corporation	美国	179

2014 年美国人工智能产业的专利数量为 4812 件，技术族群的分布及每个技术族群所包含的专利数量如表 5-94 和图 5-45 所示。2014 年的技术族群分布在 8 个领域：用户定义、系统访问、网络共享、图像映射、计算标准、图像音频、用户创建和系统路径。

表 5-94 2014 年美国人工智能产业技术族群及专利数量

序号	技术族群		专利数量/件	比例/%
	名称	内容		
1	用户定义	用户定义 | 特定属性 | 搜索系统 | 文本处理	1016	21.1
2	系统访问	系统访问 | 应用逻辑 | 软件对象 | DBMS	789	16.4
3	网络共享	设备共享 | 内容共享 | 媒体系统 | 网络站点	757	15.7
4	图像映射	阈值化 | 图像映射 | 空间图像 | 深度估计	666	13.8
5	计算标准	新特征 | 度量标准 | 加权组合 | 标量值	530	11.0
6	图像音频	图形图像 | 可视信息 | 音频记录 | 视觉内容	445	9.2
7	用户创建	个人化 | 创建用户 | 授权访问 | 电子邮件系统	351	7.3
8	系统路径	参考系统 | 无人驾驶飞行器 | 半自主 | 自主式	258	5.4

注：因四舍五入，存在相加不等于 100%情况

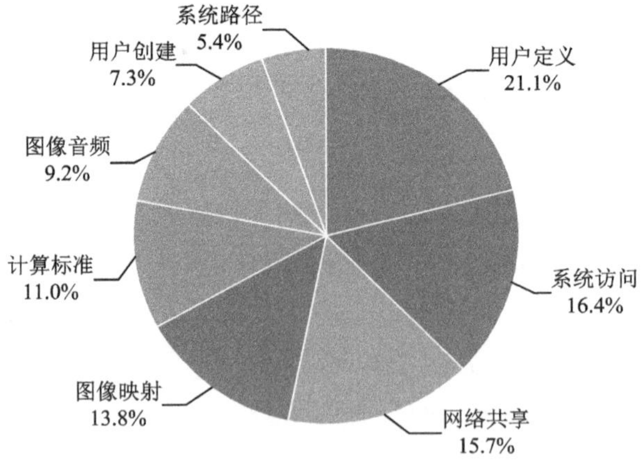

图 5-45 2014 年美国人工智能产业技术族群分布比例

在这 8 个技术族群中，专利授权量在 1000 件以上的技术族群是用户定义，专利数量为 1016 件，所占比例为 21.1%。专利授权量在 500～800 件的技术族群是系统访问、网络共享、图像映射和计算标准，专利数量分别为 789 件、757 件、666 件和 530 件，所占比例在 11%～17%。专利授权量在 500 件以下的技术族群是图像音频、用户创建和系统路径，专利数量分别为 445 件、351 件和 258 件，所占比例在 5%～10%。

表 5-95 为 2014 年美国人工智能产业技术被引用量排名前 10 的专利。从这些专利的名称和内容来看，主要关联图像处理、数字自动处理、网络系统安全、手势识别等；从专利权人来看，共有 9 家公司和 1 位个人；从专利权人所属国家来看，10 件专利的专利权人所属国家都是美国；从专利被引用量来看，都在 179 次及以上，最多的一件专利被引用量为 454 次。

表 5-95　2014 年美国人工智能产业技术被引用量排名前 10 的专利

序号	专利号	专利名称	中文名称	专利权人	所属国家	被引用量/次
1	US8682077	method for omnidirectional processing of 2D images including recognizable characters	全方位处理包含可识别字符的二维图像的方法	Hand Held Products，Inc.	美国	454
2	US8636224	system and method to automatically discriminate between different data types	自动区分不同数据类型的系统和方法	Hand Held Products，Inc.	美国	448
3	US8660849	prioritizing selection criteria by automated assistant	通过自动化助理优先选择标准	Apple Inc.	美国	250
4	US8682812	machine learning based botnet detection using real-time extracted traffic features	使用实时提取的流量功能的基于机器学习的僵尸网络检测	Narus，Inc.	美国	247
5	US8726379	systems and methods for dynamic protection from electronic attacks	动态防范电子攻击的系统和方法	Norse Corporation	美国	231
6	US8687650	system，method，and computer program product for connecting or coupling analog audio tone based communications systems over a packet data network	用于通过分组数据网络连接或耦合基于模拟音频音调的通信系统的系统，方法和计算机程序产品	NSG Datacom，Inc.	美国	207
7	US8854433	method and system enabling natural user interface gestures with an electronic system	使用电子系统实现自然用户界面手势的方法和系统	Aquifi，Inc.	美国	204
8	US8874301	autonomous vehicle with driver presence and physiological monitoring	具有驾驶员存在和生理监控的自主车辆	Ford Global Technologies，LLC	美国	184
9	US8689108	presentation and analysis of user interaction data	用户互动数据的呈现和分析	Palantir Technologies，Inc.	美国	179

续表

序号	专利号	专利名称	中文名称	专利权人	所属国家	被引用量/次
10	US8831677	customer-controlled instant-response anti-fraud/anti-identity theft devices（with true-personal identity verification），method and systems for secured global applications in personal/business e-banking，e-commerce，e-medical/health insurance checker，e-education/research/invention，e-disaster advisor，e-immigration，e-airport/aircraft security，e-military/e-law enforcement，with or without NFC component and system，with cellular/satellite phone/internet/multi-media functions	客户控制的即时应答反欺诈/反身份信息盗窃设备	Antony-Euclid C. Villa-Real	美国	179

2015 年美国人工智能产业的专利数量为 5020 件，技术族群的分布及每个技术族群所包含的专利数量如表 5-96 和图 5-46 所示。2015 年的技术族群分布在 8 个领域：用户定义、图像搜索、系统访问、媒体系统、网络终端、数据范式、信号相关和系统路径。

表 5-96　2015 年美国人工智能产业技术族群及专利数量

序号	技术族群		专利数量/件	比例/%
	名称	内容		
1	用户定义	用户定义 | 特定属性 | 搜索系统 | 文本处理	1007	20.1
2	图像搜索	图像映射 | 空间图像 | 图像搜索 | 搜索图像	730	14.5
3	系统访问	系统访问 | 应用逻辑 | 软件对象 | DBMS	718	14.3
4	媒体系统	视频游戏 | 用户环境 | 音频记录 | 媒体系统	707	14.1
5	网络终端	创建用户 | 访问限制 | 电子邮件系统 | 网络站点	675	13.4
6	数据范式	新特征 | 范式 | 原始数据集 | 训练集合	563	11.2
7	信号相关	信号相关 | 信号包络 | 交叉相关 | 功率估计	311	6.2
8	系统路径	参考系统 | 无人驾驶飞行器 | 半自主 | 位置模块	309	6.2

在这 8 个技术族群中，专利授权量在 1000 件以上的技术族群是用户定义，专利数量为 1007 件，所占比例为 20.1%。专利授权量在 700～800 件的技术族群是图像搜索、系统访问和媒体系统，专利数量分别为 730 件、718 件和 707 件，所占比例在 14%～15%。专利授权量在 500～700 件的技术族群是网络终端和数据范式，专利数量分别为 675 件和 563 件，所占比例在 11%～14%。专利授权量在 400 件以下的技术族群是信号相关和系统路径，专利数量分别为 311 件和 309 件，所占比例在 6%～7%。

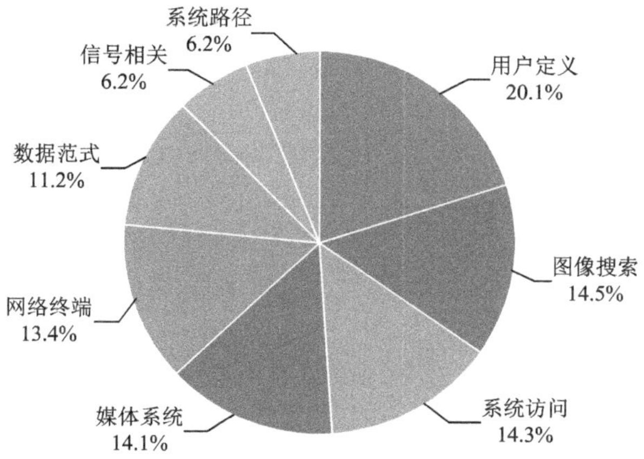

图 5-46　2015 年美国人工智能产业技术族群分布比例

表 5-97 为 2015 年美国人工智能产业技术被引用量排名前 10 的专利。从这些专利的名称和内容来看，主要关联无人机、数据传输和接收、计算和网络系统安全等；从专利权人来看，共有 10 家公司；从专利权人所属国家来看，8 件专利的专利权人所属国家都是美国，另外 2 件专利属于中国和韩国；从专利被引用量来看，都在 138 次及以上，最多的一件专利被引用量为 246 次。

表 5-97　2015 年美国人工智能产业技术被引用量排名前 10 的专利

序号	专利号	专利名称	中文名称	专利权人	所属国家	被引用量/次
1	US9056676	systems and methods for UAV docking	无人机对接的系统和方法	SZ DJI Technology Co.，Ltd.	中国	246
2	US9224027	hand-mounted indicia-reading device with finger motion triggering	带手指动作触发的手持式标记读取装置	Hand Held Products，Inc.	美国	240
3	US9015390	active memory data compression system and method	主动式内存数据压缩系统和方法	Micron Technology，Inc.	美国	209
4	US9110587	method for transmitting and receiving data between memo layer and application and electronic device using the same	用于在备忘录层和应用程序之间传输和接收数据的方法以及使用该方法的电子设备	Samsung Electronics Co.，Ltd.	韩国	200
5	US8948935	providing a medical support device via an unmanned aerial vehicle	通过无人驾驶飞行器提供医疗辅助设备	Google Inc.	美国	186
6	US9043894	malicious software detection in a computing system	计算系统中的恶意软件检测	Palantir Technologies Inc.	美国	153
7	US8930191	paraphrasing of user requests and results by automated digital assistant	通过自动数字助理解释用户请求和结果	Apple Inc.	美国	151
8	US9030419	touch and force user interface navigation	触摸并强制用户界面导航	Amazon Technologies，Inc.	美国	144

续表

序号	专利号	专利名称	中文名称	专利权人	所属国家	被引用量/次
9	US9118715	systems and methods for detecting malicious PDF network content	用于检测恶意 PDF 网络内容的系统和方法	FireEye，Inc.	美国	139
10	US8983383	providing hands-free service to multiple devices	为多个设备提供免提服务	Rawles LLC	美国	138

注：PDF 表示 portable document format，便携式文档格式

2016 年美国人工智能产业的专利数量为 5584 件，技术族群的分布及每个技术族群所包含的专利数量如表 5-98 和图 5-47 所示。2016 年的技术族群分布在 8 个领域：用户定义、网络用户、图像映射、系统管理、媒体系统、统计模型、系统路径和信号相关。

表 5-98　2016 年美国人工智能产业技术族群及专利数量

序号	技术族群		专利数量/件	比例/%
	名称	内容		
1	用户定义	用户定义 | 特定属性 | 搜索系统 | 文本处理	1115	20.0
2	网络用户	创建用户 | 用户配置文件 | 电子邮件系统 | 网络站点	828	14.8
3	图像映射	图像映射 | 空间图像 | 搜索图像 | 深度估计	824	14.8
4	系统管理	系统访问 | 应用逻辑 | 软件对象 | 管理引擎	767	13.7
5	媒体系统	图形接口 | 音频记录 | 媒体系统 | 视频游戏系统	723	12.9
6	统计模型	新特征 | 统计模型 | 范式 | 原始数据集	636	11.4
7	系统路径	参考系统 | 机器人设备 | 半自主 | 位置模块	422	7.6
8	信号相关	信号特性 | 信号相关 | 信号包络 | 交叉相关	269	4.8

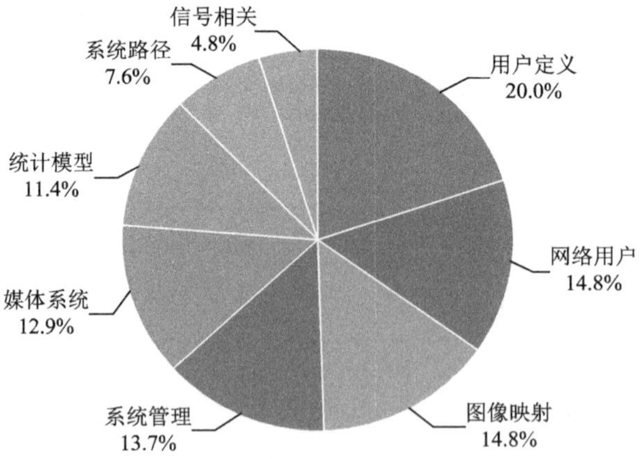

图 5-47　2016 年美国人工智能产业技术族群分布比例

在这 8 个技术族群中，专利授权量在 1000 件以上的技术族群是用户定义，专利数量为 1115 件，所占比例为 20.0%。专利授权量在 700～900 件的技术族群是网络用户、图像映射、系统管理和媒体系统，专利数量分别为 828 件、824 件、767 件和 723 件，所占比例在 12%～15%。专利授权量在 700 件以下的技术族群是统计模型、系统路径和信号相关，专利数量分别为 636 件、422 件和 269 件，所占比例在 4%～12%。

表 5-99 为 2016 年美国人工智能产业技术被引用量排名前 10 的专利。从这些专利的名称和内容来看，主要关联智能自动化、无人驾驶、网络安全检测等；从专利权人来看，共有 10 家公司；从专利权人所属国家来看，9 件专利的专利权人所属国家都是美国，另外 1 件专利属于英国；从专利被引用量来看，都在 111 次及以上，最多的一件专利被引用量为 240 次。

表 5-99　2016 年美国人工智能产业技术被引用量排名前 10 的专利

序号	专利号	专利名称	中文名称	专利权人	所属国家	被引用量/次
1	US9443222	identifying inventory items in a storage facility	识别存储设施中的库存物品	Hand Held Products，Inc.	美国	240
2	US9421869	deployment and adjustment of airborne unmanned aerial vehicles	机载无人机的部署和调整	Amazon Technologies，Inc.	美国	210
3	US9318108	intelligent automated assistant	智能自动化助理	Apple Inc.	美国	204
4	US9334052	unmanned aerial vehicle flight path determination，optimization，and management	无人机飞行航迹确定，优化和管理	Verizon Patent and Licensing，Inc.	美国	202
5	US9312929	system and methods to compensate for Doppler effects in multi-user（MU）multiple antenna systems（MAS）	用于补偿多用户（MU）多天线系统（MAS）中的多普勒效应的系统和方法	Rearden，LLC	美国	200
6	US9282144	unmanned vehicle selective data transfer system and method thereof	无人驾驶车辆选择性数据传输系统及其方法	Bae Systemds PLC	英国	177
7	US9516053	network security threat detection by user/user-entity behavioral analysis	用户/用户实体行为分析检测网络安全威胁	Splunk Inc.	美国	145
8	US9319816	characterizing environment using ultrasound pilot tones	使用超声波导频音来表征环境	Amazon Technologies，Inc.	美国	134
9	US9404750	high altitude，long endurance，unmanned aircraft and methods of operation thereof	高海拔，耐力长，无人驾驶飞机及其操作方法	Aerovironment，Inc.	美国	120
10	US9390451	insurance system related to a vehicle-to-vehicle communication system	与车对车通信系统有关的保险系统	Allstate Insurance Company	美国	111

2017 年美国人工智能产业的专利数量为 6523 件，技术族群的分布及每个技术族群所包含的专利数量如表 5-100 和图 5-48 所示。2017 年的技术族群分布在 8 个领域：用户定义、网络用户、系统管理、数字媒体、计算模型、图像捕捉、特征组合和自主驾驶。

表 5-100　2017 年美国人工智能产业技术族群及专利数量

序号	技术族群		专利数量/件	比例/%
	名称	内容		
1	用户定义	用户定义 | 特定属性 | 搜索系统 | 文本处理	1208	18.5
2	网络用户	创建用户 | 用户配置文件 | 电子邮件系统 | 网络站点	1045	16.0
3	系统管理	系统访问 | 应用逻辑 | 软件对象 | 管理引擎	982	15.1
4	数字媒体	视频游戏 | 用户环境 | 数字助理 | 媒体系统	900	13.8
5	计算模型	计算特征 | 对象特征 | 深度估计 | 分割模型	712	10.9
6	图像捕捉	捕捉图像 | 图像呈现 | 相机捕获 | 相机传感器	620	9.5
7	特征组合	特征化 | 加权组合 | 标量值 | 交叉相关	547	8.4
8	自主驾驶	车辆导航系统 | 无人驾驶飞行器 | 自主驾驶 | 位置模块	509	7.8

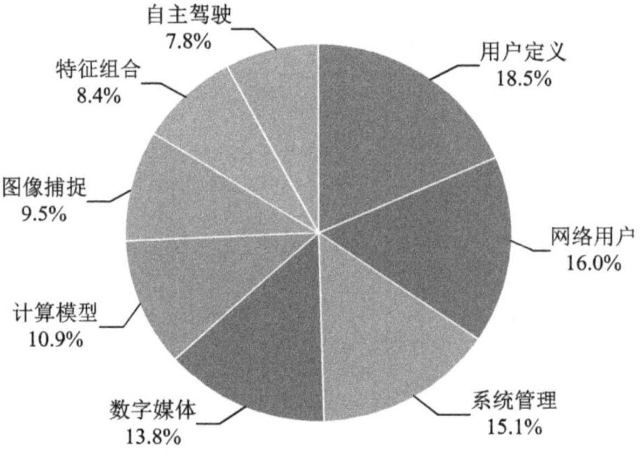

图 5-48　2017 年美国人工智能产业技术族群分布比例

在这 8 个技术族群中，专利授权量在 1000 件以上的技术族群是用户定义和网络用户，专利数量分别为 1208 件和 1045 件，所占比例分别为 18.5%和 16.0%。专利授权量在 900～1000 件的技术族群是系统管理和数字媒体，专利数量分别为 982 件和 900 件，所占比例在 13%～16%。专利授权量在 800 件以下的技术族群是计算模型、图像捕捉、特征组合和自主驾驶，专利数量分别为 712 件、620 件、547 件和 509 件，所占比例在 7%～11%。

表 5-101 为 2017 年美国人工智能产业技术被引用量排名前 10 的专利。从这些专利的名称和内容来看，主要关联智能自动化、网络安全检测、图像识别、语音系统等；从专利权人来看，共有 10 家公司；从专利权人所属国家来看，10 件专利的专利权人所属国家都是美国；从专利被引用量来看，都在 63 次及以上，最多的一件专利被引用量为 112 次。

表 5-101 2017 年美国人工智能产业技术被引用量排名前 10 的专利

序号	专利号	专利名称	中文名称	专利权人	所属国家	被引用量/次
1	US9615171	transformation inversion to reduce the effect of room acoustics	变换反演降低室内声学效应	Amazon Technologies, Inc.	美国	112
2	US9548050	intelligent automated assistant	智能自动化助理	Apple Inc.	美国	100
3	US9838407	detection of malicious web activity in enterprise computer networks	检测企业计算机网络中的恶意 Web 活动	EMC IP Holding Company LLC	美国	80
4	US9740985	rating difficulty of questions	问题评分难度	IBM	美国	71
5	US9612123	adaptive mapping to navigate autonomous vehicles responsive to physical environment changes	响应物理环境变化的自适应导航自适应映射	Zoox，Inc.	美国	69
6	US9740987	generation of computer-based discovery avatars based on tokenization of prioritized source data	基于优先化源数据的标记化生成基于计算机的发现头像	GCP IP Holdings I，LLC	美国	69
7	US9633186	systems and methods for controlling output of content based on human recognition data detection	基于人类识别数据检测控制内容输出的系统和方法	Apple Inc.	美国	68
8	US9641919	audio assemblies for electronic devices	用于电子设备的音频组件	Amazon Technologies, Inc.	美国	68
9	US9659198	system and method of determining if a surface is printed or a mobile device screen	确定是否打印表面或移动设备屏幕的系统和方法	Hand Held Products，Inc.	美国	65
10	US9552816	application focus in speech-based systems	基于语音系统的应用程序集中	Amazon Technologies, Inc.	美国	63

2018 年美国人工智能产业的专利数量为 7294 件，技术族群的分布及每个技术族群所包含的专利数量如表 5-102 和图 5-49 所示。2018 年的技术族群分布在 8 个领域：用户定义、系统管理、网络终端、数字媒体、特征训练、图像捕捉、自主车辆和信号相关。

表 5-102 2018 年美国人工智能产业技术族群及专利数量

序号	技术族群		专利数量/件	比例/%
	名称	内容		
1	用户定义	用户定义 | 特定属性 | 搜索系统 | 文本处理	1317	18.1
2	系统管理	系统访问 | 应用逻辑 | 软件对象 | 管理引擎	1156	15.8

续表

序号	技术族群		专利数量/件	比例/%
	名称	内容		
3	网络终端	创建用户 | 访问限制 | 电子邮件系统 | 网络站点	1083	14.8
4	数字媒体	视频游戏 | 用户环境 | 数字助理 | 媒体系统	964	13.2
5	特征训练	新特征 | 计算特征 | 训练神经网络 | 训练集合	893	12.2
6	图像捕捉	相机捕获 | 图像映射 | 相机传感器 | 空间图像	824	11.3
7	自主车辆	车辆导航系统 | 自主车辆 | 自主驾驶 | 位置模块	654	9.0
8	信号相关	信号特性 | 信号相关 | 交叉相关 | 功率估计	403	5.5

注：因四舍五入，存在相加不等于 100%情况

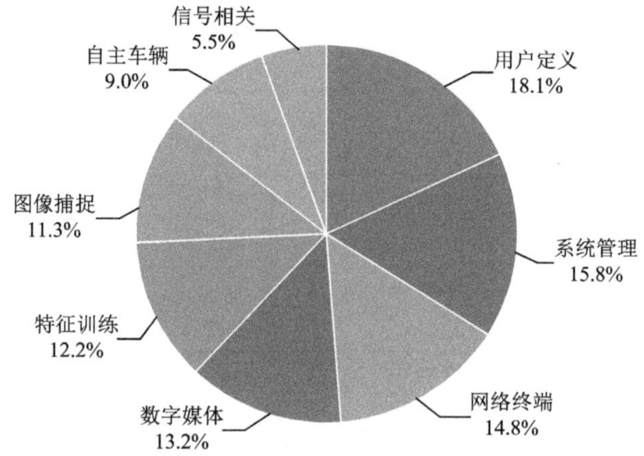

图 5-49　2018 年美国人工智能产业技术族群分布比例

在这 8 个技术族群中，专利授权量在 1000 件以上的技术族群是用户定义、系统管理和网络终端，专利数量分别为 1317 件、1156 件和 1083 件，所占比例分别为 18.1%、15.8%和 14.8%。专利授权量在 800～1000 件的技术族群是数字媒体、特征训练和图像捕捉，专利数量分别为 964 件、893 件和 824 件，所占比例在 11%～14%。专利授权量在 700 件以下的技术族群是自主车辆和信号相关，专利数量分别为 654 件和 403 件，所占比例在 5%～9%。

表 5-103 为 2018 年美国人工智能产业技术被引用量排名前 10 的专利。从这些专利的名称和内容来看，主要关联数据转换、特征检测、通信购物应用、自动驾驶、安全检测等；从专利权人来看，共有 9 家公司和 2 位个人；从专利权人所属国家来看，10 件专利的专利权人所属国家都是美国；从专利被引用量来看，都在 32 次及以上，最多的一件专利被引用量为 71 次。

表 5-103 2018 年美国人工智能产业技术被引用量排名前 10 的专利

序号	专利号	专利名称	中文名称	专利权人	所属国家	被引用量/次
1	US10055426	system and method transforming source data into output data in big data environments	在大数据环境中将源数据转换为输出数据的系统和方法	American Express Travel Related Services Company，Inc.	美国	71
2	US9916538	method and system for feature detection	特征检测的方法和系统	Z Advanced Computing，Inc.	美国	67
3	US9984408	method，medium，and system for live video cooperative shopping	用于实时视频合作购物的方法，介质和系统	Amazon Technologies，Inc.	美国	65
4	US9911290	wireless coded communication（WCC）devices for tracking retail interactions with goods and association to user accounts	无线编码通信设备，用于跟踪与商品的零售互动以及与用户账户的关联	Gary M. Zalewski，Albert S. Penilla	美国	47
5	US10027689	interactive infection visualization for improved exploit detection and signature generation for malware and malware families	交互式感染可视化，用于改进漏洞检测和恶意软件及恶意软件系列的签名生成	FireEye，Inc.	美国	42
6	US10042359	autonomous vehicle refueling	自动驾驶汽车加油	State Farm Mutual Automobile Insurance Company	美国	39
7	US9916440	detection efficacy of virtual machine-based analysis with application specific events	基于虚拟机的分析和应用特定事件的检测效能	FireEye，Inc.	美国	37
8	US9972054	accident fault determination for autonomous vehicles	自动驾驶车辆的事故故障判定	State Farm Mutual Automobile Insurance Company	美国	37
9	US10104102	analytic-based security with learning adaptability	具有学习适应性的基于分析的安全性	FireEye，Inc.	美国	32
10	US10148693	exploit detection system	漏洞检测系统	FireEye，Inc.	美国	32

2019 年美国人工智能产业的专利数量为 6966 件，技术族群的分布及每个技术族群所包含的专利数量如表 5-104 和图 5-50 所示。2019 年的技术族群分布在 8 个领域：用户定义、系统管理、训练算法、网络用户、图像映射、数字媒体、数据搜索和自主车辆。

表 5-104 2019 年美国人工智能产业技术族群及专利数量

序号	技术族群		专利数量/件	比例/%
	名称	内容		
1	用户定义	用户定义 | 特定属性 | 搜索系统 | 文本处理	1102	15.8
2	系统管理	系统访问 | 应用逻辑 | 软件对象 | 管理引擎	1003	14.4

续表

序号	技术族群		专利数量/件	比例/%
	名称	内容		
3	训练算法	新特征 | 训练神经网络 | 训练算法 | 加权组合	941	13.5
4	网络用户	创建用户 | 用户配置文件 | 电子邮件系统 | 网络站点	935	13.4
5	图像映射	图像映射 | 3D 坐标 | 空间图像 | 深度估计	873	12.5
6	数字媒体	用户环境 | 数字助理 | 媒体系统 | 视频游戏系统	735	10.6
7	数据搜索	标识模块 | 数据创建 | 数据搜索 | 位置属性	716	10.3
8	自主车辆	车辆导航系统 | 自主车辆 | 自主驾驶 | 位置模块	659	9.5

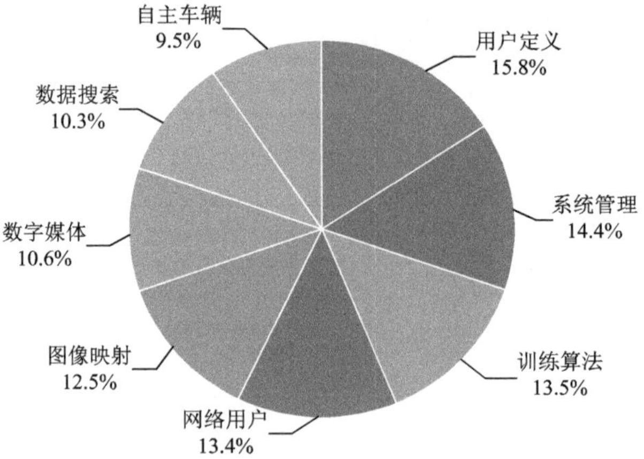

图 5-50　2019 年美国人工智能产业技术族群分布比例

在这 8 个技术族群中，专利授权量在 1000 件以上的技术族群是用户定义和系统管理，专利数量分别为 1102 件和 1003 件，所占比例分别为 15.8%和 14.4%。专利授权量在 800～1000 件的技术族群是训练算法、网络用户和图像映射，专利数量分别为 941 件、935 件和 873 件，所占比例在 12%～14%。专利授权量在 800 件以下的技术族群是数字媒体、数据搜索和自主车辆，专利数量分别为 735 件、716 件和 659 件，所占比例在 9%～11%。

表 5-105 为 2019 年美国人工智能产业技术被引用量排名前列的专利。从这些专利的名称和内容来看，主要关联数据处理系统、学习方法和测试装置、远程通信处理、机器视觉系统等；从专利权人来看，共有 12 家公司和 1 家高校；从专利权人所属国家来看，12 件专利的专利权人所属国家都是美国；从专利被引用量来看，都在 10 次及以上，最多的一件专利被引用量为 46 次。

表 5-105 2019 年美国人工智能产业技术被引用量排名前列的专利

序号	专利号	专利名称	中文名称	专利权人	所属国家	被引用量/次
1	US10181051	data processing systems for generating and populating a data inventory for processing data access requests	用于生成和填充数据库存以处理数据访问请求的数据处理系统	OneTrust，LLC	美国	46
2	US10284604	data processing and scanning systems for generating and populating a data inventory	用于生成和填充数据库存的数据处理和扫描系统	OneTrust，LLC	美国	41
3	US10218740	fuzzy hash of behavioral results	行为结果的模糊散列	FireEye，Inc.	美国	32
4	US10169679	learning method and learning device for adjusting parameters of CNN by using loss augmentation and testing method and testing device using the same	利用损耗增加和测试方法调整 CNN 参数的学习方法和学习装置及使用该方法的测试装置	Stradvision，Inc.	美国	17
5	US10198671	dense captioning with joint interference and visual context	密集字幕，具有关节干扰和视觉背景	Snap Inc.	美国	17
6	US10229346	learning method，learning device for detecting object using edge image and testing method，testing device using the same	学习方法，使用边缘图像检测对象的学习装置和测试方法，使用相同的测试装置	Stradvision，Inc.	美国	12
7	US10185999	autonomous feature use monitoring and telematics	自主功能使用监控和远程信息处理	State Farm Mutual Automobile Insurance Company	美国	11
8	US10222805	systems and methods for performing simultaneous localization and mapping using machine vision systems	使用机器视觉系统执行同时定位和映射的系统和方法	iRobot Corporation	美国	10
9	US10223610	system and method for detection and classification of findings in images	用于检测和分类图像中的发现的系统和方法	IBM	美国	10
10	US10263802	methods and devices for establishing connections with remote cameras	用于与远程摄像机建立连接的方法和设备	Google LLC	美国	10
11	US10310620	type-agnostic RF signal representations	类型不可知的 RF 信号表示	Google LLC，Leland Stanford Junior University	美国	10
12	US10223614	learning method，learning device for detecting lane through classification of lane candidate pixels and testing method，testing device using the same	学习方法，通过车道候选像素的分类检测车道的学习装置和测试方法，使用该装置的测试装置	Stradvision，Inc.	美国	10

5.4.5 中美人工智能产业技术族群对比分析

与人工智能产业相关的中国发明授权专利为 36 238 件，与人工智能产业相关的美国发明授权专利为 50 419 件。以下从产业技术领域、技术族群、高被引专利内容、高被引专利权人国家及类型、高被引专利被引用量等多方面对中国和美国人工智能产业进行对比分析。

5.4.5.1 中美人工智能产业技术领域的对比

表 5-106 表示中国和美国人工智能产业排名前 20 的国际专利分类小类，可以看出：与人工智能相关的国际专利分类主要都是 G 部（物理）和 H 部（电学）；中国和美国人工智能发明专利授权量排名前 20 的国际专利分类小类中，有 17 个国际专利分类小类都是相同的，说明中国和美国人工智能技术分布领域基本上是一致的。发明专利授权量最多的国际专利分类小类都是 G06F（电数字数据处理）和 G06K（数据识别；数据表示；记录载体；记录载体的处理），在各自授权总量中都占了相当高的比例，中国人工智能国际专利分类小类 G06F 和 G06K 占比分别为 37.7%和 25.6%，美国人工智能国际专利分类小类 G06F 和 G06K 占比分别为 56.5%和 22.9%，中国另外 1 个授权量占比比较高的人工智能国际专利分类小类是 G06T（一般的图像数据处理或产生）（13.2%），美国另外 5 个授权量占比比较高的人工智能国际专利分类小类是 G06Q（专门适用于行政、商业、金融、管理、监督或预测目的的数据处理系统或方法）（11.9%）、H04L（数字信息的传输）（11.5%）、H04N（图像通信）（10.9%）、G06T（一般的图像数据处理或产生）（10.2%）、G06N（基于特定计算模型的计算机系统）（10.1%）。从中国和美国人工智能发明专利授权量排名前 20 的国际专利分类小类各自所占比例和总体所占比例来看，后者要高于前者，说明美国人工智能技术的集中度高于中国人工智能技术的集中度。这里，集中度指的是人工智能分布的每个技术领域占总体的比例或者程度，比例越高，集中度越高。

表 5-106　中国和美国人工智能产业排名前 20 的国际专利分类小类

序号	中国人工智能产业专利国际专利分类小类			美国人工智能产业专利国际专利分类小类		
	国际专利分类小类	发明专利量/件	所占比例/%	国际专利分类小类	发明专利量/件	所占比例/%
1	G06F	13 657	37.7	G06F	28 500	56.5
2	G06K	9 290	25.6	G06K	11 550	22.9
3	G06T	4 792	13.2	G06Q	6 006	11.9
4	G06N	2 877	7.9	H04L	5 810	11.5
5	H04N	2 519	7.0	H04N	5 512	10.9

续表

序号	中国人工智能产业专利国际专利分类小类			美国人工智能产业专利国际专利分类小类		
	国际专利分类小类	发明专利量/件	所占比例/%	国际专利分类小类	发明专利量/件	所占比例/%
6	H04L	2 280	6.3	G06T	5 141	10.2
7	G10L	1 647	4.5	G06N	5 073	10.1
8	G06Q	1 545	4.3	G10L	4 805	9.5
9	G01N	1 362	3.8	H04M	2 474	4.9
10	G05B	1 324	3.7	H04W	2 177	4.3
11	H04M	800	2.2	G05D	1 851	3.7
12	H04W	722	2.0	A61B	1 232	2.4
13	G05D	709	2.0	G01C	1 206	2.4
14	G01R	631	1.7	G05B	1 002	2.0
15	G01C	624	1.7	H04B	960	1.9
16	G01S	534	1.5	G01N	887	1.8
17	G01B	456	1.3	G08G	755	1.5
18	G01M	435	1.2	G01S	720	1.4
19	G08G	376	1.0	H04R	656	1.3
20	H04B	339	0.9	G09B	644	1.3

注：专利可能对应多个国际专利分类小类，所以国际专利分类小类所占比例之和大于 100%

5.4.5.2 中美人工智能产业技术族群的对比

表 5-107 是 2010～2019 年中国人工智能技术族群的发展演变情况。可以看到，在中国人工智能产业技术族群的分布中，特征算法或基础算法、函数建模一直都是发明专利授权量居于前列的技术族群；与文本相关的技术族群包括文本分析、文本分类或文本属性等的发明专利授权量一直排在中间的位置；与图像相关的技术族群在前几年主要是图像采集、图像计算和图像分析等，后几年是视觉图像和图像特征；关于数据方面的研究，最开始关注数据库建设、数据规则和数据算法，中间几年并没有作为重点关注的技术族群，2017～2019 年数据查询成为重要关注点；关于视觉计算和处理、内容输入和处理、查询规则、媒体系统、信号分析等，在 10 年间的一半时间里成为研究的重要关注点；语音搜索的重要性也在近些年越来越受重视。

表 5-107 2010～2019 年中国人工智能技术族群发展演变

2010 年		2011 年		2012 年		2013 年		2014 年	
技术族群	专利量/个	技术族群	专利量/个	技术族群	专利量/个	技术族群	专利量/个	技术族群	专利量/个
特征算法	195	图像分析	273	基础算法	545	特征算法	461	函数建模	302
数据库建设	162	特征算法	228	函数建模	255	算法函数	314	图像采集	300
文本分析	133	文本分析	163	文本分析	239	文本分类	196	特征算法	271
函数建模	121	数据规则	139	内容处理	228	查询规则	167	查询规则	201
内容输入	111	函数建模	137	查询规则	220	图像字符	165	文本分类	188
视觉计算	100	信息编辑	124	视觉处理	145	数据算法	143	内容输入	132
图像计算	79	图像采集	105	信号分析	124	媒体系统	109	视觉目标	128
信号分析	74	媒体系统	80	图像类型	109	通信系统	93	终端信息	95
2015 年		2016 年		2017 年		2018 年		2019 年	
技术族群	专利量/个	技术族群	专利量/个	技术族群	专利量/个	技术族群	专利量/个	技术族群	专利量/个
基础算法	540	基础算法	835	基础算法	1406	基础算法	1597	基础算法	2108
函数建模	432	函数建模	626	函数建模	1122	函数建模	1392	函数建模	1665
内容输入	335	内容获取	575	文本类别	714	视觉图像	920	图像特征	1511
查询规则	295	视觉图像	464	相机成像	688	文本属性	770	文本属性	1267
文本分析	263	查询规则	460	数据查询	615	语音搜索	711	语音搜索	1138
视觉处理	257	文本属性	459	语音搜索	558	数据查询	684	数据查询	810
信号分析	179	信号分析	282	智能识别	384	移动终端	450	视觉处理	788
防伪信息	133	身份信息	217	媒体系统	341	媒体系统	407	终端应用	486

表 5-108 是 2010～2019 年美国人工智能技术族群的发展演变情况。可以看到，在美国人工智能产业技术族群的分布中，用户定义一直都是不断发展的重点研究领域，用户定义 2011～2013 年的发明专利授权量在 600～900 件，2014～2019 年的发明专利授权量在 1000～1400 件；网络终端和网络用户也一直都是研究的重要关注点；图像方面的研究也是关注的重点，最开始关注图像映射和图像处理，中间转为图像计算、图像音频和图像搜索，后期又转变为图像捕捉和图像映射；关于信号方面的研究，2010～2012 年是信号特性和信号接收，2015～2018 年是信号相关；标准范式的研究只在前 3 年是研究重点；系统访问和系统路径在中间的 2013～2016 年是研究重点；自主驾驶或自主车辆在后 3 年成为研究的重点；系统管理在后 4 年成为研究的重点；数字媒体或媒体系统在后 5 年成为研究的重要关注点；关于数据创建和搜索方面的研究，在 10 年间的一半时间里是研究的重要关注点。

表 5-108 2010～2019 年美国人工智能技术族群发展演变

2010 年		2011 年		2012 年		2013 年		2014 年	
技术族群	专利量/年	技术族群	专利量/年	技术族群	专利量/年	技术族群	专利量/年	技术族群	专利量/年
数据创建	513	用户定义	693	用户定义	679	用户定义	855	用户定义	1016
用户创建	446	数据创建	523	数据创建	616	系统访问	735	系统访问	789
文本处理	424	网络终端	499	网络终端	536	用户环境	683	网络共享	757
网络终端	396	标准范式	454	计算特征	504	图像计算	610	图像映射	666
图像映射	375	图像映射	372	内容关联	480	计算标准	492	计算标准	530
标准范式	363	存储访问	276	标准范式	418	网络终端	442	图像音频	445
图像处理	228	数据关联	188	图像处理	290	图像类型	307	用户创建	351
信号特性	157	信号特性	133	信号接收	287	系统路径	246	系统路径	258
2015 年		2016 年		2017 年		2018 年		2019 年	
技术族群	专利量/年	技术族群	专利量/年	技术族群	专利量/年	技术族群	专利量/年	技术族群	专利量/年
用户定义	1007	用户定义	1115	用户定义	1208	用户定义	1317	用户定义	1102
图像搜索	730	网络用户	828	网络用户	1045	系统管理	1156	系统管理	1003
系统访问	718	图像映射	824	系统管理	982	网络终端	1083	训练算法	941
媒体系统	707	系统管理	767	数字媒体	900	数字媒体	964	网络用户	935
网络终端	675	媒体系统	723	计算模型	712	特征训练	893	图像映射	873
数据范式	563	统计模型	636	图像捕捉	620	图像捕捉	824	数字媒体	735
信号相关	311	系统路径	422	特征组合	547	自主车辆	654	数据搜索	716
系统路径	309	信号相关	269	自主驾驶	509	信号相关	403	自主车辆	659

从以上对中国和美国人工智能产业技术族群发展的历程来看，既有相同的地方，也存在很大的差异。在中国和美国人工智能产业中同样作为研究重点的技术族群中，有图像计算，信号分析或信号相关，媒体系统，数据搜索和查询等。中国人工智能产业关注更多的技术族群有特征算法或基础算法、函数建模、文本分析、文本分类等；美国人工智能产业关注更多的是用户定义、网络终端、系统访问、系统路径、自主驾驶、数字媒体等。

5.4.5.3 中美人工智能产业高被引专利内容的对比

表 5-109 是 2010～2019 年中国和美国人工智能产业高被引专利的内容比较。可以看到，2010～2019 年，人脸识别、语音识别、图像分析和识别一直都是中国人工智能产业的高被引专利内容，随着时间的推移，其他高被引专利内容从早期

的文本检索与分类、信息采集与分析、语音语义处理等人工智能技术向最近的无人驾驶、分类推荐、智能设备等人工智能应用转变；包括数据库访问、数据收集、数据传输、数据接收等数据处理方面的技术，以及数据安全和网络安全等一直都是美国人工智能产业的高被引专利内容，其他高被引专利内容从早期的自然语言、语音识别等人工智能技术向后期的无人驾驶、网络购物等人工智能应用及智能自动化、特征检测、学习方法和测试、远程通信处理等技术转变。

表 5-109　2010～2019 年中美人工智能产业高被引专利内容比较

年份	中国人工智能高被引专利内容	美国人工智能高被引专利内容
2010	人脸识别、机器视觉、文本检索与分类、图像分析	数据库访问、分布式设备、自然语言、手势识别
2011	视频压缩与识别、自动追踪识别、语音语义处理	计算机视觉、自然语言、语音系统和道路交通检测
2012	语音命令、信息采集与分析、视觉语音识别、行为识别	数据文件、语音识别系统、数据流系统、电子设备数据处理及安全
2013	防伪方法、视觉测量、人机交互、视频检索	数据收集、手机支付、自然语音及词库、数据流及内容处理、车辆及无人机系统
2014	网络推荐与舆情监测、视觉检测、算法应用、图像识别	图像处理、数字自动处理、网络系统安全、手势识别
2015	云端服务的智能管理、语音系统、智能设备（机器人和无人飞行器）	无人机、数据传输和接收、计算和网络系统安全
2016	图像分析、智能设备（机器人、无人驾驶车辆）、移动终端	智能自动化、无人驾驶、网络安全检测
2017	智能问答系统、语义分析、语音识别、自动驾驶汽车、图像分析	智能自动化、网络安全检测、图像识别、语音系统
2018	人机交互、神经网络应用、分类推荐、无人驾驶汽车	数据转换、特征检测、通信购物应用、自动驾驶、安全检测
2019	神经网络应用、穿戴式设备、人脸识别、图像识别	数据处理系统、学习方法和测试装置、远程通信处理、机器视觉系统

5.4.5.4　中美人工智能产业高被引专利权人国家及类型的对比

表 5-110 是 2010～2019 年中国和美国人工智能产业高被引专利权人国家及类型的对比。从专利权人国家来看，中美人工智能产业高被引专利权人国家特点比较如下：中国人工智能产业高被引专利中，中国的专利权人占了绝大多数，其他国家来自美国、瑞典、日本和韩国等；美国人工智能产业高被引专利中，美国的专利权人占了绝大多数，其他国家来自韩国、澳大利亚、中国和英国等。从专利权人类型来看，中国人工智能产业高被引专利中，来自中国的专利权人，主要是公司和高校院所，高校院所的数量比公司的数量要稍多一些，其他国家都是公司；

美国人工智能产业高被引专利中，来自美国的专利权人，公司占了主导地位，也有部分个人，其他国家的专利权人主要都是公司。

表 5-110 2010～2019 年中美人工智能产业高被引专利权人国家及类型

年份	中国	美国
2010	2 家中国公司、8 家中国高校	8 家美国公司、1 位美国个人、1 家韩国研究院
2011	4 家中国公司、4 家中国高校、3 家中国科研院所和研究中心、1 家瑞典公司	10 家美国公司
2012	2 家中国公司、4 家中国高校、1 家研究所、2 位中国个人、1 家日本公司	8 家美国公司、2 位美国个人、1 家澳大利亚公司
2013	4 家中国公司、5 家中国高校、1 家韩国公司	9 家美国公司、1 家美国协会
2014	5 家中国公司、4 家中国高校、1 家中国研究院	9 家美国公司、1 位美国个人
2015	2 家中国公司、5 家中国高校、1 位中国个人、1 家美国公司、1 家日本公司	8 家美国公司、1 家中国公司、1 家韩国公司
2016	2 家中国公司、3 家中国高校、2 家中国研究所、1 位中国个人、2 家美国公司	9 家美国公司、1 家英国公司
2017	5 家中国公司、4 家中国高校、1 位中国个人	10 家美国公司
2018	5 家中国公司、2 家中国高校、2 家中国研究所、1 家美国公司	9 家美国公司、2 位美国个人
2019	5 家中国公司、1 家中国高校、4 家中国科研院所、1 位中国个人	12 家美国公司、1 家美国高校

5.4.5.5 中美人工智能产业高被引专利被引用量的对比

表 5-111 和表 5-112 分别是 2010～2019 年中国和美国人工智能产业高被引专利的被引用量。2010～2017 年，美国的人工智能高被引专利数量均在中国之上，尤其是 2010～2016 年，美国人工智能产业高被引专利的被引用量都在 100 次以上，而中国人工智能产业的专利被引用量在 50 次以上，从这 7 年来看，美国人工智能产业高被引专利被引用量远远高于中国人工智能产业高被引专利被引用量。通常情况下，被引用量是随着年份增长的，距离现在的年份越近，被引用量越低，从总的趋势来看，美国的人工智能产业高被引专利被引用量都随着时间的推移在减少。但是对于中国的高被引专利来说，情况就大不一样，不仅没有出现随着时间推移，被引用量逐渐降低的情况，反而在一些年份出现被引用量增长的情况。另外，将 2018～2019 年中国和美国人工智能高被引专利比较发现，中国的人工智能高被引专利数量超过了美国。考虑到中国和美国人工智能产业高被引专利的专利权人所属国家都是各自以自己国家为主，说明中国的人工智能专利的专利质量在不断上升。

表 5-111　2010～2019 年中国人工智能产业高被引专利被引用量（单位：次）

排序	2010 年	2011 年	2012 年	2013 年	2014 年	2015 年	2016 年	2017 年	2018 年	2019 年
1	75	202	115	232	122	124	135	87	182	122
2	72	133	109	109	99	81	75	81	158	62
3	66	86	97	108	91	81	70	79	123	62
4	65	77	95	97	85	78	69	71	98	55
5	64	77	93	83	64	77	68	60	77	54
6	62	69	84	76	63	77	64	56	68	53
7	62	66	80	71	63	72	60	56	65	48
8	61	65	78	68	62	67	59	49	65	47
9	57	65	78	67	58	67	59	48	64	45
10	57	62	78	67	57	66	58	48	63	44

表 5-112　2010～2019 年美国人工智能产业高被引专利被引用量（单位：次）

排序	2010 年	2011 年	2012 年	2013 年	2014 年	2015 年	2016 年	2017 年	2018 年	2019 年
1	1403	427	608	458	454	246	240	112	71	46
2	806	357	355	339	448	240	210	100	67	41
3	633	351	336	246	250	209	204	80	65	32
4	582	325	332	245	247	200	202	71	47	17
5	560	324	252	242	231	186	200	69	42	17
6	531	312	250	230	207	153	177	69	39	12
7	388	293	247	219	204	151	145	68	37	11
8	379	279	240	207	184	144	134	68	37	10
9	363	276	232	193	179	139	120	65	32	10
10	357	273	204	179	179	138	111	63	32	10

以上从产业技术领域、技术族群、高被引专利内容、高被引专利权人国家及类型、高被引专利被引用量五个方面对中国和美国人工智能产业进行对比分析。分析结果总结如下：①中国和美国人工智能技术分布领域基本上一致，但美国人工智能技术的集中度高于中国人工智能技术的集中度。②中国和美国人工智能产业相同的技术族群有图像计算，信号分析或信号相关，媒体系统，数据搜索和查询等，区别在于中国人工智能产业关注更多的是技术族群有特征算法或基础算法、函数建模、文本分析、文本分类等，而美国人工智能产业关注更多的是用户定义、网络终端、自主驾驶等。③中国人工智能产业的高被引专利内容包括人脸识别、语音识别、图像分析和识别，美国人工智能产业的高被引专利内容包括数据库访

问、数据收集、数据传输、数据接收，以及数据安全和网络安全等，其他的高被引专利内容两个国家都存在从早期的信息分析与语言处理技术向后期的无人驾驶、购物推荐等应用方面转变的情况。④中国和美国人工智能产业高被引专利中，各自国家的专利权人都占了绝大多数，不同的是美国的专利权人以公司为主，而中国的专利权人高校院所的比重要稍高于公司的比重。⑤2010～2016 年，美国人工智能产业高被引专利被引用量远远高于中国人工智能产业高被引专利被引用量，但是 2018～2019 年中国的人工智能高被引专利数量超过了美国，说明中国的人工智能专利的专利质量在不断上升。

5.5 专利技术族群的专利价值综合评价

5.5.1 专利价值评价文献综述

国家知识产权局专利管理司和中国技术交易所（2012）定义专利价值度（patent value degree，PVD）为表征专利自身价值大小的度量单位，从法律、技术、经济三个层面对专利进行定性和定量分析，构建了专利价值分析指标体系，从三个维度将专利价值度划分为法律价值度（law value degree，LVD）、技术价值度（technology value degree，TVD）和经济价值度（economy value degree，EVD），如图 5-51 所示。

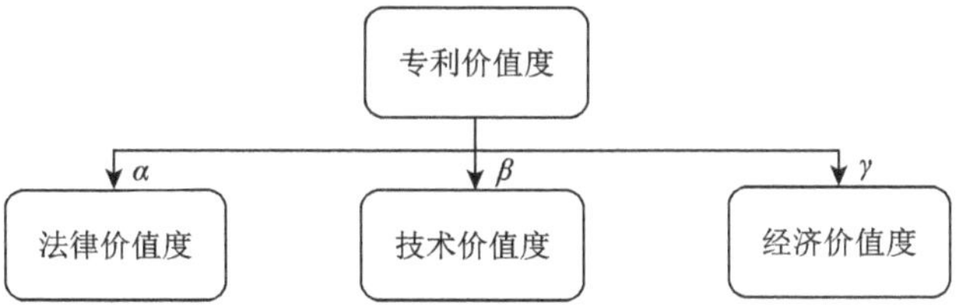

图 5-51 专利价值度的三维度划分

专利价值度的计算公式为

$$PVD = \alpha \times LVD + \beta \times TVD + \gamma \times EVD$$

其中，α、β 和 γ 分别为法律价值度、技术价值度和经济价值度的权重系数，并且 $\alpha + \beta + \gamma = 100\%$。法律价值度、技术价值度和经济价值度的二级指标共有 18 个：法律价值度的二级指标包括稳定性、不可规避性、依赖性、专利侵权可判定性、有效期、多国申请、专利许可状态；技术价值度二级指标包括先进性、行业发展趋势、适用范围、配套技术依存度、可替代性、成熟度；经济价值度二级指标包括市场应用情况、市场规模情况、市场占有率、竞争情况、政策适应性。这些二级指标以定性为主。

对于专利价值评价方法，已有研究从不同的视角不断进行改进。杨思思等（2017）以有效发明专利为研究适用对象，从先进性、依赖性、技术发展前景、适用范围、可替代性、成熟度、配套技术依存度和产业集中度八个方面考察专利技术价值度，总结出一套可操作性较高并适于吉林省地区使用的专利技术价值度的通用评估方法。刘剑锋等（2018）基于企业自实施角度，从技术价值、法律价值、市场价值和战略价值四个维度构建适用于企业自实施的专利价值评价指标体系，基于指标体系，利用层次分析法建立评价模型。张义凤（2018）从社会规范视角提出专利价值“两步骤法”评价方法，即基于社会规范视角的专利质量指标的建立、专利质量特征和专利价值的评价，并且设定专利许可费的上下限，采用合法的、预先的政府干预将专利许可制度设计回归到促进科学技术持续创新和扩散，服务人类社会福祉提升的正确轨道上。马天旗等（2018）采用定性和定量相结合的方式，从技术、法律、市场、战略和经济五个维度提出专利价值的评价方法，其五个价值维度和评价指标如表 5-113 所示。沈铭（2019）从法律价值、技术价值和经济价值三个维度出发，采用多层次分析法首先确定专利价值分析第一层级和第二层级指标权重，再结合可拓理论对待评专利专家评分情况进行计算，进而得出专利价值评价各级指标的关联度，最终获得对专利价值的定性评价。伊惠芳等（2019）提出了一个柔性、动态确权的专利价值评价方法，首先基于文献分析确定可评价专利价值的计量指标，并基于截面数据引入时间序列，选取熵权法来反映指标权重随技术领域的变化状况，计算各评价对象的指标初始权重；其次结合指标贡献度修正权重；最后利用多属性决策方法识别出高价值专利。

表 5-113 专利价值的五个维度及评价指标

价值维度	评价指标
技术价值	技术先进性、技术成熟度、技术独立性、技术可替代性、技术应用前景与广度
法律价值	技术稳定性、保护强度、不可规避性、侵权可判定性
市场价值	市场当前应用情况、市场未来预期情况、竞争情况、政策环境
战略价值	专利进攻价值、专利防御价值、专利影响力价值
经济价值	专利对自身产品利润增值、专利交易收益、专利诉讼侵权赔偿额、专利质押融资金额、专利作价入股股权投资份额

一些学者将管理学理论引入专利价值的评价中，从不同的视角来筛选专利价值评价指标，进行专利价值评估。张克群等（2015）从专利布局战略的角度，以专利诉讼作为专利价值的代理变量，以专利权利要求数、先前技艺数作为自变量，引入专利家族深度和专利家族强度作为反映企业专利布局战略的代理指标，结合实证探索专利价值的影响因素，证实专利权利要求数、先前技艺数、专利家族深

度和专利家族强度对专利价值有显著的正向影响。张克群等（2016）将社会网络分析理论和方法应用在专利价值分析上，用动态的视角从网络中心性和网络位置来探讨专利价值的影响因素，实证结果发现外向度数中心性、内向度数中心性对专利价值有显著的正向影响，有效规模对专利价值有显著的负向影响，而内向接近中心性对专利价值的影响则不显著。张梦雅和王秀红（2019）提出顾客价值理论，将专利顾客价值驱动因素分为专利技术、外围环境、顾客需求三个维度，构建了一套面向专利顾客的价值评估指标体系，再运用层次分析法（analytic hierarchy process，AHP）计算指标权重。高慧霞和李立功（2019）将人工神经网络理论和方法运用到专利价值评估中，以R编程语言作为工具，在深入研究数据挖掘技术的基础上，利用人工智能技术，实现海量专利价值评估工作的快速化和批量化。

5.5.2 专利数据库中专利价值评价方法

目前一些专利数据库提供了专利价值的评价方法和指标，不同的数据库有不同的算法和计算依据，这里以知识产权出版社、合享汇智公司、律商联讯公司的专利数据库为例进行说明。

5.5.2.1 知识产权出版社专利数据库

知识产权出版社专利数据库的高价值专利挖掘系统提供基于大数据的高价值专利评价标准。该标准以专利价值智能（patent to intelligence，P2I）评估系统构建的专利评价指标体系为基础，其特点是：①完全基于专利大数据和智能算法，没有主观因素的影响，仅仅基于客观证据，因此实现了客观公平；②基于大数据技术、智能化技术、数据深度加工三大保障，该评价标准可以实现完全的自动化评价及针对海量专利的评价计算，解决了专利价值评价工作烦琐，无法批量进行的缺陷；③专利价值的概念被贯穿于系统各个环节，真正实现了结合业务流程的高价值专利的评价挖掘功能。基于大数据的评估方法是基于专利的公开文档、法律信息、诉讼、海关备案、获奖信息等十余个数据源，进行大数据的挖掘与处理，形成一套智能化评估算法，具体包括：①大数据关联，将针对同一件专利的公开文档、法律信息、诉讼、海关关备案、获奖信息等多个来源不同的数据进行关联；②指标拆分，将数据碎片化，基于业务常识整理出数十项指标数据；③计算模型，基于评价理论，设计每个指标的计算模型，并设计复杂的专利价值判断矩阵。

在知识产权出版社专利数据库中，可以以专利列表的形式，展现专利申请号、申请日、申请人、专利名称、专利价值度等专利概要信息，如图5-52所示，按照专利的价值评估得分（价值度）进行降序排列，可以快速锁定价值度高的专利。

序号	申请号	申请日	申请人	专利名称	评估得分
1	CN201410687861.1	2014-11-25	唐山轨道客车有限责任公司	焊件焊接变形的矫正装置及矫正方法	85.85
2	CN201410415127.X	2014-08-21	唐山轨道客车有限责任公司	铁路客车车门驱动机构安装装置及铁路客车	84.99
3	CN201410190377.8	2014-05-07	唐山轨道客车有限责任公司	轨道车辆用上裙板系统及轨道车辆	84.94
4	CN201410687861.1	2014-11-25	唐山轨道客车有限责任公司	焊件焊接变形的矫正装置及矫正方法	84.72
5	CN201510171858.9	2015-04-13	唐山轨道客车有限责任公司	空调机组与柴油发电机组的闭环控制方法	84.46
6	CN201310693449.6	2013-12-17	唐山轨道客车有限责任公司	多传感器复用总线系统及方法	84.46
7	CN201410140839.5	2014-04-09	唐山轨道客车有限责任公司,清华大学	一种基于压缩感知的冲激噪声估计与消除方法及装置	84.44
8	CN201511004334.7	2015-12-28	唐山轨道客车有限责任公司	列车运行状态信息的显示方法、装置和系统	84.32
9	CN201510622127.1	2015-09-25	唐山轨道客车有限责任公司	枕梁的焊接和调修方法	84.15
10	CN201310606690.0	2013-11-25	唐山轨道客车有限责任公司	混合动力轨道车辆电源箱及混合动力轨道车辆	84.09
11	CN201410095877.3	2014-03-14	唐山轨道客车有限责任公司	脉动疲劳试验机用疲劳试验装置及脉动疲劳试验机	84.04
12	CN201410221384.X	2014-05-23	唐山轨道客车有限责任公司	吸污嘴防护门装置、裙板及动车组	83.97
13	CN201410190377.8	2014-05-07	唐山轨道客车有限责任公司	轨道车辆用上裙板系统及轨道车辆	83.94
14	CN201410415127.X	2014-08-21	唐山轨道客车有限责任公司	铁路客车车门驱动机构安装装置及铁路客车	83.87
15	CN201510605557.2	2015-09-22	唐山轨道客车有限责任公司	焊接件收缩变形量的拉伸装置	83.81

图 5-52　根据专利价值度排序的专利列表

点击专利的申请号，进入专利的价值评价详情页面，如图 5-53 所示。该专利的价值度总分是 60.42 分。专利价值度的评价依据包括四个价值评价维度：专利保护范围、专利技术应用性、专利技术质量和专利稳定性。四大价值评价维度，每个维度都包括具体的价值评价依据。专利保护范围的价值评价依据包括独立权

图 5-53　专利价值评价维度

利要求、同族专利、从属权利要求、是否发生过诉讼、是否被无效请求、是否经历过质押或保全等；专利技术应用性的价值评价依据包括涉及技术领域的数量，是否提前公开，引证专利数量，是否发生过许可、转让、诉讼、无效请求、质押或保全等；专利技术质量的价值评价依据包括是否发生过转让、许可、诉讼、被其他专利引证，引证专利数量，发明人数量，是否被无效请求，是否经历过质押或保全等；专利稳定性的价值评价依据包括是否授权、是否发生过诉讼、是否被无效请求等。

5.5.2.2 incoPat 专利数据库

合享汇智公司引入合享价值度作为专利价值的评价指标即专利价值度。在 incoPat 专利数据库检索结果显示界面，incoPat 提供的八种检索结果排序方式中，除相关度、公开（公告日）、申请日、被引证次数和同族数量排序外，还可以按照合享价值度排序，如图 5-54 所示，在一定程度上可以帮助用户从众多的检索结果中快速找出重要程度较高的专利。

图 5-54 incoPat 检索结果显示界面

首先在全部专利中抽取高价值专利组和低价值专利组，发生过许可、诉讼、被提出过无效申请仍保持有效的专利被划入高价值专利组；如果专利公开后短期内即放弃，专利未发生过转让、许可、诉讼、无效宣告等事件，且过去该专利权人的专利平均寿命偏低，则被划入低价值专利组。然后，通过指标参数分析高价值专利组和低价值专利组，从技术稳定性、技术先进性和保护范围三个维度综合衡量专利的价值度，这些参数包括：是否有效、该专利及同族专利全球被引次数、权利要求数量等 13 个参数，如图 5-55 所示。在此基础上，进一步根据每个指标对价值度的影响力，设定各指标的影响因子，使各指标的权重趋于合理，利用数据挖掘、迭代优化的方法，创建了一套客观的价值度评价体系。用户可以通过专利价值度排序，第一时间聚焦最重要的技术情报，提高专利运用效率。

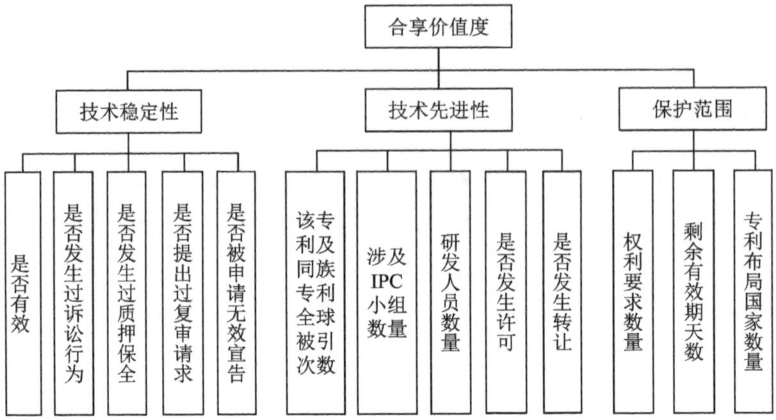

图 5-55　合享价值度的评价参数

5.5.2.3　律商联讯专利数据库

律商联讯公司（LexisNexis）专利数据库 PatentSight 是基于商务智能（business intelligence，BI）的集专利检索、评价、分析功能于一体的数据库，该系统提供基于专利及专利组合/专利族的强度、质量和相关价值的深度分析。PatentSight 根据全球专利数据提供战略见解，使用专利资产指数（patent asset index）评估全球专利，分析竞争对手、供应商、客户、特定技术领域和新市场进入者的专利组合，从海量专利中挖掘高价值专利，以识别潜在机会和挑战。

专利资产指数代表在商业领域或技术领域内组织创新实力的衡量标准，包括专利的两个评价指标：技术影响力（technology relevance，TR）和市场影响力（market coverage，MC）。TR 是衡量一项专利对技术发展影响力的指标，通过计算一件专利在全球范围内被引证的数量，同时根据专利的公开时间、引证来自的专利局及其不同特点及技术领域的不同进行算法调整，得出被评价专利对于同一技术领域其他专利的相对技术影响力。例如，一件专利的 TR 值为 2，表明该专利的技术影响力是同一技术领域的专利影响力均值的两倍。MC 是衡量一项专利在全球范围内的保护程度，该指标的计算考量了被评价专利申请的同族国家数量、各个同族的申请或授权状态及各国的国民收入总值。例如，一件专利的 MC 值为 2，表明该专利的市场影响力值是仅仅申请了美国专利的另外一件专利的 2 倍。图 5-56 为某高校 2000～2019 年的专利资产变化趋势，可以看到，专利数量和专利资产指数在 2000～2010 年呈现比较缓慢的增长，但是自 2011 年开始，专利数量和专利资产指数均呈现明显的增长趋势，且增长趋势保持一致。

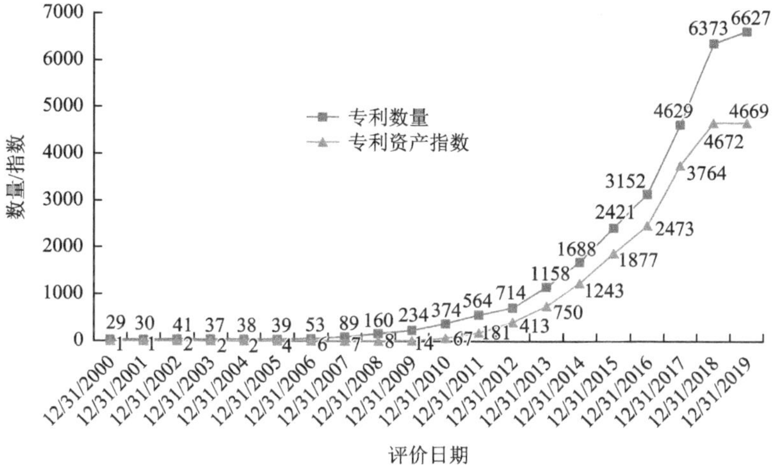

图 5-56　某高校 2000～2019 年的专利资产变化趋势

5.5.3　专利技术族群的专利价值评价

对于专利技术族群的专利价值评价，需要考虑两种情况，一种是专利技术族群内的专利价值评价，另一种是专利技术族群间的专利价值评价。在选取专利技术族群的专利价值评价指标时，应满足以下原则：第一，科学原则。应选择含义清晰、明确、通用且易于研究的指标，能反映和突出专利技术族群的特点，体现相互存在的差异，并能形成一个完整的评价体系。第二，可获取原则。可用于专利价值评价的指标有很多，应避免过于求多求全，选取比较重要且易于获得的指标。第三，产业适用原则。从产业链视角进行指标选取与解释，紧扣产业发展，选取可实现动态监测的统计指标，并注重专利价值评价指标在不同产业的适用性。

5.5.3.1　专利技术族群内的专利价值评价

对于专利技术族群内的专利价值评价主要以定量的评价方法为主，在考虑价值评价指标的选取时主要有四个维度：专利技术性、专利保护范围、专利技术稳定性和专利技术应用性。每个维度包括的具体指标、含义及对技术族群的启示如表 5-114 所示。①专利技术性的价值评价指标包括发明人数量、引证专利数量、被引证专利数量、国际专利分类号数量；②专利保护范围的价值评价指标包括说明书字数、权利要求项数量和字数（独立权利要求项数量、从属权利要求项数量、权利要求书字数）、专利族数量等；③专利技术稳定性的价值评价指标包括是否授权、是否发生过诉讼、是否被无效请求、专利维持年限等；④专利技术应用性的价值评价指标包括许可数量、是否发生过转让、是否发生过质押或保全等。

表 5-114 专利技术族群内专利评价指标与体系

<table>
<tr><th>序号</th><th>维度（D）</th><th colspan="2">指标名称（X）</th><th>指标含义及测量方法</th><th>对产业发展的作用</th></tr>
<tr><td>1</td><td rowspan="4">专利技术性 D_1</td><td colspan="2">发明人数量 X_1</td><td>研发智力投入力量；计数，数量越多，研发智力投入越高</td><td rowspan="4">在产业发展中，专利内在的技术性是产业技术专利布局、运用等活动的根本支撑</td></tr>
<tr><td>2</td><td colspan="2">引证专利数量 X_2</td><td>技术基础；计数，数量越多，技术强度越高</td></tr>
<tr><td>3</td><td colspan="2">被引证专利数量 X_3</td><td>技术影响能力（产业的纵向控制能力）；计数，数量越多，专利在行业的技术基础性和关键性越强</td></tr>
<tr><td>4</td><td colspan="2">国际专利分类号数量 X_4</td><td>技术覆盖范围；计数，数量越多，范围越广</td></tr>
<tr><td>5</td><td rowspan="5">专利保护范围 D_2</td><td colspan="2">说明书字数 X_5</td><td>说明书质量；计数，说明书内容越多对权利要求的支持力度越大</td><td rowspan="5">产业技术竞争力的彰显，进行专利权利质量衡量，也是市场竞争中专利法律的风险导航</td></tr>
<tr><td rowspan="3">6</td><td rowspan="3">权利要求项数量和字数 X_6</td><td>独立权利要求项数量 X_{61}</td><td>权利要求质量，法律保护的广度；计数，独立要求权利要求项数越多，保护的方案越多</td></tr>
<tr><td>从属权利要求项数量 X_{62}</td><td>权利要求质量，法律保护的深度；计数，从属权利要求项数越多，权利要求法律保护越强</td></tr>
<tr><td>权利要求书字数 X_{63}</td><td>权利要求质量；计数，权利要求书内容越多，权利要求法律保护越强</td></tr>
<tr><td>7</td><td colspan="2">专利族数量 X_7</td><td>专利权地域范围（产业横向控制能力）；计数，数量越多，地域范围越广</td></tr>
<tr><td>8</td><td rowspan="4">专利技术稳定性 D_3</td><td colspan="2">是否授权 X_8</td><td>法律价值基础；根据是否授权评分，评分越高，状态越稳定</td><td rowspan="4">产业技术稳定性的反映，进行专利保护状况衡量，也是市场竞争中专利法律的风险评价</td></tr>
<tr><td>9</td><td colspan="2">是否发生过诉讼 X_9</td><td>法律价值基础；根据是否发生过诉讼评分，评分越高，状态越稳定</td></tr>
<tr><td>10</td><td colspan="2">是否被无效请求 X_{10}</td><td>法律价值基础；根据是否被无效请求评分，评分越高，状态越稳定</td></tr>
<tr><td>11</td><td colspan="2">专利维持年限 X_{11}</td><td>经济价值基础；计数，数量越多，能带来收益的时间更长</td></tr>
<tr><td>12</td><td rowspan="3">专利技术应用性 D_4</td><td colspan="2">许可数量 X_{12}</td><td>经济效益；计数，数量越多，收益越高</td><td rowspan="3">技术实现市场效益的具体体现，反映产业技术实现了产业链端的价值</td></tr>
<tr><td>13</td><td colspan="2">是否发生过转让 X_{13}</td><td>经济效益；根据是否转让评分，评分越高，收益越高</td></tr>
<tr><td>14</td><td colspan="2">是否发生过质押或保全 X_{14}</td><td>经济效益；根据是否质押或保全评分，评分越高，收益越高</td></tr>
</table>

基于对专利技术族群中专利价值评价体系的分类和分级，可知专利价值是专利价值评价指标影响作用的叠加结果，故采用下述公式简明表达专利价值：

$$V=\sum_{i=1}^{n}X_iW_i$$

其中，V为专利价值；X_i为n个评价指标；W_i为相应指标权重。

5.5.3.2 专利技术族群间的专利价值评价

除了定量的指标，定性的指标也需要占很大的比重，定性的指标可采用专家意见法进行评估。在选择定性的指标时，需要考虑的因素包括以下几个方面。

（1）专利技术族群在产业链中所处的地位。专利技术族群处于产业链中上游、中游、下游中的不同位置，以及在产业链同一阶段中如上游或中游或下游中的重要性，都会对专利技术族群的价值产生影响。

（2）是否为产业中的关键核心技术族群。关键核心技术族群是产品开发过程中通过长期、持续、高投入研发形成的具有关键性、独特性的技术体系，对于产业链和创新链来说，具有无可替代的重要性，其形成的优势在某种程度上不具有可复制性，并控制着整个产业的技术制高点，具有高度的先进性和与众不同的核心价值。

（3）是否为国家重点发展的战略性技术族群。与国家重点战略相关的技术族群，对整个国家的经济社会全局和长远发展具有重大引领带动作用，关系着国家整体利益的需求，有时候是不惜代价投入和发展的技术，也具有巨大的价值。

5.6 本章小结

本章首先从专利分析的视角探讨了新兴产业与技术族群的关联机制，包括关联方法、数据库选择和实证研究。关联方法和实证研究内容包括：以美国专利分类和产业分类为例，根据美国专利分类与产业分类对照表，建立产业与专利分类号对照关联法；以物联网产业和人工智能产业为例，利用自然语言处理技术，对于专利技术内容进行主题聚类，建立产业与专利技术内容和主题关联法；从动态的角度描绘新兴产业与技术族群的发展演变，以2010～2019年的中美物联网和人工智能产业为例，分析新兴产业与技术族群的发展演变趋势，并对中国和美国在物联网产业和人工智能产业的发展演变趋势进行对比研究。最后，构建专利技术族群的专利价值评价方法和体系，包括专利技术族群内的专利价值评价和专利技术族群间的专利价值评价。

参 考 文 献

高慧霞，李立功. 2019. 人工神经网络在专利价值评估领域的应用[J]. 中国发明与专利，16（10）：73-77.

工业和信息化部. 2016. 信息通信行业发展规划物联网分册（2016—2020 年）[EB/OL]. https://www.miit.gov.cn/cms_files/filemanager/oldfile/miit/n1146295/n1652858/n1652930/n3757016/c5465203/part/5465215.doc[2016-12-18].

顾震宇，卞志昕，路炜，等. 2009. 应用领域专利地图的方法及实证研究[J]. 情报杂志，28（9）：21-26，6.

官建成，戴珊珊. 2008. 我国信息通讯技术领域专利战略分析[J]. 技术经济，27（2）：1-11.

国家知识产权局专利管理司，中国技术交易所. 2012. 专利价值分析指标体系操作手册[M]. 北京：知识产权出版社.

国务院. 2017. 国务院关于印发新一代人工智能发展规划的通知[EB/OL]. http://www.gov.cn/zhengce/content/2017-07/20/content_5211996. htm[2017-07-08].

刘陈，景兴红，董钢. 2011. 浅谈物联网的技术特点及其广泛应用[J]. 科学咨询（科技·管理），(9)：86.

刘剑锋，刘梦娜，何丽娜，等. 2018. 专利价值评价的综合指标体系研究[J]. 中国发明与专利，15（11）：56-60.

马天旗，巴特，何丽娜，等. 2018. 高价值专利筛选[M]. 北京：知识产权出版社.

戚湧. 2019. 人工智能技术对我国经济安全的影响趋势与应对策略[J]. 教育部简报（高校智库专刊），(3)：1-8.

邱洪华，刘晓丽. 2013. 中美 4G 移动通信技术专利信息比较研究[J]. 情报杂志，32（8）：81-86.

沈铭. 2019. 多层次-可拓专利价值分析评价方法的研究——基于国知局专利价值分析指标体系[J]. 科技管理研究，39（2）：180-186.

王淼，马捷，冀小强，等. 2011. 国际专利分类与生物医药产业对照表的构建及应用[J]. 中国医药生物技术，6（5）：392-394.

谢智敏，范晓波，郭倩玲. 2018. 专利价值评估工具的有效性比较研究[J]. 现代情报，38（4）：124-129.

杨思思，郝屹，戴磊. 2017. 专利技术价值评估及实证研究[J]. 中国科技论坛，(9)：146-152.

伊惠芳，吴红，马永新，等. 2019. 改进的柔性专利价值评价方法——基于时域-领域双重视角[J]. 情报杂志，38（3）：53-60.

张克群，魏晓辉，郝娟，等. 2016. 基于社会网络分析方法的专利价值影响因素研究[J]. 科学学与科学技术管理，37（5）：67-74.

张克群，夏伟伟，郝娟，等. 2015. 专利价值的影响因素分析——专利布局战略观点[J]. 情报杂志，34（1）：72-76，82.

张梦雅，王秀红. 2019. 基于顾客价值理论的专利价值评估指标体系构建研究[J]. 中国集体经济，(32)：74-75.

张义凤. 2018. 社会规范视角的专利价值“两步骤法”评价研究[J]. 云南科技管理，31（6）：9-12.

智慧芽，灼识咨询. 2019. 2019 人工智能行业创新情报白皮书[EB/OL]. https://www.docin.com/p-2460579434.html[2019-07-17].

中国信息通信研究院. 2018. 物联网白皮书（2018 年）[EB/OL]. https://max.book118.com/html/2018/1217/8055126136001137.shtm[2018-12-10].

Chen D Z，Chang H W，Huang M H，et al. 2005. Core technologies and key industries in Taiwan from 1978 to 2002：a perspective from patent analysis[J]. Scientometrics，64（1）：31-53.

Johnson K D. 2002. The OECD Technology Concordance（OTC）：Patents by industry of manufacture and sector of use[J]. OECD Science Technology and Industry Working Papers，(5)：1-40.

Kortum S，Putnam J. 1997. Assigning patents to industries：tests of the Yale Technology Concordance[J]. Economic Systems Research，9（2）：161-176.

Narin F. 2000. Tech-line background paper[EB/OL]. https://www.researchgate.net/publication/228748910_Tech-line_

Background_Paper/[2000-05-15].

Trappey J C A，Trappey V C，Wu C Y，et al. 2012. A patent quality analysis for innovative technology and product development[J]. Advanced Engineering Informatics，26（1）：26-34.

（USPTO）United States Patent and Trademark Office. 1985. Review and assessment of the OTAF concordance between the U. S. patent classification and the standard industrial classification systems：final report[EB/OL]. https://www.uspto.gov/web/offices/ac/ido/oeip/taf/data/misc/patenting_trends/otaf_concordance_review_Jan1985.pdf[1985-01-01].

World Intellectual Property Organization（WIPO）. 2019. WIPO technology trends 2019：artificial intelligence[R]. Geneva.

6　新兴产业与技术族群关联机制构建的实现模式研究

在专利大数据背景下，从产业技术创新战略联盟、产业创新平台生态系统等方面研究新兴产业与技术族群关联机制构建的实现模式。

6.1　基于专利合作网络的产业技术创新战略联盟

为了在产业科技和经济竞争中取得优势，各国都在致力于探索更有效的产业创新模式，“产学研合作”模式应运而生。产学研合作作为应用最广泛的开放式创新途径，在企业、高校与科研院所之间建立合作关系，促使企业从高校院所了解前沿技术，获得先进技术支持，进而取得突破性创新成果。企业与高校、科研院所之间的产学研合作能够有效整合各种优势资源，降低研发新技术、新产品的成本及风险，加速创新。产学研合作已在大多数国家和产业领域得到广泛推广。随着产学研合作的不断发展与不断深化，越来越多的企业与高校、科研机构进行产学研合作，合作次数以及合作主体逐渐增多，产学研合作趋向于网络化方向发展，逐渐形成一种基于契约或者非契约合作的社会关系网络。在产学研合作网络中，企业、高等院校和科研院所构成网络的节点，三者之间的合作关系构成网络中的连线。产学研合作网络是创新网络的一种，通过产学研合作网络参与主体可以获得更加丰富的异质性资源，实现优势互补，促进创新产出。

随着产学研合作模式在实践中的探索和发展逐步拓展到产业创新层面，产生了一种旨在解决产业关键技术、核心技术等问题而形成的技术创新组织形态——产业技术创新战略联盟。产业技术创新战略联盟是指由企业、大学、科研机构、科技中介及其他相关机构以提升产业技术创新能力为目标形成的联合开发、优势互补、利益共享、风险共担的技术创新合作组织。产业技术创新战略联盟是在产业联盟、战略联盟、产学研合作的基础上进一步深化发展而产生的，作为一种新的组织模式，与以往的模式相比具有其独特之处，如表 6-1 所示。与其他形式的技术联盟比较，产业技术创新战略联盟具有以下特点：一是解决产业发展的战略需求，具有一定国家意志；二是主体具有多元性，任务分工明确；三是具有完备的契约。

表 6-1 产业技术创新战略联盟与相关概念辨识

类型	主体	目标	组织形式
产业联盟	众多相关企业和机构，成员具有多样性	赢得市场竞争者	实体合作
战略联盟	两个及以上企业	实现个体市场竞争目标	较为随意
产学研合作	企业、高校、科研机构	合作研发，实现某一领域内的个体目标	临时合作（组织形式松散）
产业技术创新战略联盟	企业、高校、科研机构（政府引导）	突破产业关键技术，推进产品市场化	有明确的章程和制度

产业技术创新战略联盟借助产业技术创新战略联盟内部较为稳定的技术创新合作关系，可以实现从产业关键技术、核心技术问题提出、科研单位开展技术攻关到科技成果转换、产出评估的高效率推进路线、推进科技成果转化和产业化发展等一系列工作综合绩效的系统提升。

专利是测度产业技术发展水平的有效手段，Griliches（1990）指出专利是唯一能够及时识别领域技术变化的信息来源。专利合作是整合产学研创新资源、提升产业创新能力的重要途径。通过对产业专利信息进行分析，可以充分地了解一个产业的产学研合作发展现状及产业科技创新竞合发展态势。不少学者基于专利合作申请来对某一行业产学研合作网络进行研究。有学者提出以产业链生态图谱为基础，将其技术主题进一步细化为核心产品和关键技术。通过整合产业链专利分析与领域技术专家研讨结果完成对核心产品和关键技术的分析，强化产学研的组织化程度有助于集成各方优势，从而针对当前社会紧缺的技术瓶颈或者技术改造实现产业核心技术的不断突破。

企业在研发合作、产学研合作、技术转移过程中，通过合作申请专利、购买、转让或交叉许可专利形成多维度的复杂网络（王黎萤等，2016）。专利合作网络本质上是基于社会网络嵌入的知识流转和资源整合的交互创新过程（张巍和党兴华，2011）。企业与多元创新主体间不同的合作程度与合作距离构成网络中功能各异的子网，这些子网的运行耦合和功能互补影响着合作主体间知识转移及资源获取，并成为驱动产业发展和企业成长的基本动力（Bertrand-Cloodt et al.，2011）。因此，专利合作网络的兴起及其空间、社会与技术的集聚效应已经成为影响驱动产业发展和企业成长的重要手段。

目前中国产业技术领域产学研合作仍处于发展阶段。中国政府需要联合企业、高校和科研机构等进一步加大对产业技术领域专利合作网络的扶持与引导，实现产学研专利合作网络结构进一步优化，进一步推动产学研合作发展。中国政府可以引导构建产业技术创新战略联盟，加大资金投入，鼓励越来越多的相关企业、高等院校和科研院所参与产业技术专利合作网络，如图 6-1 所示。在技术创新过程中，由政府引导，企业、高校和科研机构组建产业技术创新战略联盟，可以通过专利权人合作网络、发明人合作网络和技术合作网络等形式构建专利合作网络。

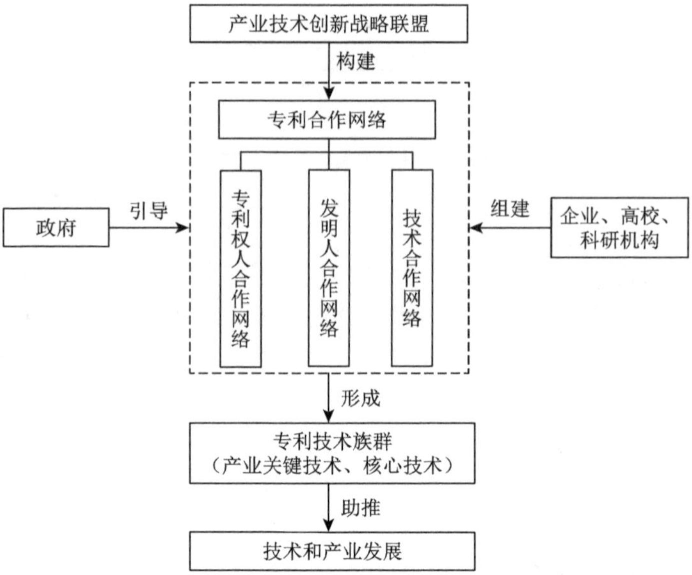

图 6-1　基于专利合作网络的产业技术创新战略联盟

在构建产业技术创新战略联盟过程中，联盟各单位需要共同围绕产业创新链的重点领域，通过识别、发现和推进产业关键技术和核心技术，形成专利技术族群。探索并建立高效的协同创新和组织机制，通过加强交流合作，打破专利合作网络中“小团体”现象所带来的交流壁垒，逐渐削弱“小团体”现象所带来的负面影响，不断增强合作网络的小世界特性，进而实现网络结构优化升级，增加创新价值产出，从而推动专利技术族群和产业技术创新战略联盟的协同发展。

6.2　基于专利技术族群的产业创新平台生态系统

企业的核心能力支撑着技术创新战略的实施，这些核心能力依托的技术创新平台，其物质基础已不再是传统意义上的实验室，而是开放互联的技术创新生态系统（陈曦，2013）。完善创新驱动机制、搭建创新驱动平台是实施技术创新战略的必由之路。平台型创新不同于组织自主创新，是基于多边平台空间、规则及价值网络的多元主体协同创新，平台型创新强调网络价值而不仅仅是产品价值，需要各成员直接或支持完成各种补足品的创新，涉及技术创新、产品创新和服务创新（刘家明和柳发根，2019）。

当今技术研发分散化和网络化的发展趋势使得企业不断打破边界，通过共同构建开放式创新生态系统以交互传递价值，合力提升企业创新能力。有学者采用扎根理论从开放式创新生态系统价值共创模式和机制两个层面，分析开放式创新生态系统价值共创之路。也有人应用模糊集定性比较分析，深入探讨开放式创新生态系统的运行模式和治理机制的不同构型对促进价值共创的作用机理（解学梅和王宏伟，2020）。现有研究指出，将平台与创新生态系统构建起密切关系，平台企业作为整个系统创新的建立者、推动者和领导者，在系统创新中发挥不可替代的主导作用。支撑创新生态系统的平台企业需要全面思考系统价值创造的模式，为整个系统设计出一种多方的联合行动计划，从而使得系统中的每个参与者能够创造价值（侯雨伽，2015）。

以往的研究者以演进时间为节点，提出“产品平台—平台企业—平台生态系统”的实践发展路径，将平台理论也相应地分为三个阶段进行研究，并且根据创新生态向创新生态复杂系统演进的规律，从创新生态系统三个主要特征出发，指出技术、组织和机制是影响新兴产业科技创新治理效能的三个关键因素，提出产业科技创新平台生态系统治理。

技术创新流动促进平台生态系统参与者间的联系由单一方向转变为多边方向，从而强化平台生态系统融合（董津津和陈关聚，2020）。对多边关系的权衡使平台企业与各合作方在创新生态系统中的协同创新活动更为复杂，需要理清基于平台企业的创新生态系统协同创新机制。

平台战略和跨界整合是产业价值生态系统构建的一般路径，开放式创新和产业互联网是产业价值生态系统构建的内在要求。在“工业 4.0”和“互联网 + ”全球背景下，企业或组织不再受空间、国籍的限制，只受产业关键技术链网、技术标准、契约与行为规则体系约束。相较于传统产学研协同创新的松散性，产业专利创新平台利用一系列内外部联结机制将各参与主体有效联结，使各创新主体在平台内外整合、配置与共享创新资源，从而实现产业关键共性技术和企业核心技术的突破，促进产业技术标准，有效分享技术转移或产业化的价值收益。产业关键技术和企业核心技术的组合研发、集成式架构能力决定平台企业创新的绩效、网络地位和价值分配的核心要素，这也是赢得更多额外价值增益的有利保证。通过平台的核心专利技术组合的演进升级可以掌握产业发展的关键技术和专利布局，推动产业链上下游企业通过专利协同创新开展全面系统的专利研发合作。建立企业协同发展新模式，形成创新集群间协同进化与共生的有机生态系统。在产业专利创新平台网络上实现战略、信息、人才、资本等科技创新要素集成，促进有机式平台组织结构与突破性技术创新的正相关。技术互补性、技术溢出效应及技术创新市场需求对平台生态系统形成有越来越大的促进作用，产业关键技术创新族群也会对平台生态系统治理机制产生越来越重要的作用与影响。

战略新兴产业中基于专利技术族群概念模型的产业创新平台生态系统如图 6-2 所示。政府、专利信息导航服务机构、企业、高校、研究院所、金融投资机构、行业协会共同组成产业创新平台生态系统，专利信息导航服务机构为企业提供产业专利技术族群发展的信息分析和导航方向，政府和其他机构分别为专利信息导航服务机构和企业发展提供政策、资金、技术等支撑。产业共性关键技术、产业关键技术、企业核心技术等共同构成产业创新的专利技术族群。这些机构共同为产业技术的健康发展提供适宜的产业创新平台生态。

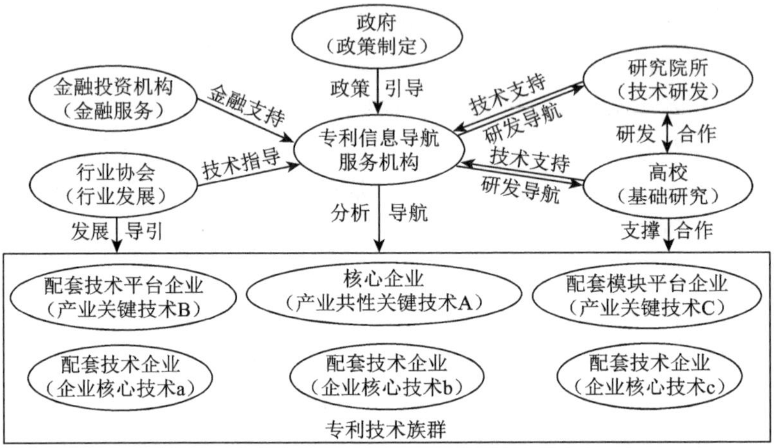

图 6-2　基于专利技术族群概念模型的产业创新平台生态系统

产业创新平台生态系统通过产业网络分形和重构方式，由若干节点产业技术族群组成复杂有机的创新平台网络结构。产业创新平台生态系统同时具有结构分形、运行过程分形、功能分形等分形自相似性，而供应链网就是由这样若干个复杂的具有分形结构的节点平台技术族群逐级嵌套而成。因此，创新链网本身必然具有更加复杂的分形自相似性。分形创新链网的组织结构具有显著的降熵效应，使创新链网形成了更加有序化、精益化的组织结构形式。通过建立独立于平台组织结构之外的“模块化分形知识整合网络”，可以建立知识熵模型对整合效果进行量化评价，并建立知识增长的模型。产业创新平台技术族群分形整合具有显著的降熵效应，能够使知识转移的时效、质量和结构有序度得到明显改善。

在产业互联网经济时代，最具颠覆性的经济方式就是大规模个性化定制生产，随之整合多方资源的大规模协作平台型企业孕育而生。围绕产业关键技术和企业核心技术的专利技术族群的组合研发、集成式架构能力，是决定平台企业创新绩效、网络地位和价值分配的核心要素，也是赢得更多额外价值增益的有利保证。通过平台的核心专利技术族群的演进升级，可以掌握产业发展的关键技术和专利布局，推动产业链上下游企业的专利族群研发，以专利创新协同为纽带进行系统合作。建立企业协同发展新模式，可以在企业专利创新平台网络上实现战略、信息、人才、资本等科技创新要素集成，形成技术创新族群体间的协同进化与共生的有机生态系统。

当前是我国面临经济结构战略调整的重要关头，战略性现代供应链平台的形成和发展将是中国国家战略发挥全球影响力的重大机遇。中国必须构建具有中国特色的产业链网话语体系、战略运行体系和战略保障体系。现代产业链网有着极强的资源、流程、组织集成能力，越来越朝着平台创新生态化方向发展。产业链创新平台越来越朝着生态化、智能化、国际化方向发展。政府需要引导相关企业及科研院所加强专利族群建设和专利布局合作，以战略性新兴产业的共性关键技术为主攻方向，突破一系列关键技术，突出核心专利特色和专利族群的技术优势。产业链网平台可以帮助企业选择市场定位，为企业发展带来新的机遇与挑战，稳健连续的技术创新战略能保证企业技术创新投入和技术创新产出的连续性，有明显的循环累积效应，产业链创新平台及其整合的关联企业将在全球范围内获得竞合优势。

6.3　本 章 小 结

本章主要从产业技术创新战略联盟、产业创新平台生态系统两个方面研究新兴产业与技术族群关联机制构建的实现模式。

参 考 文 献

陈曦. 2013. 创新驱动发展战略的路径选择[J]. 经济问题，(3)：42-45.

董津津，陈关聚. 2020. 技术创新视角下平台生态系统形成、融合与治理研究[J]. 科技进步与对策，37（20）：20-26.

侯雨伽. 2015. 双边市场平台企业关键成功因素研究[D]. 南京：东南大学硕士学位论文.

刘家明，柳发根. 2019. 平台型创新：概念、机理与挑战应对[J]. 中国流通经济，33（10）：51-58.

王黎萤，王佳敏，李建成，等. 2016. 企业专利合作网络模式及其对创新绩效的影响——以制药产业科技型上市中小企业为例[J]. 浙江工业大学学报（社会科学版），15（3）：264-272.

解学梅，王宏伟. 2020. 开放式创新生态系统价值共创模式与机制研究[J]. 科学学研究，38（5）：912-924.

张巍，党兴华. 2011. 企业网络权力与网络能力关联性研究——基于技术创新网络的分析[J]. 科学学研究，29（7）：1094-1101.

Bertrand-Cloodt D，Hagedoorn J，Van Kranenburg H. 2011. The strength of R&D network ties in high-tech sectors：a multi-dimensional analysis of the effects of tie strength on innovation performance[J]. Technology Analysis & Strategic Management，23（10）：1015-1030.

Griliches Z. 1990. Patent statistics as economic indicators：a survey[J]. Journal of Economic Literature，28（4）：1661-1707.

附　　录

附表 1　纳米技术关键词检索结果

关键词	美国专利商标局专利数	中国国家知识产权局专利数	关键词	美国专利商标局专利数	中国国家知识产权局专利数
selfassembl*	5	8	molecular system	30	21
self assembly/self-assembly	814	1 650	supramolecul*	229	278
self assembled/self-assembled	963	856	fullerene	435	434
self assembling/self-assembling	474	722	dendrimers	177	69
atomic force microscope/atomic-force-microscope	350	294	graphen*	2 076	7 501
atomic force microscopic	2	13	two-dimensional material	40	37
atomic force microscopy/atomic-force-microscopy	198	46	atom thick layer	2	0
scanning tunneling microscope/ scanning-tunneling-microscope	34	51	atom layer deposition	3	21
scanning tunneling microscopy/ scanning-tunneling-microscopy	7	1	artificial photosynthes*	4	6
biomotor	1	6	cellulose fiber	229	609
molecular device	23	34	cellulose tube	0	2
molecular electronics	30	5	optoelectronic	3 651	5 393
molecular modeling	45	3	opto-electronic	750	392
molecular motor	18	17	bio-photonics	0	2
molecular sensor	16	9	biophotonic	15	3
molecular simulation	5	20	optogenetic/opto-genetic	24	5
quantum computing	98	13	DNA computing	1	6
quantum dot*	1 332	2 211	DNA assembling	0	3
quantum effect*	32	87	proteomic	125	24
plasmonic	369	24	synthetic biolog*	23	31
meta-material	49	195	mesoscale model	0	1
metamaterial	373	921	nano*	32 277	81 899
spintronic	91	7			
总计	45 420（美国专利商标局）		103 930（中国国家知识产权局）		
实际收集数量	42 496（美国专利商标局）		73 634（中国国家知识产权局）		

*表示通配符

附表2　美国纳米技术应用领域

技术领域	专利数量/件	技术领域	专利数量/件
半导体	12 200	生物技术	1 441
电机、器械与能源	6 271	环境技术	915
微观结构与超微技术	6 143	远程通信	906
表面与涂层技术	5 833	机床	611
材料与冶金	5 312	其他消费品	490
光学	5 136	发动机、泵、涡轮机	445
化学工程	3 983	基本通信过程	391
测量	3 893	土木工程	300
基础材料化学	3 679	运输	275
高分子与聚合物化学	3 303	热加工及机械	237
医药	3 065	机械零件	216
特殊机械	2 195	食品化学	199
纺织和造纸机械	2 033	控制	166
视听技术	2 001	处理	151
精细有机化学	1 780	家具、游戏	102
医学技术	1 751	数字通信	71
计算机技术	1 717	信息技术管理方法	0
生物材料分析	1 684		

附表3　中国纳米技术应用领域

技术领域	专利数量/件	技术领域	专利数量/件
材料与冶金	17 664	远程通信	851
高分子与聚合物化学	9 640	机床	797
基础材料化学	9 548	视听技术	761
微观结构与超微技术	9 303	食品化学	700
电机、器械与能源	9 040	计算机技术	646
化学工程	8 938	其他消费品	467
半导体	6 216	土木工程	447

续表

技术领域	专利数量/件	技术领域	专利数量/件
表面与涂层技术	6 091	机械零件	344
测量	4 719	热加工及机械	328
纺织和造纸机械	4 113	运输	299
特殊机械	3 943	处理	249
医药	3 848	发动机、泵、涡轮机	207
环境技术	3 507	控制	170
光学	2 529	基本通信过程	115
精细有机化学	2 512	信息技术管理方法	0
医学技术	1 849	数字通信	0
生物技术	1 441	家具、游戏	0
生物材料分析	1 208		

附表 4　美国专利商标局技术主题及专利实例

序号	关键词	专利号码	专利名称
1	electrode，plurality，nanowire	US9645688	OGS touch screen substrate and method of manufacturing the same，and related apparatus
		US9502583	complementary high mobility nanowire neuron device
2	therapeutic，drug，delivery，tissue，cell	US9555159	inorganically surface-modified polymers and methods for making and using them
		US9205103	dextrin hydrogel for biomedical applications
3	polymer，nanocomposite，fiber，coating	US9493635	nanocomposites from stable dispersions of carbon nanotubes in polymeric matrices using dispersion interaction
		US7972536	electrically conductive，optically transparent polymer/carbon nanotube composites
4	pattern，transistor，nanowire，regions	US9653576	patterning of vertical nanowire transistor channel and gate with directed self assembly
		US9263584	field effect transistors employing a thin channel region on a crystalline insulator structure
5	quantum，dot，optical，radiation，waveguide	US9560812	solar redshift systems
		US7076138	nanophotonic devices based on quantum systems embedded in frequency bandgap media
6	graphene，layer，dielectric	US9643841	graphene-based plasmonic nano-antenna for terahertz band communication
		US9250207	controlled translocation of macromolecules employing a funnel nanopore structure and a gel

续表

序号	关键词	专利号码	专利名称
7	core-shell，nanoparticle，nanocrystal，functional	US9535006	semiconductor nanoparticles and fluorescent probe for biological labeling
		US9504256	fabrication of magnetic nanoparticles
8	optoelectronic，optical，circuit，body，assembly	US7070340	high performance optoelectronic packaging assembly
		US6203212	optical subassembly for use in fiber optic data transmission and reception
9	fluid，apparatus，membrane	US9694341	jet loop reactor with nanofiltration and gas separator
		US9005345	nano-channel enhanced composite membranes
10	solar，cell，organic，electrode	US9680117	thin film small molecule organic photovoltaic solar cell
		US9136490	solar cell having hybrid heterojunction structure and related system and method
11	sensor，imaging，detection，scanning，tip	US9404804	thermal sensor with infrared absorption membrane including metamaterial structure
		US7474410	nanometer-precision tip-to-substrate control and pattern registration for scanning-probe lithography
12	magnetic，memory，storage	US9196280	low-field magnetic domain wall injection pad and high-density storage wire
		US8536098	high performance superconducting devices enabled by three dimensionally ordered nanodots and/or nanorods
13	CNT，electron，array，emitter	US9299526	method to fabricate portable electron source based on nitrogen incorporated ultrananocrystalline diamond（N-UNCD）
		US8029328	method for manufacturing field emission electron source having carbon nanotubes

附表5　中国国家知识产权局技术主题及专利实例

序号	关键词	专利号码	专利名称
1	resin，rubber，paint，coating，resistance	CN104130631	transparent waterproof coating
		CN101368020	composition for coating wiper blade rubbers，coating method using the same，and wiper blade rubbers made therefrom
2	zinc，silver，copper，production	CN104328303	copper-based powder metallurgy material and preparation method thereof
		CN101789463	n-shaped zinc oxide nano rod/p-shaped diamond heterojunction photoelectric device and preparation method
3	graphene，membrane，liquid，separation	CN104582819	separation of water using a membrane
		CN103736400	preparation method of graphene oxide composite nano filter membrane
4	metal，silicon，array，nanowire	CN104409322	preparation method of sub-wavelength silicon nanowire array
		CN102263243	preparation methods for arrayed nickel silicon nanowire and nickel silicon-silicon core-shell nanowire

续表

序号	关键词	专利号码	专利名称
5	coating，alloy，ceramic，temperature	CN104388930	coating structure with sandwich nano ceramic layer and preparation method of coating structure
		CN103184400	nano-ceramic composite spraying powder and preparation method for same
6	nanoparticles，polymer，metal	CN104650358	porphyrin-based heteronuclear double-metal polymer，and preparation method and applications thereof
		CN104003353	preparation method for metal non-close arrangement spherical nanoparticle array
7	quantum，dot，fluorescence，detection	CN104198447	dual-emission ratio-type quantum dot fluorescence probe，preparation method and application thereof
		CN103926403	streptococcus-A quantum dot immunochromatographic detection reagent card and preparation method thereof
8	optical，device，laser，censor	CN103968776	novel on-machine detection device for aspheric optical molds
		CN102483493	multi-channel Optical Device
9	TiO_2，photocatalyst，hydrogen，porous	CN105170130	preparation method and application of high-dispersion CeO_2 modified TiO_2 meso-porous photocatalyst
		CN102784633	preparation method for photocatalyst TiO_2 supporter and manufacturing method for photocatalyst air cleaner
10	nanofiber，cellulose，device，body，fabric	CN104220463	method for producing modified cellulose nanofibers，modified cellulose nanofibers，resin composition，and molded body thereof
		CN103781831	polyolefin microporous stretched film containing cellulose nanofibers，method for producing the film，and diaphragm for nonaqueous secondary batteries
11	lithium，battery，electrode，nanotube，performance	CN105702944	lithium-sulfur battery
		CN105552448	preparation method for lithium-sulfur battery
12	solar，cell，efficiency	CN104916782	inverted solar cell structure adopting surface plasmon effect and manufacturing method thereof
		CN103887073	solar cell based on surface plasma reinforcing principle and preparing method thereof
13	antibacterial，drug，carrier，release	CN104524587	antibacterial drug system and preparation method thereof
		CN105111407	method for preparing biodegradable ocean antifouling polyurethane hybrid materials and product thereof

附表 6　中国 3D 打印技术应用领域

应用领域	专利数量/件	应用领域	专利数量/件
特殊机械	1902	控制	68
光学	1589	处理	53

续表

应用领域	专利数量/件	应用领域	专利数量/件
材料与冶金	1220	发动机、泵、涡轮机	45
医学技术	472	机械零件	38
高分子与聚合物化学	459	微观结构与超微技术	35
半导体	393	生物技术	30
机床	347	运输	30
视听技术	318	热加工及机械	26
纺织和造纸机械	279	环境技术	22
测量	261	医药	22
计算机技术	247	食品化学	16
电机、器械与能源	246	数字通信	16
表面与涂层技术	224	家具、游戏	16
基础材料化学	93	精细有机化学	15
远程通信	93	信息技术管理方法	14
化学工程	86	生物材料分析	8
土木工程	83	基本通信过程	2
其他消费品	74		

附表 7　美国 3D 打印技术应用领域

应用领域	专利数量/件	应用领域	专利数量/件
光学	1957	化学工程	60
特殊机械	1440	处理	49
半导体	656	机械零件	47
视听技术	551	微观结构与超微技术	40
材料与冶金	393	医药	36
机床	371	信息技术管理方法	35
计算机技术	348	运输	29
电机、器械与能源	307	热加工及机械	19
医学技术	259	土木工程	17

续表

应用领域	专利数量/件	应用领域	专利数量/件
纺织和造纸机械	248	环境技术	14
表面与涂层技术	223	数字通信	13
测量	221	家具、游戏	12
控制	149	精细有机化学	8
远程通信	141	基本通信过程	6
高分子与聚合物化学	131	食品化学	5
发动机、泵、涡轮机	108	生物材料分析	4
基础材料化学	76	生物技术	2
其他消费品	63		

附表8　发明授权专利数据库人工智能产业专利检索中文表达式

名称 =（（机器 and 学习）or 深度学习 or 特征学习 or 表示学习 or 深度训练 or 深度聚类 or（特征 and（选择 or 抽取 or 识别 or 提取））or（稀疏 and（学习 or 训练 or 算法 or 系数））or 增强学习 or 增强算法 or 增强系数 or 集成学习 or 集成算法 or 集成系数 or（（半监督 or 有监督 or 无监督 or 增强 or 集成）and（神经网络 or 神经元 or 感知机 or 置信网络 or 信念网络 or 前馈网络 or 自组织映射网络 or 径向基函数网络 or BP 网络 or DNN or CNN or RNN or DBN or SOM or EBF or 支持向量 or SVM or 训练 or 聚类 or 决策树 or 随机森林 or（（Boosting or AdaBoost or TrAdaBoost or Bagging or BP or 误差逆传播 or 反向传播）and 算法）or 马尔可夫 or 基学习 or 组件学习 or 学习器 or 学习算法 or 学习法 or 学习分类 or 分类器）））or 摘要，主权项 + =（（机器 and 学习）or 深度学习 or 特征学习 or 表征学习 or 特征选择 or 特征识别 or 特征提取 or 特征抽取 or（（相关特征 or 无关特征 or 冗余特征）and（选择 or 抽取 or 识别 or 提取））or（（稀疏 or 半监督 or 有监督 or 无监督）and（学习 or 训练））or 增强学习 or 增强算法 or 增强系数 or 集成学习 or 集成算法 or 集成系数 or（（稀疏 or 半监督 or 有监督 or 无监督 or 增强 or 集成）and（神经网络 or 神经元 or 感知机 or 置信网络 or 信念网络 or 前馈网络 or 自组织映射网络 or 径向基函数网络 or BP 网络 or DNN or CNN or RNN or DBN or SOM or EBF or 支持向量 or SVM or 训练 or 聚类 or 决策树 or 随机森林 or（（Boosting or AdaBoost or TrAdaBoost or Bagging or BP or 误差逆传播 or 反向传播）and 算法）or 马尔可夫 or 基学习 or 组件学习 or 学习器 or 学习算法 or 学习法 or 学习分类 or 分类器）））and 分类号 =（G05% or G06% or H04% or G01% or G07% or G08% or G09% or G10%）or 名称 =（（自然语言 or 文字 or 语句 or 段落 or 文章 or 篇章 or 段落 or 章节）and（处理 or 理解 or 生成 or 识别 or 处理 or 检索 or 搜索 or 合成 or 抽取））or 摘要，主权项 + =（（自然语言 or 文字 or 语句 or 段落 or 文章 or 篇章 or 段落 or 章节）and（处理 or 理解 or 生成 or 识别 or 处理 or 检索 or 搜索 or 合成 or 抽取））and 分类号 =(G05% or G06% or H04% or G01% or G07% or G08% or G09% or G10%）or 名称 =（（机器 or 计算机 or 电脑 or 机器人 or 机械手 or 机器手 or 遥控手 or 机械臂）and 视觉）or 摘要，主权项 + =（（（机器人 or 机械手 or 机器手 or 遥控手 or 机械臂）and 视觉）or 机器视觉 or 计算机视觉 or 电脑视觉）and 分类号 =（G01% or G02% or G03% or G05% or G06% or G07% or G08% or G09% or H04%）or 名称 =（自动驾驶 or 无人驾驶）or（摘要，主权项 + =（自动驾驶 or 无人驾驶）and 分类号 =（g05d1% or g06%））or 名称 =（（语音 or 声音 or 语声 or 话语）and（识别 or 辨识））or 摘要，主权项 + =（语音识别 or 声音识别）and 分类号 =(G05% or G06% or H04% or G01% or G07% or G08% or G10%）or 主分类号 =('G10L15%'）or 名称 =（（人脸 or 人像 or 面部 or 图像）and（识别 or 辨识））or 摘要，主权项 + =（人脸识别 or 人像识别 or 面部识别 or 图像识别）and 分类号 =（G05% or G06% or H04% or G01% or G07% or G08%）or 名称 =（神经网络）or（摘要，主权项 + =（神经网络）and 主分类号 =（G05% or G06% or G01% or H04% or G10%））or 分类号 =（'g06n3/02%' or 'g06n3/04%' or 'g06n3/06%' or 'g06n3/08%' or 'g06n3/10%'）

附表9　发明授权专利数据库人工智能产业专利检索英文表达式

名称＝(((machine) and learning%) or 'Deep Learning%' or 'depth study%' or 'feature study%' or 'feature learning%' or 'character% learning%' or 'Representat% learning%' or 'Depth training%' or 'Depth cluster%' or 'Deep training%' or 'Deep cluster%' or 'cluster% based on depth' or 'training% based on depth' or (feature% or character%) and (select% or recognit% or discern% or extract% or identificat%) or (Sparse% and (learning% or trainning% or coefficient% or algorithm%)) or 'reinforce% learning%' or 'enhanc% learning%' or 'reinforce% algorithm%' or 'enhanc% algorithm%' or 'reinforce% coefficient%' or 'enhanc% coefficient%' or 'ensemble learning%' or 'integrated learning%' or 'integrated-learning%' or 'integrated study%' or 'integrated-study%' or 'ensemble algorithm%' or 'integrat% algorithm%' or 'ensemble coefficient%' or 'integrat% coefficient%' or (('Semi supervis%' or 'Semi-supervis%' or 'half supervis' or 'half-supervis%' or supervis% or monitor% or unsupervis% or 'non-supervis%' or reinforce% or enhanc% or ensemble or integrat%) and ('Neural network%' or 'nerve net%' or neuron% or perceptron% or 'belief network%' or 'confidence network%' or 'confidence-network%' or 'feedforward network%' or 'self organiz% map%' or 'self tissue map' or 'self-organiz% map%' or 'Radial basis function%' or 'Radial primary function%' or 'BP network%' or DNN or CNN or RNN or DBN or SOM or EBF or 'Support Vector%' or trainning% or cluster% or 'decision tree%' or 'random forest %' or ((Boosting or AdaBoost or TrAdaBoost or Bagging or BP or 'Error inverse%' or antipropagation) and algorithm%) or Markov or 'Basic learning%' or 'Component learning%' or learner% or 'learning algorithm%' or categorizer%))) or 摘要，主权项＋＝(((machine) and learning%) or 'Deep Learning%' or 'depth study%' or 'feature study%' or 'feature learning%' or 'character% learning%' or 'Representat% learning%' or 'Depth training%' or 'Depth cluster%' or 'Deep training%' or 'Deep cluster%' or 'cluster% based on depth' or 'training% based on depth' or 'feature select%' or 'feature recognit%' or 'feature discern%' or 'feature extract%' or (('related character%' or 'Irrelevant feature%' or 'Redundanc% feature%') and (select% or recognit% or discern% or extract%)) or ((Sparse% or 'Semi supervis%' or 'Semi-supervis%' or 'half supervis' or 'half-supervis%' or supervis% or monitor% or unsupervis% or 'non-supervis%') and (learning% or trainning% or study%)) or 'reinforce% learning%' or 'enhanc% learning%' or 'reinforce% algorithm%' or 'enhanc% algorithm%' or 'reinforce% coefficient%' or 'enhanc% coefficient%' or 'ensemble learning%' or 'integrated learning%' or 'integrated-learning%' or 'integrated study%' or 'integrated-study%' or 'ensemble algorithm%' or 'integrat% algorithm%' or 'ensemble coefficient%' or 'integrat% coefficient%' or (('Semi supervis%' or 'Semi-supervis%' or 'half supervis' or 'half-supervis%' or supervis% or monitor% or unsupervis% or 'non-supervis%' or reinforce% or enhanc% or ensemble or integrat%) and ('Neural network%' or 'nerve net%' or neuron% or perceptron% or 'belief network%' or 'confidence network%' or 'confidence-network%' or 'feedforward network%' or 'self organiz% map%' or 'self tissue map' or 'self-organiz% map%' or 'Radial basis function%' or 'Radial primary function%' or 'BP network%' or DNN or CNN or RNN or DBN or SOM or EBF or 'Support Vector%' or trainning% or cluster% or 'decision tree%' or 'random forest %' or ((Boosting or AdaBoost or TrAdaBoost or Bagging or BP or 'Error inverse%' or antipropagation) and algorithm%) or Markov or 'Basic learning%' or 'Component learning%' or learner% or 'learning algorithm%' or categorizer%))) and 分类号＝(G05% or G06% or H04% or G01% or G07% or G08% or G09% or G10%) or 名称＝(('natural language%' or sentence% or statement% or paragraph% or article% or literary% or writing% or chapter%) and (process% or understand or understood or generat% or discriminat% or distinguish% or retrieval% or search or compos% or synthe% or extract%)) or 摘要，主权项＋＝(('natural language%' or sentence% or statement% or paragraph% or article% or literary% or writing% or chapter%) and (process% or understand or understood or generat% or discriminat% or distinguish% or retrieval% or search or compos% or synthe% or extract%)) and 分类号＝(G05% or G06% or H04% or G01% or G07% or G08% or G09% or G10%) or 名称＝((machine% or computer% or robot or robots or robotic% or 'auto hand%' or autohand% or 'iron hand%' or 'iron-hand%' or 'machine hand%' or 'machine-hand%' or 'electronic hand%' or 'mechanical arm%' or 'mechanical-arm%') and (vision% or visual%)) or 摘要，主权项＋＝(((robot% or robots or robotic% or 'auto hand%' or autohand% or 'iron hand%' or 'iron-hand%' or 'machine hand%' or 'machine-hand%' or 'electronic hand%' or 'mechanical arm%' or 'mechanical-arm%') and (vision% or visual%)) or 'Machine vision%' or 'robot vision%') and 分类号＝(G01% or G02% or G03% or G05% or G06% or G07% or G08% or G09% or H04%) or 名称＝('automatic driv%' or 'automatic transmiss%' or 'Self-driving automobile' or 'automatic driverless' or Driverless) or (摘要，主权项＋＝('automatic driv%' or 'automatic transmiss%' or 'Self-driving automobile' or 'automatic driverless' or Driverless) and 分类号＝(g05d1% or g06%)) or 名称＝((speech% or voic% or radio% or sound% or pronunciat%) and (recogn% or identif% or discern% or distinguish%)) or 摘要，主权项＋＝('speech% recogn%' or 'speech% identif%' or 'voic% recogn%' or 'voic% identif%' or 'sound% recogn%' or 'sound% identif%' or 'speech% discern%' or 'speech% distinguish%' or 'voic% discern%' or 'voic% distinguish%') and 分类号＝(G05% or G06% or H04% or G01% or G07% or G08% or G10%) or 主分类号＝('G10L15%') or 名称＝((face% or Facial% or Portrait% or image%) and (recogn% or identif% or discern% or distinguish%)) or 摘要，主权项＋＝('face% recogn%' or 'face% identif%' or 'Facial% recogn%' or 'Facial% identif%' or 'face% discern%' or 'Facial% discern%' or 'image% discern%' or 'face% distinguish%' or 'Facial% distinguish%' or 'image% distinguish%' or 'image recognit%' or 'image identify%') and 分类号＝(G05% or G06% or H04% or G01% or G07% or G08%) or 名称＝('Artificial Neural Networks' or 'neural networks' or 'nerve net' or 'neural net' or 'neural network') or (摘要，主权项＋＝('Artificial Neural Networks' or 'neural networks' or 'nerve net' or 'neural net' or 'neural network') and 主分类号＝(G05% or G06% or G01% or H04% or G10%)) or 分类号＝('g06n3/02%' or 'g06n3/04%' or 'g06n3/06%' or 'g06n3/08%' or 'g06n3/10%')

附表 10　缩略语表

缩略语	英文全称	中文含义
CNIPA	National Intellectual Property Administration of China	中国国家知识产权局
CPC	cooperative patent classification	联合专利分类
ECLA	European classifications	欧洲专利分类
EPO	European Patent Office	欧洲专利局
JPO	Japan Patent Office	日本专利局
KIPO	Korean Intellectual Property Office	韩国知识产权局
IBM	International Business Machines Corporation	国际商业机器公司
IPC	International patent classification	国际专利分类
ISIC	International standard industrial classification	国际标准产业分类
LDA	latent Dirichlet allocation	隐含狄利克雷分布
NLP	natural language processing	自然语言处理
SCI	science citation index	科学引文索引
SIC	standard industrial classification	标准产业分类体系
SNA	social network analysis	社会网络分析
WIPO	World Intellectual Property Organization	世界知识产权组织
USPC	US patent classification	美国专利分类
USPTO	United States Patent and Trademark Office	美国专利商标局